创新创业系列教材

创业企业融资与理财

主　编　张蔚虹

副主编　王　倩　陈　兴

西安电子科技大学出版社

内 容 简 介

随着创业环境的日趋成熟，创业者对融资理财知识的渴求不断升温。融资与理财是一项涉及多学科的综合性管理活动，本书将为创业者介绍融资与理财方面的知识。

本书主要介绍了创业企业的财务特质、理财的基本观念；从债务性融资方式和权益性融资方式两方面探讨创业企业的融资问题，为创业者做出融资决策提供技术支持；同时阐述了创业企业的财务预算、财务计划与控制、营运资金管理及财务报表分析等方面的理财策略。本书结构独特，体系完整；每章的阅读资料新颖，案例分析实操性强，为创业企业在融资与理财方面排疑解惑。

本书适合本科生、研究生和社会各方面准备创业及正在创业的人士阅读，可以作为高等学校、创业培训机构的教材或者参考用书。

图书在版编目(CIP)数据

创业企业融资与理财/张蔚虹主编. —西安：西安电子科技大学出版社，2017.12(2025.1 重印)
ISBN 978-7-5606-4688-6

Ⅰ. ① 创…　Ⅱ. ① 张…　Ⅲ. ① 企业融资—研究　② 企业管理—财务管理—研究
Ⅳ. ① F275

中国版本图书馆 CIP 数据核字(2017)第 248992 号

责任编辑　万晶晶　刘芳芳
出版发行　西安电子科技大学出版社(西安市太白南路 2 号)
电　　话　(029)88202421　88201467　　　邮　　编　710071
网　　址　www.xduph.com　　　　　　电子邮箱　xdupfxb001@163.com
经　　销　新华书店
印刷单位　广东虎彩云印刷有限公司
版　　次　2017 年 12 月第 1 版　2025 年 1 月第 4 次印刷
开　　本　787 毫米×1092 毫米　1/16　印　张　17
字　　数　402 千字
定　　价　34.00 元
ISBN 978－7－5606－4688－6
XDUP 4980001-4
如有印装问题可调换

前　言

进入 21 世纪后，创业已成为经济发展、社会进步的原动力。当今世界，"创业型经济"日趋活跃，不断刺激生产力发展，加剧了经济竞争，在创业中实现了产业结构的升级、要素的合理流动和配置、就业增长、技术进步、生产方式和生活方式的变革，还加快了经济全球化发展。关于创业教育的定义，并不统一。联合国教科文组织认为，"从广义上来说，是指培养具有开创性的个人，它对于拿薪水的人同样重要，因为用人机构或个人除了要求受雇者在事业上有所成就外，也越来越重视受雇者的首创、冒险精神，创业和独立工作能力以及技术、社交、管理技能。"柯林·博尔将创业教育总结为：创业教育是指通过开发和提高学生创业基本素质和创业能力的教育，使学生具备从事创业实践活动所必需的知识、能力及心理品质，是未来的人应掌握的"第三本教育护照"。《牛津现代高级英汉双解辞典》给出的解释为：第一，进行从事事业、企业、商业等规划活动过程的教育；第二，进行事业心、进取心、探索精神、冒险精神等心理品质的教育。

为了适应我国高等教育人才培养模式的创新，培养具有创业素质、知识和技能的人才，2009 年 8 月，张蔚虹教授主编的《新创企业融资与理财》出版，该书提供了系统的创业企业融资与理财知识体系，创业者可通过学习和掌握这些基本方法和技能，为其事业的成功助一臂之力。

2015 年 3 月，国务院总理李克强在政府工作报告中指出，"推动大众创业、万众创新。这既可以扩大就业、增加居民收入，又有利于促进社会纵向流动和公平正义。两年多来，大众创业、万众创新的政策环境大为优化，创新主体不断涌现，全社会创新创业蔚然成风。在创业投资方面，创业投资呈现爆发式增长，不仅投资量有所提高，而且创业投资渠道呈现多元化特征。

面对这种情况，在保留了《新创企业融资与理财》原有精华内容的基础上，作者对其结构、章节编排做了较大的删补，使全书总体框架结构更为合理，对新知识、新技术、新方法做了大量补充，使之更具时代气息，并重新命名为《创业企业融资与理财》。具体来说，本书具有如下特点：

(1) 内容新颖，体系完整。全书在对创业企业融资与理财的基本原理与方法深刻把握的基础上，始终专注于财务决策的目的。一方面，在认识创业企业公司治理结构的基础上，进行创业公司资金需求预算；在分析债务性融资方式与权益性融资方式，特别是近些年涌现的融资新方式的基础上，做出创业企业融资决策的选择。另一方面，价值原理与风险报酬是财务管理的基础，创业企业财务计划与控制、营运资金管理和企业财务报表分析等内容的设置，可适应快速变化的财务实践需要，为创业企业理财决策排疑解惑。

(2) 结构独特，实践性强。本书选用近五年创新创业方面具有代表性的案例、引例和材料，在素材的选取方面，以互联网、电子信息产业、高新技术产业为研究对象，通过每章新颖的案例分析，增强了理论的鲜活性，这些成功和失败的经验给创业者提供借鉴，帮助创业者实现知识向工作能力的转变。同时，在各章章前设置重点提示和阅读资料，在章后附有讨论与思考题以及案例分析，方便读者阅读和练习。

本书是西安电子科技大学教材立项项目，由西安电子科技大学经济与管理学院张蔚虹教授主编，负责全书大纲、阅读资料和案例分析的编写工作，对全部初稿进行修改、补充和总纂。各章编写分工如下：王倩编写第 2、4 章，陈兴编写第 5、6 章，赵武编写第 1、7 章，朱明宣编写第 3、10 章，张蔚虹编写第 8、9 章；同时，研究生王新盟、谭晓莹、金瑶、宋盼、刘闯、李文朕、崔青和严聪蓉同学参与了部分书稿的整理工作。

西安电子科技大学经济与管理学院王林雪教授对本书的编写提出了宝贵的意见，西安电子科技大学出版社的戚文艳、万晶晶编辑为本书的出版付出了辛勤的劳动，在此一并表示衷心的感谢。本书在编写过程中参考了很多相关资料，并借鉴了国内外同行的很多研究成果，在此对这些文献资料的作者表示衷心的感谢。

由于时间仓促，加之编者水平有限，疏漏之处在所难免，敬请广大读者不吝指教。

编　者

2017 年 6 月 16 日于西安

目 录

绪　论

重点提示

> ➤ 企业的基本组织形式
> ➤ 创业企业的理财内容与目标
>   • 创业企业理财的内容
>   • 创业企业理财的目标体系
> ➤ 创业企业理财环境
>   • 法律环境
>   • 经济环境
>   • 金融市场环境
> ➤ 创业企业的融资困难及根源

阅读资料

2013 年，蝉游记 A 轮融资失败，2014 年末卖给携程。即使当时蝉游记的各项内部数据在行业内相当优秀：2014 年的次月留存率是 40%，分享率 6%(分享数/日活数)，虽然 2015 年以后不迭代不更新，每天只做 2 小时的基础运营，2016 年的平均次月留存率仍有 35%，蝉游记项目还是以失败告终，究其原因有哪些呢？

蝉游记项目创始人认为，项目失败的根本原因就是 2013 年 A 轮融资失败。当时谈了 35 家投资公司，只有携程一家愿意在年底投资该项目，但要求控股。而在控股后，蝉游记就没有下一轮融资了，后期各项活动的目的也变成了使项目在携程内部生存下来，产品节奏被打乱。一次融资失败，四年全盘皆输。

无独有偶，2012 年，"五分钟"公司因为没有抵挡住融资压力，倒闭在了 B 轮融资的黎明前。凡是用过开心网的人，多半玩过其中的一个游戏——"开心农场"。而这款游戏就是由"五分钟"公司开发完成的。"五分钟"曾经是一家大学生创业的明星企业，专注于向玩家提供符合"五分钟"理念的社交游戏。"五分钟"曾至少获得过两次投资，2009 年 12 月德丰杰投资 350 万美元，2010 年 7 月 CyberAgent 联合 JAIC 中国投资，金额在 50 万到 100 万美元之间。但 2010 年以来，开心网开始逐渐被市场淘汰，而"五分钟"也在开始走下坡路。在这种局面下，公司致力于产品转型，但在尚未找到成熟的路径前，就烧干了 A

轮资金。而由于没有成熟、有发展前景的产品和理念，因此其商业模式在严酷的融资面前，几乎没有任何说服力，最终走向了倒闭。

创业最为困难的是什么？就是筹集所需的资金，不仅包括企业初创时的初始资金，还包括企业成长过程中维持企业运作的持续资金供给。蝉游记团队和五分钟公司都在自己的领域取得了一定的成果，也获得了首轮融资，但由于缺乏持续经营能力和项目发展后续资金，因此最终走向了倒闭。

资料来源：纯银V，融资的教训，简书网

　　　　　　因融资失败倒闭"五分钟"倒在"黎明前五分钟"，陈韶旭，文汇报，2012.6.21

阅读上述材料，回答下列问题：

(1) 蝉游记项目和"五分钟"公司分别采用了哪些融资方式？讨论创业企业还有哪些融资方式？

(2) 蝉游记项目和"五分钟"公司在取得首轮融资后，难逃资金链断裂的困境，最终导致项目失败、公司倒闭的原因是什么？

(3) 影响创业企业长期融资的因素有哪些？

1.1　企业的基本组织形式

企业是市场经济活动的主体。企业的组织形式按投资主体主要可分为三种：独资企业、合伙企业与公司制企业。下面简单介绍这三种企业形式的特点及三者之间的差异。

1.1.1　独资企业

独资企业又称个体企业，是指一个自然人出资，并归出资者个人所有、由个人经营和控制，企业主对企业的债务承担无限责任的企业。

个人独资企业的优点：(1) 创立容易，不需要与他人协商并取得一致，只需要很少的注册资本等；(2) 维持个人独资企业的固定成本较低，政府对其监管较少，对其规模也没有什么限制，无需向社会公布财务报表，易于保密；(3) 企业内部协调比较容易，且决策灵活、迅速；(4) 业主对企业经营具有绝对的控制权，生产经营的积极性高，企业所得利润归业主独享；(5) 不需要交纳企业所得税。

但是，独资企业的缺陷也显而易见，主要表现在以下几个方面：(1) 独资企业的资本来源单一，规模一般较小，很难取得大量的资金，也很难承担大规模的经营项目；(2) 独资企业在法律上不具有法人资格，不能对外独立承担民事责任，其所有人对该企业的债务承担无限责任，当企业资产不足以偿还债务时，企业主的个人资产将被追索；(3) 独资企业的寿命往往较短，往往会随创办人的生重病、坐牢、死亡等终止。基于上述原因，独资企业经营规模通常较小，但许多公司是以它为起点的。

1.1.2　合伙企业

合伙企业是指由两个及以上的合伙人共同出资、共同经营、共同所有和控制，各出资人对企业的债务承担无限连带责任的企业。合伙人通常是自然人，有时也包括法人或其他组织。创办合伙企业可以通过非正式协议或口头协议，确定合伙人之间的权利和义务关系。协议内容一般包括：(1) 分享利润与承担亏损的方式；(2) 每个合伙人的责任，包括投资的种类和数量、无限或有限责任及主要经营管理职责；(3) 合伙人变更机制，即某一原有合伙人死亡或退伙及接纳新合伙人进入的方法；(4) 合伙的期限及公司关闭后的财产分配方式等。

每个合伙人的出资形式多样，可以是资金、厂房、技术其至劳务，然后按照约定取得利润和承担责任。合伙企业与独资企业相比，资金来源、信用能力、决策水平、经营规模等有所提高。合伙企业的主要优点与独资企业相似，即创办方便，也容易解散，能够随市场状况的变化做出适当、灵活、快速的调整，便于资金与经营能力的结合。其缺点也与独资企业相似，虽然资金来源相对独资企业要多一些，但仍然较少；生产经营规模一般较小，企业的寿命往往较短，当合伙人之间发生了重大分歧，如合伙人退出或生重病、坐牢、死亡时，合伙企业也就往往终止了。在责任方面，合伙人承担着无限责任，其全部财产都承担合伙企业的风险，而且合伙人之间负有连带责任。

合伙企业一般适用于规模较小的企业，特别适用于那些业主的个人信誉和个人责任具有很大重要性的企业，如会计师事务所、资产评估事务所及律师事务所等。

1.1.3 公司制企业

公司制企业是指有两个或两个以上的出资者集资，根据法定的条件和程序设立，具有独立法人资格的"法人"企业。创办公司需要一系列手续。发起人必须先备妥申请书与公司章程。申请书的内容包括：公司名称、营业事项、资本额、董事人数、经理人员、营业期间等。申请书送达公司所在地的政府相关部门审核。经批准后，公司方可成立。公司章程是由创办人草拟的一套引导公司内部管理的规章，主要内容包括：如何选举董事；现有股东是否有新股认购优先权；执行委员会或财务委员会等管理委员会的任命委员会的职责等。

公司制企业的缺点有以下几点：(1) 双重课税，公司作为独立的法人，其利润需缴纳企业所得税，企业利润分配给股东后，股东还需缴纳个人所得税；(2) 组建公司的成本高，公司法对于建立公司的要求比建立独资或合伙企业高，并且需要提交一系列法律文件，通常花费时间较长。公司成立后，政府对其监管比较严格，需要定期提供各种报告；(3) 存在代理问题，经营者和所有者分开以后，经营者成为代理人，所有者成为委托人，代理人可能为了自身利益而伤害委托人利益。

《中华人民共和国公司法》规定公司制企业有两种类型——有限责任公司和股份有限公司：

1. 有限责任公司

有限责任公司由 50 个以下股东共同出资设立，成立有限责任公司必须依法办理审批手续。股东之间可以相互转让其全部出资或者部分出资。股东向股东以外的人转让其出资时必须经过半数股东同意；不同意转让的股东应当购买该转让的出资，如果不购买该转让的出资，视为同意转让，经股东同意转让的出资在同等条件下其他股东对该出资具有优先购买权。

有限责任公司的优点主要体现在以下几个方面：(1) 有限责任公司只有发起设立，没有募集设立，经办手续比较简单；(2) 有限责任公司的股东对公司债务承担有限责任，可以减少股东承担的风险，增大公司筹资机会；(3) 有限责任公司股东人数较少，易于股东之间协商沟通，股东可以直接参加公司的经营管理，有利于维护股东的权益。

有限责任公司也存在一些缺点：(1) 有限责任公司是靠发起设立的，不得向社会公开募集资金。受发起人资金规模的限制，有限责任公司规模一般不会很大；(2) 由于股东对公司债务承担有限责任，如果公司负债过重会影响债权人的利益。

2. 股份有限公司

股份有限公司的全部资产分为等额股份，股东仅以其所持股份为限对公司承担责任，公司以其全部资产对公司的债务承担责任。股份有限公司的设立既可以采取发起设立也可以采取募集设立的方式，以发起设立方式设立股份有限公司的发起人以书面认足公司章程规定发行的股份后应即缴纳全部股款；以募集设立方式设立股份有限公司的发起人认购的股份不得少于公司股份总数的 35％其余股份应当向社会公开募集。设立股份有限公司，应该有 2 人以上。200 人以下发起人，其中必须有半数以上的发起人在中国境内有住所。

股份有限公司的优点主要表现在：(1) 可以向社会公开募集资金，这有利于公司股本的扩大，增强公司的竞争力；(2) 股东持有的股份可以自由转让，股东的责任以其持有股份为限，股东的投资风险较小；(3) 股东依照所持股份，享有平等的权利。所有股东无论持股多少，都享有表决权、分红权和优先认购本公司新发行股票的权利。股东是公司的所有者，公司的经营管理权由股东委托董事会承担，所有权与经营权的分离是现代公司治理结构的一个重要组成部分，股份有限公司为公司的所有者和经营者实现所有权与经营权分离创造了条件。

股份有限公司的缺点主要有：(1) 公司设立程序严格、复杂，公司规模庞大、成员结构也庞杂；(2) 公司股权分散，每个股东只占公司总资本的极小部分，股东虽对公司拥有部分所有权，但这对绝大多数小股东而言却无关紧要，而且股东的变动性也很大；(3) 公司股权分散，人数很多，但只要掌握一定比例以上的股票，就能控制公司的命脉。因此，公司董事会很容易对公司进行操纵和利用，损害众多小股东的利益。

表 1-1　典型的企业组织形式

类　型	个人独资企业	合伙企业	公司制企业
投资者	一个自然人	两个或两个以上的自然人，也可包括法人或其他组织	多样化
承担的责任	无限债务责任	无限、连带债务责任	有限债务责任
企业寿命期	受制于业主的寿命(所有者死亡即终止)	合伙人卖出所持有的份额或死亡	无限存续
权益转让难易	较难	较难	容易
筹集资金难易	难以从外部获得大量资本用于经营	难以从外部获得大量资本用于经营	容易从资本市场筹资
纳税税种	个人所得税	个人所得税	企业所得税和个人所得税
代理问题	无	无	所有者与经营者之间
创建组织成本	低	居中	高

1.2 创业企业的理财内容与目标

一般来讲，大多数创业企业都是中小企业，特别是大学生自主创立的科技型企业。不同于大企业，创业企业具有资产规模小、市场拓展难度大、盈利不确定性强、信用程度低、融资渠道狭窄等特征。这些特质决定了创业企业的财务特质，也不可避免地会对创业企业的理财目标产生重要的影响，从而对创业企业的持续发展产生重要的影响。

1.2.1 创业企业理财的内容

企业理财是一项涉及面极广的综合性管理活动。不同时期、不同企业的理财在内容、方法、原则等方面都会有较大差异。创业企业严重的信息非均衡和风险等级的异质性决定了创业企业与众不同的财务特征，并反映在企业日常的理财活动中。理财活动本身貌似纷繁复杂，但透过现象的背后，我们还是能够把握其内在规律性的东西，即财务本质。为了更好地理解创业企业理财的基本内容，首先要分析创业企业财务的本质。

1. 创业企业财务的本质

财务的本质问题是财务理论研究中一个最基本的问题。对财务本质认识的角度、深度不同，会直接影响到对各种财务问题的理解。财务本质是深藏在各种纷繁复杂的财务现象背后的规律性的东西，它规定了财务区别于其他经济领域的独特性，反映了财务本身所固有的规律性，并具有客观性和相对稳定性。

从财务本质理论的发展过程来看，它经历了资金运动—价值运动—价值和权利相结合的认识过程。在这一过程中，财务本质被逐渐揭示出来。但是，目前学术界关于财务本质的探讨大多以现代企业为研究对象。大多数学者认为，现代企业最主要的特征是所有权和经营权的两权分离，无论哪种观点都基于现代企业的产权特征。然而，大多数创业企业恰恰不符合这一产权特征。大多数创业企业所有者同时也是经营者，并不存在两权分离以及由此导致的受托责任问题，企业决策权集中于所有者，这也可以从创业企业内部独特的信息特征看出。如果创业企业本身的产权尚未明晰，则要理解这些企业的财务本质需要借助产权理论的一些分析方法。对于两权合二为一、产权清晰的创业企业而言，产权理论在理解财务本质方面并不具有理论优势。我们认为用"价值运动"来理解创业企业财务的本质是比较合适的。从企业组织的历史沿革可以看出，企业组织经历了从独资企业到合伙企业，再到公司制企业的变迁，而这一变迁的真正诱因在于价值的驱动。从本质上看，市场中的企业可以视为价值驱动的契约模型，而财务活动作为企业内在的活动也必然受到价值的支配。从企业成长的生命周期看，创业企业从创业期到成长期再发展到成熟期的内在驱动力还是在于价值，企业的财务活动是为企业的价值活动服务的，并贯穿于企业的价值链之中。一旦权利被事先界定好，它就成了价值活动的外生变量，而不再是其支配作用的变量了。对于产权明晰的创业企业而言，其财务本质就是价值创造的活动。

2. 创业企业理财的内容

美国管理大师西蒙认为，"管理就是决策，决策贯穿于管理的全过程"。这句话道出了管理的本质。据此，我们可以总结为：创业企业财务管理的核心内容就是财务决策，财务决策贯穿于创业企业的整个财务活动过程。就一般状态的创业企业而言，财务活动就是价值创造活动的具体表现，通常有融资活动、投资活动和营运资本管理活动等三个方面，因此，财务决策就可以分为融资决策、投资决策和营运资本管理决策等三个方面。

由于受到信息成本的约束，创业企业的财务决策通常是在不确定性条件下做出的。与大企业相比，创业企业要受到更强的成本约束，这既有外部环境的影响，也有企业自身资源条件的限制。创业企业缺乏高级管理人才，很少有人受过专业的训练，因此他们对信息的解读能力比较差。此外，资本约束也阻碍了创业企业对理财环境的理性分析。企业没有足够的资金推行企业的信息化建设，也无法出高价聘请经验丰富的顾问服务公司，因此，创业企业的财务决策所面临的不确定性因素更多，这无疑增加了企业的风险等级。

1) 创业企业的财务战略

财务战略是战略学理论在财务领域的应用和延伸。财务战略既有一般战略的某些共性，又有自己的特殊性。财务战略的独特性在于它所关注的对象是企业价值创造的活动，其外在表现为企业资金长期均衡有效地流动，即资金来源和资金占用合理匹配，以及资金尽可能多地增值。创业企业严重的信息非均衡、高风险等级决定了其财务战略的独特性。

创业企业财务战略最重要的特点在于相对灵活性。创业企业弱小的市场地位使它很难通过行动影响市场环境，相反只能适应大企业所引领的潮流。创业企业的财务战略只能是一个粗略的、大致的、较短期的行动纲领，但创业企业的灵活性战略并不是消极的战略；相反，企业可以利用自身的灵活性，弥补规模经济上的劣势。在变革的环境中，如市场需求的变化、技术的更新换代等，大企业较高的机械化水平等沉淀成本增加了企业的转换成本，而小企业则可应用较小的代价实现产品转移。面对瞬息万变的商业环境，创业企业灵活的组织机制也可以更快地做出反应。创业企业财务战略的另一个重要特点在于集中性战略。集中性战略是指主攻某一特定的顾客群、某产品系列的一个细分段或某一个地区市场，从而以更高的效率、更好的效果为某一狭窄的战略对象服务。创业企业受管理人才和资本等资源条件的约束，不可能面面俱到，只能将有效的财务资源集中于某一方向，因为战略的实施需要企业的一系列知识和能力加以管理，超出自身资源条件的战略计划是无法得到有效实施的。此外，创业企业受信息成本的约束，不可能获得制定战略所需的全部信息，因此需要在信息不完全的条件下对变革环境做出创新性、适应性的反应。

2) 创业企业的财务决策、财务战略和策略的选择

创业企业的财务决策贯穿于整个财务活动过程中，并形成企业日常战术性的财务策略。财务决策根据决策对象的性质和内容的差异可以分为融资决策、投资决策和营运资本管理决策，并相应地形成融资策略、投资策略和营运资本管理策略。一般认为，战略是全局性、长期性的谋略，而策略则可以视为战略的具体化、细致化，是战略在企业日常经营活动中的具体执行。为了分析方便，这里将财务战略和财务策略融为一个整体进行论述。

由于无法获取规模经济带来的好处，创业企业的利润通常无法与大企业相媲美，弱小的市场竞争能力使它们不得不选择在大企业的缝隙中生存，企业的生存只能依赖于大企业

主导下的产业分工链条。在这一产业链条上，创业企业往往处于谈判的弱势地位，这也是由社会的谈判规则所决定的，谈判的主动权以及规则的制定权往往由拥有或控制更稀缺资源的一方所掌握。我们可以发现，大多数创业企业都是靠微利生存，如何保证既有的微利，创业企业可以借鉴精细化财务管理策略。所谓精细化财务管理策略，就是以"细"为起点，做到细致入微，对每一个岗位、每一项具体的业务，都建立起一套相应的工作流程和业务规范，并将财务管理的触角延伸到公司的各个生产经营领域，通过行使财务监督职能，拓展财务管理与服务职能，实现财务管理"零"死角，挖掘财务活动的潜在价值。具体地说，要达到精细化财务管理的目的，就必须从优化融资活动、投资活动、营运资本管理活动等方面入手，采取相关的财务策略，做到优化资本结构和降低融资成本，确保和提高投资效益，保持营运资本的顺畅流转等。当然，改善财务管理手段、更新财务观念是上述财务策略得以实施的必要前提。

企业的融资活动是为投资项目或者日常经营筹集所需资金的过程。融资战略主要解决创业企业中长期内资金筹集的规模、渠道、方式、结构、时机等问题。融资规模的战略是关于创业企业在一定时间内融资总额的战略决策。融资规模要求经济合理。融资不足则会导致资金短缺，无法满足投资项目和日常经营的资金需求，造成生产萎靡和效益下降。融资规模过大，则会导致资金的闲置和浪费，无法充分利用有限的资金资源，同样也会损害创业企业的长期发展。确定创业企业合理的融资规模需要考虑以下几个方面：(1) 企业资金需求量及资金缺口；(2) 投资规模和投资收益；(3) 融资的难易程度及融资成本的高低；(4) 经营能力及管理水平。融资渠道和方式是指取得资金的来源和具体获取方式，一般认为企业可以选择的融资渠道有内部融资和外部融资两种，而每一种渠道又有多种融资方式，如股票、债券等。但由于创业企业的财务特质，因此这些融资渠道和方式的选择受到诸多限制。融资结构主要指不同融资渠道和方式的合理安排，以保证企业财务既有稳定性，又有一定的灵活性，同时，保证企业在享受节税收益的同时，将财务风险控制在可以接受的范围内。融资时机的本质就是融资弹性问题，创业企业需要根据自身情况、外部融资环境的变化以及企业未来预期的融资情况及时更新和选择融资方案，使企业在享受较低融资成本的同时，能够在可预期的一段时期内继续保持融资能力。然而，由于创业企业的融资能力普遍较差，因此融资时机的选择会受到一定程度的限制。严格意义上说，融资策略主要解决融资的具体方法如何选择和运用的问题。不过具体财务决策总是将融资策略和战略结合在一起进行的，财务策略的选择需要依据既定的财务战略。财务战略也需要根据策略实施的效果做出修正，许多战略问题归根结底也是策略的问题。企业的融资策略可以分为控制财务风险的策略和利用财务风险的策略。

企业理财中的投资是一个非常宽泛的概念。从企业的资产负债表的角度来考虑，投资主要涉及资产方，决定了企业投资于哪些资产。投资于不同的资产，其流动性的强弱、风险的大小、收益的高低是不同的，因此不同的投资政策就形成了不同的资产结构。总的来说，企业的投资可以分为实物投资和金融资产投资。创业企业的投资战略主要解决企业投资领域、方式、规模以及时机等问题。

创业企业的投资领域战略主要解决如何在不同流动性的资产之间、企业内部和外部之间、不同行业之间分配有限资金的问题。投资方式战略主要是指企业以哪种方式进行投资，这些投资方式包括存货、固定资产、无形资产和货币资金等。这同时也是一个策略问题，企业应当根据自身情况和各种方式的价格水平、流动性等选择投资方式。投资规模战略是企业如何控制总体规模以及具体投资项目规模的问题。企业应当根据具体项目的投资风险和收益，以及企业现有的现金流选择合适的投资规模。投资时机的选择要求创业企业根据宏观、行业以及内部环境的现状以及变动趋势选择合适的时间，尤其在准备投资一些周期性行业前，企业必须对宏观环境的走势做出准确判断，然后选择一个合适的出击时机。

营运资本是流动比率的另一种表达方式，反映了流动资产和流动负债的绝对关系。从广义上看，流动资产是企业流动性投资的存量形态，流动负债则是企业短期负债的存量形态，因此，企业的营运资本管理活动本质上也是一种投融资活动。然而，由于营运资本具有与长期负债、长期资产显著差异的风险和收益特征，因此有必要单独讨论营运资本的管理活动与企业价值之间的相关性。营运资本的结构配置(包括存量配置和流量配置)可以衡量企业的财务风险和短期资本的盈利性。营运资本管理的原则就在于最优化营运资本结构(存量和流量)，在盈利性和流动性之间做出合理的权衡，以追求最低的机会成本和短期融资成本，满足企业日常的经营活动，从而有效地创造企业价值。对于创业企业而言，营运资本管理恐怕是最重要的环节，也是精细化财务管理最"细致"的地方。与大企业相比，创业企业的融资活动和投资活动并不那么频繁，相反倒是营运资本管理活动的地位凸显重要了，它也是创业企业最能表明其财务管理能力的环节。创业企业的财务人员需要结合实际情况将财务管理的内容细化、分解、再整合，并辅以完善的财务管理和财务控制制度。创业企业的营运资本管理活动需要将财务融入日常的价值链中，并服务于整个价值链，从而与价值链协同发展，如及时主动地将生产经营的相关数据反馈给公司领导和生产运输部门，客观揭示企业经营的全貌，为企业经营决策提供依据，确保经营方向的正确。

1.2.2　创业企业理财的目标体系

西方财务理论界对企业财务管理目标进行了深入的研究，并提出了多种理财目标理论。长期以来，学术界很少从创业企业的财务特质出发研究创业企业财务管理的目标。那么，创业企业的财务管理目标是否与大企业的一致呢？

1. 现代企业财务目标理论

20 世纪 50 年代之前，有些学者一般认为企业是以追求利润最大化为财务目标的经济实体。到 20 世纪 50 年代，随着西方财务经济学理论的创立和企业制度、治理结构的不断发展与更新，学术界提出了与传统的利润最大化目标不同的诸多观点。目前，有关企业财务目标的观点不下二十种，如：企业利润最大化、股东财富最大化、企业价值最大化、经理人员利益最大化、相关利益者利益最大化、竞争目标、社会责任等。

2. 创业企业财务目标的有效性

财务目标是财务活动的出发点与最终归宿，是财务活动所要达到的根本目的。财务目标在现代企业财务管理中具有重要的作用，企业的一切理财活动都离不开财务目标的指导与约束。创业企业财务目标对创业企业成长的重要性也是如此。不过，这也需要有一个前提，即财务目标的有效性，只有有效的目标才能发挥预期的功能。

1) 有效财务目标的功能分析

一个有效的财务目标应当具有以下两个方面的功能：

(1) 导向与约束功能。有效的财务目标应当能够引导与推动企业开展积极的财务活动，处理好利益相关者之间的财务关系，并与企业的目标保持一致。财务一方面为企业的经营管理提供相关的辅助决策和监测职能，另一方面又直接表现为一定的财务状况和经营成果。财务目标只有与企业的总体目标保持一致，才能发挥积极的作用。当企业在不同发展阶段的目标发生改变时，财务目标也需要相应调整，因此，从动态的角度看，财务目标是企业目标体系中居于"支配"地位的"职能化"目标。企业目标往往就等价地表达为财务目标。财务目标的导向性与约束性其实是一个问题的两个方面，为了保证财务目标与企业目标的协调性，还应当约束可能偏离目标的财务活动，如投融资决策是否有悖于企业的发展目标，各部门的财务决策是否与财务总目标协调一致等。

(2) 评价功能。财务目标的实现与否以及实现的程度如何是评价财务工作的最终标准。理财目标的研究既要能为企业理财提出明确的方向，又要有可操作性。可操作性包括可计量性、可验证性、可控制性。只有具有可操作性的目标才能具备评价功能。例如，企业要从备选方案中选择合适的投资方案，首先要有一个评价标准。这个标准即为能否实现财务目标，并在此基础上衍生出指标评价体系。对于企业融资方案的选择、日常营运资本管理的绩效考核，同样需要依据财务目标加以评价。

财务目标只有较好地体现导向与约束功能以及评价功能，才能使企业财务处于一个良性运作的状态，企业的发展才具有可持续性，这样的目标才被认为是有效的；相反，在指导实践过程中，若目标起了误导理财的作用，则财务目标会导致企业的"短期行为"，这使目标功能的作用效果走向了反面。可以说，财务目标是构建财务理论的重要组成要素，许多学者坚持的财务目标起点论认为，财务理论只有确定合理的目标，才能实现高效的财务管理，才能演绎出整个理论体系。财务目标起点论的合理之处在于财务目标的两大功能对构建财务理论体系的基础作用。

2) "企业价值最大化"与"利润最大化"

当前学术界的主流观点是企业价值最大化，并对传统的利润最大化目标提出了不少批评。企业价值最大化是指通过企业的合理经营，采用最优的财务决策，在考虑货币时间价值和风险价值的基础上不断增加企业财富，使企业总价值最大。一般认为，以"企业价值最大化"作为财务管理的目标，可以克服"利润最大化"目标没有考虑货币时间价值和风险价值，以及过度追求利润最大化使企业财务决策带有短期行为，忽略企业的社会责任等缺点，从而避免收益和风险的脱节，使企业盈利性和社会责任相统一，因此是企业财务行为的最佳目标。当然，作为上市公司和大型企业来说，企业价值最大化目标得到了一部分学者的一致认可。然而，由于创业企业的财务特质，企业价值最大化或者股东财富最大化作为创业企业的财务目标未必合适，尤其对相当一部分的创业企业是这样的。财务目标作为企业目标的近似等价目标，必须与企业自身的特质相结合。将创业企业的管理行为与大企业的管理行为等量齐观是不合适的，这不仅仅是程度不同的问题。有关研究指出："小企业不是小型大企业。"就财务目标而言，创业企业与大企业是有较大的差异的。

对大部分创业企业而言，"企业价值最大化"目标比较抽象，难以量化和确定。企业价值最大化目标是在西方发达国家的资本市场基本完善的条件下提出来的。企业价值通常用债务的市场价值和股票的市场价值之和来衡量，因此计算企业价值，需要首先计量债务和股票的市场价值。大多数创业企业没有进行股份制改组，即使发行了股票的中小企业，由于股票不上市流通，市场也无法对企业价值作合理评价，从而使企业在具体指标的量化上没有合理的价值参照系。现在中介市场上有一类专门进行资产评估的机构，尽管这类机构所作的评估可以提供一定的标准，但它不能作为创业企业日常的衡量标准，因为资产评估是一项浩大的工程，需要评估人员具备较高的专业知识和技能，而这对创业企业来说是相当困难的。企业价值的评估还隐含着一个前提，即市场必须是完善的，价格信息能够反映企业真实的价值，因此，对相当一部分创业企业来说，"企业价值最大化"目标的实施成本相当昂贵，可操作性比较差，它并不是一个有效的财务目标。

相比较而言，"利润最大化"目标比"企业价值最大化"目标更具有可操作性。可以说，企业价值最大化目标是应公司制企业而产生的。现代公司制的主要特征是所有权与控制权分离，企业由所有者(股东)进行投资，并由企业经理集团来控制和管理。此外，各种债权人、消费者、雇员、政府和社会等都是与企业有关的利益集团。在这种情况下，实施"企业价值最大化"目标是可行的、必要的，但创业企业的组织机构和管理行为远比两权分离的公司制企业来得简单，它与外部的利益相关者之间的关系也远没有这么复杂，因此，"利润最大化"目标更有效。

人们对"利润最大化"目标的批评主要集中在以下两个方面：(1) 忽视企业的投入产出关系，即股东投入企业的资本与所获取的利润之间的关系，因为当投入股本的规模不同时，所获取的利润的绝对额并无可比性，忽视了货币的时间价值和风险价值。在创业企业的实际财务工作中，因为筹资能力和投资额大小的限制，它们没有诸多投资方案可供选择，所以在很多情况下企业只能通过预期利润的比较来选择投资方案。(2) 创业企业关心的首要问题是企业的生存，从总体来看，创业企业在市场经济中扮演着相当活跃的角色，但同时也是成活率最低、流动性最强的企业群体，几乎每天都有很多新的创业企业出现，每天又有新的中小企业破产、倒闭。在激烈的竞争中求得生存，持续地获利是创业企业梦寐以求的理财结果。利润能使它在市场中暂时生存和不被淘汰。现有的融资制度决定了创业企业的主要资金来源必然是自有资金和资本积累。

因此，利润最大化对创业企业这样的企业群来说具有相当重要的意义，它们在作财务决策时没有考虑货币时间价值和投资风险的内在动机或倾向也是非常自然的结果。

虽然学术界对"利润最大化"目标提出了许多异议，但不可否认其具有的优点。第一，人类进行任何生产活动，都是为了创造剩余产品，而剩余产品的多少，是以利润的多少来衡量的。第二，在自由竞争的市场经济中，资本的使用权最终将属于获利最大的企业。利润最大化是企业获得资本的最有利的条件，取得了资本，也就等于取得了各种经济资源的支配权，有利于社会资源的合理配置。第三，企业通过追求利润最大化目标，可以使整个社会的财富实现最大化。亚当·斯密极力推崇的"看不见的手"的内在机制就在于每个市场参与主体追求利润最大化的动机。不论是否考虑时间价值，也不论现在还是将来，不断提高企业利润，追求利润最大化，是企业生存和发展的基本前提。也只有在这个前提下，才能保证企业资本保值和增值，保证每股收益和现金股利的每股收益、净资产收益率等。我们在经营决策中经常使用的量本利分析法也是基于利润最大化的原则，因此，有必要用一分为二的观点来看待问题。当然不可否认的是，"利润最大化"目标的确存在许多需要修正的地方，但修正并不意味着就抛弃或者忽视潜在的合理性。我们应当根据创业企业的特质分别汲取"企业价值最大化"目标和"利润最大化"目标的合理之处，基于可持续发展的视角，选择创业企业的理财目标。这一目标应当既可以指引创业企业的成长方向，又具有可操作性。

3. 可持续发展的创业企业理财目标

创业企业的可持续发展是一个整体协调的动态发展过程，其本身是一个涵盖诸多方面的大课题。

在创业企业成长的演化发展过程中，财务管理制度以及财务技能和知识也呈现出与企业自身同方向的螺旋式演进特征。企业的根本目标应当在于它的可持续发展，财务目标作为从属于企业的职能目标，也应当遵从这一目标。在成长的早期，创业企业的信息非均衡相当严重，风险等级也很高。就企业内部而言，会计信息缺乏科学性，在这时期，创业企业以"利润最大化"作为财务目标可能更具有可操作性和导向性。但这里的"利润最大化"应当是长期持续的利润最大化，绝不是短期的利润最大化。"利润最大化"所导致的短期行为正是该目标受到批评的焦点所在。长期持续的利润最大化在于，企业能够通盘考虑现在的盈利与未来的发展潜力，能够为企业的知识创新提供有力的财务支持。"利润最大化"应当包含必要的风险，如在资本充足的条件下，进行多角化经营或者进行投资组合，以及根据市场环境变化适时更新经营观念和经营产品，以使企业适应外部市场条件的变化。通过这些方式，创业企业可以规避不必要的风险，或者获得额外的风险报酬。为了保证长期持续的利润最大化，创业企业有必要调整"短期利润"的评价指标体系，增加一些注重"长期利润"的指标。新的指标体系应考虑现行的财务状况与成果，并在一定程度上考核企业未来年度的财务潜力，注重企业理财的"可持续发展"，包括改进资产净利率等指标，增设可计量指标(如"长期资产净收益率"、"资本积累率"、"固定资产成新率")以及非计量指标(如"技术装备更新水平"、"长期发展能力预测")，增加反映风险水平的指标(如"经营风险"指数)。在成长早期，企业的基本目标通常是尽量提高产品的知名度，强化营销管理，扩大市场占有率，尽快在市场上站稳脚跟，为日后的发展奠定基础。为了与企业目标协调一致，"利润最大化"目标还应当包括现金流转的合理化目标，以满足日后对现金投入的需求。

在企业成长的后期，创业企业已趋向平稳发展，企业所积累的核心知识和能力为企业获得竞争优势提供了良好基础。这一时期，产品的供应渠道比较畅通，目标客户群趋于稳定，市场占有率呈上升趋势，企业已具备良好的社会形象。这时企业的财务目标应当考虑获得持久、稳定的利润，并兼顾利润的质量。与此同时，企业还应当注重社会效益，履行与企业地位相称的社会责任，在实现利润最大化的同时，努力实现社会净贡献的最大化。从长远的角度看，企业盈利的最大化与社会责任是相统一的。跟成长早期不同，这个时期的企业之所以更注重社会责任，一方面在于企业为了树立良好形象，另一方面则在于创业企业在成长过程中所积累的知识和能力对财务观念所产生的积极影响。此外，成长后期的企业也更有物质能力来履行社会责任，并通过相关行为提升企业的社会形象，从而获得更多的持续增长的利润。

当创业企业步入成熟期后，企业与企业环境已处于基本均衡状态，其产品销售渠道、销售量以及利润已达到最高峰，企业的利润也逐渐趋于行业平均利润。与此同时，企业的组织管理已基本完善，财务知识和技能在前面积累的基础上达到了最高水平。由于资本约束的弱化，创业企业已经能够和大型企业一样在证券市场或信贷市场获得较大规模的资金，所以企业价值评估的成本已经大大降低，企业价值最大化就成了创业企业有效的财务目标选择。对于科技型创业企业而言，在这一阶段，风险资本家的投资得到完全回报，公司的价值得到进一步确认。资本市场对企业股票的评价也从高增长和高评价回落到正常的水平，企业价值最大化目标的导向约束功能以及评价功能可以发挥有效的作用。

综上所述，由于创业企业的财务特质，故其财务目标和大企业的财务目标有一定的差异。"企业价值最大化"目标对于大企业尤其是上市公司的财务目标是有效的，也是可行的。但企业价值最大化对于相当一部分创业企业尤其是成长早期的创业企业来说，不具有可操作性。从可持续发展的视角出发，创业企业的财务目标应当根据企业演化的过程分阶段分析，呈现出多重性的特征。导致这一结果最重要的原因之一是，创业企业在不同的演化阶段，累积的财务管理知识与技能以及所依赖的理财环境是有差异的。从发展的角度看，创业企业在成长过程中所选择的财务目标也经历了利润最大化到企业价值最大化的过程。利润最大化与较低的财务管理知识和技能积累程度以及不完善的理财环境相适应，而企业价值最大化则与较高的积累程度以及较完善的理财环境相适应。

1.3　创业企业理财环境

任何企业的财务活动都不可能是完全封闭的，这些活动都是在一定的环境中，受环境影响和制约的。企业的财务管理环境即理财环境，是指对财务活动及其管理产生影响的内外部各种条件或因素。在这些条件或因素中，一部分是属于企业内部的、可控制的，主要包括内部的组织形式、治理结构、管理制度及人员素质、会计信息系统等。另一部分是属于外部的、不可控制的，更多的只能是适应其要求和变化。这部分主要包括法律环境、经济环境、金融市场环境等。

1.3.1　法律环境

企业理财的法律环境是指企业与外部发生经济关系时所应遵循的各种法律、法规和规章。企业的各项理财活动，无论是融资、投资还是利益分配，都要与外部发生各种各样的经济关系。为了规范企业行为，保护有关各方的正当利益，国家制定了一系列法律、法规和规章。企业在处理与外界的经济关系时，都必须遵守这些相关的法律、法规和规章。

与企业财务管理密切相关的法律法规主要包括：(1) 企业组织(行为)法规，包括《中华人民共和国公司法》、《中华人民共和国合伙企业法》、《中华人民共和国企业破产法》等；(2) 税收法规，包括《中华人民共和国企业所得税法》、《增值税暂行条例》、《消费税暂行条例》、《营业税暂行条例》等各项税收法规；(3) 财务法规，包括企业财务通则、统一企业会计制度等。此外，《中华人民共和国证券法》、《中华人民共和国合同法》、《中华人民共和国票据法》、国有资产管理法规等也与企业财务管理相关。

1.3.2 经济环境

经济环境是指影响企业理财活动的宏观经济状况，即宏观经济的发展状况。经济环境主要由经济结构、经济周期、经济体制、经济发展水平、经济政策等组成。

1. 经济结构

经济结构是指一国经济系统的内部组织构成情况，主要是指一国国民经济各部门、产业的组成或构成。经济结构对财务管理的影响主要表现在以下几个方面：不同产业的生产经营规模不同，因此，投资规模的差别、所处的产业会决定其筹资量的大小；不同产业的内部资本构成比例有差别，因此，产业会决定公司的资本结构和资本成本；不同产业的收益水平和相应的风险有差别，这就会影响公司的投资收益、风险及分配政策等。财务人员需要了解公司的行业特征和产业政策，及时调整管理策略、投资方向等，适应经济发展的要求。

2. 经济周期

经济周期的变化会影响总的营业水平，进而影响就业水平和购买商品与劳务的变化，对宏观经济产生影响。经济周期的变化可能在许多方面影响各个行业。首先出现的往往是销售水平的变化，进而影响筹集和使用资金。销售下降或增加，会阻碍资金的流转，或使多余资金产生投资的需求。在这种情况下，财务人员就需要有相应的对策，及时筹集短缺的资金，或为多余的资金寻找投资途径，从而保证资金的正常周转。经济周期包括四个阶段：经济复苏阶段、经济繁荣阶段、经济衰退阶段、经济萧条阶段。在不同的阶段要求财务管理人员运用不同的理财策略来实现财务管理的目标。

在经济周期的不同阶段，企业财务管理面临的问题也不同。一般来说，在繁荣阶段，市场需求高涨，购销旺盛，利润上升，企业纷纷扩大生产规模，对资金的需求激增，此时财务管理主要面对的是投资问题；而到了萧条阶段，市场需求锐减，产销量大幅下降，购销停止，企业利润下降。资金则有时紧张，有时又闲置，因此，财务人员要对经济周期有一个全面了解和整体把握，实现预测并针对不同阶段采取相应对策，随时应对经济周期的波动。

3. 经济体制

经济体制是指对有限资源进行配置而制定并执行决策的各种机制。我国已经实现了从计划经济体制向社会主义市场经济体制的转变，这种转变对财务管理工作产生了深刻的影响。计划经济体制下，企业生产由国家统一计划、统购包销，财务收支由国家统收统支，统负盈亏，企业财务工作没有什么实质的内容，只是按规定核算报销、监督并上交利润和税收。市场经济体制下，企业在人、财、物、产、供、销等方面拥有真正的自主权，真正成为市场经济的主体，"自主经营，自负盈亏"，必须面对激烈的市场竞争，企业财务管理工作好坏关系着企业的生死存亡。市场经济体制下的财务管理工作包括筹资、投资、利润分配及预测、决策、计划控制、分析等一系列复杂工作内容，而且要在不断变化的市场环境中不断丰富和发展其内容和方法。

4. 经济发展水平

经济发展水平的高低决定着财务管理发展水平的高低。在经济发展水平较高的环境下，发达的经济水平要求有完善、科学的财务管理体系与之适应。经济生活内容的不断创新和经济关系的日益复杂，推动了财务管理的不断创新和发展，先进的计算、通信设备又为财务管理方法的创新和完善创造了条件。而在经济发展水平低下时，企业经济活动简单、规模小，对财务管理要求极低，加上计算、通信设备的落后，财务管理的发展创新受到制约。

5. 经济政策

在市场经济条件下，国家通过一系列宏观经济政策来弥补市场自发调节的缺陷。如利用或紧或松的财政政策来调节国民收入分配格局及社会产品和货币的供求关系、国民经济的重大发展比例等，以达到调节收入差距、稳定物价、充分就业、经济增长等目的，保持国民经济的健康持续发展；利用行政法规的地区倾斜政策来调节经济结构、缩小地区差距等。这些宏观经济政策的实施将对企业的筹资、投资、利润分配等各方面产生影响。财务管理工作要预见经济政策的调整趋势，并针对这种趋势调整财务活动。

1.3.3　金融市场环境

金融市场是指资金供应者和资金需求者双方通过某种形式融通资金达成交易的场所。与实际的商品市场一样，金融交易产生了金融资产和金融负债，而各种金融资产和金融负债的产生和转让就形成了金融市场。

1. 金融市场类型

一般情况下根据市场交易内容的不同，将金融市场划分为资金市场、外汇市场、黄金市场，其中资金市场是企业融资的必需场所，以下是资金市场的几种主要分类。

(1) 金融市场按交易期限的长短可以划分为短期金融市场和长期金融市场。短期金融市场是指由金融债权买卖在一年内到期的交易组成的市场，它又叫货币市场，如短期存货市场、银行同业拆借市场、商业票据市场、短期债券市场等。货币市场主要满足交易者对资金流动性的需求。长期金融市场则是指期限在一年以上的交易组成的市场，也叫资本市场，如长期存货市场、长期债券市场、股票市场等。资本市场主要满足交易者对长期资金融通的需求。

(2) 金融市场按交易的性质可以划分为发行市场和流通市场。发行市场是指从事新证券和票据等金融工具买卖的转让市场，也叫初级市场或一级市场，如股票债券的发行市场。初级市场的交易会增加经济系统中可流通的金融资产的存量。流通市场是指从事已经上市的证券或票据等金融工具买卖的转让市场，又叫次级市场或二级市场。二级市场的交易活动并不影响经济系统中的金融资产存量，如股票债券的交易市场。

当证券发行后，它们就进入二级市场进行交易。证券在二级市场上又有两种交易方式，即竞价市场和交易商市场。竞价市场如我国的深圳股票交易市场和上海股票交易市场、美国的纽约交易市场等，一般大公司的股票都是在这些有组织的竞价市场上进行交易的。交易商市场就是通常所说的场外交易市场，当投资者需要购买某种有价证券时，就与特定的交易商联系，通过电传、电话或网络等进行联络、交易。

(3) 金融市场按市场的交割时间可以划分为：现货市场和期货市场。现货市场是指买卖双方成交后，当天或几天内买方付款、卖方交出证券的交易市场。期货市场是指买卖双方成交后，在双方约定的未来某一特定的时日才交割的交易市场。

(4) 金融市场按市场融通资金的范围可以划分为：区域性金融市场和国际性金融市场。区域性金融市场是指资金融通仅限于区域内的各经济组织、经济实体的货币和有价证券。国际性金融市场是指进行国际范围内的不同货币资金和有价证券的融通活动。

2. 金融机构

我国各种类型的金融机构遍布全国，其业务范围、职能和服务对象等各不相同。

(1) 中国人民银行。中国人民银行是我国的中央银行，它代表政府管理全国的金融机构和金融活动，经理国库。中国人民银行的主要职责是制定和实施货币政策，维持货币币值稳定；依法对金融机构进行监督和管理，维持金融业合法、稳健地运行；维护支付和清算系统的正常运行；持有、管理、经营国家外汇储备和黄金储备；代理国库和其他与政府有关的金融业务；代表政府从事有关的国际金融活动。

(2) 政策性银行。政策性银行是指由政府设立，以贯彻国家产业政策、区域发展政策为目的，不以盈利为目的的金融机构。政策性银行与商业银行相比，其特点在于：不面向公众吸收存款，而以财政拨款和发行政策性金融债券为主要资金来源，其资本主要由政府拨付；不以盈利为目的，经营时主要考虑国家的整体利益和社会效益。政策性银行的服务领域主要是对国民经济发展和社会稳定有重要意义的经济实体。政策性银行一般不普遍设立分支机构，其业务由商业银行代理。

我国在 1994 年组建了三家政策性银行：① 国家开发银行。其服务领域主要是指针对直接增加综合国力的支柱产业的重大项目、高新技术应用的重大项目、跨地区的重大政策性项目以及制约经济发展的重大关键项目发放政策性贷款；② 中国进出口银行。其业务范围主要是为机电产业和成套设备出口提供卖方信贷和买方信贷、办理与机电产业出口有关的各种贷款及出口信用保险和担保业务；③ 中国农业发展银行。其主要服务领域是粮食、棉花等主要农副产品等国家专项储备和收购贷款，办理扶贫贷款和农业综合开发贷款，以及国家确定的小型农业、林业基本建设和技术改造贷款。

(3) 商业银行。商业银行是以经营存款、放款，办理转账结算为主要业务，以盈利为主要经营目的的金融公司。商业银行的建立和运行，受《中华人民共和国商业银行法》管理。

在我国，商业银行分为国有独资商业银行和股份制商业银行两类。国有独资商业银行是由国家专业银行演变而来的，主要有中国工商银行、中国农业银行、中国银行、中国建设银行。它们过去分别在工商业、农业、外汇业务和固定资产贷款领域中提供服务，近年来，其业务交叉进行，传统分工已经淡化。股份制商业银行是自 1987 年以后发展起来的，包括交通银行、深圳发展银行、中信实业银行、中国光大银行、华夏银行、招商银行、上海浦东发展银行及原城市合作银行等。这些银行的股权结构各异，以公司法人股和财政入股为主，从目前情况看，已有部分银行上市，因此，也拥有个人股权。股份制商业银行完全按照商业银行的模式运行，服务比较灵活，业务发展很快。

3. 非银行金融机构

我国目前主要的非银行金融机构有：

(1) 保险公司。它主要经营保险业务，包括财产保险、责任保险、保证保险和人身保险。目前，我国保险公司的资金运用被严格限制在银行存款、政府债券、金融债券和证券投资基金范围内，不能为公司企业提供资金。

(2) 信托投资公司。它主要是以受托人的身份代人理财。信托投资公司的主要业务有经营资金和资产委托、代理资产保管、金融租赁、经济咨询以及投资等。

(3) 证券机构。它是指从事证券业务的机构，包括：① 证券公司，其主要业务是推销政府债券、公司债券和股票，代理买卖和自营买卖已上市流通的各类有价证券，参与企业收购、兼并，充当企业财务顾问等。② 证券交易所，它提供证券交易的场所和设施，制定证券交易的业务规则，接受上市申请并安排上市，组织、监督证券交易，对会员和上市公司进行监管等。③ 登记结算公司，它主要负责股票交易所有权转移时的过户和资金结算。

(4) 财务公司。它通常类似于投资银行。我国的财务公司是指由企业集团内部各成员单位入股，向社会募集中、长期资金，为企业技术进步服务的金融股份有限公司。其业务被限定在本集团内，不得从集团之外吸收存款，也不得对非集团单位和个人贷款。

(5) 金融租赁公司。它是指办理筹资、租赁业务的公司组织。金融租赁公司的主要业务有动产和不动产的租赁、转租赁、回租租赁。

1.4 创业企业的融资困难及根源

实践证明，在创业企业发展所遇到的问题中，融资困难是制约其发展的主要因素。与大企业相比，虽然这些创业企业有诸如经营机制灵活、适应市场能力强、易产生企业家精神、技术创新效率高等优势，但在激烈的市场竞争中，其劣势也十分明显，如技术人才短缺、资金不足、设备不足、利用外部信息的能力较低等。尤其是创业初期的创业企业，由于其高风险、市场与收益的不确定性，所以资金短缺的问题尤为突出。通常的情况是大部分创业企业由于缺乏足够的资金支持而不能快速发展。

1.4.1 创业企业发展的资金"瓶颈"

大量长期的研究表明，创业企业融资面临着资本缺口。绝大多数创业资本主要是通过自我积累和群体聚集形成的，其来源大多为个人储蓄、家庭朋友集资、个人投资等，其自有资金有限。即使是合伙企业，其合伙资金也是有限的，因为它们不是股份公司，更不是上市公司，所以就不存在通过发行股票进行股权融资的可能性。当企业需要外部资本时，它们很难在资本市场上筹集到资金，存在较为严重的资本缺口。虽然近几十年来风险投资的发展大大地减少了资本缺口，但资本缺口依然是创业企业、财务理论界和各国政策制定者关注的主要问题。创业企业面临的资本缺口问题具体表现在以下几个方面：

(1) 在正式的资本市场上进行股票融资有一个最低资本规模和经营年限的要求，该要求对于创业企业来讲显然"门槛"太高。虽然近年来，发达国家的柜台交易市场、二板市场以及第三市场的发展使创业企业寻找资本投资的困难有所减弱，但这些限制仍使中小企业面临筹资困难。

(2) 风险投资的发展虽然在一定程度上缓解了创业企业外部融资的困难，但其规模有限，投资方向、数量、运行机制等有着严格的限制，且小规模的风险投资存在规模不经济的问题。这自然使绝大多数的创业企业难以得到风险投资。

(3) 风险投资的特征决定了其在缓解资本缺口方面的作用有限。由于其承担的风险高于银行向小企业贷款产生的信贷风险，风险投资资金通常要取得更高的回报，因此，风险投资通常投资于特定的经济部门和行业，对于涉及众多产业的创业企业来讲风险投资的作用是有限的。

(4) 风险投资通常在所投资企业运营一段时间后，通过所投公司的上市而置换出原始的投资。在持有一段时间企业股票之后，通常将股票上市作为其投资退出的出路。这样风险投资所要投资的企业通常应在较短的时间内有较高的成长性，并有极其严格的选择条件限制，这就使大多数创业企业被排除在风险投资的视野之外。

(5) 一般来说，创业企业规模小，资信度低，可供抵押的资产少，财务制度不健全，破产率高，因此商业化经营的银行认为其风险太高而产生惜贷现象，且由于其所需贷款一般单笔数量不大，频率又高，这就使得银行对其放款的单笔管理费用高于大企业的相关费用，出于安全性、盈利性原则考虑，银行就更不愿给其进行贷款，因此，创业企业在获得银行等金融机构的债务融资时往往面临着有效的资金需求无法得到满足的问题，即存在一定的债务融资缺口。

(6) 创业企业在获得银行等金融机构的债务融资时，通常面临着"信贷配给"问题。"信贷配给"是金融市场普遍存在的一个问题，其主要原因是创业企业与银行等金融机构之间存在严重的信息非均衡，且这种信息非均衡远比大企业严重得多。

1.4.2　信息不对称和不确定性问题

创业者和投资人对信息掌握程度的不同，以及创业企业的不稳定性，是造成创业者难以融资的主要原因。

1. 信息不对称问题

投资人和创业者对信息的了解程度不同，即信息不对称，容易导致逆向选择和道德风险，这也使投资人运用资金更加谨慎，造成的后果是创业者更难筹到资金。

(1) 创业者不愿向投资人透露过多信息，投资人必须在有限的信息下做出决策。创业者保护自己的商业机密及其开发方法不被他人知道是基本常识，特别是进入门槛低的行业更应该保守商业秘密。如果其他人知道这个秘密，也将追逐同样的机会，形成竞争。此外，投资人拥有开发商业机会所必需的资金，一旦获得创业者的商业机密及其开发方法，完全能够抛开创业者而自己开发。所以，创业者隐藏信息，虽然保护了自己，但使投资人不得不增加甄别信息的成本和时间，最终影响对创业者的投资决策。

(2) 创业者拥有的信息优势使他们有可能利用投资人。创业者完全能够利用他们对信息的优势，将投资人的资金用来谋取自己的利益而不是企业的利益，从而发生道德风险问题。因为在商业活动中，企业的经营都是由个人来完成的，所以个人完全能够在企业活动中"搭便车"为自己牟利。

(3) 投资人关于创业者及其商业机密的信息有限可能导致逆向选择问题。当某人不能区分在两人中哪一个具有优良品质,哪一个没有的时候,逆向选择就会发生。不具有优良品质的人就有动机撒谎,声称自己具有优良品质。例如,某些创业者具有成功创建新企业的能力,而某些人没有,如果投资人不能将他们识别出来,那么,没有能力创建新企业的人将会模仿别人的行为获得融资。为了保护自己的利益,投资人不得不以收取保证金作为补偿,结果是造成有能力的创业者不愿支付保证金而退出融资市场,只剩下那些投资人不愿意支持的创业者。

2. 不确定性问题

创业企业是非常不确定的。主要原因如下:

(1) 商业机会的不确定性。创业者的创业机会不可避免地会受到外界环境的影响,当外界环境发生变化时,机会也就丧失了。另外,创业者管理企业的能力也会影响到以后机会的发现和实施。

(2) 创业企业利润的不确定性。创业者为了激励自己,常常说服自己相信企业能够盈利。但是,没有人真正知道一家创业企业会赚取多少利润,因此,投资人会基于他们自己对创业企业的盈利能力和吸引力的洞察来制定投资决策,这种认识通常会低于创业者的评价。

(3) 创业企业寿命的不确定性。亚洲开发银行驻中国代表处副代表兼首席经济学家汤敏指出,创业企业的存活率很低,即便在发达的美国,5 年后依然存活的比例仅为 32%,8 年后为 19%,10 年后为 13%。在我国,创业企业的寿命周期可能更短。这就意味着大多数投资人是很难收回向创业企业投放的资金的,因此,投资人谨慎选择创业者或要求创业者提供抵押和担保是可以理解的。

1.4.3　资本市场欠发达和融资渠道狭窄

1. 资本市场欠发达

我国真正意义上的资本市场是以 20 世纪 90 年代沪、深证券交易所的成立为标志的,此后经过不断完善,现在沪、深证券交易所已经是国家经济调控和企业融资及产权交易的重要场所。但是,由于我国资本市场的发展受到多种因素的制约,如非市场经济因素、市场经济因素、金融环境的不稳定性以及各项配套改革措施滞后等,因此与发达国家相比,还有相当大的差距,特别是在融资方面差别更大。资本市场的不发达使创业企业没有更多的融资方式可选择,大量的创业机会被浪费;同时又造成资本退出困难,投资人难以使资本更好地升值。这主要表现在两个方面。

1) 我国二板市场并未成熟,投资资本利用二板市场还为时尚早

虽然我国证监会正在积极筹划推出中国的二板市场,但二板市场的发展与成熟仍需要一个较长的过程。关于投资资本的另外回收途径,也可以通过香港创业板来完成,但香港创业板也有最低股本(3000 万港元)要求,且在信息披露、产权结构的明晰度上有着更严格的规定,因此,内地风险投资企业赴港上市依然是任重道远。

2) 昂贵的上市费用已经成为创业企业发展的桎梏

目前我国 A 股市场股票的平均发行费用大约为筹集金额的 5%，如果加上非公开的费用，则比例可能会更高。由于创业企业其项目的高风险性和公司前景的不确定性，会给券商在股票承销时带来较大的风险，因此承销商和其他相关机构(审计、律师、评估)必然会收取高额的费用。据有关机构保守估计，如果新创风险企业成功上市，则此费用至少在 10% 以上，这对企业来说肯定是个不小的负担。

2. 融资渠道狭窄

随着中国经济的发展，虽然国内融资渠道不断拓宽，但可供创业企业选择的融资渠道仍然很有限，这也在一定程度上制约了创业企业融资活动的开展。其中主要存在的问题包括：

1) 现有融资渠道不完善

对于我国的创业企业来说，风险投资作用有限，且进入时间主要集中在中后期；银行贷款手续繁琐且要求较高，在贷款过程中还存在着偏好障碍，即国有银行对公有制企业比较偏好，而对于创业企业的贷款请求则表现得不太热情；创业板上市推出时间短且上市要求严格，管理尚未规范；天使投资获取难度较大且资金规模较小；信用担保机构虽然呈现出多样化的发展趋势，但是其中蕴含了较大的金融风险；由于我国对民间集资尚未给出确定的法律定性，所以众筹融资可能会触及法律问题。

2) 债权性融资产品少、债券发行机制尚未完善

目前合法金融机构提供的直接债权性融资产品只有股权融资和债券融资两种。我国资本市场结构单一、市场准入条件高、缺乏完善的法律保护体系和政策扶持体系导致中小企业实现股权融资较为困难。在债券融资方面，由于我国企业债券期限品种少、承销佣金低、难以受到债券承销机构的重视、承销力度弱，所以致使企业债券没有很好地被社会公众认识并接受。总体上看，我国公司债券市场发展极其缓慢，债券发行机制尚未完善，债券的融资功能没有得到很好的发挥。

1.4.4 信用水平低

1. 担保机构少，担保机制不完善

中小企业由于信用等级不高，绝大多数货款都需要抵押或担保。我国信用担保行业起步晚，合法担保机构数量少，机构发展不均衡，缺少银行风险联动机制，承受了大部分的货款风险，信用担保机制尚未得到完善。目前颁布的中小企业信用担保管理办法主要是针对政策性担保机构，适用范围窄，尚未形成与我国经济管理体制相适应的中小企业信用担保法规体系。其他非政策性担保机构规模小，担保能力有限，缺少风险补偿机制以及有效的中小企业信用评估体系。而担保机构提供的担保资金普遍存在不足，并且担保手续繁多复杂，担保条件较高，导致中小企业很难通过信用担保获得融资。

2. 创业企业自身信用低

创业企业大多起步较低，规模较小，资产较少，并且企业的诚信观念和履约意识不强，

在经营过程中普遍存在还款能力差、转嫁风险等不良现象。部分企业在经营过程中，一旦出现问题，千方百计拖欠、逃避债务，这些行为严重影响了各类金融机构和非金融机构对创业企业放贷的信心，从而提高对其投资、贷款门槛。

3. 企业可用担保物少

创业企业处于企业发展的初步阶段，多为中小企业，而现行的中小企业贷款担保往往采用抵押和保证两种方式，银行作为创业企业融资的主要渠道，通常接受的抵押物是土地和房产。但创业企业经济实力不足，无力获得土地使用权证，因此即使是自建的厂房，也无法用来抵押。如果使用机器设备等作为抵押物，则因变现困难等原因，银行一般不接受。

1.4.5　创业企业融资问题解决机制

以创业企业为主的中小企业是一国经济的重要组成部分，也是一国经济是否活跃的重要标志，因此，发达国家都十分重视创业企业的发展，尽量为其提供更多的便利。在我国，信息不对称、创业企业的不确定性以及资本市场的不发达，使得创业企业在融资时遇到了诸多困难。要解决这些问题，必须从政府、资本市场、创业者、投资人等多个方面入手，提出相应的解决机制。

1. 重视创业企业自身的信用建设

创业企业自身的信用建设是指企业有无意愿偿还所融资的债务，或者偿还债务能力的高低，以及是否有意愿向初始投资人分配其应得利益。创业企业应以实际行动展现自身的资信，并努力得到权威资信评估体系或机构的认可与同行的赞赏，打消投资人的资信忧虑，为创业企业融资扫除障碍。就企业自身而言，应该努力提升经营水准，规避和善用风险，求得企业的永续发展来吸引投资人，打通或拓宽融资渠道。

2. 完善创业企业融资的法律体系

以构筑全方位体系为原则，尽快制定相关法律法规，使创业企业的各种融资渠道都有法可依。例如，我国关于创业企业私募融资的法律法规一直不明确，这就限制了创业企业的融资途径。完善企业的法律体系是创业企业顺利发展的基本保证，它可以引导创业企业的投资方向，保障私人投资权益，推动创业企业健康发展。

3. 健全国有商业银行的信贷管理机制

国有商业银行要发挥资金雄厚、网点多、信贷机制健全、金融工具多样的优势，完善信贷管理机制，加强对创业企业的信贷服务。一是改进贷款授权授信制度，下放贷款权限，减少对客户的管理层次，简化审批程序，加大基层和信贷员的贷款权限和责任；二是要完善创业企业信用评级体系，使信用评级科学、合理地反映创业企业的资信状况和偿债能力，为贷款发放提供便于操作的可靠依据；三是扩大授信额度，加速创业企业资金周转；四是简化中小企业不良贷款核销程序，调动银行对创业企业贷款的积极性。

4. 规范民间融资

政府应制定相关法律以明确对民间借贷中债权人的保护以及对债务人的法律约束和惩罚机制，允许、保护合法的非正规融资渠道的存在和发展。从融资理论上看，以亲友链、社区链为特征的关系型贷款和关系借贷是一种能够更好地适应和满足创业企业在信息不对称条件下的融资方式，因而应更好地促进其发展。其中，广泛使用的互相保证和个人财产完全抵押也是一种解决信用缺失和信息不对称的重要形式，虽然较为原始，但是很有效。

5. 发展融资租赁业务

在产业区域化的地区和季节性强的行业发展融资租赁业务，能够最大限度地发挥机械设备的效能，避免企业重复购置机械设备而造成生产要素闲置浪费。创业企业可以根据自身对生产设备的需要向租赁公司提出设备租赁的要求，租赁公司负责融资并采购相应设备，然后交付租赁企业使用。承租企业按期交付租金，租赁期满时承租企业享有停租、续租或留购设备的选择权。融资租赁业务作为一种适应性较强的融资方式，集融资与融物、金融与贸易于一体，具有对企业整体的资信能力要求低、不需要额外担保、融资手续简单、融资费用相对较低、租金支付灵活、能规避引资的利率和汇率风险、减少设备陈旧的风险及优化资本结构等优势，既可切实解决创业企业融资难的问题，又可有效提高社会生产要素的使用效率。

讨论与思考题

1. 常见的企业组织形式有哪些？分别有什么特点？
2. 创业企业理财的主要内容有哪些？
3. 简述创业企业理财的目标体系。
4. 简述创业企业面临的理财环境。
5. 创业者为什么难以筹集到创业的资金？
6. 改善创业企业融资难的解决机制有哪些？

案例分析

2015 年，来自法制晚报的一则"清华毕业生研发"3D 煎饼打印机"可用电脑操作打印百变卡通煎饼"的新闻爆红网络，几位清华大学计算机软件专业的高材生，创建了一个 3D 打印煎饼店。一个"高大上"的 3D 打印公司与一个"接地气"的煎饼连锁店，看似风马牛不相及的两个项目，却意外地"在一起"了，彼此还产生了奇幻的化学反应。创业团队的两位负责人希望做一个自己的品牌，用自动化节省人工，推动 3D 打印的大众化应用，将好的技术引入"寻常百姓家"。

项目开始时，他们对用 3D 打印机打印煎饼自信满满，觉得这是"分分钟就能做成的事"。不过，真正实施起来却遭遇到了意想不到的困难。在公司 8 平方米的地下室，清一色的清华软件背景的核心团队和煎饼较上了劲儿。为了打印出直线，团队反复研究测算，至少经历了 1 万多根直线的试错。机器响声大、食材配料、烤盘传热方式等一系列的细节问题被逐一攻克，对整个机器进行了大大小小一两百处改动。如今真正将要问世的煎饼打印机，已经是迭代四次的第五代产品。目前，3D 煎饼打印机的发展前景得到了广泛认可，而与此同时，也获得了真格基金徐小平的千万元投资。

2016 年，另一家创业公司——滴滴出行宣布已经完成了新一轮 45 亿美元的股权融资，新的投资方除苹果外，还包括中国人寿及蚂蚁金服等。腾讯、阿里巴巴、招商银行及软银等现有投资人也都参与了本轮融资。这是全球未上市企业单轮最大规模股权融资之一。

本轮除股权投资外，招商银行还将为滴滴牵头安排达 25 亿美元的银团贷款，中国人寿对滴滴进行了 20 亿人民币(约 3 亿美元)的长期债权投资。这也意味着，滴滴本轮融资的实际总额高达 73 亿美元。而滴滴出行表示，本轮融资资金将用于平台技术升级、大数据研发和运营、提升用户体验、进一步拓展国内外市场和新业务等。

投资 10 亿美元的苹果公司 CEO Tim Cook 表示："滴滴彰显了中国 iOS 开发者社群的锐意创新精神，滴滴打造的出行平台及其卓越的管理团队令人赞叹，我们期待支持滴滴的长期发展。"这足以证明滴滴出行整个团队的创新精神是其取得巨额融资的重要原因，而这些融资的取得也促使滴滴进一步开拓市场，创新企业产品及服务。

资料来源：北京日报，玩转 3D 打印的"煎饼侠"，潘福达，2015.09.28，第 11 版.

网易科技，滴滴宣布已完成 45 亿美元融资腾讯阿里均参与，2016.06.16

阅读上述材料，结合本章知识，回答下列问题：

1. 3D 打印煎饼项目的"科技＋创业"模式的成功对创业企业有什么经验及启示？
2. 讨论 3D 打印煎饼及滴滴出行取得融资成功的原因有哪些？
3. 查阅滴滴出行融资史，探讨每次成功融资对滴滴出行成长带来的影响。

第2章

创业公司治理与财务组织架构

重点提示

➢ 创业计划书

➢ 创业企业公司治理

➢ 创业企业财务组织架构

➢ 创业企业财务部相关岗位职责

阅读资料

温城辉，礼物说创始人兼 CEO，人称"90后马云"，目前礼物说公司估值10亿。他曾就读于广东外语外贸大学。高中曾主办校园纸质杂志，获得人生中的第一桶金。大学创立校园明信片品牌"绘城印象"，销售出100万张纸质明信片，多次得到新华社、南方都市报等媒体的报道。2013年创立广州贴贴信息科技有限公司，开始涉足移动互联网，带领团队打造出贴贴二维码和贴贴明信片两款产品。现任礼物说科技 CEO，旗下产品礼物说已拥有近2000万用户。2014年8月，礼物说获红杉资本等投资机构300万美金 A 轮投资。2015年4月，礼物说再获顶级风投3000万美金 B 轮投资。

2015年9月20日，温城辉在北京卫视的《我是演说家》发表题为《演讲伴我成长》的演讲，讲述自己大学二年级开始休学，一路创办自己的公司，直至将礼物说打造成国内最大礼物电商的经历。

"我是温城辉，是一名创业者。我还有第二个名字—— '90后马云'，这是因为我在22岁就拥有了一家估值10亿的电商公司，公司的名字叫礼物说。"

"靠演讲我赚得了人生第一桶金，靠演讲获得了3000万美金的投资，靠演讲我管理着近百名的比我年长的员工。"

"在我22年的经历里，演讲一直陪伴着我的成长。15岁那年，它教会我要勇敢地走向讲台；18岁那年，它教会我要和团队们一起合作；21岁那年，它告诉我，要用真诚去打动你的投资人。"

礼物说是一个礼品导购电商，先从京东、淘宝、天猫上筛选礼物，然后文字图片包装，文后有购买链接，可让用户产生交易。该 APP 于 8 月份正式上线，用户增长很快，目前用户已经达到 2000 万，是礼品导购 APP 的第一名。

资料来源：人称"90 后马云"，他 21 岁做了一家价值 10 亿的公司，搜狐财经网

阅读以上材料，回答下列问题：

作为创业者，拥有了创业项目，如何撰写创业计划书吸引投资人的加入？

2.1　创 业 计 划 书

创业计划书是一份全方位的商业计划，其主要用途是递交给投资商，以便于他们能对企业或项目做出评判，从而使企业获得融资。它是用以描述与拟创办企业相关的内外部环境条件和要素特点，为业务的发展提供指示图和衡量业务进展情况的标准。通常创业计划是结合了市场营销、财务、生产、人力资源等职能计划的综合。

2.1.1　创业计划书的价值

撰写创业计划书对于面临资本束缚的创新型企业来讲，不仅是相当必要的，而且是其获得创业资本和资源的重要工具。创业计划书的撰写应遵循简洁清晰、排版规范、装订美观、避免言过其实、突出关键风险因素、突显优秀创业团队信号的基本准则。

1. 新企业的"第一份"纲领性文件和执行方案

美国俄亥俄大学创业研究中心的罗伯特·F·谢勒(Robert F. Chelle)主任指出："商业计划必须受到重视。创业之路如同航行在大海之上，漫无边际，深不可测，所以必须认真调查，花费时间，制定合理的商业计划。"创业计划书作为全方位描述与创建新企业有关内外部环境条件和要素的书面文件，旨在阐述商机的意义、要求、风险和潜在收益，以及如何抓住这个商机。它涵盖新企业创建中所涉及的市场营销、生产与运营、产品研发、管理、财务、关键风险以及一个完成目标任务的时间表。撰写创业计划书的第一个重要价值在于帮助创业者团队厘清创业思路，明晰企业发展蓝图、战略、资源以及人员匹配要求。

2. "写作使人精确"

撰写创业计划书的另一重要价值源于"写作使人精确"。将头脑中的创业创意完完整整写出来，更能有效地检验创意的逻辑性与一致性。有些创意听起来可能很棒、很诱人，但是，当创业者把所有的细节和数据写下来的时候，会发觉创业活动与创业者的个人目标和期望并不一致。那么，此时作出放弃创办新企业的决定，应被看做是一种"成功"。正如瑞士军事理论家菲米尼所说："一次良好的撤退，应和一次伟大的胜利一样受到奖赏。"创建新企业犹如作战，创业者如果一条路暂时行不通，应立马回头，及时撤退调整方向，通过另一条创意之路走向成功。由此看来，要识撰写创业计划书的"真面目"(即价值)，不在其本身，而是源于形成完整创业计划书的过程。

完成一份精心设计的创业计划书通常需要花上数日或者数个星期进行市场调查研究。这将迫使创业者审时度势、客观理性地评判创业企业。创业计划书所包含的产业分析、市场分析以及财务分析，将使创业者更加全面、更加清醒地检查企业预期成就与现实之间的

差距。创业计划书使目标得以量化，为创业者预测与实际结果提供可度量的标准。创业计划书涉及企业的诸多方面，难免有不妥或遗漏之处，作为企业的"自我推销"文件，在供外部读者评估审阅时，有机会得到他人的指导，使计划更加切实可行。一份高质量的创业计划书，既是与外部投资者沟通的桥梁和媒介，又是统一企业员工思想使员工齐心协力沿着新企业发展目标前进的路标。可见，创业计划书的撰写是"创业者对时间和金钱的绝佳投资"。

2.1.2　创业计划书的内容

创业计划书一般包括以下内容：(1) 摘要；(2) 公司发展的历史与未来；(3) 管理团队与组织模式；(4) 产品与服务；(5) 行业竞争与市场分析；(6) 营销策略；(7) 生产与管理；(8) 风险因素分析；(9) 财务分析；(10) 附录。

1. 摘要

摘要是商业计划的核心。摘要列在创业计划的最前面，它浓缩了创业计划书的精华，涵盖了计划的要点，以求一目了然，以使读者能在最短时间内评审计划并做出判断。摘要一般包括以下内容：公司介绍；主要产品和业务范围；市场概貌；营销策略；销售计划；生产管理计划；管理者及其组织；未来发展目标；财务计划；资金需求状况；联系方式等。

摘要需要尽量简明、生动。特别要详细说明自身企业的不同之处以及企业获取成功的市场因素。摘要格式应为提纲式、叙述式，要清晰、简洁(1～2 页)、全面、重点突出、充满激情。

2. 公司发展的历史与未来

这一部分主要介绍公司基本情况：公司名称、业务性质、注册地点、经营场所、经营范围、注册资金、法定代表人；公司宗旨和目标；公司发展历史与现状：股东简介、成立背景、主导产品及现状、重要事件；公司发展战略等。

股东简介主要陈述组织形式(个人独资、合伙企业、公司制)。列出企业所涉及的人以及他们将要扮演的角色。尤其是要提到是谁建立了这个企业，以及是什么时候创办的。如果公司已经改变了所有权，要说明原因。对企业中所涉及的人，要提到他们的姓名、职位以及经历。

公司发展战略部分总体上来讲既要有公司的总体战略又要有公司的阶段性战略。这部分要注意的问题是战略不同于目标。公司的战略与公司的经营目标也有联系，战略属于策略或方法，是实现目标的策略或方法，因此，它既有别于公司的经营目标又与公司的经营目标相联系，这是其一；其二，要注意总体战略与阶段性战略之间的关系，阶段性的战略是在总体战略框架内的战略，阶段性战略的实施应该体现总体战略的要求，这一点在撰写上要加以注意。总之，这一部分的撰写，既要注意战略与目标的区别与联系，又要注意总体战略与阶段性战略的关系。这两种关系的处理要做到逻辑清晰。

3. 管理团队与组织模式

这是创业计划中最关键的部分之一，这一部分的主要内容包括：哪些人将参与企业的经营管理；每个人将承担什么工作；每个人的学历、经历、特长；甚至每个人可能给企业带来的贡献；管理层薪酬等。

(1) 管理团队主要成员(总经理、副总经理、财务负责人)的教育背景、工作经历、工作业绩、领导能力、个人品质、团队整体能力。

(2) 公司外部管理资源：律师、财务顾问、管理顾问、市场营销顾问、技术专家或科研机构、高校等。

(3) 人力资源管理：人力资源现状、激励约束机制等。

(4) 组织机构：生产管理框图、行政管理框图。组织就是描述企业的组织结构和所有制形式。企业的组织形式包括：直线制、直线职能制、事业部制等。不管采用何种形式，这部分内容应该包括新企业的组织结构(也可放在附录中)、部门的划分以及各部门的职责权利、应该明确每一个岗位的要求和职责。所有制形式是指创业企业是独资形式、合伙形式还是公司形式。这部分内容应该包括不同的所有制形式下，每一位投资者投入资金的数量和形式、每一位投资者承担责任的形式、投资者的权利、企业的管理机构设置及其职权等。

(5) 应注意的问题：一方面，突出经营业绩、显示专有知识和创造能力的证据；另一方面，具体分析经营风险，提出完善应对措施。

4. 产品与服务

企业的产品、技术或服务能否以及在多大程度上解决现实生活中的问题，或者能否帮助顾客节约开支，增加收入，是投资人最关心的问题之一，因此产品的介绍必不可少。要求：说明准确、通俗易懂，建议附上产品原型、照片或是其他介绍。一般包括以下内容：产品的概念、性能和特性；主要产品介绍；产品的优势；发展新产品的计划以及成本分析；产品的市场前景预测等。注：介绍要切合实际，不能过分夸大自己的产品/服务。

5. 行业竞争与市场分析

创业者首先要对需求进行预测：市场是否存在对这种产品或服务的需求？需求的大小能否足以给企业带来利润？需求未来的发展趋势如何？影响需求的因素有哪些？其次，创业者需要对市场竞争情况进行分析：竞争对手有哪几家？他们的势力如何？他们的竞争优势何在？本企业能达到的市场占有率是多少？本企业的进入对竞争会带来何种变化？企业有没有相关的措施来应对？是否存在有利于企业的市场空当？等等。

(1) 行业分析：公司所处行业及行业发展预测。行业驱动因素分析。

(2) 其他影响行业发展的因素：国家政策的影响、科技发展的影响。

(3) 市场分析。如果企业准备推出新的产品或服务，或者开拓新市场的时候，则首先要仔细地对市场进行分析和预测：首先，市场预测要对需求进行预测：市场是否存在对这种产品的需求？目标市场在哪里？产品或服务的竞争优势在哪里？需求的程度是否可以给企业带来所期待的利益？新的市场规模有多大？需求发展的未来趋向及其状态如何？影响需求都有哪些因素？其次，市场预测还要包括对市场竞争的情况——企业所面对的竞争格局进行分析：市场中主要的竞争者有哪些？等等。

6. 营销策略

营销策略是创业计划的重要组成部分，它主要描述企业的产品或服务将如何进行分销、定价和促销。营销是企业经营中最富挑战性的环节，影响营销策略的主要因素有：消费者的特点；产品的特性；企业的自身状况；市场环境方面的因素。最终影响营销策略的则是营销成本和营销效益因素。在创业计划书中，营销策略应包括以下内容：(1) 市场机构和营销渠道的选择；(2) 营销队伍和管理；(3) 促销计划和广告策略；(4) 价格决策。

对创业企业来说，由于产品和企业的知名度低，很难进入其他企业已经稳定的销售渠道中去，因此，企业不得不暂时采取高成本低效率的营销战略，如上门推销，大打商业广告，向批发商和零售商让利，或交给任何愿意经销的企业销售。

7. 生产与管理

创业计划书中的生产制造计划应包括以下内容：产品制造和技术设备等生产设施现状；新产品投产计划；技术提升和设备更新的要求；质量控制和质量改进计划；生产过程控制；劳动管理。如果新创办的企业属于制造业，那么计划中必须要制订生产计划。这个主要是描述产品完整的生产制造过程。　件产品的制造过程一般包括很多工序或工艺，当中部分工序或工艺由企业自己完成，另一部分则分包给其他企业去完成(要么因为成本低，要么自己没有这项技术)。

8. 风险因素分析

在创业计划书的风险部分中，列出企业可能面临的潜在问题或风险，是非常重要的。创业者有必要进行风险估计以便及早制定有效的战略来应对这些威胁。创业企业面临的风险可能有：技术不成熟、资源短缺、管理经验不足、市场和产品的不确定性、对关键人员的依赖性、竞争的残酷性、技术的进步导致产品过时等。这些风险有来自竞争者的，也有来自自身的，如不能完成销售计划或者低估了成本。风险因素分析包括：

(1) 风险种类描述。其主要分析技术风险、市场风险、财务风险、管理风险、行业风险。

(2) 降低风险的措施。其主要说明将采取何种措施降低风险。企业应找出过去曾经面临的问题及其解决方法，并说明为了防止它们再次出现采取了哪些措施。

9. 财务分析

财务分析将用来判断企业未来经营的财务损益状况，进而帮助投资者判断所投入资金能否获得预期的回报。首先应该考虑的报表包括：损益表、资产负债表和现金预算。

损益表可以说明预期经营成果，通过销售额、销货成本、费用、利润或亏损，为企业运营结果提供规划依据。资产负债表将提供创业企业拥有的资产和负债方面的信息，表明企业未来不同时期的财务状况。在最初三年内，这些信息应按半年进行预期，通过相关财务数据显示初始投资和未来投资的合理性。现金预算则强调了融资的需要和时机以及对营运资金的需求。

财务分析具体包括如下内容：

1) 融资说明

融资说明指对融资时间、金额等做总体说明。

2) 财务预测

财务预测一般通过预计损益表、预计资产负债表和预计现金流量表来进行。

(1) 预计损益表。预计损益表是反映企业一定时期内经营成果的财务报表，主要提供有关经营成果方面信息(包括收入、成本和费用)。利用这些信息，可以了解这一期间收入实现情况和费用耗费情况，了解生产经营活动的成果，了解企业的盈利能力和变化趋势。

(2) 预计资产负债表。预计资产负债表是反映企业在某一特定日期财务状况的报表。通过资产负债表，可以了解企业资产和负债的总额及构成情况，可以了解所有者所拥有的权益。企业未来的每一笔经济业务都会影响到资产负债表。资产负债表根据资产、负债、所有者权益之间的勾稽关系，按照一定的分类标准和顺序，把企业一定日期的资产、负债和所有者权益各项目予以适当排列。资产是企业拥有或者能够控制的能以货币计量的经济资源，包括流动资产、长期投资、固定资产、无形资产和其他资产。负债是企业对债权人的负债或欠款，包括流动负债和长期负债。所有者权益是所有者在企业资产中享有的经济利益，其金额为资产减去负债后的余额，包括实收资本、资本公积、盈余公积和未分配利润。

(3) 预计现金流量表。预计现金流量表是反映企业一定期间内现金和现金等价物流入和流出信息的财务报表。通过现金流量表，可以评价企业的支付能力、偿债能力、周转能力，可以了解企业未来的现金流量，有助于分析企业收益质量及影响现金流量的因素。这些信息对外部投资者来说非常重要，因为现金流量影响到银行的贷款能否顺利地收回，投资者的资金能否及时退出。有一些企业损益表上显示有大量赢利，却无力偿还到期债务，这就是现金流出现了问题。

创业者至少应该给出创业企业开始的3~5个月的预计财务报表，以便对企业的长期经营有一个全面的估计和认识。

3) 财务比率分析

财务比率分析包括偿债能力、营运能力、盈利能力分析。

4) 盈亏平衡分析

创业者自己应该清楚创业企业何时才开始获利，并且需要反映在计划之中。盈亏平衡点就是企业刚开始由于产销量很小，一般都处于亏损状态，但随着产销量的增加，企业将出现既不赢利又不亏损的情况，这就是盈亏平衡点，这时的销售量称为盈亏平衡点销售量，这时的销售额称为盈亏平衡点销售额。盈亏平衡点销售额向创业者指明了支付全部的固定成本和变动成本所需的销售额。如果销售单价低于或等于产品的单位可变成本，企业则永远无法实现赢利，这一点是应该清楚的。只有销售单价高于产品的单位可变成本，随着产销量的增长，肯定会出现盈亏平衡点。如果产销量进一步地扩大，企业便开始赢利。通过盈亏平衡分析，可以预测到为实现既定的利润目标，企业的产销量应该达到什么样的规模。

5) 投资回报与退出

财务规划需要花费较多的精力来做具体分析，其中包括现金流量表、资产负债表以及损益表。流动资金是企业的生命线，因此企业在初创时，对流动资金需要有预先周详的计划。损益表反映的是企业的赢利状况，它是企业在一段时间运作后的经营结果；资产负债表则反映在某一时刻的企业状况，投资者可以用资产负债表中的比率指标等来衡量企业的经营状况及已经可能的投资回报率。

很多创业者太沉浸于应付开办企业带来的挑战，而从不考虑如何退出的问题。退出是经常发生的事，所以在计划中，应该考虑如何解决将来的企业"给谁、何时、多少钱"等问题。

更为重要的是，如果创业企业准备吸引风险投资的话，那么在创业计划中必须说明风险资本退出的方式，因为投资家并不愿意长期持有企业的股份。具体退出的方式包括：① 股份回购。有创业者在一定的时候按照约定的价格和比例回购风险投资者持有的股份。② 公开上市。如果企业能够实现公开上市，则风险投资家能够通过证券市场把手中持有的股份卖出去，这样就能够成功地退出企业。③ 股权转让。就是在创业计划中注明允许风险投资家在一定条件下将手中持有的股份转让给其他投资者。

10. 附录

为了证明你的产品/服务的优越性，或是创业计划书的可行性，提供一些必不可少的证据是需要的。创业计划书一般应该有附录，附录中包含了不必在正文中列明的补充资料。附录可能包括：主要合同资料、主要领导履历、分支机构列表、市场调查结果、信誉证明、技术专利证明、技术获奖证书、合作意向书、专家推荐函，宣传资料、专业术语的介绍、供应商的资料以及相关重要附件。

2.1.3　撰写创业计划书的注意事项

1. 撰写创业计划书前的思考

撰写创业计划书，需要 6C 规范。(1) Concept(概念)。就是让别人知道你要卖的是什么。(2) Customers(顾客)。顾客的范围要很明确，比如说认为所有的女人都是顾客，那五十岁以上、五岁以下的女性也是你的顾客吗？(3) Competitors(竞争者)。需要问，你的东西有人卖过吗，是否有替代品，竞争者跟你的关系是直接还是间接。(4) Capabilities(能力)。要卖的东西自己懂不懂？譬如说开餐馆，如果师傅不做了找不到人，自己会不会炒菜？如果没有这个能力，至少合伙人要会做，再不然也要有鉴赏的能力，不然最好是不要做。(5) Capital(资本)。资本可以是现金，也可以是有形或无形资产。要很清楚资产在哪里、有多少、自有部分有多少、可以借贷的有多少。(6) Continuation(持续经营)。当事业做得不错时，将来的计划是什么。任何时候只要掌握这六个 C，就可以随时检查、随时更正，不怕遗漏什么。

2. 撰写创业计划书的原则

一份高质量的创业计划书，不仅可以用它来证明创业者有能力处理创业企业所面临的各个问题，而且还能够与企业外部利益相关者进行创业企业价值方面的沟通，借此可以获得创业融资。创业计划书的基本准则是真实、合理、论据充分；内容完整、重点突出；简明扼要、条理清晰。最主要是计划书必须具有较强的可行性、可操作性。

1) 简洁清晰

一份好的实施概要要能够让投资者了解创业企业的吸引力所在，能够使投资者看到关于企业长期使命的明确论述，以及人员、技术和市场的总体情况，力求做到简明扼要、条理清晰。

2) 避免言过其实

创业计划书要吸引人，必须切合实际，不能过分乐观。过分乐观的陈述或预测会破坏它的可信度。例如，有关销售潜力、收入预测估算、增长潜力都不要夸大。最好的、最差的、最有可能的方案，都要在创业计划书中体现出来。实际上，许多风险投资者常使用一种"计划折扣系数"，他们认为"成功的创业企业通常只能达到他们计划财务目标的大约50%。"

3) 突出关键风险因素

阐述创业企业在运营过程中可能会遇到的关键风险因素，是创业计划书中不可或缺的部分。这部分内容是投资者和银行家所关注的重点。识别并讨论创业企业中存在的风险，可以证明创业者作为一名准职业经理人的综合素养，可以增加投资者对创业者团队的信任度。主动指出并讨论风险，有助于向投资者表明，创业者已清醒地考虑过它们并且能够处理和控制好这类风险，因此，撰写创业计划书，既要陈述创业者的危机管理能力，又要让他们觉察到这些风险对创业者团队来讲是可以驾驭和控制的。创业计划书中若没有清晰陈述将来的问题，没有重视计划中可能的瑕疵，没有应急或变通计划，这样的创业计划书一般很难被投资者和银行家所青睐。

4) 突显优秀创业团队信号

撰写创业计划书的管理部分，一定要让投资者接收到创业团队具有较强管理能力和资源整合能力的信号，这些信号是他们最想知道的信息。风险投资者有一种共识：宁可投资产品创意弱、创业团队强的项目，也不愿投资产品创意强、创业团队弱的项目，因此，创业者在组建创业团队时，要考虑团队成员的综合能力、先前经验、教育背景以及志向、志趣与品德等因素，以便撰写创业计划书时能够使风险投资者或银行家们接收到创业热情高、专业经验丰富、人脉资源广，创新能力强，专业知识优势互补的创业团队信号。

3. 撰写创业计划书后的检查

检查和修改是编写创业计划书的一个重要步骤和重要阶段。检查和修改的过程是对创业计划书进行提升和提炼的过程，是进一步理清创业思路的过程，也是一个进一步夯实创业准备工作的过程。在创业计划书写完之后，通常可以从四个方面对创业计划书加以检查和修改。

1) 格式上的检查

创业计划书的主体格式尽管不固定，但是其主要的内容、主要的纲目却必须完整。特别是由于创业计划书的商业价值，对创业计划书主封面的要求也是非常规范和严格的。在主封面除了应该写明项目名称和项目编制人(或单位)之外，特别应该标明版本及保密级别。版本表示你的计划书的修改情况，保密情况反映你的创业项目的安排、战略策划和整体设想的保密情况。相当一批跨国的风险投资商是不希望你的创业计划书成为公知性策划书的。

2) 文字上的检查

创业计划书应该是创业者真实的、完整的、准确的意思表示，因此，计划书中的用词、用字和标点以及相关的数字计算都要十分准确。应尽量用简单而准确的词语来描述每件事、每一件商品及其属性的定义；段落要清晰；阐述问题的逻辑层次要清楚；该用图表说明的地方应该用图表说明；创业计划书若较长还应该有目录。

3) 内容上的检查

内容上的检查是检查的重点，是修改的基础。内容的检查分两个层次，一个是通盘检查也叫整体检查；另一个是重点检查。正确的做法是：在整体检查的基础上进行重点检查；在重点检查并进行重点修改后，再进行通盘检查并定稿。通常，可以从以下几个方面对创业计划书的内容加以检查：

(1) 创业计划书是否显示出你具有管理公司的经验。如果创业团队自身缺乏能力去管理公司，那么一定要明确地说明，已经雇了一位经营大师来管理公司。

(2) 创业计划书是否显示了偿还借款的能力。要保证给预期的投资者提供一份完整的比率分析。

(3) 创业计划书是否显示出已经进行过完整的市场分析。要让投资者坚信计划书中阐明的产品需求量是确实的。

(4) 创业计划书是否容易被投资者所领会。创业计划书应该备有索引和目录，以便投资者可以较容易地查阅各个章节。此外，还应保证目录中的信息流是有逻辑的和现实的。

(5) 创业计划书中是否有计划摘要并放在了最前面，计划摘要相当于公司创业计划书的封面，投资者首先会看它。为了保持投资者的兴趣，计划摘要应写得引人入胜。

(6) 创业计划书是否在文法上全部正确。如果不能保证，那么最好请人帮忙检查。计划书的拼写错误和排印错误能很快就使企业家的机会丧失。

(7) 创业计划书能否打消投资者对产品/服务的疑虑。如果需要，可以准备一件产品模型。创业计划书中的各个方面都会对筹资的成功与否有影响，因此，如果对创业计划书缺乏成功信心，那么最好去查阅一下计划书编写指南或向专门的顾问请教。

4) 排版的检查

创业计划书中的封面、目录、实施概要、附录、图表等部分是否合理编排、美观整洁，直接影响阅读者对创业计划书的评价。也就是说，排版、装订和印刷不能粗糙，用订书钉装订的创业计划书看上去显得有些业余，有不认真、不重视之嫌，因此，创业计划书的排版要力求规范，装订要整齐美观。

2.2　创业企业公司治理

公司治理(Corporate)不同于企业管理，主要解决管理层的选择与激励问题，并实现公司科学化决策。这是一个多角度、多层次的概念，很难用简单、统一的术语来表达。许多经济学家和管理学家都从不同的角度和深度对公司治理的含义进行了界定。

国际经济合作与发展组织 OECD(1999)给出这样的定义："公司治理是一种据以对工商公司进行管理和控制的体系。"公司治理明确规定了公司各个参与者的责任和权利分布，诸如董事会、经理层、股东和其他利益相关者，并且清楚地说明了决策公司事物时所遵循的规则和程序。同时，它不仅提供了一种结构，使之用以设置公司目标，还提供了达到这些目标和监控运营的手段。

在我国，理论界对公司治理具有电能表性的定义有吴敬琏、林毅夫、李维安和张维迎的观点。吴敬琏(1994)认为，公司治理结构是指由所有者、董事会和高级执行人员即高级经理人员三者组成的一种组织结构。要完善公司治理结构，就要明确划分股东、董事会、经理人员各自权利、责任和利益，从而形成三者之间的关系。

林毅夫(1997)是在论述市场环境的重要性时论及这一问题的。他认为,"所谓的公司治理,是指所有者对一个企业的经营管理和业绩进行监督和控制的一整套制度安排",并随后引用了米勒(1995)的定义作为佐证,他还指出,人们通常所关注或定义的公司治理,实际指的是公司内部治理。

李维安和张维迎都认为公司治理(或公司治理结构)有广义和狭义之分。张维迎(1999)的观点是,狭义的公司治理是指有关公司董事会的功能与结构、股东的权利等方面的制度安排;广义的公司治理是指有关公司控制权和剩余索取权分配的一整套法律、文化和制度性安排,这些安排决定公司的目标、谁在什么状态下实施控制、如何控制、风险和收益如何在不同企业成员之间分配这样一些问题,并认为广义的公司治理是企业所有权安排的具体化。李维安(2000)认为,狭义的公司治理是指所有者(主要是股东)对经营者的一种监督与制衡机制,其主要特点是通过股东大会、董事会、监事会及管理层所构成的公司治理结构的内部治理;广义的公司治理则是通过一套包括正式或非正式的内部或外部的制度或机制来协调公司与所有利益相关者(股东、债权人、供应者、雇员、政府、社区)之间的利益关系。

综上所述,结合创业企业的自身特点,创业企业公司治理的定义可以概括如下:创业企业公司治理是创业者对创业经营者的监督,其目标是保证股东利益最大化,防止创业经营者对创业投资者利益的背离,主要通过股东大会、董事会、经理层所构成的公司治理结构进行内部管理。

2.2.1 创业企业公司治理理论基础

1. 代理理论

代理理论最初是由简森和梅克林于1976年提出的。根据代理理论,向高层管理者分配控股职权与公司所有者的激励目标是一致的。代理理论在对创业企业公司治理的研究中有广泛应用。奥璀兹等认为,在战略创业的情境中研究代理理论具有特殊的意义。并且,如果从公司内部个体层面来分析战略创业的理论结构,代理理论可应用于战略创业的发展和进步等方面的研究。马尔克曼、巴尔金等运用代理理论提出,有效的治理系统能够帮助创业家和投资者在双方利益关系上达到最好的平衡,并且建立了一个融合公司治理和创新的框架。

2. 社会网络理论

社会网络理论是在美国社会学家伯特在波兰诺维特等研究的基础上提出来的。社会网络理论指出,创业企业可通过网络关系从外部获取企业所需任何关键资源。目前,基于社会网络理论的研究特别关注现有的各种网络关系如何影响企业行为。格兰诺维特认为,个人的社会网络或个人所处的各种社会关系将会限制其行为。克莱瑞斯等应用社会网络提出,创业企业董事会成员更可能从现有的社会网络中聘用,而不是单纯从一个人是否拥有对企业起补充作用的人力或社会资本来判断。

3. 资源依赖理论

资源依赖理论萌芽于20世纪40年代,在20世纪70年代后被广泛应用到组织关系研究中。资源依赖理论将组织视为一个开放的系统，强调组织的生存需要从周围环境中吸取资源，应与周围环境相互依存、相互作用。韦本嘉认为，复杂的控制系统更有效地利用风险投资提供的资源，使得企业在创业期能够更快地成长和扩张。风险投资的服务活动不但对创业复杂的控制系统产生影响，而且还调节了这些系统对创业企业财务业绩的影响。

公司治理结构在创业企业成长过程中是不断演变的，创业企业在不同的生命周期具有不同的使命与任务。公司治理结构在创业企业的发展中不是固定不变的，作为企业目标的一种实现手段，它应随着创业企业生命周期的不同而改变。根据公司治理作用的范围，治理结构可分为内部治理和外部治理。事实上，公司治理结构是内部治理和外部治理共同作用的。内部治理和外部治理在治理结构中的地位和作用决定了当今企业中治理结构的典型模式。只有内部治理和外部治理的协同作用才能实现公司的有效治理。

2.2.2　创业企业公司内部治理

由于创业企业成熟期的公司管理趋于正规化，因而对此时期的创业企业公司内部治理结构进行介绍具有一定的示范作用。成熟期的创业企业公司治理结构由股东大会、董事会和管理层组成，参与公司内部决策过程和相关利益分配，其主要作用在于协调公司内部不同产权主体之间的经济利益矛盾，克服或减少代理成本。

1. 股东、股东大会和股权结构

1）股东

公司的成立取决于股东的出资。股东是公司的出资人，是公司中持有股份的人，他们因出资、继承、接受赠与而取得公司的股份，并对公司享有权利和承担义务。股东是公司存在的基础，是公司的核心要素，没有股东就不会有公司。股东在公司治理中具有十分重要的作用。

2）股东大会

股东大会由全体股东组成，是公司的最高权力机构，股东治理的作用也主要通过年度股东大会或股东特别会议来加以实现。在这些会议上，股东们对于公司经营决策、投资计划、债务发行、兼并等重大决策进行表决。同时，股东们也参与董事会的选举，并有权检查和审批董事会做出的年度报告、红利政策和下年度预算等。从实际情况和各国公司法规定的情况来看，股东大会一般包括以下几种类型：

(1) 法定大会：凡是公开成立的股份公司，从它开始营业之日算起，一般规定在最短不少于一个月，最长不超过三个月的时间内举行一次公司全体股东大会。会议主要任务是审查公司董事在开会之前 14 天向公司各股东提出的法定报告，目的在于让所有股东了解和掌握公司全部概况以及进行重要业务是否具有牢固的基础。

(2) 年度大会：股东大会定期会议又称为股东大会年会，一般每年召开一次，通常是在每一会计年度终结的 6 个月内召开。由于定期召开年度股东大会大都为法律所强制，所以世界各国一般不对该会议的召集条件做出具体规定。年度大会内容并包括选举董事、变更公司章程、宣布股息、讨论增加或者减少公司资本、审查董事会提出的营业报告等。

(3) 临时大会：股东大会临时会议通常是由于发生了涉及公司及股东利益的重大事项，

无法等到股东大会年会召开而临时召集的股东会议。我国《公司法》第101条规定了临时股东大会的召开条件：董事人数不足本法规定的人数或公司章程所定人数的2/3时；公司为弥补的亏损达股本总额的1/3时；持有公司股份10%以上的股东请求时；董事会认为必要时；监事会提议召开时；公司章程规定的其他情形。

除了上述三种大会外，还有别的股东会议，但这种会议一般是因为章程的变更而有损于特别优先股股东的权益才予以召开的。

3) 股权结构

股权结构是指股份公司总股本中，不同性质的股份所占的比例及其相互关系。股权结构是公司治理结构的基础，公司治理结构则是股权结构的具体运行形式。不同的股权结构决定了不同的企业组织结构，从而决定了不同的企业治理结构，最终决定了企业的行为和业绩。

一般而言，创业企业初期的股权分配比较明确，结构比较单一，几个投资人按照出资多少分得相应股权。但是，随着企业的发展，股东人数有增有减，在分配上会产生种种利益冲突。在处理各种利益矛盾时，股东维护自身利益的重要依据就是自己所占的股权比例。就股权集中度而言，股权结构有以下三种类型：

(1) 股权高度集中：企业中存在绝对控股股东，对公司拥有绝对控制权，一般拥有公司股份的50%以上。这种类型的股权结构有利于快速决策，提高企业的反应速度，但容易产生一股独大，不能真正做到集思广益，容易侵犯中小股东的利益。

(2) 股权高度分散：公司中没有大股东，所有权与经营权基本完全分离，单个股东所持股份的比例在10%以下。这种类型的股权结构有利于产生权力制衡，有利于民主决策，能够在一定程度上保护小股东利益，但企业反应速度慢，股东普遍存在"搭便车"的动机，在重大事项决策时可能会做出错误选择。

(3) 相对控股股东：企业拥有较大的相对控股股东，同时还拥有其他大股东，所持股份比例在10%～50%。从现有研究成果来看，这种类型的股权结构比较适合我国的实际情况，原因如下：一方面可以提高公司治理效率，另一方面可以有效监督控股股东对中小股东权益的侵害。

4) 创业企业的股权结构

创业企业在发展过程中会引入天使投资、风险投资(VC)来融资，而且还可能多次引入风险投资。此外，创业企业还需要为管理团队设置期权池，因此，创始人的股权会不断稀释。天使投资和风险投资通常以股票上市或并购的方式退出，但无论以何种方式退出，其股权的推出价值都会受到很多不可预计的因素影响，从而影响创始人的股权价值。但是，创始人的股权比例却可以在一定程度上进行预测，如还需要几轮融资、每轮融资会稀释多少股份等。创始人要做的，就是尽量让自己的股权被稀释得少一些。

根据我国有关法律法规的规定，当股东拥有50%以上的股份时，其对公司拥有绝对控制权；当股东拥有公司1/3以上的股份时，其对公司拥有重大事项的否决权。例如，《公司法》规定，股东大会做出修改公司章程、增加或减少注册资本的决议，以及公司合并、分立、解散或者变更公司形式的决议，必须经代表2/3以上的表决权的股东通过，因此创始人对股权比例的第一目标是尽可能拥有绝对控制权，在不能拥有绝对控制权时，就要尽可能地取得对公司重大事项的否决权。对此，创始人可以制作一个 Excel 表格，对公司每轮融资时的股权变化进行预测，估计自己股权可能被稀释的程度。

2. 董事、董事会和独立董事

1) 董事

董事是指由公司股东大会选举产生的具有实际权力和权威的管理公司事务的人员，是公司内部治理的主要力量，对内管理公司事务，对外代表公司进行经济活动。自然人和法人都可以担任董事职务，不过法人充当公司董事时，即一家公司作为另一家公司的董事时，应指定一名有行为能力的自然人作为代理人。

股份有限公司的董事由股东大会选举产生，可以由股东会非股东担任，通常分为执行董事(常务董事)和非执行董事两种。一般来说，执行董事是那些全职负责公司管理的人，如总经理、常务副总经理等。董事会成员中至少有一人担任执行董事，负有积极的履行董事会职能的责任。非执行董事，亦称外聘董事，是那些从外部引进的有丰富经验的专家、学者等，他们使公司的决策基于更加客观的视角。

董事的任期一般都是在公司章程中给予规定的，有定期和不定期两种。定期是指把董事的任期限制在一定的时间内，但每届任期不得超过三年。不定期是指从任期那天算起，满三年改选，但可连选连任。董事被解聘的原因有任期届满而未能连任、违反股东大会决议、股份转让、本人辞职、其他如因解散或董事死亡、公司破产、董事丧失行为能力等。

2) 董事会

董事会是依照有关法律、行政法规和政策规定，按公司或企业章程设立并由全体董事组成的业务执行机关，其代表者称为董事长或董事会主席。董事会具有如下特征：董事会是股东会或企业职工股东大会这一权力机关的业务执行机关，负责公司或企业业务经营活动的指挥与管理，对公司股东会或企业职工股东大会负责并报告工作。股东会或职工股东大会所作的关于公司或企业重大事项的决定，董事会必须执行。

我国法律分别对有限责任公司和股份有限公司的董事人数做出了规定。《公司法》第45 条规定，有限责任公司设董事会，其成员为 3～13 人。《公司法》第 51 条规定，有限责任公司股东人数较少或规模较小的，可以设一名执行董事，不设董事会。《公司法》第 109 条规定，股份有限公司应一律设立董事会，其成员为 5～19 人。也就是说，设立董事会的有限责任公司至少要有 3 名董事，而股份有限公司至少要有 5 名董事，但这并不是世界范围内通行的版本。在开曼群岛、英属维尔京群岛以及美国的许多州(如特拉华州)，其法律允许公司只设一名董事。

3) 独立董事

独立董事是指独立于公司股东且不在公司内部任职，与公司或公司经营管理者没有重要的业务联系或专业联系，对公司事务做出独立判断的董事。

独立董事最根本的特征是独立性和专业性。其中，独立性是独立董事的灵魂，是独立董事的价值所在。独立董事对上市公司及全体股东负有诚信与勤勉义务。独立董事应当按照相关法律法规、证监会的《关于在上市公司建立独立董事制度的指导意见》和公司章程要求，认真履行职责，保护公司整体利益，尤其要关注小股东和其他公司利害关系人的合法权益不受侵害。独立董事应当独立履行职责，不受上市公司主要股东、实际控制人或其他上市公司存在利害关系的单位或个人的影响。

独立董事原则上最多在 5 家上市公司兼任独立董事，并确保有充裕时间和精力有效地履行独立董事的职责。独立董事每届任期与该公司其他董事任期相同，任期届满，连选可以连任，但是连任时间不得超过 6 年。

4) 创业企业董事会

在创业天堂——美国硅谷流行着这样一句话：好的董事会不一定能成就好的公司，但一个糟糕的董事会一定能毁掉一个公司。创业者在引入天使投资和风险投资等外部投资者时必须关注董事会条款，并不是说通过董事会就能创造出伟大的公司，但一定要防止组建一个糟糕的董事会，使创始人失去对公司运营的控制职权。一个合理的董事会应该保持创始人、投资人(创始人以外的外部投资人)以及外部独立董事之间合理的权力制衡，为公司所有股东创造财富。

创业企业董事会席位对 A 轮(即首轮)融资的公司来说，应考虑到董事会的效率以及后续融资会带来的董事会的扩容，理想的董事会人数为 3～5 人。通常在 A 轮融资完成以后，创始人还拥有公司的绝大部分所有权，因此，创始人(普通股股东)应该占有大部分的董事会席位。

假设在 A 轮融资完成后，创始人股东持有公司大约 60%的股份，如果 A 轮有两个投资人，那么董事会的构成就应该是：

3 个创始人股东 + 2 个投资人 = 5 个董事会成员

如果 A 轮融资只有一个投资人，那么董事会的构成应该就是：

2 个创始人股东 + 1 个投资人 = 3 个董事会成员

不管是以上哪种情况，创始人股东都应该按简单多数的方式选举出他们的董事。

在融资谈判中，创始人需要明确和坚持以下两点：① 公司董事会的组成方式应该根据公司的所有权来决定；② 投资人的利益由投资协议书中的"保护性条款"来保障。董事会应保障公司全体股东的利益，既包括优先股股东也包括创始人股东。

具体而言，单一创始人的董事会构成为：1 个创始人席位、1 个 A 轮投资人席位、1 个由创始人提名且董事会一致同意并批准的独立董事。多个创始人的董事会构成为：1 个创始人席位、1 个 CEO 席位、1 个 A 轮投资人席位，1 个由 CEO 提名且董事会一致同意并批准的独立董事。

5) 创业企业设立独立董事的情况

如果创业企业的条件很好，那么在 A 轮融资时，投资人会认可上述董事会安排。但是如果投资人不同意这种董事会结构，而创业者又希望得到他们的投资，就可以采用设立一个独立的方式构建偏向投资人的方案：

2 个创始人股东 + 2 个投资人 + 1 个独立董事 = 5 个董事会成员

或

1 个创始人股东 + 1 个投资人 + 1 个独立董事 = 3 个董事会成员

此时，偏向投资人方案的董事会给予不同类型股份的股东相同的董事会席位，而不管他们的股份数量和股权比例。

如果最终签署的条款是以上方案，那么创业者要让投资人同意：在任何时候，增加 1 个新投资人席位(如 B 轮投资人)，也要相应增加 1 个创始人席位。这样是为了防止在 B 轮融资后，投资人接管董事会。

投资人可能会推荐一个有头有脸的大人物做独立董事，而创业者通常是无法拒绝的。但是这个大人物跟风险投资 VC 的交往和业务关系通常会比创始人多，当然他更倾向于维护投资人的利益。这样创始人股东在董事会上就将失去主导地位。解决这个困境的最简单的办法就是在融资之前就设立独立董事，至少也要选择一个创始人信任的、有信誉的人来做独立董事。如果融资之前，公司无法或没有设立独立董事，谈判时则要争取以下权利：① 独立董事的选择由董事会一致同意；② 由创始人股东推荐独立董事。

如果公司有一个天使投资人，那么他会直接进入董事会。但是在这些情况下，公司的大部分股权还控制在创始人手上，创始人也应该占据董事会中的多数席位。此时，创业者可能比 VC 投资后有更多的余地来引入外部专业人士，从而给董事会带来一些专业知识、对外联络或者其他方面的增值业务。

实践证明，最佳的创业企业独立董事，应该是那些还不能称之为行业精英的人。这些人愿意做创业企业的董事，通常是因为他们年纪大了或比创业者拥有更多的经验，并且愿意指导创业者；或是他们有眼光、相信业务的前景；或者是有其他原因让他们愿意关注创业者并且付出时间和精力去帮助创业者。那些真正能够提供帮助的人才是创业者希望得到的，这就需要创业者用智慧去挑选合适的独立董事。

6) 设立CEO

首席执行官(简称 CEO)是在一个企业中负责日常事务的最高行政官，又称行政总裁、总经理或最高执行长。在国外，CEO 是在公司法人治理结构已建立并运转成熟的基础上出现的。20 世纪 80 年代以来，随着跨国公司全球业务的拓展，企业内部的信息交流日渐繁忙。由于决策层和执行层之间存在的信息传递阻滞和沟通障碍，影响了企业经理层对企业重大决策的快速反应和执行能力，一些企业开始对传统的"董事会—董事长—总经理"式的公司治理结构进行变革，CEO 就是这种变革的产物之一，它的出现在某种意义上代表着原来董事会手中的一些决策权过渡到原有经营者层手中。

CEO 由公司的董事会负责，而且往往就是董事会的成员之一，在公司或组织内部拥有最终的执行权力。在比较小的企业中，CEO 可能同时又是董事会主席和公司的总裁；但在大企业中，这些职务往往是由不同的人担任的，这样既可以避免个人在企业中扮演过大的角色、拥有过多的权力，同时也可以避免公司本身与公司股东之间发生利益冲突。

创业企业的投资人通常会要求公司的 CEO 占据一个董事会的创始人的席位，在公司融资时，创始人股东通常担任 CEO。但创业者要关注投资协议书中这项条款，因为公司一旦更换 CEO，新的 CEO 将会在董事会中占据一个普通股席位。假如这个 CEO 同投资人的利益一致，那么这种"CEO+投资人"的联盟将会控制董事会，因为 CEO 也是一名职业经理人，通常他与 VC 合作的机会远比与创业企业合作的机会多。VC 通常会向有前景的公司推荐 CEO，还会让这名 CEO 共同参与公司的投资。"CEO+投资人"联盟可能会给公司、公司创始人和员工带来伤害。例如，某公司需要募集 B 轮(即第二轮)融资，但在投资人的授意下，CEO 并不积极全力运作，导致公司无法从其他渠道融资，而只能从当前的投资人那里以很低的价格获得 B 轮投资。这样做的结果是，投资人在公司估值较低的时候注入更多资本，获得更多股份。几个月后，CEO 也按照市场行情获得了"合理数额"的股份，但创始人和员工的股份比例却被稀释了。

在融资谈判中，创始人还需要明确的是，尽管 CEO 持有的也是普通股，但新的 CEO 很可能会同投资人联盟，CEO 席位事实上对投资人更有利。

2.2.3　创业企业公司外部治理

传统的治理结构仅仅指内部治理，公司边界决定内部治理的局限性，所以外部治理作为内部治理的重要补充成为创业企业公司治理结构新兴的重要研究内容。通常人们认为创业企业公司的外部治理就是通过企业外部市场体系(产品市场、经理市场、资本市场等)提供充分的企业经营信息和对企业及其经营者进行客观的评价，从而形成一种竞争的市场环境和交易成本低廉的优胜劣汰机制，以达到对创业企业董事会、经营者进行有效激励和监督约束、保护所有者及利益相关者权益的目的。

1. 产品市场

在竞争的产品市场上，没有产业壁垒和地区壁垒，企业的进出和产品的定价是自由的。不同的产品和要素根据价格的配置在不同的企业和产业之间自由流动，从而使得同一行业乃至各个行业之间形成趋于相同的成本水平和利润水平，各个企业的利润水平可以和平均利润水平相比较。产品市场上的竞争为解决委托代理问题提供了一个简单有效的尺度，部分克服了所有权和经营权分离条件下的信息不对称。

2. 经理市场

在充分竞争的经理市场上，经理人员能够在企业间和企业的不同岗位上自由流动，并由市场决定其价格即薪金。有能力的经理和不称职的经理就会被识别出来。在完全竞争的经理市场上，董事会容易从人才蓄水池中找到新的经理来替代不称职的在职经理，从而对在职经理形成压力。此外，市场也会迫使经理的理性选择是从长远利益考虑，努力建立自己的长期声誉，使经理与股东在两权分离的情况下达到激励相容。但是，如果经理市场是不完全竞争的，不能反映经理真实的经营业绩，则就不能促使经理努力工作，而经理采取机会主义行为的倾向也得不到抑制，这在计划经济国家和转轨经济国家较为普遍。

3. 资本市场

资本市场降低了出资者对创业企业公司经理的监督成本，出资者可以通过观察股价的方法，获得经营者经营公司的有效信息。但是对股价的关注也可能走向另一极端，即股东的短视行为可能迫使经理为了短期内股票价格的攀升而放弃公司的长远利益。资本市场竞争的实质是公司控制权的争夺，主要通过接管来实现。在资本市场上，竞争的并购和控制权争夺为强制接管这种公司治理机制提供了可能，理论上当经理的行为偏离所有者目标时，导致公司的市场价值低于实际价值，公司的外部并购者可能通过资本市场对企业发动敌意接管，通过更换管理层改善经营，从而保证了创业企业公司管理者的有效工作状态。

2.3　创业企业财务组织架构

随着市场经济的发展和企业管理体系的完善，现代企业管理正在逐渐转化为以财务管理为中心，从而使得财务部门在企业地位中不断得到提高，财务部已成为现代企业的核心管理部门之一。由于财务部门是企业资金控制的最后环节，所以一旦现金流出，发生的损失要挽回十分困难。企业内部财务部门的重要地位主要体现以下几个方面：

(1) 财务部门是企业的投资决策中心。企业的管理控制主要体现为三大权力控制，即资产经营权控制、人事任免权控制和投资决策权控制。财务部门参与企业对未来发展方向的投资决策，充分利用财务资料，以会计、统计、估计、分析及数理等方法进行全面财务分析，为企业决策者提供专业参谋信息，确保企业在投资方面不出现重大失误。站在企业总体发展战略角度进行宏观分析，使企业在短期内及应可预见的未来不出现严重财务危机。

(2) 财务部门是企业的资源配置中心。财务部门按照企业战略需要，每年对内部各单位下达任务，辅助决策者把控企业内人、财、物等方面资源配置权，根据企业战略以及企业资源保有量及企业内各部门具体情况，综合分析，决定企业资源如何在各部门及各成员间进行有效配置。

(3) 财务部门是企业的信息中心。企业各部门将各自发生的财务往来信息汇集到财务部门，经财务人员整理、分析后形成企业总体财务状况信息，为决策者进行有效决策提供支持。

(4) 财务部门是企业的制度中心。对于企业来讲统一内部各项制度非常重要，尤其是作为企业管理制度中重要组成部分的财务制度，企业财务部门负责制定与修订企业内部统一的财务规章与制度，并督促各部门执行制度，统一的制度是企业内各部门协同一致的根本保证，也是企业对各部门单位进行监控与考评的依据。

(5) 财务部门是企业的监控与考评中心。监控与考评是企业对各部门单位进行管理的有效手段之一，也是企业预算执行保证手段之一，监控与考评离不开财务部门，企业内部监控与考评大部分是通过财务数据来进行的，财务部门承担着企业内部大量的监控与考评工作。

2.3.1　大型企业财务部的地位及财务组织架构

在大型企业中，通常设置有"财务中心"管理部门，由财务总监(CEO)具体负责企业有关财务方面的事宜。在企业的经营活动中，财务部门处在企业管理的中心环节，各环节都经过会计环节转化为会计信息，财务人员是全面掌握企业各种经济活动和企业财务状况的重要环节。根据内部控制重要组成要素信息和沟通的理论来看，能够围绕在企业控制活动周围的信息与沟通系统就是财务部门，即是企业管理的信息中心，也就是说财务部门在企业的地位决定了其在企业内部控制中是信息交换和沟通传递的重要组成部分。大型企业财务部地位如图 2-1 所示。

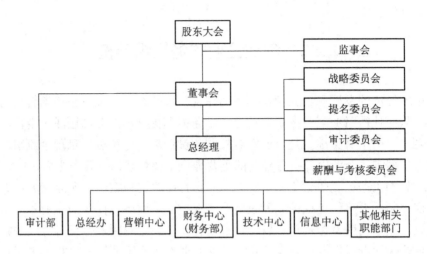

图 2-1　大型企业财务部地位图

　　财务部的组织架构和企业的管理模式有关。例如，有些企业将审计部也划归财务部管辖(当然，根据"执行与监督分离"的组织设计原则，这种做法是不恰当的)。财务部的组织架构与企业的经营特点有关。例如，一些企业(尤其是酒店)通常将采购部划归财务部管辖。财务部的组织架构与企业的性质有关。例如，母公司级别的企业一般都设有专门的财务管理部门；而子公司级别的企业通常只会设与会计核算相关的岗位，财务管理只能由母公司负责。

　　企业财务组织架构是实施财务管理的主体，财务组织架构的搭建是否科学、合理，关系到财务职能的行使和财务工作的效率。在不同类型的企业中，根据财务部所处的不同地位，对应不同的财务组织架构。根据大型企业财务中心所处的地位，大型企业财务中心组织架构图如图 2-2 所示。

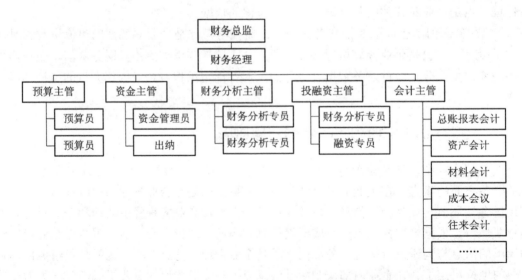

图 2-2　大型企业财务中心组织架构图

2.3.2　中小型企业财务部的地位及财务组织架构

在中小型企业中，通常不设置"财务总监"职位，而是由财务部门负责人(财务部经理)负责具体的财务事宜，中小企业财务部地位如图 2-3 所示。其主要职责包括以下几点：

1. 负责公司财务管理工作

编制公司各项财务收支计划；审核各项资金使用和费用开支；收回售楼款，清理催收应收款项；办理日常现金收付、费用报销、税费交纳、银行票据结算，保管库存现金及银行空白票据，按日编报资金日报表；做好公司筹融资工作；处理、协调与工商、税务、金融等部门间的关系，依法纳税。

2. 负责公司会计核算工作

遵守国家颁布的会计准则、财经法规，按照会计制度，进行会计核算；编制年度、季度、月份会计报表；按照会计制度规定设置会计核算科目、设置明细账、分类账、辅助账，及时记账、结账、对账，做到日清月结，账账相符、账实相符、账表相符、账证相符，管理好会计档案。

3. 负责公司成本核算和成本管理

设置成本归集程序和成本核算账表，做好成本核算，控制成本支出，收集登记汇总各项成本数据资料，及时、正确地为成本预测、控制、分析提供资料；按合同、预算、审核支付工程、设备、材料款项，配合工程部等部门做好工程、材料设备款的结算及竣工工程决算；完善各项成本辅助账的设置，健全各项统计数据。

4. 建立经济核算制度

利用会计核算资料、统计资料及其他有关的资料，定期进行经济活动分析，判断和评价企业的生产经营成果和财务状况，为公司领导决策提供依据。

5. 配合公司内部审计

根据上述工作范围和职责，为加强公司财务管理，特制定本制度。

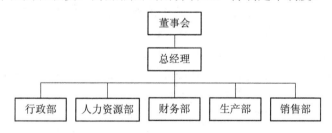

图 2-3　中小型企业财务部地位图

不同规模的企业，其财务部的组织架构有着很大区别，这主要是因为企业规模决定了企业会涉及业务量的大小以及财务职能的发挥程度。在设计中，要根据企业管理的要求，抓住企业生产经营的各个环节，在关键点上设置控制岗位，运用财务的专门方法和手段，达到控制企业经营运作的目的。与此同时，财务机构内部每个岗位和财务人员应有明确的职权、责任和具体的工作内容，实行岗位责任制，做到分工协作、相互制约和监督，达到减少差错，防止舞弊，提高会计信息质量的目的。许多中小企业的岗位划分不是很明确，甚至没有设置与财务管理相关的岗位，这是因为中小企业的财务部门只是负责会计核算，很少涉及财务管理，其财务管理工作大多由财务经理一人负责。中小型企业财务部的组织架构如图 2-4 所示。

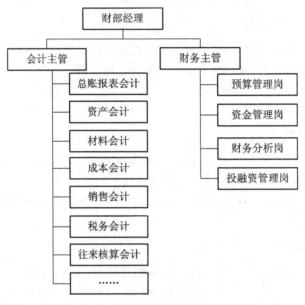

图 2-4　中小型企业财务部组织架构图

2.3.3　创业企业财务部的地位及财务组织架构

由于创业企业多为中小型企业，因此，其财务部的地位即为上节中所介绍的中小型企业财务部的地位。

对于创业企业来说，健全的财务管理机构是有效开展企业财务活动、实现财务目标的重要条件。企业财务管理机构会因企业规模的大小而不同。在小型企业中，财务管理工作是作为会计工作的一部分来进行的，其工作重点是利用商业信用集资和回收企业的应收账款，却很少关心投资决策和筹资方式的选择，因此，在小型企业中，一般没有单独的财务管理组织，若有，也只是会计部门的一部分而已。

但是，随着创业企业规模的扩大，财务决策在企业战略决策中越来越重要。所以，在大中型企业中，一般都设有独立的财务管理机构，并设一名专管财务的公司副总，即财务总监(总会计师)负责企业全面的财务工作，有的企业甚至有公司总经理亲自管理财务工作。如图 2-5 是一张典型的新创公司制企业的财务管理组织机构简图。图中的实线代表直接领导关系，虚线代表间接领导或协商关系。财务副总裁管理全公司的财务工作，主持制定财务政策和公司规划，对公司总体战略管理有重要影响。由于财务管理具有综合性特点，因此，财务副总裁最有希望升任公司总裁。在财务副总裁之下，有两位重要管理人员：财务长和会计长。财务长负责资金筹集和使用以及股利分配等工作；有时，风险管理、保险、兼并与收购活动以及制定财务制度也是财务部门的职责。财务长负责的财务部门一般下设财务分析组与预算组、融资组、投资组、现金管理组和信用与保险管理组，并设专门人负责。会计长主要负责会计、税务以及审计方面的工作。会计部门一般下设税务会计组、财务会计组、成本核算与管理组、会计信息系统组、管理会计组和内部审计组，并设专人负责。

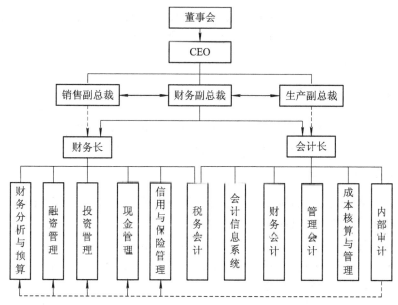

图 2-5　创业公司制企业的财务管理组织机构简图

2.4　创业企业财务部相关岗位职责

2.4.1　创业企业内部的财务管理体制

企业内部的管理体制，主要是规定企业内部各项财务活动的运行方式，确定企业内部各级各部门之间的财务关系。建立企业内部的财务管理体制，是加强企业财务管理的重要措施。企业内部的财务管理体制，是企业内部财务管理办法的主要内容。它与企业总体财务管理体制相适应，同时根据企业规模大小、工作基础强弱研究确定，大体上有两种方式。

1. 一级核算方式

在小型企业中，通常采取一级核算方式。财务管理权限集中于厂部，厂部统一安排各项资金、处理财务收支、核算成本和盈亏；二级单位(班组、车间等)一般只负责管理、登记所使用的财产、物资，记录直接开支的费用，不负责管理资金，不核算成本和盈亏，不进行收入结算。

2. 二级核算方式

在大中型企业中，通常采取二级核算方式。除厂部统一安排各项资金、处理财务收支、核算成本和盈亏以外，二级单位要负责管理一部分资金，核算成本，有的还要计算盈亏，相互之间的经济往来要进行计价计算，对于资金、成本等要核定计划指标，定期进行考核。

在实行企业内部经济核算制和经营责任制的条件下，确定企业内部财务管理体制主要应研究以下几方面问题：(1) 资金控制制度；(2) 收支管理制度；(3) 内部结算制度；(4) 物质奖励制度。

企业内部的财务管理体制，应该根据各个企业的条件加以确定，其内容不能千篇一律，采用的具体形式也可以多样化。随着分级分权管理的进一步推行，企业内部财务管理体制的内容也必将不断完善。

2.4.2　创业企业内部财务部的职能与工作内容

在现代管理体制下，财务部发挥着企业管理的核心作用，其职能已经不仅仅是单纯的会计核算，而是包括会计核算、财务管控、财务运作三个方面。

1. 财务部的部门职能

会计核算：根据企业会计制度及相关会计准则的要求，及时、准确地完成企业的会计核算工作，对外提供各种财务报告。

财务管控：对会计数据进行加工整理，为内部管理者提供分析报告，为企业决策提供指导意见，使企业形成和保持健康的管理状态；通过控制企业各种经济活动过程，使决策者的全面经营计划得到落实并得以实现。

财务运作：组织运作企业资金，通过各种筹资、投资渠道实现企业无形资产的价值，使财务部成为企业另一个营销部门，为企业增加财富，给投资者带来回报。

2. 财务部的工作内容

财务部的工作内容如表 2-1 所示。

表 2-1　财务部的工作内容

制度管理	● 根据国家各项财经法律、法规和企业经营管理的需要，制定、完善企业的各项财务管理制度 ● 建立、健全企业内部控制制度，保护企业各项资产的安全与完整，保证会计信息资料的真实、准确
会计管理	● 负责企业会计核算工作 ● 处理企业各项日常财务业务 ● 按期、及时编制并报送企业各项财务报表 ● 办理企业各项税收业务、拟定并实施纳税筹划策略
财务管理	● 根据企业发展需要拟定财务战略规划方案，编写各种财务计划 ● 对企业经营状况进行财务分析并提供各种财务分析报告，为企业的经营决策提供支持 ● 参与企业投资、基建工程、设备购置等的立项可行性研究工作，并参与投标、结算、验收全过程的监管 ● 负责企业的财务风险管理(包括资产负债风险、信用风险等) ● 负责对投资项目进行财务可行性分析论证 ● 参与各种对外经济合同的签订、评审工作

2.4.3　创业企业财务部相关岗位职责

企业财务部的岗位中，有的是一岗一人，有的是一岗多人，也有的是一人多岗。各岗位的划分没有绝对标准，应根据企业的具体情况设置岗位，岗位既可以合并，也可以拆分。例如，有些企业根据自身情况，将成本核算岗位和费用核算岗位合并成成本费用核算岗；有些企业根据自身情况，专门设置一个资金结算中心，负责管理与调度企业资金。

1. 财务长的职责

(1) 筹集资金。预测资金需要量，确定融资渠道和选择最佳融资方式，以保证企业生产经营对资金的需要。

(2) 投资管理。做好投资决策工作，并与各种投资机构保持良好的关系。

(3) 财务分析与预算。通过财务报表分析，向企业管理当局提供决策支持信息，编制财务预算，进行财务控制。

(4) 股利分配。协助董事会处理好股利分配工作，以使股东财富最大化。

(5) 银行和保管。承担银行职能，对企业货币的收入和支出、有价证券的买卖以及其他财务活动进行管理。

(6) 信用和收款。制定信用政策，催收企业的应收账款。

(7) 现金管理。确定现金的金额，进行现金的效益性和真实性管理。

(8) 保险。鉴别和估计企业应保险财产可能发生的损失，选择保险的适当构成，制定有利于企业的保险条款，负责养老金的管理。

2. 会计长的职责

(1) 法定财务报告。按会计原则、会计核算程序，连续、系统、全面地记录经济业务，定期向外部利益集团(股东、债权人、政府税务部门、客户等)提供有关的法定财务报告。

(2) 企业内部管理报告。收集和整理与企业管理有关的各种信息，编制管理报告并提供给企业管理当局，以便管理当局做出正确决策。

(3) 成本核算与管理。对企业的产品和各部门进行成本核算与考核。

(4) 税务会计。制定必要的税务政策和税务程序，负责申报纳税，进行税收规划及合理避税。

(5) 内部审计。利用内部审计相对独立的地位，进行财务审计、经济效益审计和各种专项审计。

(6) 企业信息系统。有效地管理好企业的会计信息系统，满足会计信息的安全性、准确性和及时性要求。

3. 财务委员会的职责

除财务部门管理财务之外，大型公司往往还采取财务委员形式，即利用委员会中不同背景和知识结构的委员来制定公司财务政策并作出重大的财务决策。例如：IBM 公司、通用汽车公司等都设有财务管理委员会，委员们都是来自各个职能部门和重要的生产经营部门的主要负责人。财务委员会协同董事会对资本投资和经营预算等重大财务事项进行财务决策。

讨论与思考题

1. 一份完整的创业计划书包括哪些内容？
2. 如何搭建创业公司的内部治理结构？
3. 简述创业公司的财务组织机构及关键岗位职责。

 案例分析

　　财务总监不是在象牙塔里，如何管理下属，尤其是在集团公司的情况下，多主体、多人手、多地区、多层级，管理更加复杂。如何通过组织架构的设计来强化自己的权利和地位，从而减轻压力，是每个财务总监职业生涯中要不断解决的问题。下面通过一个案例来说明科学的财务组织架构对于公司管理的重要性。

　　财务总监刚刚接手 A 公司时，A 公司的财务组织结构，是分散型财务管理组织(如图1)，集团总部设置了两个经理，名称不同，但各自管理的事情比较接近。

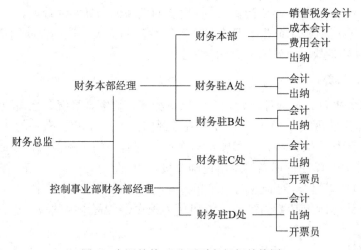

图1　未调整前 A 公司财务组织结构图

　　在这种设置下，同级别的主管、经理从事的工作差不多，在经理层，都要对所管辖的会计主体进行全面管理，对经理和主管的要求比较全面，换句话说，他们不能做到有专攻、有专长地管理公司的财务事务。

　　新上任的财务总监发现了 A 公司财务组织结构上的问题，并且依照集团职能强化思路，进行了科学调整，调整后的 A 公司财务组织架构如图2所示。

　　调整后的结构，整个财务体系打破会计主体的限制，按照职能来划分。在这种情况下，各个职能，比如资金、财务管理、核算等职能在总部到分/子公司比较清晰地划分，这样强化了每一块职能的专业性，改善了原分散状态下财务经理建立小团体、信息过滤、配合不利，或由于能力不足造成的有些方面管得好，有些方面管得不好的状况。

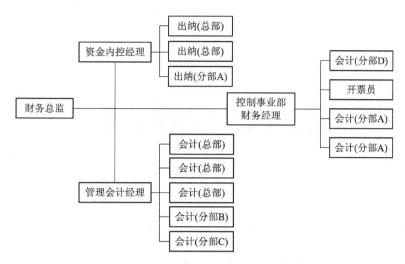

图 2 调整后 A 公司财务组织结构图

本质上是强化了自上而下的管理，也强化了财务总监的地位和作用，统一了不同职能的管理要求。削弱了下属经理的权利范围，深化了他们现有的职能，弱化了分/子公司层面的财务权利。

阅读上述材料，结合本章知识，回答下列问题：

(1) A 公司原有的财务组织结构有怎样的问题？

(2) 创业企业财务部门有怎样的组织架构？

(3) 创业企业财务部门具有怎样的岗位与职责？

价值原理与风险报酬

　重点提示

> ➤ 货币的时间价值概念，复利、终值与现值以及年金的相关计算
> ➤ 风险的概念和种类，风险与风险报酬的含义以及风险与风险报酬
>   之间的关系
> ➤ 风险的度量方法
> ➤ 资本资产定价模型

在学习本章之前，先来看这样一个故事：

阅读资料

彼得·米尼德于 1624 年从印第安人手中仅以 24 美元就买下了 57.91 平方公里的曼哈顿。这 24 美元的投资，如果用复利计算，到 1996 年，即 370 年之后，价格非常惊人：

如果以年利率 5% 计算，曼哈顿 1996 年已价值 16.6 亿美元；如果以年利率 8% 计算，它价值 55.8 亿美元，如果以年利率 15% 计算，它的价值已达到天文数字。

这个故事，揭示了复利的威力。

通过本章的内容，我们进一步地学习资金时间价值和风险报酬的理论，并对收益和风险进行评估。

3.1　价值确定入门——货币的时间价值

货币的时间价值是指在不考虑风险和通货膨胀的情况下，货币经历一定时间的投资和再投资所增加的价值，也称为资金的时间价值。货币的时间价值是现代财务管理的基础观念之一，其至渗透到经济领域的每一个细节。

在商品经济中，有这样一种现象：现在的 1 元钱和 1 年后的 1 元钱其经济价值不相等，或者说其经济效用不同。现在的 1 元钱比 1 年后的 1 元钱经济价值要大一些，即使不存在通货膨胀也是如此。例如，将现在的 1 元钱存入银行，1 年后可得到 1.05 元(假设存款利率为 5%)。这 1 元钱经过 1 年时间的投资增加了 0.05 元，这就是货币的时间价值。在实际计算中，人们习惯使用相对数字表示货币的时间价值，即用增加价值占投入货币的百分数来表示。例如，前述货币的时间价值为 5%。

货币投入生产经营过程后，其数额随着时间的推移不断增长。这是一种客观的经济现象。企业资金循环和周转的起点是投入货币资金，企业用它来购买所需的资源，然后生产出新的产品，产品出售时得到的货币量大于最初投入的货币量。资金的循环和周转以及因此实现的货币增值需要或多或少的时间，每完成一次循环，货币就增加一定数额，周转的次数越多，增值额也越大，因此，随着时间的延续，货币总量在循环和周转中按几何级数增长，使得货币具有时间价值。

由于货币随时间的延续而增值，因此，现在的 1 元钱与将来的 1 元多钱甚至是几元钱在经济上是等效的。换一种说法，就是现在的 1 元钱和将来的 1 元钱经济价值不相等。由于不同时间单位货币的价值不相等，所以不同时间的货币收入不宜直接进行比较，需要把它们换算到相同的时间基础上，然后才能进行大小的比较和比率的计算。由于货币随时间的增长过程与复利的计算过程在数学上相似，因此，在换算时广泛使用复利计算的各种方法。

3.2　货币时间价值的计算

与货币时间价值有关的计算主要有复利及年金的终值和现值计算。

3.2.1　复利的终值和现值

在财务计算过程中，计算利息的方法主要有两个：单利和复利计息方式。单利是指当期利息不计入下期本金，即不改变计息基础，所以各期利息不变。复利是计算利息的另外一种方法，每经过一个计息期，要将所生利息加入本金后再计利息，所以计息基础递增，各期利息额也逐渐增加。

1. 单利的计算

单利是利息的一种计算制度。按照这种方法，只就初始投入的本金计算各年的利息，所生利息不加入本金重复计算利息。在借贷关系中，本金是指贷给别人以收取利息的原本金，利息则是指借款人付给贷款人超过本金部分的金额，在数量上等于本金乘以利率。在实际应用中，单利不是货币时间价值的表现形式，不能以单利计量货币的时间价值。单利只适合于特定情况下的计算，比如商业票据的贴现息的计算、单利计息条件下债券利息的计算等。

在单利计算中，通常使用以下概念及符号：

本金又称初始金额或现值，以 P 表示；利率指年利息与本金之比，以 i 表示；利息以 r 表示；时间以 n 表示，通常以年为单位；终值指本金与利息之和，以 F 表示。

因此，单利的终值计算公式为

$$F = P(1 + n \cdot i)$$

由单利的终值计算式可以得到单利的现值计算式为

$$P = \frac{F}{1 + n \cdot i}$$

【例 3.1】 某企业向银行借入半年期 3% 单利到期的短期借款 10000 元,那么到期的本利和是多少?

解 根据终值的计算公式可得

$$F = P(1 + n \cdot i) = 10\,000 \times (1 + 0.5 \times 3\%) = 10\,150 \text{ 元}$$

其中,利息为 150 元。

【例 3.2】 某企业持有一张面值为 10000 元的商业票据,出票日为 1 月 15 日,到期日为 7 月 14 日,有效期为半年。现假设该企业现金流不足,于 4 月 15 日到银行贴现,银行的贴现率为 6%,则试问该企业能贴现到多少资金?

解 根据题意,该企业持有的商业票据相当于在到期时终值为 10000 元的现金流。企业贴现商业票据时,距到期日还有 3 个月,所以贴现额相当于 10000 元终值在 3 个月前的现值:

$$P = \frac{F}{1 + n \cdot i} = \frac{10\,000}{1 + \frac{3}{12} \times 6\%} \approx 9852.22 \text{ 元}$$

2. 复利终值

复利是指将本金和已发生利息作为下一个计息期本金来计算利息。这里所说的计息期是指相邻两次计息的时间间隔,除非特别指明,一般计息期为 1 年。

在复利计算中,通常使用以下概念及符号:

本金或现值以 P 表示;利率以 i 表示;利息以 r 表示;计息时间以 n 表示;复利终值以 F_n 表示。

因此,复利终值的计算公式为

$$F_n = P(1 + i)^n$$

其中,$(1+i)^n$ 为复利终值系数,简记为 $(F/P, i, n)$。

【例 3.3】 将 100 元存入银行,年利息率为 5%,5 年后资金总额为多少?

解 $\qquad F_5 = 100 \times (1 + 5\%)^5 \approx 127.6 \text{ 元}$

【例 3.4】 某人有 10 万元,现进行一项年收益率为 8% 的投资,经过多少年才可以使得资金翻倍?

解 根据题意得 $20 = 10 \times (1 + 8\%)^n$,通过计算可得 $n \approx 9$。

【例 3.5】 将 100 元存入银行,希望 5 年后资金总额达到 125 元,则年利息率至少为多少?(保留至百分位)

解 根据题意得 $125 \leqslant 100 \times (1 + i)^5$,通过计算可得 i 至少为 5%。

3. 复利现值

复利现值是指未来一定时间的特定资金按复利计算的现在价值,或者说是为取得将来一定本利和现在所需要的本金。复利现值可以由复利终值倒推计算,这个过程称为贴现,在贴现过程中用到的利息率又可以称为贴现率。

复利现值的计算公式为

$$P = \frac{F_n}{(1 + i)^n}$$

其中，$\dfrac{1}{(1+i)^n}$ 称为复利现值系数，可以记为$(P/F, i, n)$。

【例 3.6】 若某人计划 3 年后需要 40 万元进行一项投资，年利息率为 8%，那么他现值应该存入多少钱？

解 根据题意得

$$P = \frac{F_n}{(1+i)^n} = \frac{40}{(1+8\%)^3} \approx 31.75 \text{ 万元}$$

3.2.2 年金的终值和现值

年金是指在一定时期内每隔相同时间所发生的相同数额的应收或应付款项，通常用 A 表示。按照每次收付发生的时间不同，年金可以分为普通年金、先付年金、延期年金和永续年金。

1. 普通年金的终值和现值

普通年金是指现金流在每一期期末发生的年金，又称后付年金。

1) 普通年金的终值

普通年金的终值和零存整取的本利和一样，是每一期期末等额收付款的复利终值之和。其计算公式为

$$F = A + A(1+i) + A(1+i)^2 + \cdots + A(1+i)^{n-1}$$

其中，F 为终值；i 为利息率；n 为计息期。

经过化简可得

$$F = A \cdot \frac{(1+i)^n - 1}{i}$$

其中，$\dfrac{(1+i)^n - 1}{i}$ 为年金终值系数，也称为一元年金终值或年金终值因子，记为$(F/A, i, n)$。

【例 3.7】 设某消费者从现在开始每年年末到银行存款 1 万元，银行年利率为 5%，问 10 年后一次性可以取出多少钱？

解 这个题目其实就是求 1 万元普通年金 10 年末的终值，根据公式得

$$F = A \cdot \frac{(1+i)^n - 1}{i} = 1 \times \frac{(1+5\%)^{10} - 1}{5\%} \approx 12.578 \text{ 万元}$$

2) 普通年金的现值

普通年金的现值是指一定时期内每期期末等额收付款项的复利现值之和。以 P_A 表示年金现值，其计算公式为

$$P_A = \frac{A}{(1+i)} + \frac{A}{(1+i)^2} + \cdots + \frac{A}{(1+i)^n}$$

经过整理得

$$P_A = A \cdot \frac{1-(1+i)^{-n}}{i}$$

其中，$\dfrac{1-(1+i)^{-n}}{i}$ 称为年金现值系数，记为 $(P_A/A,\ i,\ n)$。

【例3.8】　假设某一项投资在连续 5 年内每年年末可以取得 10 万元，年利率为 6%，求收益的现值。

解　　　　　　$P_A = A \cdot \dfrac{1-(1+i)^{-n}}{i} = 10 \times \dfrac{1-(1+6\%)^{-5}}{6\%} \approx 42.12$ 万元

【例3.9】　某企业向银行贷款 100 万元，期限为 5 年，年利率为 10%，要求每年等额还本付息，那么每年应还多少钱？

解　这个问题是已知年金现值求普通年金值，根据 $P_A = A \cdot [1-(1+i)^{-n}]/i$ 得

$$A = P_A \cdot \dfrac{i}{1-(1+i)^{-n}} = 100 \times \dfrac{10\%}{1-(1+10\%)^{-5}} \approx 26.380 \text{ 万元}$$

2. 先付年金的终值和现值

先付年金是指在一定时期内每期期初等额的收付款项，所以又称即付年金。先付年金和后付年金的区别仅在于付款时间不同。

1）先付年金的终值

先付年金的终值计算公式为

$$F = A(1+i) + A(1+i)^2 + \cdots + A(1+i)^n$$

经过化简得

$$F = A \cdot \left[\dfrac{(1+i)^{n+1}-1}{i} - 1 \right]$$

其中，$\dfrac{(1+i)^{n+1}-1}{i} - 1$ 为先付年金终值系数，简记为 $[(F/A,\ i,\ n+1)-1]$。

【例3.10】　在例 3.6 中假设该消费者每年年初存款 1 万元，银行年利率还是 5%，问 10 年后一次性可以取出多少钱？

解　同理，按照公式得

$$F = A \cdot \left[\dfrac{(1+i)^{n+1}-1}{i} - 1 \right] = 1 \times \left[\dfrac{(1+5\%)^{11}-1}{5\%} - 1 \right] \approx 13.207 \text{ 万元}$$

2）先付年金的现值

以 P_A 表示年金现值，先付年金的现值计算公式为

$$P_A = A + \dfrac{A}{(1+i)} + \dfrac{A}{(1+i)^2} + \cdots + \dfrac{A}{(1+i)^{n-1}}$$

经过整理可得

$$P_A = A \cdot \left[\dfrac{1-(1+i)^{-(n-1)}}{i} + 1 \right]$$

其中，$\dfrac{1-(1+i)^{-(n-1)}}{i} + 1$ 称为先付年金现值系数，记为 $[(P_A/A,\ i,\ n-1) + 1]$。

【例 3.11】 假设某消费者考虑分期付款购买住房，按照规定，每年年初支付 4 万元，期限 10 年，银行年利率为 7%，问假如该消费者一次性付款应付多少？

解 很明显这个题目是先付年金的现值计算问题。根据公式得

$$P_A = A \cdot \left[\frac{1-(1+i)^{-(n-1)}}{i} + 1 \right] = 4 \times \left[\frac{1-(1+8\%)^{-9}}{8\%} + 1 \right] \approx 28.99 \text{ 万元}$$

3. 延期年金的终值和现值

延期年金是指在前面若干期没有收付款，从中间某期期末开始出现等额的收付款项。假设最初有 m 期没有收付款项，从 $m+1$ 期开始后面 n 期每期期末有等额的收付款项。

1) 延期年金的终值

延期年金的前 m 期没有收付款项，所以延期年金终值和普通年金终值的计算公式相同，这里不再重复。

2) 延期年金的现值

延期年金现值的计算方法有两个。一种方法是先将后面 n 期年金贴现至第 m 期期末，然后将这个贴现值贴现到第一期期初，计算公式为

$$P_A = A(P_A/A, \ i, \ n) \cdot (P_A/F, \ i, \ m)$$

第二种方法是先求出 $m+n$ 期普通年金的现值，然后减去前 m 期普通年金的现值，计算公式为

$$P_A = A(P_A/A, \ i, \ m+n) - A(P_A/A, \ i, \ m)$$

【例 3.12】 假设某公司向银行借款，年利率为 8%，前 10 年不需付息，从第 11 年开始连续 10 年每年年末还款 10 万元，问这个企业借款额为多少？

解 根据题意，借款额为延期年金的现值，按照公式计算可得

$$P_A = A(P_A/A, \ i, \ n) \cdot (P_A/F, \ i, \ m)$$
$$= 10(P_A/A, \ 8\%, \ 10) \cdot (P_A/F, \ 8\%, \ 10)$$
$$\approx 31.07 \text{ 万元}$$

或
$$P_A = A(P_A/A, \ i, \ m+n) - A(P_A/A, \ i, \ m)$$
$$= 10(P_A/A, \ 8\%, \ 20) - 10(P_A/A, \ 8\%, \ 10)$$
$$\approx 31.07 \text{ 万元}$$

4. 永续年金的现值

永续年金是指无限期每期期末等额收付的年金，因为没有期限，所以永续年金没有终值。永续年金现值的公式可以由普通年金计算公式推算可得

$$P_A = A \cdot \frac{1-(1+i)^{-n}}{i}$$

在 $n \rightarrow \infty$ 时，其可简化为：$P_A = A/i$，这个公式就是永续年金现值的计算公式。

【例 3.13】 设某永续年金每年年末付款 500 元，银行年利率为 7%，求这个年金的现值。

解 $$P_A = \frac{A}{i} = \frac{500}{7\%} \approx 7142.857 \text{ 元}$$

3.3　风险与报酬的分析

本节主要讨论风险和报酬的关系，目的是解决估价时如何确定折现率的问题。

风险与报酬是贯穿于财务管理过程的、影响企业价值的基本因素。在企业投资过程中，市场环境和宏观经济环境等因素都有可能发生变化，而这些变化也是不可预知的，对企业来说，这就是投资风险。投资者在进行投资时，由于承担了风险而获得的超过货币时间价值的那部分收益，称为投资的风险收益或风险溢价，因此，企业投资中获得多少收益、面临多大风险都关系到企业的生存。妥善处理风险与报酬之间的关系，是增加企业价值的需要，也是企业财务管理工作的重要内容之一。

3.3.1　风险的概念和类别

1. 风险的概念

风险是指当采取某一行动时，在一定条件下和一定时期内可能发生的各种结果的变动程度。风险不仅可以带来超出预期的损失，也可能带来超出预期的收益，于是出现了一个更精确的定义，即风险是预期结果的不确定性。风险不仅包括负面效应的不确定性，还包括正面效应的不确定性。风险普遍存在于现实生活中。例如，企业进行投资，其实际获取的报酬率有多种可能，而且与期望报酬率可能会发生较大的差异。风险的大小随时间延续而变化，是"一定时期内"的风险，即表现为采取某项行动期内的风险。当采取的某项行动结束时，事件的不确定性在缩小，其结果也就完全肯定了。风险可能给投资人带来超出预期的收益，也可能带来超出预期的损失。采取投资行动，为获取高收益就必须承担发生高额损失的可能性。

投资者进行投资时，不同投资项目的风险程度是不同的。比如，购买国库券收益稳定且到期一定能够收回本息，风险较小；如果投资于股票，其收益的不确定性就高，一旦从事了该项投资，风险的大小也就无法改变，具有客观性。也就是说，特定投资的风险大小是客观的，你是否去冒风险以及冒多大风险，是由投资者的风险偏好所决定的。

我们认为一般情况下风险是可以控制的。采取行动之前，可以测算该行动可能产生的风险程度，根据抗风险能力、心理承受能力等多种因素，选择风险程度适宜的行动方案。当行动进行中，可以通过对行动方案的不断调节和严格的制度保证来控制行动的风险程度。例如，对于企业经营中管理方面的不确定性所导致的风险，可以通过企业控制流程、内部审计等进行控制。

2. 风险的类别

对于风险，可以从不同角度进行分类。从企业自身的角度，可将企业风险分为经营风险和财务风险。

　　(1) 经营风险。经营风险是指企业无法在预定时间内按照既定的价格和数量销售其产品的风险，也叫商业风险。在企业生产经营中，由于企业内部和外部的各项因素具有不确定性，会造成企业经营收益的波动，主要包括市场销售的波动、成本费用的波动、生产技术的不稳定、新产品研究开发的成败、外部环境(如经济周期和国家宏观调控政策)的变动等。

　　(2) 财务风险。财务风险是企业由于负债融资过多，导致的净资产收益率或每股收益的不确定性，也是企业到期不能按时还本付息的风险。财务风险也称筹资风险，其本质是企业偿债能力的风险，将直接导致企业资金失控，甚至破产。产生财务风险的根源在于举债融资后，预期实现的资产报酬率是否大于债务利率的不确定性。当预期实现的资产报酬率大于债务利率时，资产获取的收益补偿债务的利息后尚有剩余，能够增加归属于股东的剩余收益，又由于举债融资相对较少地使用了股东的资本，因此净资产收益率或每股收益会提高。但是当资产报酬率不足以补偿债务的利率时，意味着股东资本部分的资产报酬要补偿一部分利息，净资产收益率或每股收益就会相应降低，这种债务可能提高，也可能降低净资产收益率或每股收益的作用，称为财务杠杆，其不确定性称为财务风险。

　　从个别投资主体的角度，风险分为市场风险和企业风险。

　　(1) 市场风险。市场风险是指那些对所有的公司产生影响的因素所引起的风险，如经济衰退、汇率和利率调整以及通货膨胀等。这类风险涉及所有的投资对象，不能通过多元化投资来分散，是投资者进行投资所必须承担的风险，又称不可分散风险或系统风险。对于这类风险，投资者只能够根据承担的风险程度要求相应的报酬。

　　(2) 企业风险。企业风险是指发生在个别企业的特有事件造成的风险。这种风险大多是由本企业经营或管理不善而导致的投资风险，如新产品开发失败、技术陈旧等。从投资者的角度看，这类风险只是发生在个别公司的内部，可以通过多元化投资予以分散，即发生在个别公司的不利事件可以被其他公司的有利事件所抵消。例如，在证券投资上，同时购买若干种股票，风险比只购买一种小。

3.3.2　风险的衡量

　　只要投资，就必然冒风险，进行风险无所不在的金融投资尤其如此。人们不会因为有风险就不去投资，问题是要估计投资对象的风险程度，然后根据对风险的承受能力和对收益的追求进行决策。换言之，衡量风险的大小是投资决策程序中的第一件事。

1. 单项资产风险的衡量

　　风险的衡量是指通过一定的方法计量特定项目或事件的风险程度。在财务管理实践中，投资风险实际上是最终获得的收益偏离其均值的可能性，因此风险的衡量主要运用概率分布法。概率分布法是利用统计学中的概率分布、期望值和标准差等来计算与衡量风险大小的一种方法。

　　概率分布法的计算步骤如下：

　　(1) 确定概率分布。概率就是用来表示随机事件发生可能性大小的数值。通常把必然发生事件的概率定为 1，把不可能发生事件的概率定为 0，而一般随机事件的概率介于 0 与 1 之间，所有可能结果的概率之和等于 1，即

$$\sum_{i=1}^{n} P_i = 1$$

这里的 P_i 表示第 i 个投资收益率出现的概率，n 表示可能结果出现的收益率个数。

(2) 计算期望收益。期望值是对随机变量的各种可能结果集中趋势的量度。它是以各种可能结果的数值为变量，以各自所对应的概率为权数所求得的加权平均值。其计算公式为

$$\bar{r} = \sum_{i=1}^{n} r_i \cdot P_i$$

(3) 计算标准差。标准差是投资项目各种可能结果与其期望值的偏离程度的指标。其计算公式为

$$\sigma = \left[\sum_{i=1}^{n} (r_i - \bar{r})^2 \cdot P_i \right]^{\frac{1}{2}}$$

标准差越大，表明所有可能结果的数值偏离期望值越大，风险程度越大；反之亦然。

(4) 计算标准差率。标准差是绝对数指标，不能用来比较期望值不同的多个投资方案的风险大小，这就要求用标准差率这个相对数指标来进行比较。

标准差率是标准差与期望值相比的百分率，也称变异系数。其计算公式为

$$V = \frac{\sigma}{\bar{r}} \times 100\%$$

标准差率越高，表明风险程度越大；反之亦然。一般情况下通常用它来比较不同方案风险程度的大小。

【例 3.14】　某企业现在有两个项目可以进行投资，基本投资收益情况如表 3-1 所示，试比较哪个项目的风险较小？

表 3-1　公司基本投资收益情况

经济情况	发生概率	A 项目预期报酬率	B 项目预期报酬率
繁荣	0.25	70%	50%
正常	0.5	30%	30%
衰退	0.25	−10%	10%

解　按照公式可以分别计算两个项目的期望收益和风险。

A 项目的期望收益 $= 0.25 \times 70\% + 0.5 \times 30\% + 0.25 \times (-10\%) = 30\%$

B 项目的期望收益 $= 0.25 \times 50\% + 0.5 \times 30\% + 0.25 \times 10\% = 30\%$

A 项目的标准差 $= \sqrt{(70\% - 30\%)^2 \times 0.25 + (30\% - 30\%)^2 \times 0.5 + (-10\% - 30\%)^2 \times 0.25}$

$\approx 28.28\%$

B 项目的标准差 $= \sqrt{(50\% - 30\%)^2 \times 0.25 + (30\% - 30\%)^2 \times 0.5 + (10\% - 30\%)^2 \times 0.25}$

$\approx 14.14\%$

$$A \text{ 项目的标准差率} = \frac{28.28\%}{30\%} \times 100\% \approx 94.27\%$$

$$B \text{ 项目的标准差率} = \frac{14.14\%}{30\%} \times 100\% \approx 47.13\%$$

很明显，A 项目的风险要高于 B 项目，应该选择 B 项目进行投资。

2. 资产组合风险的衡量

投资者在进行投资时，一般并不把其所有资金都投资于一种证券，而是同时持有多种证券。同时投资多种证券叫证券的投资组合，简称为证券组合或投资组合。

1) 资产组合的收益

资产组合的收益率相当于组合中各种资产期望收益率的加权平均值，权数是各资产在资产组合中的投资比重，其计算公式为

$$r_p = \sum_{i=1}^{n} w_i \cdot \bar{r}_i$$

其中，r_p 表示资产组合的收益率；w_i 表示第 i 种资产所占的比重；$\bar{r}_i$ 表示第 i 种资产的期望收益率。

2) 资产组合的风险

多种资产的收益率计算要涉及资产之间的相关性。资产之间的相关关系主要有：正相关、负相关和不相关。相关性由相关系数可表示为

$$\rho_{ij} \in [-1, +1]$$

正相关关系越强，通过组合投资降低风险的程度就越低；负相关关系越强，通过组合投资降低风险的程度就越高。

在得知资产之间相关系数的前提下，资产组合的风险计算公式可表示为

$$\sigma_p = \left[\sum_{i=1}^{n} w_i^2 \sigma_i^2 + 2 \sum_{0 < i \leqslant j \leqslant n} w_i w_j \sigma_i \sigma_j \rho_{ij} \right]^{\frac{1}{2}}$$

3) 系统性风险与非系统性风险

证券组合的风险可以分为两种性质完全不同的风险，即可分散风险(也称非系统性风险)和不可分散风险(也称系统性风险)，如图 3-1 所示。

可分散风险又叫非系统性风险或公司特别风险，是指某些因素对单个证券造成经济损失的可能性。这种风险可通过证券持有的多样化来抵消，即多买几家公司的股票，其中某些公司的股票报酬上升，另一些股票的报酬下降，从而将风险抵消，因而这种风险称为可分散风险。

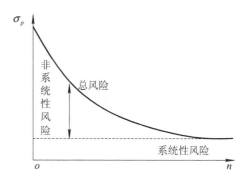

图 3-1　证券组合风险的构成

不可分散风险又称为系统性风险或市场风险，指的是由于某些因素给市场上所有的证券都带来经济损失的可能性。这种风险会影响到所有的证券，而不能通过证券组合分散掉。换句话说，即使投资者持有的是经过适当分散的证券组合，也将遭受这种风险。

3.3.3　风险报酬的计算

风险与收益是一种对称关系，高风险可能伴随着高收益，低风险意味着低收益。企业的财务管理工作几乎都是在风险中和不确定的情况下进行的。离开了风险因素，就无法正确评价企业报酬的高低。

1. 投资报酬率的构成

投资报酬率主要包括无风险投资报酬率、风险报酬率和通货膨胀补偿。

(1) 无风险投资报酬率：这部分是确定的，与投资时间长短相关，一般是指资金时间价值，通常用短期政府国库券的报酬率表示。

(2) 风险投资报酬率：这是与投资风险大小相关的报酬率，是对投资者冒风险进行投资的补偿，是投资者获得的超过资金时间价值的额外报酬。

(3) 通货膨胀补偿：这是投资者在发生通货膨胀时为了避免货币贬值所带来的损失而得到的一部分补偿。

2. 风险报酬的计算

假设我们不考虑通货膨胀的影响，则风险报酬率的计算公式为

$$投资报酬率 = 无风险投资报酬率 + 风险报酬率$$

在这个公式中，无风险投资报酬率可以通过国家统计局的统计资料得到，所以最重要的是计算风险报酬率。在西方金融理论中，计算风险报酬率时通常要借用资本资产定价模型(Capital Asset Pricing Model，CAPM)。

3. 资本资产定价模型

1) 马科维茨资产组合理论

对于资产组合投资而言，资产组合有有效资产组合和无效资产组合之分。

有效资产组合的定义：风险相同但预期收益率最高，或预期收益率相同但风险最小的资产组合。这也是马科维茨的均值—方差分析原理，即理性投资者应该投资于有效资产组合，而不是其他资产组合。如图 3-2 中，选择 n 种资产进行投资，对它们的任何一种组合都可以形成特定的组合风险与组合收益。落在 BAC 区间内的任何一点代表在 n 种资产范围内所组成的某特定组合的组合风险与组合收益关系。其中，只有组合风险与组合收益的交点落在 AC 线段上的组合才是有效组合。AC 线段为效益边界线。

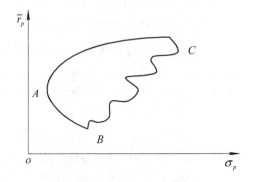

图 3-2　有效投资组合

(1) 效益边界的原理展示。追求同样风险下最高投资收益的理性投资人所应选择的资

产组合应是 AC 线段区间，而不是某一个确定的点。

(2) 具体选择哪一个点取决于投资人的偏好。对于不同的投资人来说，是否"最好"，取决于他对风险的承受能力。

如果我们假设投资者可以投资于无风险资产——短期国库券，那么投资者的投资将会发生一些变化。将无风险资产引入资产组合，则新构成的资产组合是由一种无风险资产和一组风险资产构成的特定组合：

一种无风险资产——国债。

一种风险资产——股票。这是股票市场所有资产的组合，在一定意义上可以代表社会所有风险资产的集合。这样的风险资产组合称为市场组合。

用 F 和 M 分别代表一种无风险资产和一种风险资产，则新的资产组合等于 $F+M$，这个特定资产组合的收益和风险可以表示为

资产组合的收益：

$$E(\overline{r}_p) = w_f r_f + w_m \overline{r}_m$$

资产组合的风险：

$$\sigma_p = (w_f^2 \sigma_f^2 + w_m^2 \sigma_m^2 + 2w_f w_m \sigma_f \sigma_m \rho_{fm})^{\frac{1}{2}} \leqslant \sigma_f + \sigma_m$$

这个结果可以用资本市场线来表示，如图 3-3 所示。

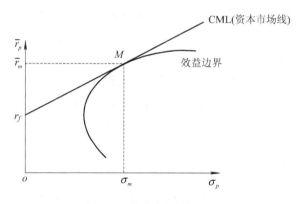

图 3-3　资本市场线

2) 资本资产定价模型的前提假设

资本资产定价模型是关于资本市场理论的模型，它是在马科维茨的投资组合理论基础上发展起来的。马科维茨的投资组合理论通过数学规划的原则，系统阐述了如何通过有效的分散化来选择最优的投资组合。但这一理论具有一定的局限性，即偏重规范性分析而缺乏实证性分析。例如，在资产投资组合分析中，投资者不知道证券该分散到何种程度才能达到高收益、低风险的最佳组合。为了解决这些问题，威廉·夏普、约翰·林特纳和简·莫森分别提出了一种研究证券价格决定的模型——资本资产定价模型。

我们用"如果怎么，那么就会怎么"这样的逻辑思维方式来推导资本资产定价模型。"如果"部分描绘的是一个简化了的世界，通过"如果"部分的诸多假定建立一个非现实中的理想

世界，将有助于我们得到"那么"部分的结论。在得到简单情形结论的基础上，我们再加上复杂化的条件，对环境因素进行合理修正，这样一步一步地推进，观察最终的结论是如何从简单形式逐步过渡形成的，从而建立起一个符合现实的、合理的并且易于理解的模型。

简单形式的资本资产定价模型的若干基本假定如下，这些基本假定的核心是尽量使个人投资者相同化，而这些个人投资者拥有不同初始财富和风险偏好程度。我们将会看到，个人投资者相同化假设会使我们的分析简化且易于理解。

(1) 投资者大量存在，每个投资者的财富相对于所有投资者的财富总和来说是微不足道的。所有投资者是价格的接受者，单个投资者的交易行为对证券价格不发生影响。这一假定与微观经济学中对完全竞争市场的假定是一样的。

(2) 所有投资者都在同一证券持有期计划自己的投资行为。这种行为是短视的，因为它忽略了在持有期结束的时点上发生任何事件的影响，短视行为通常是非最优行为。

(3) 投资者投资范围仅限于公开金融市场上交易的资产，譬如股票、债券等。这一假定排除了投资于非交易性资产，如教育(人力资本)、私有企业、政府基金资产(如市政大楼、国际机场)等。此外，还假定投资者可以在固定的无风险利率基础上借入或贷出任何额度的资产。

(4) 不存在证券交易费用(佣金和服务费用等)及税收。当然，在实际生活中，我们知道投资者处于不同的税收等级，这会直接影响到投资者对投资资产的选择。例如，利息收入、股息收入、资本利得所承担的税负不尽相同。此外，实际中的交易也发生费用支出，交易费用依据交易额度的大小和投资者的信誉度而不同。

(5) 所有投资者均是理性的，追求投资资产组合的方差最小化，这意味着他们都采用马科维茨的资产选择模型。

(6) 所有投资者对证券的评价和经济局势的看法都一致。这样，投资者关于有价证券收益率的概率分布期望是一致的。也就是说，无论证券价格如何，所有投资者的投资顺序均相同，这符合马科维茨模型。依据马科维茨模型，给定一系列证券的价格和无风险利率，所有投资者的证券收益的期望收益率与协方差矩阵相等，从而产生了一个有效率边界的、独一无二的最优风险资产组合。这一假定也被称为同质期望。

3) 资本资产定价模型的结论

资本资产定价模型的若干假定代表着"如果怎么，那么就会怎么"分析中的"如果"部分的内容。显然，这些假定忽略了现实生活中的诸多复杂现象。我们由此可以得出这样一个由假定的有价证券和投资者组成的均衡关系。下面我们将详细阐述这些关系的含义，也就是资本资产定价模型的一些结论。

(1) 所有投资者将按照包括所有可交易资产的市场资产组合(M)来按比例地复制自己的风险资产组合。为了简化起见，我们将风险资产定为股票，每支股票在市场资产组合中所占的比例等于这只股票的市值(每股价格乘以股票流通在外的股数)占所有股票市值的比例。

(2) 市场资产组合不仅在有效益边界上，而且是相切于最优资本配置线上的资产组合。这样一来，资本市场线即资本配置线从无风险利率出发，通过市场资产组合 M 的延伸直线也是可能达到的最优资本配置线。所有的投资者选择持有市场资产组合作为他们的最优风险资产组合，投资者之间的差别只是投资于最优风险资产组合的数量与投资于无风险资产的数量在比例上有所不同而已。

(3) 市场资产组合的风险溢价与市场风险和个人投资者的风险厌恶程度是成比例的。数学上可以表述为

$$E(r_M) - r_f = \overline{A} \cdot \delta_M^2 \times 0.01$$

式中：δ_M^2 为市场资产组合的方差；$\overline{A}$ 为市场所有投资者的风险厌恶的平均水平。请注意：由于市场资产组合是最优资产组合，即风险有效地分散于资产组合中的所有股票，因此 δ_M^2 就是市场的系统风险。

(4) 个人资产的风险溢价与市场资产组合 M 的风险溢价是成比例的，与相关市场资产组合的证券的贝塔系数(β)也成比例。贝塔系数用来测度一种证券或一个投资证券组合相对总体市场的波动性。贝塔系数的正式定义为

$$\beta_i = \frac{\mathrm{Cov}(r_i,\ r_M)}{\delta_M^2}$$

单个证券的风险溢价可以表示为

$$E(r_i) - r_f = \frac{\mathrm{Cov}(r_i,\ r_M)}{\delta_M^2}[E(r_m) - r_f]$$

即

$$E(r_i) = r_f + \beta_i[E(r_m) - r_f]$$

$$\underset{\text{收益率}}{\text{期望}} = \underset{\text{收益率}}{\text{无风险}} + \underset{\text{报酬率}}{\text{风险}}$$

其中，$E(r_i)$ 表示资产 i 的期望收益率，r_f 表示无风险收益率，β_i 表示资产 i 对市场风险溢价的敏感度，$E(r_m)$ 表示市场的平均收益率，$\beta_i[E(r_m)] - r_f$ 表示风险报酬率。

资本资产定价模型表明，任何一支证券的期望收益率都是由无风险收益率和风险溢价组成的，而风险溢价又与该支股票的 β 系数有关。这一关系可以用证券市场线来表示，如图 3-4 所示。

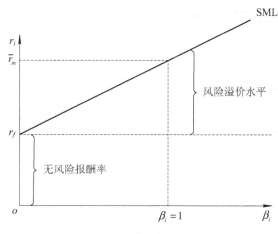

图 3-4　证券市场线

从图 3-4 中可以看出，股票的 β 系数越大，其预期收益率越高。β 系数的计算通常采用线性回归法。根据数理统计的线性回归原理，β 系数均可以通过同一时期内的资产收益率和市场组合收益率的历史数据，使用线性回归方程预测出来。β 系数就是该线性回归方程的回归系数。

4) 说明

(1) 通货膨胀的影响。无风险资产收益率 r_f 从投资者的角度来看，是在没有风险的情况下要求的投资报酬率，但从筹资者的角度来看，是其支出的无风险成本，或称无风险利率。现在市场上的无风险利率由两方面构成：一是无通货膨胀的报酬率，又叫纯利率或真实报酬率，这是真正的时间价值部分；二是通货膨胀贴水，它等于预期的通货膨胀率。

(2) 股票 β 系数的变化。随着时间的推移，不仅证券市场线在变化，β 系数也在不断变化，如因一个企业的资产组合、负债结构等因素的变化而变化。β 系数的变化会使公司股票的报酬也发生变化。

 讨论与思考题

1. 在企业决策过程中，为什么要考虑货币的时间价值？
2. 年金是什么？按其特点分为哪几类？
3. 从风险的分散角度看，风险分为哪几类？
4. 资本资产定价模型在确定资产收益和金融资产定价时起什么作用？

 案例分析

1. 某投资者打算投资股票，目前市场上有四种股票，其各自的贝塔系数如表 3-2。

表 3-2　某投资股票市场四种股票的贝塔系数表

股票	R	S	T	U
贝塔系数	2.0	0.6	1.0	−0.2

假定无风险收益率为 8%，股票市场投资组合的平均收益率为 14%。试计算这四种股票要求的收益率各是多少？它们的波动与市场股票的平均波动的关系如何？

2. 某投资者欲进行证券投资，其中，证券 A 和 B 的收益率及其概率分布如表 3-3。

表 3-3　某证券市场 A、B 两种证券的相关信息

经济状况	$K_A(\%)$	$K_B(\%)$	概率
1	10	20	0.4
2	20	0	0.4
3	30	−20	0.2

按以上数据计算可得表 3-4。

表 3-4 A、B 两种证券的期望收益率与方差

证券	期望收益率%	方差%
A	18	0.56
B	4	2.24

(1) 计算由 10%的证券 A 和 90%的证券 B 组成的证券组合的期望收益率。

(2) 假设他只能在 A 和 B 两种证券中投资。由于 A 既有较高的期望收益率又有较低的风险，因此任何一个理性的风险厌恶型投资者都不会选择投资 B 证券。请说明你是否同意这一观点，为什么？

3. 某一信托投资是一共同基金，它投资于 6 家公司的普通股票。这 6 家公司股票的市场价值和它们的 β 值如表 3-5。

表 3-5 各公司的市场价值与 β 值

公司	股票的市场价值	β
A	90	0.6
B	110	1.2
C	60	0.7
D	130	1.8
E	70	0.9
F	40	2.5
	500	

(1) 计算共同基金的 β 值。

(2) 假设无风险收益率为 6%，股票市场平均收益率为 16%，则证券投资组合的期望收益率是多少？

(3) 利用每种股票的 β 值计算各自的期望收益率，证明每种股票收益率的加权平均值等于上一问算出的证券组合期望收益率。

解

1. 已知 $k_{无}=8\%$，$k_m=14\%$，则有

$$k_R = k_{无} + \beta_R(k_m - k_{无}) = 8\% + 2.0 \times (14\% - 8\%) = 20\%$$

同理有 $k_S=11.6\%$，$k_T=14\%$，$k_U=6.8\%$。

由以上计算可以看出，若已知无风险收益率，在股票市场投资组合的平均收益率不变的情况下，β 越大，则该股票的投资收益率越大；当 β 不变，股票市场投资组合的平均收益率越大时，该股票的投资收益率越大。

2. (1) $k_{AB} = 10\%k_A + 90\%k_B = 10\% \times 18\% + 90\% \times 4\% = 5.4\%$

(2) 不同意。有效投资的含义有三条：保持总的期望收益率一定的情况下，通过组合使风险降低；风险一定的情况下，通过组合使期望收益率提高；通过组合，使风险的降低幅度大于期望收益率的降低幅度。

通过实践证明，实现有效投资组合的方法是：若两种证券的期望收益率和投资比重不变，则通过选择相关程度低的证券，可以达到有效投资组合的目的；当两种证券相关程度不变时，通过改变投资比重，也可以实现有效的投资组合。

因此，可以通过投资 A 与 B 的组合来降低投资风险，并提高投资收益。

3.

(1) $\beta_p = \sum\limits_{i=A}^{F} w_i \beta_i = \dfrac{90}{500} \times 0.6 + \dfrac{110}{500} \times 1.2 + \dfrac{60}{500} \times 0.7 + \dfrac{130}{500} \times 1.8 + \dfrac{70}{500} \times 0.9 + \dfrac{40}{500} \times 2.5$
$\qquad = 1.25$

(2) $k_p = k_{无} + \beta_p (\bar{k}_m - k_{无}) = 6\% + 1.25 \times (16\% - 6\%) = 18.5\%$

(3) $k_A = k_{无} + \beta_A (\bar{k}_m - k_{无}) = 6\% + 0.6 \times (16\% - 6\%) = 12\%$

同理有

$$k_B = 18\%,\quad k_C = 13\%,\quad k_D = 24\%,\quad k_E = 15\%,\quad k_F = 31\%$$

$k'_p = \sum\limits_{i=A}^{F} w_i k_i = \dfrac{90}{500} \times 12\% + \dfrac{110}{500} \times 18\% + \dfrac{60}{500} \times 13\% + \dfrac{130}{500} \times 24\% + \dfrac{70}{500} \times 15\% + \dfrac{40}{500} \times 31\%$
$\qquad = 18.5\%$

第4章

创业企业资金需求预算

重点提示

> ➤ 创业企业资金需求分析
> - 创业企业在不同发展阶段的资金需求特点
> - 现金流量预测的方法
> ➤ 投资项目决策方法
> - 折现现金流量方法
> - 非折现现金流量方法
> - 投资决策指标的比较

阅读资料

　　1999 年，第一次互联网泡沫破灭的前夕，刚刚获得哈佛商学院 MBA 的唐海松创建了亿唐公司，其"梦幻团队"是由 5 个哈佛 MBA 和 2 个芝加哥大学 MBA 组成的。凭借诱人的创业方案，亿唐从两家著名美国风险投资公司 DFJ、SevinRosen 手中拿到两期共 5000 万美元左右的融资。直到今天，这也还是中国互联网领域数额最大私募融资案例之一。然而，2006 年，亿唐将其最优质的 SP 资产(牌照资源)贱卖给奇虎公司换得 100 万美元，试图在 hompy.cn 上做最后一次的挣扎。不过，hompy.cn 在 2008 已经被关闭，亿唐公司也只剩下空壳，昔日的"梦幻团队"在公司烧光钱后也纷纷选择出走。2009 年 5 月，etang.com 域名由于无续费被公开竞拍，最终的竞投人以 3.5 万美元的价格投得。是什么原因造成了亿唐的衰败？

　　亿唐网一夜之间横空出世，迅速在各大高校攻城掠地，在全国范围快速"烧钱"，以迅速扩张：除了在北京、广州、深圳三地建立分公司外，亿唐还广招人手，并在各地进行规模浩大的宣传造势活动。但是突如其来的 2000 年年底的互联网的寒冬，使得业已烧光所有钱的亿唐措手不及，并最终走上衰败和失败的道路。

　　筹集创业资金固然是创业阶段最为困难和重要的环节，但是取得融资后如何对资金进行管理和分配将决定企业的成败。如何对创业企业的现金流量进行管理？如何对创业后的各个项目作出评价进行决策？这两个问题将是创业者进行创业资金管理过程中必须解决的主要问题。亿唐在取得其创业融资后忽视了资金管理，最终导致了失败。

资料来源：创业第一步网，中国企业十大最悲催的失败案例，2014.10.18

阅读上述材料，回答下列问题：

(1) 亿唐在取得融资后，最终仍以失败告终，其失败的最重要的原因是什么？

(2) 现金流量管理在项目运营过程中至关重要，企业应如何进行现金流量管理？

4.1　创业企业资金需求分析

企业通过对其资金需求量进行分析，可以更好地进行财务规划，使得企业能更加合理地进行资金分配和使用，同时也会帮助企业预见某些潜在的财务问题，使得企业能够提前预防和应对，并能够长期健康地发展。创业企业在不同的发展阶段，其资本结构和资金需求特点各不相同，如何对不同发展阶段的资金需求量进行分析是创业企业非常关心的问题。以下将对企业在不同发展阶段的资金需求特点进行介绍，同时阐述一些基本的现金流量的预测方法。

4.1.1　创业企业在不同发展阶段的资金需求特点

根据企业成熟程度，可将企业划分为几个发展阶段，即种子期、起步期、成长期、成熟期，在每一个发展阶段，企业的资本需求特征是不同的，因而融资方式也不相同。

1. 企业的资本结构

1) 种子期

在种子期，企业的一切都处在空想之中：产品无踪、设备无影、市场占有率为零，风险非常大。此时企业的特点是：团队不完善、项目缺乏细节规划、自有启动资金不足或者没有启动资金，只有宽泛的商业计划。

2) 起步期

起步期的企业已经完成了公司筹建、产品研发、生产组织等工作，但人员、设备、技术、市场等方面还未能协调配合。企业经营入不敷出、没有进入正轨，随时有破产清盘的危险。此时企业的特点是：资产相对匮乏、销售规模较小、缺少有效的抵押品，往往表现为对流动资金周转的迫切需求。

3) 成长期

成长期的企业已经进入正轨并开始盈利，人才、设备和管理都可圈可点，产品也有了一定的市场占有率和知名度。此时企业特点是：发展前景已基本明朗，企业形象、产品品牌在社会上有一定的知名度和良好信誉，随着规模增长，会表现出整体扩张态势。

4) 成熟期

成熟期的企业已经赢得了一定的市场份额并试图扩大版图，收入模式得到一定程度的验证，正在尝试深化业务拓展，加大销售规模和扩展产品形态以及提升管理效率，并且可以开始考虑上市的问题。此时企业的特点是：企业已具备较大规模，并有上市的打算，资金需求量巨大。

2．企业的资金需求

企业在不同发展阶段的融资方式如表 4-1 所示。

表 4-1　创业企业不同发展阶段的融资方式

发展阶段	资本需求特点	融资渠道
种子期	资本需求量小，但风险大	自有资本、亲朋借贷、国家创业基金、天使资本
起步期	资本需求量增大	零阶段创业投资
成长期	资本需求量增大，尤其是现金需求量增加	创业投资
成熟期	资本需求量稳定	银行贷款、股票融资、债券融资

第一阶段：种子期。此时，资本需求量较少，但对一家处于种子期的企业进行投资，将面临着技术风险、市场风险、财务风险以及创业管理团队尚未形成的风险，因此，以营利为目的的资本通常不敢介入，创业者除了依赖个人的积蓄、家庭财产、朋友借款以及申请国家创业基金以外，只有向那些以冒险为目的的"冒险资本"(Adventure Capital)或称为"天使资本"(Angel Capital)求助了。此时对创业企业的投入称为"种子资本"(Seed Capital)。

第二阶段：起步期。此时企业已经注册成立，产品(服务)已经开发出来，处于试销阶段。在这期间经费投入明显增加，其活动主要围绕着以下方面进行：根据试销情况进一步完善产品(服务)、确立市场营销管理模式、完善管理模式、扩充管理团队、筹集起步资本。在这一阶段，企业将面临市场风险、管理风险以及财务风险，资本需求量增大，创业者可以在前期融资的基础上，吸引"零阶段创业投资"(Zero-stage Venture Capital)，也可以运用短期租赁方式解决生产经营中的资本不足状况。

第三阶段：成长期。在这个阶段，企业已经开始有了营业收入，但在成长阶段的前期，收入仍然少于投入，企业仍处于负的现金流量中，现金需求量增大。由于此时仍然存在一定的市场风险，并具有较高的管理风险，加之企业尚未形成足够的抵押资产或建立起市场信誉，争取银行的资产抵押贷款或由担保贷款均不具有现实性，所以如有可能，企业应该寻求创业投资机构的帮助。在成长阶段中期，企业逐步占有一定的市场份额，收入大幅度增加，出现收支相抵，并进而出现正的现金流量，但随着市场需求量的急剧增加，急需大量资本投入生产运营。而在这一阶段，企业并未建立起稳定的市场信誉，因此向银行贷款依然存在困难，仍然需要创业投资机构的帮助。在成长阶段后期，企业通常可以通过银行贷款补充流动资本，但若想公开上市，则有时还需要投资银行对其进行美化投资，以完善其资本结构，并协助完善上市前的各种技术准备和业务公关工作。另外，企业也可以通过融资租赁等方式筹集资本。

第四阶段：成熟期。此时企业在产品营销、服务以及内部管理结构方面都已经成熟，资本需求量稳定并且筹集资本较以前任何一个阶段都相对容易，企业可以通过股票融资、债券融资以及银行借款等方式筹集资本从而进一步发展扩大。

实践表明，在创业企业的早期阶段，主要有私人权益资本和创业投资两种形式。创业企业成功与否，除取决于资本投入量、关键技术与管理等因素外，还取决于其融资计划是否与其阶段性发展计划相匹配。如果融资计划不符合发展阶段的特点，则可能产生资本投入不足或资本投入过剩的现象，既可能造成资本的浪费，增加资本的使用成本，也可能造成企业经营过程中的资本链条断裂，生产难以为继，因此，创业者必须清楚企业发展阶段的资本需求量，合理融资。

4.1.2　现金流量预测的方法

1. 现金流量预测的原则

估计或预测投资项目现金流量是投资决策中最重要也是最难之处，在估算时通常应坚持三个原则。

1) 实际现金流量原则

现金流量是指在一定时期内，投资项目实际收到或付出的现金数。凡是由于该项投资而增加的现金收入或现金支出节约额都称为现金流入；凡是由于该项投资引起的现金支出称为现金流出；一定时期的现金流入量减去现金流出量的差额为现金净流量。

实际现金流量原则是指计量投资项目的成本和收益时，采用现金流量而不是会计收益。因为在会计收益的计算中包含了一些非现金因素，如折旧费在会计上作为一种费用抵减了当期的收益，但这种费用并没有发生实际的现金支出，只是账面记录而已，因此在现金流量分析中，折旧应加回收益中。如果将折旧作为现金支出，就会出现对固定资产投资支出的重复计算，一次是在期初购买固定资产时，一次是在每期计提折旧计入成本时。除折旧外，还应注意剔除收益中的非现金项目，如无形资产摊销等。

实际现金流量原则的另一个含义是项目未来的现金流量必须用预计未来的价格和成本来计算，而不是用现在的价格和成本计算，如在通货膨胀时期应注意调整通货膨胀对现金流量的影响。

2) 增量现金流量原则

预测现金流量要建立在增量或边际的概念基础上。只有增量现金流量才是与项目相关的现金流量。所谓增量现金流量是根据"有无"的原则(with-versus-without)，确认有这项投资与没有这项投资现金流量之间的差额。判断增量的现金流量，决策者会面临以下四个问题：

(1) 附加效应(Side Effects)。在估计项目现金流量时，要以投资对公司所有经营活动产生的整体效果为基础进行分析，而不是孤立地考察某一项目。

(2) 沉没成本(Sunk Costs)。沉没成本是指过去已经发生，无法由现在或将来的任何决策所能改变的成本。在投资决策中，沉没成本属于决策无关成本。一般来说，大多数沉没成本是在研究开发及投资决策前进行有关市场调查的成本。

(3) 机会成本(Opportunity Costs)。机会成本是指在投资决策中，从多种方案中选取最优方案而放弃次优方案所丧失的收益。虽然机会成本并未发生现实实体的交割或转让行为，但作为一种潜在的成本，必须加以认真对待，以便为既定资源寻求最佳使用途径。

(4) 制造费用(Manufacturing Expense)。在确定项目现金流量时，对于制造费用，要做进一步分析，只有那些确因本项目投资而引起的费用(如增加的管理人员、租金和动力支出等)，才能计入投资的现金流量，而与公司投资进行与否无关的费用，则不应计入投资现金流量中。

3) 税后原则

在企业所得税存在的环境下，投资项目现金流量应当是税后现金流量，从而将现金流量计算与投资者的利益完全联系起来。由于公司必须向政府纳税，所以在评价投资项目时所使用的现金流量也应当是税后现金流量，因为只有税后现金流量才与投资者的利益相关，才能够帮助企业进行正确的现金流量预测，从而制定正确的财务计划，实现企业的持续健康经营。

4) 相关原则

(1) 区分相关成本与非相关成本。相关成本是指与特定决策有关的、在分析评价时必须加以考虑的成本，如差额成本、未来成本、重置成本和机会成本等都属于相关成本。与之相反，与特定决策无关的、在分析时不需要加以考虑的成本则是非相关成本，如沉没成本、过去成本、账面成本等就往往属于非相关成本。如果不加以区分，将非相关成本也纳入投资项目的总成本，则一个有利的项目可能因此变得不利，一个较好的项目可能因此变为一个较差的项目，从而造成决策的失误。

(2) 考虑对公司其他部门或产品的影响。当公司采纳一个新的项目后，该项目可能对公司的其他部门或产品造成有利或不利的影响。例如，新建生产线生产的新产品上市后，原有其他产品的销量可能减少，而且整个公司的销售额也许不增加甚至下降，因此，企业在判断和估算现金流量时，就不应直接将新产品的销售收入作为增量收入来处理，而应扣除其他部门因此而减少的销售收入，以两者之差作为新建项目的现金流量。当然，也可能发生相反的情况，新产品上市后将促进其他部门的销售增长。具体情形怎样，则要看新项目与原有部门是竞争关系还是互补关系。

诸如此类的交互影响，事实上很难准确计量，但决策者在进行投资决策分析时仍要将其考虑在内。

2. 现金流量预测方法

投资项目现金流量，一般分为初始现金流量、经营现金流量和终结现金流量三部分。

1) 初始现金流量

初始现金流量是项目建设过程中发生的现金流量，或项目投资总额，主要包括以下四项：

(1) 项目总投资。项目总投资包括三部分：形成固定资产的支出，指项目投资时直接形成固定资产的建设投资，如建筑工程费、设备购置费、安装工程费以及建设期利息等；形成无形资产的费用，如技术转让费或技术使用费、商标权和商誉等；形成其他资产的费用，如生产准备费、开办费、培训费、样品样机购置费等。

(2) 营运资本。营运资本指项目投产前，投放于流动资产用于周转使用的资本。其计算公式为

$$\text{本年营运资本需用额} = \text{本年流动资产需用额} - \text{上年营运资本总额} \tag{4-1}$$

其中

　　　　　本年营运资金需用额 = 本年流动资产需用额 – 本年流动负债筹资额

(3) 原有固定资产的变价收入。它指固定资产重置、旧设备出售时的现金净流量。

(4) 所得税效应。所得税效应是指固定资产重置时变价收入的税赋损益。按规定，出售资产(如旧设备)时，如果出售价高于原价或账面净值，应缴纳所得税，多缴的所得税构成现金流出量；出售资产时发生的损失(出售价低于账面净值)可以抵减当年所得税支出，少缴的所得税构成现金流入量。诸如此类由投资引起的税赋变化，应在计算项目现金流量时加以考虑。

　　2) 经营现金流量

　　经营现金流量是指项目建成后，生产经营过程中发生的现金流量，这种现金流量一般是按年计算的。经营现金流量主要包括：增量税后现金流入量，是指投资项目投产后增加的税后现金收入(或成本费用节约额)；增量税后现金流出量，是指与投资项目有关的以现金支付的各种税后成本费用(即不包括固定资产折旧费以及无形资产摊销费等，也称经营付现成本)以及各种税金支出。

　　经营现金流量的确认也可根据有关利润表的资料分析得出。其基本的计算公式为

$$现金净流量 = 销售收入 – 经营付现成本 – 所得税 \tag{4-2}$$

　　式(4-2)中的销售收入是指收到现金的收入；所得税费用在某种程度上依赖于折旧的增量变动。为反映折旧变化对现金流量的影响，式(4-2)可变为

$$现金净流量 = (销售收入 – 经营付现成本) \times (1 – 所得税税率) + 折旧 \times 所得税税率 \tag{4-3}$$

　　式(4-3)中经营付现成本一般是指会计上的总成本减去固定资产折旧费、无形资产摊销费等不支付现金的费用后的余额。"折旧×所得税税率"称作税赋节约(Tax Shield)，是由于折旧计入成本，冲减利润而少缴的所得税税额，这部分少缴的所得税形成了投资项目的现金流入量。

　　如果项目的资本全部来自于股权资本，则经营期现金净流量的计算公式可表示为

$$现金净流量 = 净收益 + 折旧 \tag{4-4}$$

　　在按式(4-4)估计经营现金流量时，如果项目在经营期内追加营运资本和固定资产投资，则其增量投资额应从当年现金流量中扣除，因此，可将式(4-2)改写成

$$现金净流量 = 销售收入 – 经营付现成本 – 所得税 – 营运资金追加支出 – 资本支出 \tag{4-5}$$

　　3) 终结现金流量

　　终结现金流量指项目经济寿命终了时发生的现金流量，主要包括两个部分：经营现金流量和非经营现金流量。经营现金流量与经营期现金流量计算方式一样，非经营现金流量主要指以下两个部分：

(1) 固定资产残值变价收入以及出售时的税赋损益。固定资产出售时税赋损益的确定方法与初始投资时出售旧设备发生的税赋损益相同。如果预计固定资产报废时残值收入大于税法规定的数额，就应上缴所得税，形成一项现金流出量，反之则可抵减所得税，形成现金流入量。

(2) 垫支营运资本的收回。这部分资本不受税收因素的影响，税法把它视为资本的内部转移，就如同把存货和应收账款换成现金一样，因此，收回的营运资本仅仅是现金流量的增加。

【**例 4.1**】　现金流量的计算。

中原公司准备购入一设备以扩充生产能力。现有甲、乙两个方案可供选择。甲方案需投资 10 000 元，使用寿命为 5 年，采用直线法计提折旧，5 年后设备无残值，5 年中每年销售收入为 6000 元，每年的付现成本为 2000 元。乙方案需投资 12 000 元，采用直线法计提折旧，使用寿命也为 5 年，5 年后有残值收入 2000 元。5 年中每年的销售收入为 8000 元，付现成本第 1 年为 3000 元，以后随着设备陈旧，逐年将增加修理费 400 元，另需垫付营运资本 3000 元，假设所得税税率为 25%。试计算两个方案的现金流量。

解　为计算现金流量，必须先计算两个方案每年的折旧额。

甲方案每年折旧额 = 10 000 ÷ 5 = 2000(元)

乙方案每年折旧额 = (12 000 − 2000) ÷ 5 = 2000(元)

下面先计算两个方案的经营现金流量，见表 4-2，然后结合初始现金流量和终结现金流量编制两个方案的全部现金流量表，见表 4-3。

表 4-2　投资项目的经营现金流量

单位：元

项　目	第 1 年	第 2 年	第 3 年	第 4 年	第 5 年
甲方案:					
销售收入(1)	6000	6000	6000	6000	6000
付现成本(2)	2000	2000	2000	2000	2000
折旧(3)	2000	2000	2000	2000	2000
税前利润 (4)=(1)−(2)−(3)	2000	2000	2000	2000	2000
所得税 (5)=(4)×25%	500	500	500	500	500
税后净利 (6)=(4)−(5)	1500	1500	1500	1500	1500
经营净现金流量 (7)=(1)−(2)−(5)	3500	3500	3500	3500	3500
乙方案:					
销售收入(1)	8000	8000	8000	8000	8000
付现成本(2)	3000	3400	3800	4200	4600
折旧(3)	2000	2000	2000	2000	2000
税前利润 (4)=(1)−(2)−(3)	3000	2600	2200	1800	1400
所得税 (5)=(4)×25%	750	650	550	450	350
税后净利 (6)=(4)−(5)	2250	1950	1650	1350	1050
经营净现金流量 (7)=(1)−(2)−(5)	4250	3950	3650	3350	3050

表 4-3 投资项目的现金流量

单位：元

项目	第 0 年	第 1 年	第 2 年	第 3 年	第 4 年	第 5 年
甲方案：						
固定资产投资	−10 000					
经营净现金流量		3500	3500	3500	3500	3500
现金流量合计	−10 000	3500	3500	3500	3500	3500
乙方案：						
固定资产投资	−12 000					
营运资本垫支	−3000					
经营净现金流量		4250	3950	3650	3350	3050
固定资产残值						2000
营运资本回收						3000
现金流量合计	−15 000	4250	3950	3650	3350	8050

在表 4-2 和表 4-3 中，$t=0$ 表示第 1 年年初，$t=1$ 表示第 1 年年末，$t=2$ 表示第 2 年年末……在现金流量的计算中，为了简化计算，一般都假定各年投资在年初一次进行，各年的经营净现金流量在各年年末一次发生，并假设终结现金流量是最后一年年末发生的。

3. 现金流量预测中应注意的问题

1) 折旧模式的影响

在不考虑所得税的情况下，折旧额变化对现金流量没有影响。因为不论公司采取什么样的折旧方式，所改变的只是会计收益的大小，不会改变实际现金流量的发生模式。也就是说，折旧额增加(减少)与收益减少(增加)的数额是相等的，因此折旧变化不影响投资价值，但引入所得税后，折旧抵税作用直接影响投资现金流量的大小。

估计项目现金流量的目的是计算项目现金流量的现值，由于不同的折旧模式下的各年折旧额不同，各年税赋节约额不同，因此，在折现率一定的情况下，不同折旧模式下的税赋节约现值也不同，但这种影响并不反映投资项目内在的经济效益，只是方法不同而已。

2) 利息费用

在投资项目评估中，利息费用对投资项目的影响主要有两种分析模式：一种是将这些影响因素视作费用支出，从现金流量中扣除；一种是将筹资影响归于现金流量的资本成本(折现率)中。在实务中广泛采用的是后一种方法，这是因为，在给定资本结构的情况下，可随时根据不同的负债水平和风险情况调整项目的折现率。这里的折现率一般是指为项目提供资本的投资者要求的收益率，如果不考虑所得税和筹资费用，项目投资者要求的收益率就是项目的资本成本。如果从项目的现金流量中扣除利息费用，然后再按此折现率进行折现，就等于双重计算筹资费用。

在预测项目现金流量时，一种简化的方式就是假设投资项目的资本全部来自股权资本，如果有负债资本，则将其利息支出加回到项目的现金流量中。

3) 通货膨胀的影响

通货膨胀是影响当今经济社会一个非常重要的因素，在投资项目评估中，通货膨胀可能会同时影响项目的现金流量和资本成本(折现率)，从而使项目的净现值有可能保持不变。估计通货膨胀对项目的影响应遵循一致性的原则，如果预测的现金流量序列包括了通货膨胀的影响，则折现率也应包括这一因素的影响；反之亦然，但是，在计算通货膨胀变化对各种现金流量，如销售价格、原材料成本、工资费用的影响时，应注意不同现金流量受通货膨胀的影响程度各不相同，不能简单地用一个统一的通货膨胀率来修正所有的现金流量。

由于折旧费的计提基础是原始成本，所以折旧额并不随通货膨胀的变化而变化，导致纳税额增长速度高于通货膨胀增长速度，从而降低了投资项目的实际收益率，影响投资决策的正确性。

4.2　投资项目决策方法

投资项目决策方法分为折现现金流量法和非折现现金流量法。折现现金流量法是指对企业未来的现金流量及其风险进行预期，然后选择合理的贴现率，将未来的现金流量折合成现值。使用此法的关键需确定：第一，预期企业未来存续期各年度的现金流量；第二，要找到一个合理的公允的折现率，折现率的大小取决于取得的未来现金流量的风险，风险越大，要求的折现率就越高；反之亦反之。折现现金流量法侧重于现金流量的动态分析。非折现现金流量是指不考虑资金时间价值的分析评价方法，它把不同时期的现金流量看做是等效的，对它们不加区别，直接相加减。非折现现金流量方法，是不考虑货币时间价值而直接按投资项目的净现金流量来计算有关评价指标，借以分析、评价投资项目的各种具体方法的总称。非折现现金流量法侧重于现金流量的静态分析。以下将对这两种方法进行具体的介绍。

4.2.1　折现现金流量方法

进行动态分析决策的指标主要有净现值、内含报酬率、获利指数。这些指标的使用，体现了折现现金流量的思想，即将未来的现金流量折现，使用现金流量的现值计算各种指标，并据以进行决策。

1. 净现值

投资项目投入使用后的净现金流量，按资本成本率和企业要求达到的报酬率折算为现值，减去初始投资后的余额叫做净现值(Net Present Value，NPV)。其计算公式为

$$NPV = \sum_{t=0}^{n} \frac{NCF_t}{(1+k)^t} = \sum_{i=1}^{n} \frac{NCF_t}{(1+k)^t} - C \tag{4-6}$$

式中：NPV 表示净现值；NCF_t 表示第 t 年的净现金流量；k 表示折现率(资本成本率或公司要求的报酬率)；n 表示项目预计使用年限；C 表示初始投资额。

1) 净现值的计算步骤

净现值的计算可按以下步骤进行：

(1) 计算每年的营业净现金流量。

(2) 计算未来现金流量总现值。这又可以分为三步：

① 将每年的营业现金净流量折算成现值。如果每年的 NCF 相等，则按年金法折算成现值；如果每年的 NCF 不相等，则先对每年的 NCF 折现，然后加以合计。

② 将终结现金流量折算成现值。

③ 计算未来现金流量的总现值。

(3) 计算净现值。其计算公式为

$$净现值 = 未来现金流量的总现值 - 初始投资额 \tag{4-7}$$

2) 净现值法的决策规则

净现值法的决策规则是：在只有一个备选方案时，净现值为正者采纳，净现值为负者不采纳。在有多个备选方案的互斥项目决策中，应选用净现值的正值中最大者。

3) 净现值法的优缺点

净现值法的优点是：考虑了货币的时间价值，能够反映各种投资方案的净收益，是一种较好的方法。净现值法的缺点是：净现值法并不能揭示各个投资方案本身可能达到的实际报酬率是多少，内含报酬法则弥补了这一缺陷。

【例 4.2】 净现值的计算。

现仍以例 4.1 所举的中原公司的资料为例(详见表 4-2 和表 4-3)，来说明净现值的计算。假设资本成本率为 10%。

解 甲方案每年的 NCF 相等，其净现值计算为

$$NPV_{甲} = 未来现金流量的总现值 - 初始投资额$$
$$= NCF \times PVIFA_{k,n} - 10000$$
$$= 3500 \times PVIFA_{10\%,\ 5} - 10000$$
$$= 3500 \times 3.791 - 10000$$
$$= 3268.5 \ (元)$$

乙方案每年的 NCF 不相等，故其净现值计算如表 4-4 所示。

表 4-4　乙方案的 NPV 计算表

金额单位：元

年次(t)	各年的 NCF(1)	现值系数 $PVIF_{10\%,\ t}$(2)	现值(3)=(1)×(2)
1	4250	0.909	3863.25
2	3950	0.826	3262.70
3	3650	0.751	2741.15
4	3350	0.683	2288.05
5	8050	0.621	4999.05
未来现金流量的总现值			17154.20
减：初始投资			- 15 000
净现值			NPV = 2154.20

由于 NPV $_\text{甲}$＞NPV $_\text{乙}$,故当资本成本率为 10% 时，甲方案优于乙方案。

2. 内含报酬率

内含报酬率(Internal Rate of Return，IRR)，也称内涵报酬率，实际上反映了投资项目的真实报酬，目前越来越多的企业使用该项指标对投资项目进行评价。内含报酬率的计算公式为

$$\sum_{t=0}^{n} \frac{NCF_t}{(1+r)^t} = 0$$

$$\sum_{t=1}^{n} \frac{NCF_t}{(1+r)^t} - C = 0 \tag{4-8}$$

式中：NCF_t 表示第 t 年的净现金流量；r 表示内含报酬率；n 表示项目的使用年限；C 表示初始投资额。

1) 内含报酬率的计算步骤

(1) 如果每年的 NCF 相等，则按下列步骤计算：

① 计算年金现值系数。

$$年金现值系数 = \frac{初始投资额}{每年 NCF} \tag{4-9}$$

② 查询年金现值系数表，在相同的期数内，找出与上述年金现值系数相邻近的较大和较小的两个折现率。

③ 根据上述两个邻近的折现率和已求得的年金现值系数，采用插值法计算出该投资方案的内含报酬率。

(2) 如果每年的 NCF 不相等，则需要按下列步骤计算：

① 先预估一个折现率，并按此折现率计算净现值。如果计算出的净现值为正数，则表示预估的折现率小于该项目的实际内含报酬率，应提高折现率，再进行测算；如果计算出的净现值为负数，则表明预估的折现率大于该方案的实际内含报酬率，应降低折现率，再进行测算。经过如此反复测算，找到净现值由正到负并且比较接近于零的两个折现率。

② 根据上述两个邻近的折现率，用插值法计算出方案的实际内含报酬率。

2) 内含报酬率法的决策规则

内含报酬率法的决策规则是：在只有一个备选方案的采纳与否决策中，如果计算出的内含报酬率大于或等于公司的资本成本率或必然报酬率，就采纳；反之，则拒绝。在有多个备选方案的互斥选择决策中，选择内含报酬率超过资本成本率或必要报酬率最多的投资项目。

3) 内含报酬率法的优缺点

内含报酬率考虑了资金的时间价值，反映了投资项目的真实报酬率，概念也易于理解。但这种方法的计算过程比较复杂，特别是对于每年的 NCF 不相等的投资项目，一般要经过多次测算才能算出。

【例 4.3】　内含报酬率的计算。

现仍以例 4.1 所举中原公司的资料为例(见表 4-2 和表 4-3)来说明内含报酬率的计算方法。

解   由于甲方案的每年 NCF 相等，因而计算内含报酬率的方法可表示为

$$年金现值系数 = \frac{初始投资额}{每年NCF} = \frac{10\,000}{3500} = 2857$$

查年金现值系数表，甲方案的内含报酬率应该在 20%～25% 之间，用插值法计算可表示为

$$\frac{x}{5} = \frac{0.134}{0.302}$$

解得：$x = 2.22$，故甲方案的内含报酬率 = 20% + 2.22% = 22.22%。

乙方案的每年 NCF 不相等，因而必须逐次进行测算，测算过程见表 4-5。

表 4-5   乙方案内含报酬率测算过程

单位：元

年次(t)	NCF_t	测试 11%		测试 16%	
		复利现值系数 $PVIF_{11\%,\ t}$	现值	复利现值系数 $PVIF_{16\%,\ t}$	现值
0	−15 000	1.00	−15 000	1.00	−15 000
1	4250	0.901	3829	0.862	3664
2	3950	0.812	3207	0.743	2935
3	3650	0.731	2668	0.641	2340
4	3350	0.659	2208	0.552	1849
5	8050	0.593	4774	0.476	3832
NPV			1686		−380

在表 4-5 中，先按 11% 的折现率进行测算，净现值为 1686，大于 0，说明所选用的折现率偏低，因此调高折现率，以 16% 进行第二次测算，净现值变为负数，说明该项目的内含报酬率一定在 11%～16% 之间。

用插值法计算可表示为

$$\frac{x}{5} = \frac{1686}{2066}$$

解得 $x = 4.08$，故乙方案的内含报酬率 = 11% + 4.08% = 15.08%。

由计算结果可知，甲方案的内含报酬率高于乙方案，故选择甲方案。

3. 获利指数

获利指数(Profitability Index，PI)又称利润指数或现值指数，是投资项目未来报酬的总现值与初始投资额的现值之比。其计算公式为

$$PI = \frac{\left[\sum_{t=1}^{n} \dfrac{NCF_t}{(1+k)^t} \right]}{C} \tag{4-10}$$

即

$$PI = \frac{未来现金流量的总现值}{初始投资额}$$

如果投资是多期完成的，则计算公式为

$$PI = \frac{未来现金流入的总现值}{现金流出的总现值} \tag{4-11}$$

1) 获利指数的计算步骤

(1) 计算未来现金流量的总现值。这与计算净现值时采用的方法相同。

(2) 计算获利指数，即根据未来现金流量的总现值和初始投资额之比计算获利指数。

2) 获利指数的决策规则

获利指数的决策规则是，在只有一个备选方案的采纳与否决策中，获利指数大于或者等于 1，则采纳；否则就拒绝。在有多个备选方案的互斥选择决策中，应采用获利指数大于 1 最多的投资项目。

3) 获利指数法的优缺点

获利指数可以看做是 1 元的初始投资渴望获得的现值净收益。获利指数法的优点是：考虑了资金的时间价值，能够真实地反映投资项目的盈利能力。由于获利指数是用相对数表示的，因此有利于在初始投资额不同的投资方案之间进行对比。获利指数法的缺点是：只代表获得收益的能力而不代表实际可能获得的财富，它忽略了互斥项目之间投资规模上的差异，所以在多个互斥项目的选择中，可能会得到错误的答案。

【例 4.4】　获利指数的计算。

现仍以例 4.1 所举的中原公司的资料(见表 4-2 和表 4-3)为例，来说明获利指数的计算。

解

$$甲方的获利指数 = \frac{未来现金流量}{初始投资} = \frac{13\,269}{10\,000} = 1.33$$

$$乙方的获利指数 = \frac{未来现金流量的总现值}{初始投资} = \frac{17\,154}{15\,000} = 1.14$$

由计算结果可知，甲乙两方案的获利指数均大于 1，故两个方案均可以进行投资，但由于甲方案的获利指数大于乙方案的获利指数，故甲方案较优。

4.2.2　非折现现金流量方法

非折现现金流量的指标主要有：投资回收期和平均报酬率。

1. 投资回收期

投资回收期(Payback Period, PP)代表收回投资所需的年限。

1) 投资回收期的计算步骤

在初始投资一次支出，且每年的净现金流量相等时，投资回收期计算公式可表示为

$$投资回收期 = \frac{初始投资额}{每年净现金流量} \tag{4-12}$$

如果每年净现金流量不相等，那么，计算回收期要根据每年年末尚未回收的投资额加以确认。

2) 投资回收期法的决策规则

如果投资回收期小于基准回收期(公司自行确定或根据行业标准确定)，则接受该项目；反之则应放弃。在实务分析中，一般认为企业投资回收期小于项目周期一半时方为可行；如果项目回收期大于项目周期的一半，则认为项目不可行。在互斥项目比较分析时，应以回收期最短的方案作为中选方案。

3) 投资回收期法的优缺点

投资回收期法的概念容易理解，计算也比较简单，但这一指标的缺点在于它不仅忽视了货币的时间价值，而且没有考虑回收期满后的现金流量状况。事实上，有战略意义的长期投资往往早期收益较低，而中后期收益较高。回收期法总是优先考虑急功近利的项目，它是过去评价投资方案最常用的方法，目前仅作为辅助方法使用，主要用来测定投资方案的流动性而非盈利性。

【例 4.5】 投资回收期的计算。

天天公司欲进行一项投资，初始投资额为 10000 元，项目为期 5 年，每年净现金流量有关资料详见表 4-6，试计算该方案的投资回收期。

表 4-6 天天公司投资回收期的计算表

单位：元

年次(t)	每年净现金流量	年末尚未回收的投资额
1	3000	7000
2	3000	4000
3	3000	1000
4	3000	0
5	3000	

从表 4-6 中可以看出，由于该项目每年的净现金流量均为 3000 元，因此该项目的投资回收期为

$$3 + 1000 \div 3000 = 3.33 \ (年)$$

2. 平均报酬率

平均报酬率(Average Rate of Return，ARR)是投资项目寿命周期内平均的年投资报酬率，也称平均投资报酬率。

1) 平均报酬率的计算

平均报酬率有多种计算方法，其中最常见的计算公式为

$$平均报酬率 = \frac{平均现金流量}{初始投资额} \times 100\% = \frac{年平均净收益}{年平均投资总额} \times 100\% \tag{4-13}$$

2) 平均报酬率的决策规则

在采用平均报酬率这一指标时，应事先确定一个企业要求达到的平均报酬率，或称必

要平均报酬率。在进行决策时，只有高于必要平均报酬率的方案才能入选。而在有多个互斥方案的选择中，则选用平均报酬率最高的方案。

3) 平均报酬率的优缺点

平均报酬率的优点是简明、易算、易懂。其主要缺点是：① 会计收益率标准没有考虑货币时间价值和投资风险价值，第一年的会计收益与最后一年的会计收益被看做具有同等的价值。② 会计收益率是按投资项目账面价值计算的，当投资项目存在机会成本时，其判断结果与净现值等标准差异很大，有时甚至得出相反的结论，影响投资决策的正确性，因此会计收益率只能作为一种辅助标准衡量投资项目的优劣。

【例 4.6】　平均报酬率的计算。

现仍以例 4.1 中原公司的资料(见表 4-2 和表 4-3)为例，来说明平均报酬率的计算。

$$ARR_{甲} = \frac{3500}{10\,000} \times 100\% = 35\%$$

$$ARR_{乙} = \frac{(4250 + 3950 + 3650 + 3350 + 8050) \div 5}{15\,000} \times 100\% = 31\%$$

因为 $ARR_{甲} > ARR_{乙}$，故甲方案优于乙方案。

3. 会计收益率法

会计收益率(Accounting Rate of Return，ARR)是指投资项目的年平均净收益与项目原始投资额的比率。

1) 会计收益率法的计算步骤

会计收益率的计算公式为

$$会计收益率 = \frac{年平均净收益}{原始投资额} \times 100\% \tag{4-14}$$

2) 会计收益率法的决策规则

会计收益率反映单位投资额每年能给企业所创造的净收益。一般而言，会计收益率越高，说明投资效益越好，反之，则说明投资效益越差。其决策规则如下：

如果会计收益率大于必要报酬率(通常由公司事先自行确定或根据行业标准确定)，则方案可行；如果会计收益率小于必要报酬率，则方案不可行；如果是多个项目的互斥决策，则选择会计收益率最高的方案。

3) 会计收益率法的优缺点

会计收益率法的优点是简单、明了、易于掌握，且该指标不受投资方式、回收额状况及净现金流量大小等条件的影响，能够说明各投资方案的收益水平。其主要缺点是没有考虑资金时间价值，忽略了现金流动的时间分布，以净收益为基础，而不是以现金流量为计算基础，难以正确反映投资项目的真实效益。

【例 4.7】　会计收益率的计算。

仍以例 4.1 中原公司资料(见表 4-2 和表 4-3)为例，讨论会计收益率的计算。

$$甲方案会计收益率 = \frac{1500}{10\,000} \times 100\% = 15\%$$

$$乙方案会计收益率 = \frac{(2250+1950+1650+1350+1050) \div 5}{15\,000} \times 100\% = 11\%$$

由计算可知，甲方案的会计收益率＞乙方案的会计收益率，故甲方案较优。

4.2.3 投资决策指标的比较

4.2.1 和 4.2.2 两节介绍了折现现金流量和非折现现金流量两大类指标，下面对这些指标进行一些比较。

1. 两类指标在投资决策应用中的比较

投资回收期法作为评价企业投资效益的主要方法，在 20 世纪 50 年代曾流行全世界。现以美国专家的调查资料为依据，来说明各种指标在投资决策中应用的变化趋势。

(1) 20 世纪 50 年代的情况。1950 年，迈克尔·戈登(Michael Gort)教授对美国 25 家大型公司的调查资料表明，被调查的公司全部使用投资回收期等非折现的现金流量指标，没有一家使用折现的现金流量指标。

(2) 20 世纪六七十年代的情况。1970 年，托姆斯·克拉默(Tomes Klammer)教授对美国 184 家大型生产企业进行了调查，发现使用折现现金流量指标的企业已达 57%，使用非折现现金流量指标的企业已降至 43%。

(3) 20 世纪 80 年代的情况。1980 年，大卫·J·奥布拉克(David J. Oblack)教授对 58 家大型跨国公司进行了调查，发现使用折现现金流量指标的企业已达 76%，使用非折现现金流量指标的企业已降至 24%。

(4) 20 世纪末到 21 世纪初的情况。2001 年，美国杜克大学的约翰·格雷姆(John Graham)和坎贝尔·哈韦(Campbell Havey)教授调查了 392 家公司的财务主管，其中 74.9% 的公司在投资决策时使用 NPV 指标，75.7% 的公司使用 IRR 指标，56.7% 的公司在使用 NPV 指标和 IRR 指标的同时使用投资回收期指标。调查中同时发现，年销售额大于 10 亿美元的公司更多地依赖于 NPV 或 IRR 指标，而年销售量小于 10 亿美元的公司则更多地依赖于投资回收期等非折现指标。

由以上资料不难看出，20 世纪中后期，在资金时间价值原理基础上建立起来的折现现金流量指标，在投资决策指标体系中的地位发生了显著的变化。使用折现现金流量指标的公司不断增多，从 20 世纪 70 年代开始，折现现金流量指标已经占据主导地位，并形成了以折现现金流量指标为主、投资回收期为辅的多种指标并存的评价体系。最近的调查更是表明，许多公司在进行决策时会使用两种以上的指标，其中规模较大的公司倾向于使用折现现金流量指标，规模相对较小的公司则更多地依赖于非折现现金流量指标。

2. 折现现金流量指标广泛应用的主要原因

折现现金流量指标为什么会越来越被认同和使用？主要包括以下六点原因：

(1) 非折现现金流量指标把不同时间点上的现金收入和支出当做毫无差别的资金进行对比，忽略了资金的时间价值因素，这是不科学的。折现现金流量指标则把不同时间点收入或支出的现金按照统一的折现率折算到同一时间点上，使不同时期的现金具有可比性，这样才能做出正确的投资决策。

(2) 非折现现金流量指标中的投资回收期法只能反映投资的回收速度，不能反映投资的主要目标——净现值的多少。同时，由于投资回收期没有考虑时间价值因素，因而高估了投资的回收速度。

(3) 投资回收期、平均报酬率等非折现现金流量指标对使用寿命不同、资金投入的时间和提供收益的时间不同的投资方案缺乏鉴别能力。折现现金流量指标法则可以通过净现值、内含报酬率和获利指数等指标进行综合分析，从而做出正确合理的决策。

(4) 非折现现金流量指标中的平均报酬率等指标，由于没有考虑资金的时间价值，实际上夸大了项目的盈利水平。折现现金流量指标中的报酬率是以预计的现金流量为基础，考虑了货币的时间价值以后计算出的真实报酬率。

(5) 在运用投资回收期这一指标时，标准回收期是方案取舍的依据，但标准回收期一般都是以经验或主观判断为基础来确定的，缺乏客观依据。折现现金流量指标中的净现值和内含报酬率等指标实际上都是以企业的资本成本率为取舍依据的，任何企业的资本成本率都可以通过计算得到，因此，这一取舍标准符合客观实际。

(6) 管理人员业务水平的不断提高和电子计算机的广泛应用，加快了折现现金流量指标的推广使用。在 20 世纪五六十年代，只有很少企业的财务人员能真正了解折现现金流量指标的真正含义，而今天，几乎所有的大型企业的高级财务人员都明白这一方法的科学性和正确性。电子计算机技术的广泛应用使折现现金流量指标中的复杂计算变得非常容易，加快了折现现金流量指标的推广应用。

3. 折现现金流量指标的比较与选择

通过以上分析可以知道，折现现金流量指标是科学的投资决策指标。折现现金流量指标中有几个方法——净现值法、内含报酬率法和获利指数法。

1) 净现值法和内含报酬率法的比较

在多数情况下，运用净现值法和内含报酬率法这两种方法得出的结论是相同的，但在以下两种情况下，有时会产生差异。

(1) 净现值法和内含报酬率法的结论可能不同的一种情况：互斥项目。对于常规的独立项目，净现值法和内含报酬率法的结论是完全一致的，但对于互斥项目，有时会不一致。造成不一致的原因主要有以下两点：

① 投资规模不同。当一个项目的投资规模大于另一个项目时，规模较小的项目的内含报酬率可能较大但净现值可能较小。例如，假设项目 A 的内含报酬率为 35%，净现值为 100万元，而项目 B 的内含报酬率为 20%，净现值为 250 万元。在这两个互斥项目之间进行选择，实际上就是在更多的财富和更高的内含报酬率之间进行选择，很显然，决策者将选择财富。所以，当互斥项目投资规模不同并且资金可以满足投资规模要求时，净现值法要优于内含报酬率法。

② 现金流量发生的时间不同。有的项目早期现金流入量比较大，而有的项目早期现金流入量比较小。之所以会产生现金流量发生时间不同的问题，是因为有"再投资率假设"，即两种方法假定投资项目使用过程中产生的现金流量进行再投资时会产生不同的报酬率。净现值法假定产生的现金流入量重新投资会产生相当于企业资本成本率的报酬率，而内含报酬率却假定现金流入量重新投资产生的利润率与此项目特定的内含报酬率相同。

(2) 净现值法和内含报酬率法的结论可能不同的另一种情况：非常规项目。非常规项目的现金流量在形式上与常规项目有所不同，如现金流出不发生在期初，或者期初和以后各期有多次现金流出等。非常规项目可能会导致净现值决策规则和内含报酬率决策规则产生的结论不一致。一种比较复杂的情况是：当不同年度的未来现金流量有正有负时，就会出现多个内含报酬率的问题。例如，企业付出一笔初始投资后，在项目经营过程中会获得正的现金流量，而在项目结束时需要付出一笔现金进行环境清理；在项目存续期间需要一次或多次大修理的项目也属于这种情况。

2) 净现值法和获利指数法的比较

由于净现值法和获利指数法使用的是相同的信息，因此在评价投资项目的优劣时，它们常常是一致的，但有时也会产生分歧。

只有当初始投资不同时，净现值和获利指数才会产生差异。由于净现值是用各期现金流量现值减初始投资得到的，因此是一个绝对数，表示投资的效益或者说是给公司带来的财富；而获利指数是用现金流量现值除以初始投资，是一个相对数，表示投资的效率，因而评价的结果可能会不一致。

最高的净现值符合企业的最大利益，也就是说，净现值越高，企业的收益越大，而获利指数只反映投资回收的程度，不反映投资回收的多少，在没有资金量限制情况下的互斥选择决策中，应选用净现值较大的投资项目。也就是说，当获利指数法和净现值法出现不同的结论时，应以净现值法为准。

总之，在没有资金量限制的情况下，利用净现值法在所有投资评价中都能做出正确的决策，而利用内含报酬率法和获利指数法在独立项目评价中也能做出正确的决策，但在互斥选择决策或非常规项目中有时会得到错误的结论，因此，在这三种评价方法中，净现值法仍是最好的评价方法。

讨论与思考题

1. 创业企业在不同发展阶段的资金需求具有什么特点？分别采用哪些融资方式？
2. 现金流量预测有哪些方法？如何运用这些方法进行现金流量预测？
3. 现金流量预测过程中应注意哪些问题？
4. 投资项目的决策方法有哪些？如何运用这些方法？
5. 当投资项目评价方法出现冲突时，应如何进行决策？

案例分析

青岛海尔 2016 年 6 月 7 日公告透露，海尔收购 GE(通用电气)家电业务已进行资产交割，交割日为 6 月 6 日，海尔最终的支付价格为 55.8 亿美元。这起中国家电业至今为止最大一笔海外并购，将有力提升海尔在全球的竞争力，预计从今年下半年起将对青岛海尔的业绩带来正面影响。

今年 1 月，海尔签约收购 GE 家电业务。6 月 6 日(美国东部时间)，交易相关各方完成签署《商标许可协议》、《知识产权交叉许可协议》、《过渡服务协议》、《全球员工服务协议》、《所有权证明》、《出售契约、转让和继承协议》、《保理应收款买卖契约》等与《股权和资产购买协议》相关的补充协议。6 月 6 日的交割，标志着 GE 家电正式成为青岛海尔的一员。

根据海尔与 GE 于今年 5 月 25 日签署的补充协议，鉴于无锡小天鹅已行使优先购买权，海尔于交割日不购买通用电气(中国)有限公司持有的无锡小天鹅通用电器有限公司 30% 的股权，与这些股权对应的价款 1000 万美元从交易对价中相应扣除。

国家开发银行已在 6 月 3 日将本次交易价款中通过并购贷款获取的 33 亿美元资金汇入海尔美国公司的指定银行托管账户。截至 6 月 6 日(美国东部时间)，本次交易的全部价款已由海尔向 GE 及相关主体支付完毕，总额约为 55.8 亿美元。这是在基础交易对价 54 亿美元的基础上进行调整后的金额，主要调整事项包括营运资本调整、小天鹅股权调整、交易税费等相关事项。

截至 6 月 7 日，海尔收购 GE 家电业务已完成大部分资产的交割。本次收购的资产交割进展情况如下：美国和波多黎各两个地区的人员转移已完成；除美国和波多黎各员工以外，其他所有本次交易涉及的员工，已完成业务层面的转移，所有员工自交割日起将为海尔的业务服务。

下一步，海尔及 GE 相关各方在交易交割阶段，还需转让部分标的涉及的股权转让、资产交割及权属及除美国及波多黎各之外的其他地区的人员转移。

与此同时，海尔的主要竞争对手之一的美的也不甘示弱。2016 年 3 月，美的集团与日本东芝签署股权转让协议，计划收购东芝家电业务的主体——"东芝生活电器株式会社"80.1% 的股权。记者今天从美的集团证实，这一交易的股权转让交割手续已于 6 月 30 日全部完成。美的正式完成收购东芝家电 80.1% 的股份。

美的集团通过书面回应介绍了本次交易的有关细节。截至 2016 年 6 月 30 日"交割日"，美的已完成包括日本反垄断监管机构 Japan Fair Trade Commission 的审批，和中国国家发改委备案在内的所有必要手续，且交易的全部价款已由美的公司向东芝及相关主体支付完毕，总额约为 514 亿日元，相当于大约 33 亿元人民币，这个价格比最初预计的 537 亿日元略低。

交易完成后，美的将通过控股子公司——美的国际控股有限公司持有东芝家电 80.1% 的股权。同时，美的还将获得 40 年的东芝品牌全球授权，以及超过 5 千项与白色家电相关的专利。另外，按照最初的协议，美的在收购后需要承接东芝家电约 250 亿日元的对东芝的债务，但目前美的并未公告交割后准确的承担债务金额。

2016 年 6 月 29 日，美的宣布已与德国机器人公司库卡签署股份收购协议，而在之前的 6 月 24 日，美的还宣布拿到了意大利中央空调企业 Clivet 80% 的股权。频繁的海外并购背后，是海外市场日益增长的营收贡献。2015 年财报显示，美的营收 1384 亿元人民币，产品出口收入约占整体收入的 40%。相对国内市场营收同比下滑幅度，海外市场极为稳定。业内人士分析认为，完成对东芝的收购后，美的产品将得以曲线进入日本这个全球门槛最高的家电市场，其自主品牌出口还将上升。东芝主要是在日本和东南亚销售，美的可以通过东芝这个品牌进入到日本和东南亚市场，并且可以拓展东芝原有的品类，中国企业的国际化已经走向这条路了。

包括收购东芝在内，美的集团股份有限公司在过去的 3 个多月，已连续发起 3 桩海外并购。美的已经成为海外并购最积极的本土家电企业。如此积极动作的背后，到底是什么原因呢？

资料来源：网易财经，大手笔，这个中国企业 33 亿收购东芝家电 80.1% 股份，2016.7.4

网易数码，海尔 55.8 亿美元收购 GE 家电已完成部分资产交割，2016.6.9

根据上述材料，结合本章知识，回答下列问题：

(1) 项目投资决策的评价方法有哪些？

(2) 在企业实施全球化战略的过程中，海尔与美的在项目投资的过程中，应用了哪些投资决策方法？

(3) 查阅相关资料，海尔与美的在进行海外收购的过程中，如何对其现金流量进行管理？

第5章

债务性融资方式

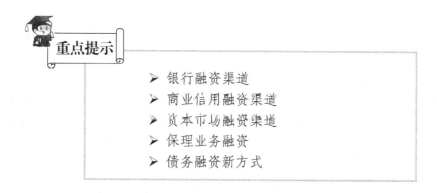

重点提示

- ➤ 银行融资渠道
- ➤ 商业信用融资渠道
- ➤ 资本市场融资渠道
- ➤ 保理业务融资
- ➤ 债务融资新方式

阅读资料

2016 年 6 月 10 日，百度在提交给美国证券交易委员会的 FORM 6-K 文件中称，已于 2016 年 6 月 8 日与 21 家银行签署 20 亿美元的贷款协议。文件显示，其中 10 亿美元为 5 年期"子弹式贷款"，而另外 10 亿美元为 5 年期循环贷款，贷款利率较伦敦银行间同业拆借利率(LIBOR)高 110 个基点。今年 4 月，百度曾表示计划通过银团贷款筹集资金，所得资金将用于企业一般性用途，百度的此次贷款正值中国互联网公司掀起融资热潮之际。今年 4 月，阿里巴巴也获得了 30 亿美元的 5 年期贷款。同样在 4 月份，腾讯也邀请银行参与其 15 亿美元的银团贷款，并将其 5 年期银团贷款规模提高到 44 亿美元。

2016 年 11 月，中国工商银行成功应用互联网技术，向一家广汽本田的经销商发放了首笔基于在线数据的供应链融资。这是国内商业银行发放的首笔线上汽车供应链融资贷款。工商银行发挥"线上数据+线下机构"的整体优势，针对汽车供应链线下融资模式手续繁琐、效率不高、风险管理难度大等问题，与广汽本田等大型汽车企业合作，依据汽车企业系统推送的订单信息数据，经销商就可以直接在工商银行企业网银中发起融资申请，通过车辆信息在线跟踪、贸易背景电子化校验和系统自动核准等步骤，实现"一键即贷"，不仅大大提高了业务处理效率，也显著改善了客户体验。同时，工商银行正在积极扩展线上供应链融资业务，并延伸到现代装备制造、医疗健康以及现代农业等产业链，打造贯通产业链上供应商、核心企业、经销商和终端个人客户的线上供应链融资模式。

资金是企业经济活动的第一推动力，企业能否获得稳定的资金来源，及时足额筹集到生产要素组合所需要的资金，对其经营和发展都是至关重要的。所以，创业企业的融资活动是企业发展的重要一步，选择怎样的融资方式也是企业必须思考的问题。

资料来源：网易财经,百度与 21 家银行签署 20 亿美元贷款协议，2016.06.10。

工行发放首笔线上汽车供应链融资，2016.11.01

请阅读上述材料，回答下列问题：

(1) 百度和工商银行分别使用了哪种融资方式？除此之外，创业企业还有哪些融资方式？

(2) 如何评价互联网三大巨头 BAT 公司在 2016 年所采取的融资举措？

(3) 结合材料，谈谈你对供应链融资的理解。

5.1 银行融资渠道

向银行借钱是中小企业解决"资金饥渴"的首要途径。一方面，这种方式比较简单，不需要太多的专业知识；另一方面，企业在地理位置上与银行比较接近，申请贷款比较方便。现在我国四大国有商业银行都在农村和社区设有基层行，随着金融改革步伐加快，专为中小企业服务的中小金融机构也不断涌现，这些都给创业企业贷款带来了较大的便利。

创业企业要积极地开拓银行融资渠道。一方面，一旦贷款成功，按时还款，这家企业在银行就拥有了良好的信用记录，从而踏上了向银行申贷更多资金的第一个台阶；另一方面，银行贷款其实是各种借钱途径中成本最小的。也许有些企业习惯从民间融资或向私人借钱，但是这种途径往往会造成企业股权稀释的后果，而银行贷款并不以股权置换为条件。另外，中小企业在向银行申请贷款的过程中也是规范其财务的重要外因。

5.1.1 商业银行融资概述

银行融资是指从银行和非银行金融机构借入的款项，都是指借款人为了满足自身建设和生产经营的需要，同银行签订贷款协议，借入一定数额的资金，并在约定期限归还本金、支付利息的融资方式。创业企业经过一定的创始阶段进入扩张期后，在有了一定的资产积累和信用的基础上，才有可能通过银行贷款来融资。

商业银行贷款融资具有如下特点：

(1) 融资手续简单，速度比较快。贷款的主要条款制定只需取得银行的同意，不必经过诸如国家金融管理机关、证券管理部门的批准。

(2) 融资成本较低。借款人与银行可直接商定信贷条件，无需大量的文件制作，而且在经济发生变化的情况下，如果需要变更贷款协议的有关条款，借贷双方可以采取灵活的方式，进行协商处理。

银行贷款融资有如下类别：

1) 人民币流动资金贷款

人民币流动资金贷款是为满足客户在生产经营过程中的短期资金需求，保证生产经营活动正常进行而发放的贷款。按贷款期限可分为一年期以内的短期流动资金贷款和一年至三年期的中期流动资金贷款；按贷款方式可分为担保贷款和信用贷款，其中担保贷款又分为保证、抵押和质押等形式；按使用方式可分为逐笔申请、逐笔申贷的短期周期贷款和在银行规定时间及限额内随借、随用、随还的短期循环贷款。人民币流动资金贷款作为一种高效实用的融资手段，具有贷款周期短、手续简便、周期性较强、融资成本较低的特点，因此成为深受广大客户欢迎的银行业务。

2) 固定资产贷款

固定资产贷款是指银行为了解决固定资产投资活动的资产需求而发放的贷款。企业固定资产投资活动包括基本建设、技术改造、开发并审查新产品等活动，以及相关的房屋购置、工程建设、技术设备购买与安装。

3) 现汇贷款

现汇贷款是银行以自主筹措的外汇向企业发放的贷款。贷款币种包括美元、欧元、英镑、日元、港币等五种货币。贷款利率既可以采用浮动利率，也可以采用固定利率。浮动利率一般参照伦敦金融市场同业拆放利率加上银行筹资的综合成本及相应的利润确定。根据客户要求，银行可以将现汇贷款的浮动利率掉期为固定利率。与外国政府贷款和国外银行的买方信贷相比，现汇贷款用途广泛，可用于任何国家和地区采购设备及材料。

4) 票据贴现

银行票据贴现业务是银行以购买未到期银行承兑汇票或商业承兑汇票的方式向企业发放的贷款。票据贴现是收款人或持票人将未到期的银行承兑汇票或商业承兑汇票向银行申请贴现，银行按票面金额扣除贴现利息后将余款支付给收款人的一项银行授信业务。票据一经贴现便归贴现银行所有，贴现银行到期可以凭票直接向承兑人收取票款。票据贴现作为一种高效实用的融资手段，具有以下特点：贴现业务能为客户快速变现手中未到期的商业票据，手续方便，融资成本低，客户可预先得到银行垫付的融资款项，加速公司资金周转，提高资金利用效率。

5) 授信额度

授信额度是指银行为客户核定的短期授信业务存量的管理指标，只要授信余额不超过对应的业务品种指标，无论累计发放金额和发放次数为多少，银行公司业务部门均可快速向客户提供短期授信，即企业可循环使用银行的短期授信资金，从而满足客户对金融服务快捷性和便利性的要求。

上述短期授信业务包括期限在一年以内(含一年)的贷款、开证、保函、押汇等。其中，投标保函、履约保函、预付款保函、关税付款保函和海事保函的期限均可放宽到一年以上。

6) 融资租赁

融资租赁是指这样一种交易行为，即出租人根据承租人提供的规格，与第三方(供货商)订立一项供货合同，根据此合同，出租人按照承租人在与其利益有关的范围内所同意的条款取得工厂、资本货物或其他设备，并且出租人和承租人订立一项租赁合同，以承租人支付租金为条件授予承租人使用设备的权利。

7) 应收账款收购

应收账款收购业务是银行以购买未到期应收账款的方式向企业提供短期融资的一类银

行业务。应收账款收购是指银行买入在"商务合同"项下产品卖方对产品买方所拥有应收账款的债权，同时放弃对债权人的追索权，只对债务人有追索权的金融产品。同时银行和债权人议定，在债权人未履行"商务合同"项下的义务时，债权人仍必须承担无条件向银行回购该笔应收账款的义务。

5.1.2 创业企业贷款的条件和程序

创业企业申请银行贷款的条件是：经工商行政管理部门依法登记，持有营业执照，具有法人资格，具有一定数量的自由资金，在银行开有基本结算账户，按时向银行报送财务报表等资料，遵守国家政策法令和银行信贷制度，能提供有效贷款担保或抵押，不挪用贷款用途，按照贷款银行的贷后监督检查，经济效益良好并能按期归还贷款本息。

一般来讲，企业从提出申请到贷款成功，需要经过 4 个步骤，即贷款申请、银行调查、贷款审查和贷款审批。

1. 贷款申请

企业确定贷款目标之后，可以向当地银行提出贷款申请。申请时需要填写由银行定制的贷款申请书，并提供相应资料。贷款申请书一般包括企业名称、地址、法定代表人、贷款用途、贷款数额、贷款期限等主要内容。

相关材料为银行审查所用，主要包括营业执照、法定代表人身份证明、企业经营许可证、税务登记证、经会计部门核准的上年度财务报表及申请借款前一期的财务报告、项目建议书、可行性报告、贷款卡等材料。上述证件一般要求原件，既可以在提出申请时随附，也可以在提出申请后提供给银行。

2. 银行调查

调查是银行发放贷款的必经程序。企业提出贷款申请之后，由银行派专人对该企业进行相关情况调查，调查内容包括生产经营状况、贷款用途、担保情况等，银行还会对企业法人进行侧面了解。

贷款调查完成以后，信贷调查人根据调查的情况，提出贷款期限、金额、利率等方面的建议，提交信贷审查人进行审查。

例如，在对基本建设贷款进行审查时，一般主要审查以下几个方面：

(1) 市场状况：主要审查投资项目建成后所生产的产品是否有销路。

(2) 资源状况：主要审查投资项目所需原材料、燃料、流动资金的供应是否稳定。

(3) 技术状况：主要审查分析投资项目选择的地址以及工艺设备和设计方案是否得当，从而确定技术上的可行性。

(4) 财务状况：主要对投资项目的总投资和分年投资进行审查和测定，并预测投产后的成本、利润水平、贷款还本、付息等有关数据。

(5) 综合经济效益：主要是对收入、成本、利润进行测定后，以投资利润率指标进行评价，也可以利用投资回收期、投资报酬率、净现值、内部报酬率、现值指数等指标进行评价。

3. 贷款审查

贷款审查是银行对申请企业进行资格认定的必要程序。通常，银行按照信用等级掌握贷款的发放。信用等级是银行量化管理的一种方法，目的在于为贷款提供决策依据。

银行通过领导者素质、经济实力、经营效率、信誉状况、发展前景等指标对借款企业的信用等级进行评定。各大银行依据的指标基本相同，但各项指标在总分中所占比重以及贷款的发放标准则由各行自行掌握。例如，中国工商银行的信用等级由高至低分为 6 个等级，即 AAA、AA、A、BBB、BB、B。凡是信用在 AA 以上的企业，可以根据企业的实际情况发放信用贷款，信用定级在 AA 以下的则必须提供担保。

从我国的实际情况来看，对大型和中型企业来说，这种评级标准基本上能反映出企业的运营风险。但对于很多小企业来讲，由于其财务报表不健全、企业实力不强等原因，其信用等级一般不能完全反映企业的运营风险。目前，绝大多数企业不能达到信用贷款标准，均需提供担保。所以说，这也是小企业贷款困难的原因之一。银行自收到贷款申请和有关资料之日起，对新开户贷款企业，一般应在 3 个月内完成贷款的评估、审查工作并向申请人做出正式答复。

4. 贷款审批

信贷审查人经审阅同意贷款后，还需提交由审批权人审批。不同级别银行的审批权有所不同，不同地域、同一级别的银行审批权限因地区经济状况等也有所不相同。贷款额超过审批权限的，需报上级审批。经审批同意后，由银行与借款人签订借款合同。

借款合同是指在信贷资金借用和偿还的过程中，借贷双方当事人为了明确各自的权利和义务而达成的协议。借款合同除了具备一般经济合同所共有的特征外，还具有以下几个方面的特点：

(1) 借款合同的标的是货币资金，否则不能称之为借款合同。

(2) 借款合同中的贷款人必须是依法定程序经中国人民银行批准设立的金融机构，与企业发生借贷业务关系的主要是商业银行。

(3) 借款利率由国家统一规定，由中国人民银行统一管理。根据《中华人民共和国合同法》、《借款合同条例》和《贷款通则》的规定，借款合同的内容还应包括借款用途、数额、期限、利率、还款方式、借贷双方的权利和义务、借款企业的保证与承诺、担保方式、违约责任等。

5.1.3　创业企业获得信贷的操作策略

现代经济中的大部分交易都是以信用为中介的交易，包括金融市场交易。信用关系的正常运行是保障本金回流和价值增值的基础。中小企业融资难最根本的症结在于缺乏信用保证。企业要获得金融支持，必须具备相应的信用条件。具体而言，中小企业必须做好以下几个方面的工作，用实际行动赢得银行的信任和支持。

1) 加强信息沟通，密切企银关系

长期以来，商业银行和中小企业之间存在严重的信息不对称。商业银行一直把大企业作为自己主要的服务对象，与中小企业之间开展的业务较少，联系则更少。因为发放贷款

时，银行为了获得有关中小企业信用、财务状况的详实资料，将付出比大企业更多的精力和更高的成本，承担更高的风险，所以，四大国有商业银行一般不大愿意开展中小企业贷款业务。

最近几年，由于国内外经济形势发生了很大变化，国家对中小企业的重视程度明显提高，一系列改善中小企业境遇、扶持中小企业发展的措施陆续出台。各商业银行也根据人民银行总行的要求，在其分支机构相继设立了中小企业信贷部，并结合各自的实际情况，制定具体的办法措施，积极调整信贷结构，加强信贷管理。各银行不再以企业大小区分信用程度，而以"不论大中小，只要效益好"为标准，坚持以市场为导向、以效益为目标，在切实防范金融风险的前提下，积极寻找、培育和扶持一批有市场、有效益、有潜力、有信用的中小企业客户群，为他们提供各种金融服务。这无疑给中小企业的发展带来了希望和机遇。中小企业应该加强与银行的沟通，及时将企业的生产、经营、财务状况等信息反馈给银行，增进相互之间的了解，实现信息对称，建立互相信赖的银企合作关系，在保证双方利益的前提下，促进双方共同发展。银行在充分掌握企业的有关信息后，不仅在资金上能给予企业有力的支持，还能利用银行网点多、占有信息量大的行业优势，为企业提供金融政策、利率方面的信息，有针对性地为企业提供结算、汇兑、转账、财务管理、咨询评估、资产清算等方面的配套服务，提高企业的资金实力和经营管理水平。

2) 强化财务管理，杜绝造假现象

中小企业提供给银行的会计报表资料应该真实有效，如实反映企业的经营状况及成果。但在实践中，中小企业财务报告造假、失真现象严重。中小企业要赢得银行的信任与支持，就必须提高认识，建立健全各项规章制度，强化内部财务管理，规范管理，规范经营，自我约束，确保企业的各项经济活动和财务收支在国家的法律、法规及规章允许的范围内进行，提高企业生产经营的透明度，保证会计信息的真实性和合法性。这也是中小企业转换经营机制、建立现代企业制度、谋求最佳经济效益和社会效益所要求的。中小企业应严格按照银行贷款的程序要求，及时、如实地提供有关财务报表和资料，如能同时附上企业纳税申报表等资料，则可进一步提高企业的可信度，从而增强银行对企业的信心。

3) 增加技术含量，开发长线产品

中国人民银行颁布的两个《指导意见》将扶持高科技中小企业作为重点，因此对包含具有良好市场前景的高新技术产品和专利产品的项目，对积极运用高新技术成果进行技术改造的中小企业，只要有还款保障，银行就会积极发放贷款。可见，中小企业增加技术含量，开发生产长线产品是赢得银行信贷支持的必然选择，因此，中小企业亟待加强、加快技术改造，适时利用国内外先进技术和生产手段，实现产业技术的升级。

4) 强化经营者素质，提高管理水平

中小企业要求得生存和发展，必须在经营体制和经营方式上进行真正的改革，决不能摆花架子。这不是做样子给银行看，而是适应市场经济发展的必然选择。中小企业要努力寻找企业在市场发展中的位置，优化资源配置，谋求最佳营销策略，提高自身的"造血"功能和积累能力；同时，提高经营管理水平，制定有关科学管理的制度和措施，使经营管理科学化在企业中得以迅速实现，从而获得银行信贷评估的较高评价。

5) 参与互助担保基金，需求有效担保

中小企业贷款难的一种重要原因是中小企业未能提供有效的抵押和担保。作为银行贷款的第二还款来源，有效的抵押和担保是银行发放贷款时要求企业必须承诺的。由于中小企业自身条件的限制，不容易找到规模大、符合银行要求的贷款抵押和质押资产，按照国际惯例，中小企业参与建立互助担保基金为一种值得考虑的选择。中小企业只要有条件就应把握机遇，积极参与地方中小企业互助担保基金，取得有效担保，从而顺利获得银行发放的贷款。

6) 强化信用意识，树立良好信誉

"人无信不立，企业无信不兴"，一个不守信用的企业是没有发展出路的，因此，中小企业要想获得银行的进一步支持，必须增强信用意识，提高自觉还贷意识，以实际行动取信于银行；同时规范自己的开户行为，实行基本账户结算制度，使存款、贷款、结算以及经营活动都置于银行的监督之下，使得银行真正感受到企业经营思路明确，资金流向清楚，归还贷款主动，贷款回笼彻底，让银行放心地为其增加贷款。

5.2　商业信用融资渠道

商业信用是指在商品交易中，交易双方通过延期付款或延期交货所形成的一种借贷关系，是企业之间发生的一种信用关系。它是在商品交换中商品与货币在时间上分离而产生的，它产生于银行信用之前。中小企业如果能有效地利用商业信用，则可以在短期里筹措一些资金，从而缓解企业的资金压力。

5.2.1　商业信用融资概述

商业信用是企业之间在买卖商品时，以商品形式提供的借贷活动，是经济活动中一种最普遍的债权债务关系。商业信用的存在对于扩大生产和促进流通起到了十分积极的作用，但不可避免地也存在着一些消极的影响，因此，企业必须加强对商业信用政策的研究，在对用户信息进行定性和定量分析的基础上，评定用户的信用等级，并对不同信用等级的用户实行不同的信用政策。

商业信用具有以下特点：

(1) 适应商品生产特点。有些商品生产周期长，占用资金大，资金周转缓慢，价格也极不稳定，企业生产风险性大，如大型运输工具制造、房屋建设等。订货者要求为之建造，生产者担心风险，双方协定要求订货单位分担风险，预付货款；还有一些商品，如水、电、劳务等，既是生产过程，又提供消费，生产企业为减少损失，也可预收费用。

(2) 为买卖双方提供方便。国家为了掌握一些重要的关系国计民生的物资，如棉花、粮食、油料等，采取预购方式。有的新产品在不为消费者了解之前，销货人不愿意承担滞销风险，而是采取由生产企业委托试销的做法来扩大业务范围。有的商品价格昂贵，如住房、汽车等，如二次付款出售，则会失去一些顾客，采取分期付款方式可以扩大销售额。在流通中一些积压商品需要推销处理，清库结账，采取寄库代销方式，也有利于产品销售。

(3) 有利于巩固经济合同，加强经济责任。在市场经济大发展的时代，多种经济联系和购销形式应运而生。为了保证经济合同兑现，在加工货物、补偿贸易、来料加工等不同购销形式上，加强双方法律责任，收取押金、定金也是一种商业信用手段。这种方法有利于维护双方的信誉，确保经济合同的法律权威。

(4) 有利竞争。企业间利用商业信用形式互相提供配件、技术、设备，进行产品补偿等经济和联合，有利于生产经营，使企业获得固定的原材料和零配件的供应和销售，增强了竞争力。

商业信用融资有如下类别：

1) 应付账款的融资方式

应付账款的融资方式是最为普遍的商业信用融资方式。当某一方要出售其产品，而另一企业又因资金一时周转困难没有资金购买这些产品时，可以采用赊购的方式来解决问题。在这一过程中，由于从赊购商品到支付货款有一段或长或短的时间间隔，所以对收购商品的企业来说，实际等于获得了一笔贷款，只是这笔贷款不是从银行获得的，而是从出售商品的企业那里获得的。一般来说，企业获得应付账款融资并不是无偿的，销货方为了鼓励购货方尽快付款，肯定要在不同的付款时间上给予一定的优惠。例如，"1/10，n/50"方式的含义为购货方 10 天内付款，可以得到贷款 1% 的优惠；如果 50 天内付款，就不能收到优惠。对于 1/10，购货方实际上得到了销货方企业 9 天的应付账款融资，同时又得到了 1% 的现金折扣；对于 n/50 方式，购货方实际上得到了销货方企业 49 天的应付账款融资，但前提是放弃了 1% 的现金折扣。当然，如果购货方超过了销货方给予的信用期限仍然没有偿付货款，则它将得到更长期限的应付货款融资，但购货方失去的却是企业的信誉。

2) 预付货款融资

预付货款是指生产企业在生产产品之前向购买者预收的一定数量的货款。预收货款融资方式不是一种非常普遍的融资方式，因为它的使用前提是销货方的产品处在供不应求的状况下，否则，购货方可能会转向其他生产同类产品的销货方。如果其他销货方使用预售货款，其某一销货方不使用预售货款，则会吸引更多的购货方，所以，无论其他销货方的行为如何，对某一销货方而言，最佳的选择就是不使用预收货款，即全体销货方事先达成共识，都使用预收货款以维护共同的利益，但某一销货方也没有主动执行这种共识的动机，单个购货方的理性行为还是在其他销货方不使用预收货款之前抢先不使用，都使用预收货款的共同行为不构成纳什均衡，因此，只要产品属于竞争产品，预收货款在现实中使用的可能性就非常小。

3) 应付票据

应付票据是根据购销合同，买方或卖方通过开出证明，买方延期付款的融资方式。这种票据可由销货方开出，并由购货方承兑或请求其开户银行承兑，是一种正式的凭据。其付款期限由交易双方商定。我国规定一般为 1～6 个月，最长不超过 9 个月，遇到特殊情况可以适当延长。应付票据可以带息，也可以不带息，应付票据的利率一般比银行的利率低。应付票据既可以作为购货方的融资工具，又可以作为销货方的融资工具。

4) 融资租赁和分期付款

融资租赁和分期付款是指企业从供应商那里购买商品，并在长达一年以上的期限内分期偿付货款的方式。作为企业筹集中长期资金的两种方式，在国外得到了广泛的应用。现代租赁自 20 世纪 50 年代在美国开始兴起，20 世纪 60 年代传到欧洲各国及日本，之后在各国迅速发展。

融资租赁可以看做是一种中长期投资，出租方虽然会考虑目前企业的信用状况或资本总额，但更注重的是项目收益的可靠性和对承租方业务发展的信心，这对于创业初期、银行信用程度较低、资本负债率较高的创业企业非常实用。融资租赁是一种以融资为直接目的的信用方式。表面上看是借物，实际上是借资，并将融资和融物两者结合起来，融资租赁既不像一般的银行信用那样借钱还钱，也不同于一般的商业信用，而是借物还钱，以租金的方式偿还。租金分期支付是由企业和出租方双方在考虑各自的现金周转状况后确定的，有利于企业现金周转，可减轻还款压力。例如，在有些租赁贸易中，允许承租人在投产前有一段时间不支付租金等，这无形中缓解了企业的部分资金压力。

5.2.2　延付货款融资

延付货款融资是卖方企业对买方企业提供的信用，由于买方企业在收到货款后并不立即支付货物款项，也不出具借据，而是延迟一定时期后才付款，因此延付货款就成为买方企业短期资金的来源。延付货款融资是一种双向获益的行为，对于买方企业来说，延期付款等于向卖方企业借用资金购进商品，在一定程度上缓解了自己的短期资金需求；对卖方企业来说，则扩大了自己的商品销售。

延付货款融资的优点是直接融资，资金的取得与商品的交易直接联系，取得资金迅速，手续简便，所以买方企业如果遇到短期资金支付困难，应该首先考虑使用这种商业信用融资。

1. 延付货款融资的成本考虑

延付货款融资成本一般根据产品的经济性质、购销双方的财力情况加以确定，其成本取决于信用期限和现金折扣。现金折扣是卖方企业给予买方企业的一种优惠政策。例如"3/10，n/60"表明赊购货款的最后期限不得超过 60 天，但如果买方企业自购货日起 10 天内付款，则可享受货款 3% 的现金折扣优惠，这 10 天被称为折扣期限；如于 10 天后 60 天内付款，则不能享受折扣，必须支付全部货款，买方企业付款期限全长为 60 天，这 60 天被称为信用期限。赊购的货款按照是否支付成本代价可分为免费信用、有代价信用和展期信用三种。免费信用应付账款是买方企业在规定的现金折扣内享受现金折扣而获得的信用应付账款；有代价信用应付账款是买方企业放弃现金折扣并因此付出代价而获得的信用应付账款；展期信用应付账款是买方企业在规定的信用期限后，仍推迟支付所欠款项的信用应付账款。

如果买方企业超过折扣期限付款，则将承受因放弃折扣而形成的隐含利息成本。这种成本的大小的计算公式为

$$放弃现金折扣的成本 = \frac{折扣百分比}{1-折扣百分比} \times \frac{360}{信用期限-折扣期限}$$

公式表明，放弃现金折扣的成本与折扣百分比高低、折扣期限长短成正比，与信用期限长短成反比。

【例 5.1】　　A 企业以"3/10，n/60"的信用条件从 B 企业购入价值 108 万元的商品。

（1）如果 A 企业在 10 天内付款，则可获得最长为 10 天的免费信用，其可取得的折扣为 108×0.03=3.24，其免费信用额为 108−3.24=104.76。

（2）如果 A 企业放弃这笔折扣，在 60 天内付款，则 A 企业将承受机会成本。这种放弃现金折扣的成本为

$$\frac{3\%}{1-3\%} \times \frac{360}{60-10} = 22.3\%$$

可见，A 企业若放弃使用现金折扣，就会产生年利率为 22.3%的机会成本，从而使商业信用变成一种高额的短期融资。

（3）如果 A 企业延至 75 天付款，则其成本会下降至 17.1%，即

$$\frac{3\%}{1-3\%} \times \frac{360}{75-10} = 17.1\%$$

这样，A 企业获得展期信用 108 万元，但企业因此会冒着一定的风险，可能导致 A 企业的信用地位和信用等级下降。

2. 先用现金折扣的技巧

中小企业为融资常常延长对赊购货物的占用，利用这笔款项进行生产周转。由于获得不同条件要承担不同的代价，因此中小企业在利用哪种信用问题上要具体问题具体分析，看怎样做更有利于企业的利益，使企业既能降低成本，又能筹集到足够的生产资金。

一般来说，如果能以低于放弃现金折扣的隐含利息成本的利率借入资金，便应在现金折扣期限内用借入的资金支付货款，以享受现金折扣，反之，放弃现金折扣；如果折扣期内将赊购货物用于短期投资，所得的投资收益高于放弃现金折扣的隐含利息成本，则应放弃现金折扣而去进行短期投资。

如果中小企业想延长付款期，则必须在降低了的放弃现金折扣的成本与展延信用付款带来的损失之间做出选择。展期信用付款带来的损失主要指因企业过度拖延付款时间而出现严重拖欠，进而降低企业信用等级，丧失供应商的信用乃至影响其他形式的融资，给企业带来很大的经营障碍。

如果面对两家以上提供不同信用条件的供应商，则中小企业应通过权衡放弃折扣成本的大小，选择信用成本最小(或所获利益最大)的供应商。

虽然总体上来说，延付货款融资是一种低成本甚至无成本的短期融资方式，但中小企业还是要谨慎使用，适度控制赊购商品的数额，千万不要超出企业的债务承受能力，否则一旦到期信用无法兑现，不仅让供应商受到损失，更会破坏企业自身的声誉。

5.2.3　运用商业信用融资应该注意的问题

商业信用融资就是企业借用上下游企业的资金、广大消费者的资金为自己的生产经营服务。企业要想借用别的企业的资金或者别人的资金去做自己的事，必须具备以下三个前提条件：

（1）有一定商业信用基础。企业有一定的商业信用基础，企业提供的服务或者产品在

市场上、在人们心目中具有较高的认可度，别的企业和别人信得过，也是他们迫切需要的，这样他们才会借钱给你，否则寸步难行。对小企业来说，培育融资信誉最重要，因为一个企业要办下去就不得不与金融机构打交道，与客户打交道。为培育自己的信誉，有时候宁愿借高利贷，也要把到期的债还了。信誉可以帮助你融资。人们普遍相信大企业，小企业只能靠具体的事实让人信服，而这需要多付成本才能做到。

(2) 让合作方也能受益。企业要利用商业信誉融资，就要让别的企业和别人也有所收益，企业通过商业信用获得别的企业和别人的资金，除了要让自己获利，更要让利给别的企业和别人，要达到借钱双方的"双赢"，才能使商业信用得以延续。

(3) 谨慎使用"商业信用"。值得一提的是，既然是商业信用，要求企业在运用时一定要言而有信，要践诺诚信，言必行，行必果，同时一定不要超出企业的债务承受能力；否则，如果企业滥用商业信用，无故拖欠或者恶意占用业务单位的资金，则可能短期内有一定的效果，但日久见人心，路遥知马力，时间长了，就难免会信誉扫地，人人见而远之，最终受害的还是企业自己。所以，企业要谨慎使用"商业信用"，千万不要超出企业的债务承受能力，否则一旦到期信用无法兑现，不但让别人受到损失，而且会破坏企业自身的信誉，给企业带来支付危机，严重的就变成了商业诈骗，惹出大的麻烦。

5.3　资本市场融资渠道

随着我国市场经济体制的逐步完善，我国资本市场获得了空前的成长，越来越多的企业通过资本市场来融资。随着我国资本市场的逐步成熟，现在对股份企业发行上市的资格已经提高标准，一般的中小企业已经不能获准直接发行股票和债券了。2004 年 5 月，深圳证券交易所设立了中小企业板块，进入资本市场的门槛相对较低，为一些成长型的高科技中小企业进入资本市场提供了舞台。

5.3.1　资本市场融资渠道概述

1987 年我国开始发行第一支内部职工股，1991 年深圳和上海证券交易所建立，为企业融资开辟了一条新的渠道。资本市场的融资同银行融资渠道相比，具有期限长和不偿还本金的特点，但是要求比较高的投资回报和充分的资产流动性。长期融资的投资人要降低风险，必须有严格的法律规范体系和高度透明的市场管理；长期融资要获得流动性，企业必须明确界定产权和具有广泛的市场需求，这些也是企业进行股份招商和发行的必要条件。

资本市场融资的主要方式有：股权融资、债券融资和可转换债券融资。

1. 股权融资

股票是股份公司为筹集资金而发给股东的一种权益证书，是投资者投资并借以取得股息的凭证。它表示购买者即持股人拥有公司股份所有权，并享有相应的权利和义务。股票可以转让，但不能抽回股金(在某些特殊的情况下可以赎回)。在理解股票的含义时，要注意股份与股票的关系，两者既有区别又有联系。关键的一点是，不是所有的股份都以股票的形式表现，在不发行股票的股份公司中，股东拥有公司股份的数量是以其他形式加以确定的。

一般而言，股票的基本特征可归纳为以下四个方面：

(1) 股票的权力性。股票代表的是股东权益，股东持有某股份公司一定比例的股票，就对该公司拥有一定比例的所有权。这是一种综合性的权利。具体来讲，这种权利主要由公益权和自益权两部分组成。股票的公益权是指股票的持有者享有的、直接以公司总体利益为目的的、参与公司经营管理的权利。这种权利主要包括公司管理权和公司管理监督权。股票的自益权是指股票持有者享有的、直接以其自身利益为目的的、参与公司经营管理的权利。这种权利主要包括分配请求权和认股优先权。

(2) 股票的责任性。股票既然代表一定比例的公司财务所有权，就有权取得公司一定数量的利益，也就必须对公司的生产经营结果承担一定的责任。这种责任主要表现在对公司债务的清偿上，如公司在经营过程中负债，需要清偿时，股票持有者必须以其公司财产的一定比例，用于清偿公司债务。当公司破产时，公司财产首先用于支付破产费用，清偿所欠工资和劳动保障费用，交纳应缴未缴的税金，偿还公司所欠各种债务，最后的金额才能按比例支付给公司股票持有者。

(3) 股票的无期性。股票不像某些证券那样有到期日，到期归还本金和利息，它是一种无期证券，只有在公司破产时才到期。由于股票的无期性，股东不能在约定期限将其转化为现金，在其需要现金时，只能到证券市场上将股票转让给他人。股票的转让只意味着公司股东的改变，并不会减少公司资产。

(4) 股票的波动性。股票的波动性是指股票收益和股票价格的波动性。因为股票收益来源于公司利润的分配，所以显然公司经营状况的变化会引起股票收益的变动。股票价格受股票收益、市场利率、政治经济环境等因素的影响，其波动性更是不言而喻。

2. 债券融资

债券是一种长期债务证书，是企业为筹集长期资本而承诺在将来一定时期支付一定金额的利息，并于约定的到期日一次或分次偿还本金的信用凭证。债券面额固定，可以转让和继承，是企业筹集长期资本的常用方式。其资金流为：债券购买者(社会资金)—资本市场(债券发行)—债券发行者(企业)。

企业债券是经济运行中实际运用的真实资本的证书。它具有四个普遍特征。

(1) 安全性。由于债券的利率是固定的，因此不受市场利率变动的影响，而债券的本息偿还有法律保障，有相应的单位作担保。此外，债券发行对发行人有严格的规定和要求，所以债券与其他有价证券比较，投资风险比较小。

(2) 收益性。债券的收益来自两个方面：一是高于银行利率的稳定利息收入；二是在证券市场上由于债券价格的高低变化，可以从债券价差中获益。

(3) 偿还性。偿还性是指债务人必须如期向债券人(债券持有者)支付利息和本金。

(4) 流动性。流动性是指在债券期满之前可以将其在市场上转让变为现金，也可用于在银行作为抵押以获得相应金额的贷款。

3. 可转换债券融资

可转换债券简称为可转债，是指其持有人可以在规定时间内，按规定的转换价格将其转换为发行公司的普通股票的一种有价证券。可转债是一种介于股票与债券之间的投资工具，具有债券凭证和股权凭证的双重特征。一方面，可转债具有一般债券的基本特征，载有一定的票面金额、明确规定还本付息期限和利率期限并向社会公众筹集资金的借款凭证；另一方面，可转债又不同于一般债券，因为其持有者在规定期限内有权按事先约定的条件将其转换为发行公司的普通股，从而成为公司股东。

可转债的双重特性使其成为公司灵活的筹资工具和备受欢迎的投资工具。自 20 世纪 70 年代以来，可转债就开始在发达国家资本市场上流行。20 世纪 90 年代初，可转债导入我国资本市场。

5.3.2　我国证券交易所的基本情况

下面主要介绍我国证券交易所的情况。

1. 上海证券交易所

上海证券交易所(以下简称上证所)成立于 1990 年 11 月 26 日，同年 12 月 19 日开业，是不以盈利为目的的法人，归属中国证监会直接管理。秉承"法制、监管、自律、规范"的八字方针。上海证券交易所的主要职能包括：提供证券交易的场所和设施；制定证券交易所的业务规则；接受上市申请，安排证券上市；组织、监督证券交易；对会员、上市公司进行监管；管理和公布市场信息。

上证所下设办公室、人事(组织)部、党办纪检办、交易管理部、上市公司部、市场监察部、债券基金部、会员部、法律部、技术中心、信息中心、国际发展部、研究中心、财务部、稽核部、行政服务中心等十六个部门，一个临时机构，新一代信息系统项目组，以及两个子公司(上海证券通信有限责任公司、上证所信息网络有限公司)，通过它们的合理分工和协调运作，有效地担当起证券市场组织者的角色。

上证所市场交易采用电子竞价交易方式，所有上市交易证券的买卖均须通过电脑主机进行公开申报竞价，由主机按照价格优先、时间优先的原则自动撮合成交。目前交易主机日处理能力为委托 2900 万笔，成交 6000 万笔，每秒可完成 16000 笔交易。

经过多年的持续发展，上海证券市场上，上市公司数、上市股票数、市价总值、流通市值、证券成交总额、股票成交金额和国债成交金额等各项指标均居全国首位。

2. 深圳证券交易所

深圳证券交易所(以下简称深交所)成立于 1990 年 12 月 1 日，是为证券集中交易提供场所和设施、组织和监督证券交易、实行自律管理的法人，由中国证监会直接监督管理。深交所致力于多层次证券市场的建设，努力创造公开、公平、公正的市场环境。其主要职能包括：提供证券交易的场所和设施，制定本所业务规则，接受上市申请，安排证券上市，组织、监督证券交易，对会员和上市公司进行监管，管理和公布市场信息，中国证监会许可的其他职能。

作为中国大陆两大证券交易所之一，深交所与中国证券市场共同成长。自成立以来，深交所借助现代技术条件，成功地在一个新兴城市建成了辐射全国的证券市场。对建立现代企业制度、推动经济结构调整、优化资源配置、传播市场经济知识起到了十分重要的促进作用。

经国务院同意，中国证监会批准，2004 年 5 月起深交所在主板市场内设立中小企业板块。中小企业板块是分步推进创业板市场建设的一个重要步骤。

3. 深圳证券交易所中小企业板块

深圳证券交易所中小企业板块于 2004 年 5 月 18 日正式设立。中小企业板块是在现行法律法规不变、发行上市标准不变的前提下，在深圳证券交易所主板市场中设立的一个运行独立、监察独立、代码独立、指数独立的板块，集中安排符合主板发行上市条件的企业中规模较小的企业上市，在条件成熟时，整体剥离为独立的创业板市场。

1) 中小企业板块是现有主板市场的一个板块

中小企业板块是以"两个不变"的原则体现为现有主板市场的一个板块。从法律、行政法规到中国证监会及国务院有关部门的规定，中小企业板块使用的基本制度规范与现有市场完全相同，中小企业板块适用的发行上市标准也与现有主板市场完全相同，必须满足信息披露、财务指标、盈利能力、股本规模、公众持股比例等各方面的要求。

2) 中小企业板块以其相对独立性与将来的创业板市场衔接

中小企业板块既是现有主板市场的一个板块，又以其相对独立性与将来的创业板市场相衔接。从上市公司看，虽然不改变主板市场的发行上市标准，但把符合主板市场发行上市条件的企业中规模较小的企业集中到中小企业板块，逐步形成将来创业板市场的初始资源。从制度安排上看，中小企业板块以运行独立、监察独立、代码独立和指数独立与主板市场相区别，并为有针对性地加强监管和制度创新留下空间，以便在条件成熟时整体剥离为独立的创业板市场。

运行独立是指中小企业板块的交易由独立于主板市场交易系统的第二交易系统承担；监察独立是指深圳证券交易所将建立独立的监察系统，以实施对中小企业板块的实时监控，该系统将针对中小企业板块的交易特点和风险特征设置独立的监控指标和监控系统；代码独立是指将中小企业板块股票作为一个整体，使用与主板市场不同的股票编码；指数独立是指中小企业板块将在上市股票达到一定数量后，发布该板块独立的指数。

3) 实施有针对性的监管与风险防范，逐步推进制度创新

针对中小企业的风险特点，中小企业板块将采取有别于主板市场的、有针对性的监管措施，维护正常的市场秩序。一是针对中小企业板块的风险特征，在交易和监察制度上做出有别于主板市场的特别安排，改进开盘集合竞价制度和收盘价的确定方式，完善交易信息公开制度，在监控中引入涨跌幅、振幅等指标，完善交易异常波动停牌制度等，同时根据市场发展需要，持续推进交易和监察制度的改革创新。二是完善中小企业板块上市公司监管制度，推行募集资金使用定期审计制度、年度报告说明会制度、定期报告披露上市公司股东持股分布制度，建立上市公司及中介机构诚信管理系统。

中小企业板块推出后，深圳证券交易所将根据中小企业和市场发展的需求，对发行条件、上市标准、股份流通、交易模式、公司监管、市场监察、退市制度等方面进行更深入的研究，深化制度与产品创新，强化一线监管，更好地为中小企业发展服务，为建立创业板市场积累经验。

5.3.3　国内创业板融资的操作策略

1．创业板上市的前提

拟在创业板发行股票并上市的企业首先应判断自身的状况是否符合创业板发行上市的条件。依照《中国创业企业股票发行上市条例》的规定，企业申请在创业板市场上市应具备两个前提：其一，该企业的产品具有高新技术含量或该企业具有发展前景；其二，该企业是一家成长型的中小企业。换言之，创业板市场更看重企业的盈利潜能，更看重企业未来的成长性。

二板市场的上市条例新的实施细则讨论并规定了 10 类企业暂不准到二板市场上市。禁止在二板市场上市的企业有：大型国有企业，大型国有企业分拆部分资产和业务设立的公司，已在主板上市的企业分拆部分资产和业务设立的公司，存在内部职工持股的定向募集公司，有历史遗留问题的企业，职工持股会直接或者间接持股的公司，工会直接或间接持股的公司，已申请在主板上市且中国证监会已受理的企业，在申请创业板上市的前 24 个月一半以上的董事、高级主管人员发生变化的公司，原企业或有限责任公司在设立股份有限公司前两年内在资产规模、经营业绩、经营业务等方面发生了巨大改变的企业。

2．创业板上市发行的条件

并不是所有具备上述前提的企业均可在创业板上市。在创业板上市发行的企业，除了符合上述前提外，还应具备下列条件。

从发行股票这一环节讲，首次在创业板发行新股的企业应具备如下条件：

(1) 从主体上讲，该企业必须是一家股份有限公司，可以由有限责任公司整体变更而成，可以新设成立，也可以由原企业改制设立。

(2) 从存续及经营的稳定性上讲，申请在创业板发行上市的企业必须符合开业两年以上的要求，即从公司取得法人营业执照之日起至申请发行股票时止已经完成了两个会计年度，同时该股份有限公司必须在同一管理层持续经营两年以上。《中国创业企业股票发行上市条例实施细则》第八条规定：原企业或有限责任公司在设立股份有限公司前，进行过包括合并、分立、资产置换、资产剥离(非经营性资产除外)、股份回购、缩股、减少注册资本、大规模出售或收购资产及其他类似使公司在资产规模、经营业绩、经营业务方面发生巨大改变行为的，不得连续计算营业记录；但原企业或有限责任公司在近两年内以现金方式增资扩股，资产投资于主业且使用效果良好的，可以连续计算原来企业的营业记录。

(3) 从守法性上讲，该股份有限公司在最近的两年内无重大违法行为，而且财务会计文件无虚假记载。重大违法是指违反国家法律、法规、其他规范性文件，且情节严重的行为。

(4) 从股票上市挂牌交易这一环节讲，在创业板市场挂牌交易的股票，除符合上述条件外，还应具备下列条件：首次公开发行新股后，股本总额达到人民币 2000 万元；持有股票面值达到人民币 1000 元以上的股东达到 200 人，公开发行的股份达到公司股票总数的 25% 以上，本次发行前股东持有的股份达到公司股份总数的 35% 以上。

判断申请人是否符合发行上市条件时，还应当考虑下列因素：

(1) 在申请股票发行时的审计基准日，其经审计的有形净资产是否达到人民币 800 万元。所谓有形净资产，是指总资产减去总负债以及无形资产后的净值。

(2) 最近两个会计年度经审计的主营业务收入净额合计是否达到人民币 500 万元，最近一个会计年度经审计的主营业务收入净额是否达到人民币 300 万元。所谓主营业务收入净额，是指主营业务收入减去折扣与折让后的净额。

(3) 在申请股票发行时的审计基准日，资产负债率是否不高于 70%。

(4) 招股说明书、上市公告书是否符合《中华人民共和国公司法》、《中华人民共和国证券法》等法律、法规、规范性文件关于信息披露的规定。

(5) 是否已聘请主承销商进行辅导。

(6) 是否已聘请保荐人。

5.4　保理业务融资

保理(Factoring)又称为保付代理，指卖方企业与保理银行(商业银行或专门从事保理业务的非银行金融机构)之间存在的一种契约关系，根据该契约，卖方企业将其现在或将来的基于与买方订立的货物销售(或服务)合同所产生的应收账款转让给保理银行，由保理银行为卖方企业提供资金，并负责买方资信评估、管理、催收应收账款和坏账担保等业务。保理业务是一种集融资、结算、账务管理和风险担保于一体的综合性服务业务。对于卖方企业来说，它能使企业免除应收账款管理的麻烦，提高企业的竞争力。

5.4.1　保理业务融资的优势

具体来说，利用保理融资具有以下优势：

(1) 获取融资上的好处。企业可以通过自身资金和银行贷款来保证资金顺利的运转，但是对于那些规模小、销售业务少的公司来说，向银行贷款将会受到很大限制，而自身的原始积累又不能支撑企业的高速发展。保理银行可以通过管理企业应收账款，预先付给企业资金，支持企业的发展。

(2) 完善销售渠道。推行保理业务是市场分工思想的运用。面对市场的激烈竞争，企业把应收账款让给专门的保理银行进行管理，可以使企业从应收账款的管理之中解脱出来，但是企业并没有完全脱离销售商，而是利用保理银行的专业知识、专业技能和信息，建立企业的销售客户体系，消除对市场、国外贸易规章、客户信贷等的后顾之忧，完善企业的销售渠道，提高企业的销售能力。

(3) 免除商业信用风险。由于进口保理商的 100% 付款责任，因此出口商可以减少出口坏账风险，而进口商则凭自身良好的信誉和财务表现获得信用额度，无需抵押。

(4) 提高收款能力和收款的及时性。由于专业的保理公司对企业应收账款进行管理，因此企业可以减少对应收账款管理上的负担；同时，保理公司有专业技术人员和完善的业务运行机制，会详细地对销售客户的信用状况进行调查，建立一套有效的收款政策，保证账款及时收回。

(5) 降低管理和经营成本。由于买方资信调查、账务管理和货款追收等项工作都由保理机构负责处理，因此可减轻出口商的业务负担。又由于已经给予进口商优惠的付款条件，因此出口商可以考虑适当提高产品单价或者进口商承担部分(全部)保理费用。对于进口商而言，可省去开证押金及费用。

(6) 反映企业良好财务状况。通过保理方式融资比通过贷款融资更有利于中小企业反映良好的财务报表。由于应收账款和银行贷款都在财务报表上表现为负债，而通过保理方式融通资金不但不会增加负债，反而表现为应收账款减少，现金流增加。

5.4.2　保理业务的分类

在现实运作中，保理业务有不同的操作方式，因而有多种类型。按照风险和责任的原则，保理可以分为如下几种：

1. 有追索权保理和无追索权保理

如果按照保理银行是否有追索权来划分，保理可以分为有追索权保理和无追索权保理。有追索权保理是指保理银行凭债权转让卖方企业融通资金后，如果买方拒绝付款和无力付款，则保理银行有权向卖方企业要求偿还资金，即无论出自何种原因，如买方破产或无力支付，只要有关款项到期未能收回，保理银行都有权向卖方企业进行追索，因而保理银行具有全部追索权。无追索权保理是指保理银行凭债权转让向卖方企业融通资金后，即放弃对卖方企业追索的权利，保理银行独自承担买方拒绝付款或无力付款的风险。我国许多商业银行在选择保理业务时特别谨慎，大都选择有追索权保理。

2. 明保理和暗保理

按卖方企业是否将保理业务通知给买方来划分，保理业务可以分为明保理和暗保理。明保理是指债权一经转让，卖方企业立即将保理银行参与保理的情况通知给买方，并指示买方将货款直接付给保理银行；暗保理是指卖方企业为了避免让他人知道自己因流动资金不足而转让应收账款，并不将参与保理的情况通知买方，货款到期时仍由卖方企业出面催款，收回之后再偿还保理银行的预付融资款。

我国《合同法》规定卖方企业在对自由应收账款转让时，必须在购销合同中约定，且必须通知买方，所以我国的保理业务必须为明保理。

3. 折扣保理和到期保理

折扣保理又称为融资保理，即保理银行能够为卖方企业提供预付款融资。在折扣保理中，只要卖方企业将发票交给保理银行，并且应收账款在信用额度内已被核准，保理银行就应立即支付不超过发票金额80%的现款，余款待收妥后结清。到期保理则是指保理银行在赊购业务发生时不需提供预付账款融资，而是在赊销款到期时才进行支付。比如一些小商人，他们越来越需要保理银行提供应收账款管理及坏账担保的服务，采用到期保理这种形式，届时(买方约定付款期或者预期付款期)不管货款是否能够收到，保理银行都必须支付货款。

5.4.3　保理业务的操作程序

1. 国内保理业务操作程序

关于保理业务操作程序，以有追索权的保理为例，可分为以下几个具体步骤：

(1) 卖方与保理银行签订保理协议，将所有通过赊销(期限一般在 90 天以内，最长可达 180 天)产生的合格应收账款出售给保理银行，并根据所需选择合适的服务项目组合。

(2) 保理银行对与卖方有业务往来的买方进行资信评估，并对每一个买方核定一个信用额度(注：信用额度内的应收账款为"已核应收账款"，对这部分应收账款，保理银行提供 100%的坏账担保，但如果在有追索权保理下出现买方信用风险，则保理银行将向卖方追索，收回向其提供的融资)。

(3) 买卖双方以赊销等信用销售方式签订合同，卖方交货或提供服务后，向买方开具发票(注：除隐蔽型保理外，发票应带有"特别转让条款"，说明发票所代表的债权已转让给保理银行，买方必须直接向保理银行付款)。

(4) 卖方将发票副本交给保理银行。

(5) 保理银行根据发票金额按事先约定的比例向卖方支付预付款或进行贴现融资，并从中扣除保理银行费用。

(6) 保理银行根据保理协议中买方选择的服务项目组合，向买方提供销售账户管理、账款催收等其他服务。

(7) 付款到期日，买方付款后，保理银行将余款转入卖方账户。

2. 国际保理操作程序

国际保理通常采用由两个保理商参与的双保理机制。

(1) 出口商和出口保理商(一般为国内的银行或保理公司)签订保理协议，将其应收账款转让给出口保理商。

(2) 出口保理商选择进口商所在国的银行或保理公司作为进口保理商，并与之签订代理协议，委托其负责账款催收并提供坏账担保。

(3) 进口保理商对各相关进口商进行资信调查，逐一核定相应的信用额度，通过出口保理商通知出口商执行。

(4) 出口商在信用额度内发货或提供服务，将发票和货运单据寄送进口商，发票副本送出口保理商。

(5) 出口保理商以预付款方式向出口商提供融资，并向进口保理商人提供应收账款清单。

(6) 付款到期日，进口商将全部货款付给进口保理商，由其转交出口保理商。

(7) 出口保理商在扣除有关垫款费用以及贴息后，将剩余货款交给出口商。

5.5　债务融资新方式

5.5.1　网络贷款融资

网络贷款融资是指企业和银行或者企业和第三方机构以互联网为平台，实现资金借贷"在线交易"的一种融资模式。借款人首先需要注册，然后通过网络向银行或是第三方机构提出贷款申请，提交相关资料，直接从银行或是第三方机构获得资金的一种新型融资模式。

1. 网络贷款融资概述

近年来，网络贷款融资在我国之所以得以蓬勃发展，得益于网络技术的普及和国家推出的创业扶持政策，以及推动中小微企业大发展的各项优惠政策的落实。随着这些政策的落实以及传统金融业务的激烈竞争，不仅一些小额贷款公司利用自身优势发展网络贷款融资业务，而且一些大型传统金融机构也嗅到了其中的商机，纷纷加入这一行列来。如工商银行就通过网络平台，为中小微企业量身定做"网贷通"循环借款模式。借款人通过"网贷通"网络平台，不受时间空间限制，足不出户完成贷款申请、签订协议、贷款划拨以及归还等业务。据统计，截止 2014 年 6 月末，工商银行通过"网贷通"累计为 6.3 万余家中小微企业融通了 1.34 万亿资金，有力地支持了中小微企业的发展。

网络贷款融资能够很好地缓解初创企业融资困境，和一般的信贷业务相比，网络贷款融资有如下几大特点：

(1) 解决信息不对称的困境。网络贷款融资实行会员制，企业在注册时需要根据要求提供相关资料，网络平台通过大数据和云计算，从多角度和多维度对客户进行信用评级，为客户建立信用档案。当然，对客户的信用评级实行动态管理，当客户的相关资料发生变化时，其信用评级也做出相应调整。当客户提出贷款申请，平台立即对客户的信用状况做出比较客观的分析报告，银行或是小贷公司根据报告作出贷与不贷的决定，有效缓解了银企信息不对称的问题。

(2) 符合初创企业的融资特点。中小微企业融资往往具有"短、频、急"，而且金额小等特点，这些特点注定了传统融资模式无法满足其需求。而网络贷款融资借助其强大的网络平台，突破时空限制，客户可以随时随地提出申请，平台对客户相关资料进行分析，给客户的信用状况做出客观评价，节约了资质审查时间，提高了借贷效率。另外，有的网络贷款融资平台为了提高其竞争力，实现了 7 个工作日以内放贷，有的甚至可以几分钟完成借贷，这样就大大降低了企业在等待放贷过程中所造成的隐性成本，以及资金到位迟缓可能造成的损失。

(3) 授信成本低。在传统银行工作人员对初创企业授信时，由于初创企业业务财务不规范、不透明，需要花费大批人力资源人工审核。大量的初创企业需要银行信贷人员逐个去核实，而银行的成本与贷款企业的数量相关而与贷款总额关系不大，因此银行的授信成本很高。而网络贷款融资借助于企业在网上的交易信息、资金流、物流、客户评价信息，运用自身的信用评价机制，以很小的成本解决了企业的信用问题，尤其是网络平台对不诚信企业的曝光，使得企业的违约成本远大于违约的收益。网络平台的监督与严厉的处罚形成了一种制衡机制。在网络贷款融资中，企业信用数据库平台的建立可以批量对初创企业进行贷前评估，信用管理，信用风险管理，降低企业的信用调查成本，为解决初创企业融资难扫清了障碍。

我国现行的网络贷款融资主要包括 P2P 网络贷款融资以及 B2B 电商网络贷款融资等。网络贷款融资利用信息技术很好地解决了信息不对称问题，并且它的高效、低成本也深受广大初创企业的喜爱，为解决初创企业融资难提供了创造性的途径。

2. P2P 网络贷款融资

P2P 网络贷款融资模式(英文全称为 Peer-to-Peer lending)，也就是人们所说的人人贷。

它指交易双方通过个人对个人的方式，借助网络进行没有任何抵押与担保的贷款融资活动，P2P 网络贷款融资平台是最纯粹的网络贷款融资的中介服务平台。银行通过自身网上银行开展贷款申请和审批，只是传统融资的形式变化。P2P 网络贷款融资平台的开设就是为了提供专业的网络贷款融资平台以实现资金供需双方的对接和交易。在 P2P 网络贷款融资平台，注册会员可以借助这一平台发布资金需求情况和资金出借情况，借贷双方可以在合法合规的前提下协商借贷金额、利息、时间等。P2P 网络贷款融资平台更像是一个网上商城，只是其买卖的商品是"钱"而已。

1) P2P网络贷款融资的发展

世界上最先一家的互联网借贷 P2P 企业——ZOPA 于 2005 年在伦敦成立，这家公司的运作经营业务遍布了很多发达国家，至 2013 年初，贷款的累计数额超过了 4 亿美元。Prosper 作为随后创立的网贷 P2P 借款平台，登记备案的企业就有 159 万多家，其贷款往来额也超过了 4.43 亿美元。Prosper 和 Zopa 这种新的借款贷款形式在实际操作中很受用，也取得了很大成绩。

P2P 网络贷款融资模式主要针对个人，为资金富裕的出借方与资金短缺的贷款方提供沟通的桥梁。通过 P2P 平台，很多小微企业业主、个人消费者、创业人士、甚至大学生和农户都可以在无抵押、无担保的情况下获得资金。P2P 是一个可以实现出借方与贷款方者双赢的平台，对于有闲置资金的出借方可以以远高于传统存款利率的模式获得利息收入，利率一般为 10%左右，对于资金的需求者可以免去繁杂的手续、快速便捷地得到资金支持，更是避免了银行拒贷的尴尬，P2P 网络贷款融资为小微企业融资增加了新的渠道。

随着网络化的大面积普及，我国 P2P 网络贷款融资平台快速发展，涌现了一批优秀的企业——拍拍贷、人人贷、陆金所、有利网。拍拍贷是我国成立的首家 P2P 网络借贷平台，目前有 496 万会员，并在 2014 年 3 月完成了 B 轮融资，据平台统计 2014 年 12 月就有 128 万多人次投资，36 万多人次借款，发展前景广阔。陆金所背靠大财团——平安集团，资金的投放更加安全可靠，不用担心资金的回收问题。有利网创立于 2013 年，成立时间短暂，但是发展迅速，短短的一年时间累积投资金额高达 69 亿，为客户赚取 2.48 亿，成功帮助 15.98 万小微企业业主和工薪阶层，成为互联网金融的后起之秀。

2) P2P网络贷款融资模式的具体流程

(1) 交易双方要在指定的平台上完成注册创建自身的账号。

(2) 需要获取资金支持的用户要向平台出具身份凭证、所需资金的具体数额与应用方向、期望的利息幅度以及具体的还款日期与方式等信息，以便后者审核工作的展开。

(3) 经过审核之后，借款人所出具的相应信息便被进行公示。对于投资者来说，可以根据平台所公布的项目列表，自行选择交易对象，即全程自助式的借贷。平台上的借贷交易是以竞标的形式实现，也就是一个借款人所需要的资金通常均是由几个投资人共同出资，在当所筹集资金达到预期之后，该项目也就会被撤下，整个过程一般会持续 5 天左右。

(4) 借、贷双方便会就本次交易签署具体合同，一对一的交换各自身份及信用等方面信息。如若某一项目在规定时间内无法筹集到预期资金，也就意味着该项目流标。

3) P2P网络贷款融资运行机制分析

P2P 网络借贷平台为人与人之间的借贷搭建了平台，一般而言，P2P 平台的运行机制为：资金需求方在网上注册个人实名信息，包括身份证、收入、资产、银行流水等证明，网站审核以后就可以在平台上发布资金需求金额、期限、用途、所能提供的利率，投资人就可以搜索与自己匹配度高的信息，将闲置的资金进行投资。借贷平台对借贷行为审核无误后，借贷平台会自动生成电子借款单据，同时资金由投资方账户划拨到借款人账户，这一新型的借贷平台为民间资本创造了新的投资渠道。

中国国内的 P2P 模式是借鉴国外的模式发展而来，然而由于一些原因使得国内的平台又具有自己的特点。目前来说，中国行业内 P2P 融资基本可以划分为以下三种模式，具体的每一种模式都有与之对应的公司，其基本情况介绍如表 5-1 所示。

表 5-1　中国行业内 P2P 融资基本模式

模　式	担保机构交易模式	债权合同转让模式	大型财务集团的互联网平台模式
代表企业	安心贷	宜信	陆金所
融资模式	"一对多"，即一笔借款有多个投资人承担	"多对多"，即借款和投资打乱组合	"1 对 1"，即一笔借款只有一个投资人
安全性	有担保机构提供担保，一旦发生坏账，担保机构第二天就会把利息和本金支付给投资人，安全性高	平台只对信息的真实性负责，对投资者的资金是否能收回不负责，投资者承担风险，安全性低	资金雄厚的财务集团做支撑，线下审核，充分保证资金的安全性，假如资金发生延迟，其旗下的担保公司全额担保，安全性高
流动性	债券可以转让，安全性高	债券可以转让，流动性强	借款期限一般为 3 年，流动性较差
信用额度	首次贷款额度为 3000 元累计信用，额度逐渐增加	最高贷款额度 50 万	最高贷款额度 15 万
年化收益率	14%	11.5%	8.3%

资料来源：胡彩霞，网络贷款融资在小微企业融资中的应用研究，2015.04

P2P 融资模式运行机制分析：投资方作为资金的拥有者，提供资金获得收益，并承担一定的风险。借款方筹得资金，并按期支付本金和利息。P2P 平台需要对借款人的身份进行核实，筛选符合条件的借款人发布到网上，对贷前、贷中、贷后的交易事项全程监督负责，而借款逾期的风险由投资人承担。P2P 平台相当于中介，借款人可以简单快速地直接融资，为投资人和借款人提供了信息共享的渠道，解决了信息不对称问题，为小、微企业主的融资需求提供了可行度非常高的选择方式。

4) P2P网络贷款融资的评价

(1) 借款人的违约成本较低。国外的 P2P 模式是建立在成熟的信用制度基础上，而我国目前的个人信用制度和企业信用体系不够完善，P2P 信用贷款风险其实很大。宜信平台主要依靠做大量的调查，核实企业的经营状况，评估企业的还款风险，但是企业与贷方的信息不对称问题依然严重，更多的调查成本终究要由企业买单，假如贷款成本过高，企业无力偿还，很容易诱发贷款企业的道德风险。国外的 P2P 对企业的信用状况调查，一般交予专业的评级公司，而我们国家暂时没有类似的机构，也缺乏针对小、微企业信用分类的细则，因此，对于通过 P2P 获取资金的小、微企业，既没有市场管制，也缺乏法律的震慑力，隐藏着很大的还款风险。另一方面，国外的征信系统已经发展得很成熟，一旦企业没有按期还款就会被公开违约记录，对其造成恶劣的影响，因此，很少会有企业去触碰这个红线。相反的，在我们国家，征信系统还不健全，违约记录并不会被公开，这样对公司造成的影响有限，因此，对于获取资金的一方，其欺诈和违约成本都较低。

(2) 集资的合法性存疑。银监会在 2011 年发布的关于 P2P 网站相关风险的消息中指出，人人贷融资服务不仅存在转变为非法集资的危险，其业务风险也难以控制，与此同时 P2P 平台的运行风险也比较高。现在大多数的 P2P 网络借贷与宜信模式大同小异，这种"多借多"的模式，即便降低了信贷的风险，沉淀的客户资金也会难以估量。假如缺乏第三方机构的管理，其资金风险将会非常高。然而这些资金对于银行来说，规模较小，隐藏巨大的风险但是收益很低，因此银行不乐意插手这些资金。我国法律明确禁止非银行业吸纳公众资金，P2P 以为借贷双方服务为目的吸收存款，实际上已经触犯了法律。对于作为平台客户的小、微企业，一旦 P2P 平台触碰非法集资的法律红线，就会受到相关部门的制裁，紧接着小、微的资金链也将会受到影响。

(3) 行业监管空白。P2P 网络贷款融资发展迅速但不规范，"拍拍贷"是率先成为 P2P 模式的代表，经过几年发展，宜信、陆金所等若干网贷平台也相继成立，目前我国有多达 2000 多家以 P2P 模式经营的网贷企业。但是与 P2P 繁荣发展不匹配的是，对其监管几乎是一片空白，因为 P2P 盈利是依靠中介费，这个模式既不在人行的管理范围内，也脱离了银监会的监督，同时也没有法律条文明确规定由某个部门对其规范经营负责，目前对这个行业政府缺乏有效的监管，这在一定程度上损害了 P2P 的健康发展，某些企业甚至会浑水摸鱼，这种趋势又进一步加重了管理的难度。从法律、政策角度分析，国家政策对这个模式的性质还没有清楚的定位，是否发放牌照也存在诸多不确定性。从债权人角度分析，虽然 P2P 模式成功地将阴暗的民间借贷阳光化，但这种模式的风险是否能有效控制，债权人是否能够按期收取利息、本金的权益能否得到保障都需进一步验证。

3. B2B 电商网络贷款融资：以阿里小贷为例

我国电子商务市场近几年的发展在全球都处于领先地位。电子商务企业大量迅速崛起，国内电子商务市场的用户规模已经位列全球第一，电子商务市场环境也日趋规范。在电商之间竞争日益激烈的背景下，为了获得更大的发展空间，阿里巴巴等大的电商企业相继涉足供应链金融业务。2010 年阿里小贷成立，打造"小贷+平台"的融资模式，以平台大数据作为资源库，以支付宝作为资金周转渠道，通过银行合作为平台会员提供融资服务。

1) 阿里小贷网络贷款融资简介

阿里小贷是"阿里巴巴"旗下，推出的一款针对微小、小型企业的一款无需任何抵押、无需任何担保的纯信用贷款产品。阿里小贷的特点主要是：无需任何抵押，无需任何担保人；全程互联网受理，方便快捷；全年贷款，7×24 小时放款与还款；获贷客户再次申请贷款可享受更优惠的利率；获贷客户签署贷款合同后，马上放款到银行卡，无需等待额度等等。

放贷依据为会员在阿里巴巴平台上的网络数据，贷款前调查团队通过视频调查得出企业财务、非财务评价及外包实地走访信息。阿里小贷的额度现在为两万到一百万不等，贷款时间为一年。阿里小贷的形式运用了固定贷款和循环贷款。固定贷款是企业对贷款提出申请后，采取一次发放的形式，日利率一般为千分之五。循环贷款则采用备用金形式，不用就不收利息，日利率为千分之六。阿里小贷的具体申请条件如表 5-2 所示。

表 5-2　阿里小贷的申请条件表

工商注册地	北京市、上海市、天津市、山东省、浙江省、江苏省、广东省
允许报名的组织类型	公司(企业)、个体经营户
阿里巴巴会员类型	阿里巴巴中国站会员或者中国供应商会员，具有一定操作记录
工商注册及从业年限	工商营业注册且注册时间满一年
备　　注	还需要满足以下条件： (1) 申请人为企业法定代表人或个体工商户负责人，年龄在 18～65 周岁； (2) 申请人必须是中国大陆居民； (3) 连续 12 个月总销售额不小于 100 万；

2) 阿里小贷网络贷款融资模式分析

阿里小贷充分利用客户在阿里巴巴、淘宝和天猫电商平台以及支付宝、聚划算支付平台上积累的物流、资金流以及相关行为数据，运用大数据和云计算以及在线视频资信审查的方式，结合交叉检验技术辅以第三方验证来判断客户信息的真实性，将客户在电商平台以及支付平台上的行为数据映射为其信用评价，向从传统金融渠道无法获得融资的中小微企业以及个人创业者发放小额贷款。经过数年的发展，阿里小贷推出了阿里巴巴诚信通信用贷以及淘宝信用贷等信贷产品。客户无需抵押、无需担保，只要在网上提出申请，审核通过后就可获得最高 100 万元的贷款。

阿里诚信通小额贷款主要针对在阿里巴巴、淘宝以及天猫电商平台上交易的小微企业。需要款项的企业只要登录阿里小贷公司的网页，按要求提供相关材料，公司接到申请后立即通过网络对客户作出资信评级，如果有必要也会马上指派工作人员与贷款人进行视频对话，进行面对面的网上资信审查，审核通过后最迟 7 天内贷款人就可获得相应贷款。阿里信用贷的期限最长可以 1 年，贷款额度为 5 万～100 万，利息以日计算，根据客户的信用状况，日利率在万分之五到万分之六之间。

3) 阿里小贷网络贷款融资的评价

(1) 阿里小贷可以缓解信息不对称，在解决小、微企业融资难方面有诸多优势，具体如下：

① 阿里小贷精确的客户与产品定位。阿里小贷服务的对象主要是小、微企业与私营业主，并且只做 100 万以下的小额度贷款。阿里巴巴调查发现将近 90% 的企业有贷款需求，其中大部分融资需求在 100 万以下。而 100 万以下的融资数额是传统金融业的短板，网络贷款融资正好弥补了这一缺陷，致力于为小、微企业提供服务，这也是阿里巴巴一直努力的方向。阿里小贷在客户选择上并没有像银行那样有诸多的限制，突破性地取消了对实物资产抵押的要求，降低了小、微企业的融资门槛，同时也把业务延伸至银行不愿意服务的

近 80%的客户。阿里小贷的单笔贷款数额小、贷款业务数量多，有利于分散风险，而且无抵押的纯信用贷款也有利于与银行的差异化竞争。同时向小、微企业提供贷款既可以增加与企业的黏性也可以以此吸引新的商家加入电商平台，阿里巴巴既获得了利息收入也提高了电子商务平台的吸引力。

② 海量的交易数据。阿里巴巴跨行业进入金融领域的核心就是拥有广泛的客户群和沉淀十几年的交易数据，通过云技术对客户的信息进行充分的搜集和挖掘，能够对企业的信用情况做出合理评估以及实现对企业还款能力的实时监督。

③ 完善的风险监控体系。阿里小贷建立了完善的贷前、贷中、贷后的风险监控体系，有利于规避小、微企业的贷款风险。在贷前，阿里小贷利用平台内多年的数据对其进行信用审核，方便快捷。在贷中、贷后，阿里巴巴与支付宝、淘宝网、天猫商城联合起来对企业的交易状况、实时的物流信息、资金收支等情况进行全方位的监督，等于说企业的一举一动都在网络上被监视，及时发现处理企业异常状况，企业可能影响还款能力的行为将会被警告。考虑到可能遇到的贷款违约，阿里除了对企业严密严控并对可能出现违约的企业提出预警外，还制定了较为严格的处罚措施，记录违约信用，甚至关闭网络店铺。网商主要通过网络渠道销售货物，封锁销售渠道对网商是致命打击，从而极大地提高了违约成本，降低了坏账的可能性。阿里小贷的坏账率远低于银行业就是最好的证明。阿里巴巴通过风险模型的量化分析来控制风险，这种创新的监控模式更为合理，小于1%的不良贷款率是大部分银行望尘莫及的。

(2) 阿里小贷有诸多耀眼的光环，颇受小、微企业的喜爱，但是也有他自身和外在的限制。

① 缺少政策的支持，资金规模有限。阿里巴巴被定性为非银行金融业，因此主要使用自有注册资金进行贷款业务，不得超过注册资金的 1.5 倍，远落后于担保业务的 10 倍。而且由于不能吸收公众存款、资金来源有限，限制了阿里小贷规模壮大。由于被定位非银行业，就不能享受银行业的税收优惠，需要交纳高达 25%的所得税，因此阿里小贷就不得已提高利率，这无形中增加了企业的成本，减少了对潜在客户的吸引力，进而限制了阿里小贷的发展。马云一句话道出了其中蕴藏的深意：有时候打败你的不是技术，而是一份文件。

② 缺少产业链的整合。阿里贷款主要面向平台内的小、微企业提供信贷业务，电商平台主要充当中介的角色，促成更多的供应者与购买者达成交易，只涉及整个产业链的销售环节和购买环节的贷款，对其他环节还有很大的创新空间，并且阿里贷款更多地为小、微企业提供短期贷款，对企业中长期的战略性资金需求，尚没有提供资金支持。

③ 量化分析系统无法应对系统性不安定因素。网络金融业务对于互联网技术过于依赖。经过精细的电子系统，对数据库的大数据有效进行分析测算，进而通过对指标的量化研究分析来进行推断。很明显，量化分析体系以及系统模型都是人为设计拟定的，而系统根据不变的操作流程来反复测算，如果宏观环境发生变化，应用的原始数据和参数就不会得出有参考性质的结论。为此，系统化风险就成为量化体系中电子商务筹融资模式的最大风险。

④ 缺少必要的分散风险的机制。互联网融资平台业务，在运作中既担当了资金的提供者，又同时要为风险控制做出努力，自身担负着借款方的信用风险。阿里小贷过度依赖企业的信用状况，并没有第二还款来源，其风险是显然存在的，一旦风险爆发，其损失只有

机构自身或平台资金提供者承担并且随着阿里小贷规模的不断扩大，风险不断累积，可能会出现多米诺骨牌似的连锁反应。和银行贷款相比较，银行会在借款人发生违约风险时，能够随时变现借款人抵押的不动产或者设备等，并且对担保人责任进行追究，这样可以减少很多损失，因此，小额贷款公司通过自身的电子商务平台提供的网络贷款融资模式在提供信用贷款的同时应该寻找更为科学合理的风险分担机制。

5.5.2　供应链融资

1. 供应链融资概述

供应链融资是为中小企业量身定做的一种新型融资模式。国内在这一领域的研究，有金融物流和物流金融、物流融资等相关概念，国外学术和著名商业银行的研究通常指的是财务供应链管理(FSCM)。2006 年 6 月，深圳发展银行首次提出供应链融资的概念，并随之推出多种多样的供应链融资产品，从而使国内对这一领域的研究得以迅速发展。

简单地说，供应链融资就是银行等金融机构将核心企业和上下游企业联系在一起提供灵活运用的金融产品和服务的一种融资模式，深圳发展银行将其描述为"1+N"模式。一个特定商品的供应链从原材料采购，到制成中间及最终产品，最后由销售网络把产品送到消费者手中，将供应商、制造商、分销商、零售商，直到最终用户连成一个整体。在这个供应链中，竞争力较强、规模较大的核心企业因其强势地位，成为其中的核心"1"，而上下游配套企业恰恰大多是中小企业便是"N"，它们往往难以从金融机构融资，资金十分紧张，这种资金链的不均衡很容易导致整条供应链也随之出现失衡。而在供应链融资模式下，金融机构将资金有效注入处于相对弱势的上下游配套中小企业，全方位地为链条上"N"企业提供融资服务，解决供应链失衡问题，实现整个供应链的不断增值。

总之，供应链融资是从供应链整体角度研究企业的融资问题，有效地缓解了企业的融资问题，是核心企业和银行达成的一种面向供应链所有成员企业的、系统的融资安排，服务的范围是商品流通的整个过程，在供应链每个节点上都可以提供相应的融资服务。总体来说，它主要有以下几个特点：

(1) 供应链融资具有风险易控性。从银行的角度或是与传统的信贷风险相比，供应链融资的风险比较容易控制。因为在供应链融资中，银行可以寻找出一个大的核心企业，以核心企业为出发点，为供应链提供金融支持，以供应链的核心企业和上下游中小企业整体出发来提供金融服务。在供应链融资中，银行不再局限于考虑资金需求企业的财务状况，而是更注重强调整条供应链的实力、资信和稳定性。不管是长期还是短期的融资，银行都可以较好地控制风险，既可以通过预测和确认贸易的真实性来保证资金的安全，也可以整条供应链的效率和资金流向为依据或通过跟授信企业之间的贸易往来来控制供应链融资产生的风险。

(2) 供应链融资具有稳定性。供应链融资的稳定性是建立在长期稳定的基础之上的。供应链融资一旦建立并运转起来，它的短期融资是伴随整个供应链中各企业之间的交易活动而产生的，并随着供应链的生产周期一起运转。对金融机构来说，通过短期的资金运行成长与发展变为长期的业务关系，可以由小业务量变为大业务量，节约交易成本。不管是长期还是短期，均具备稳定性。

（3）供应链融资业务能实现多赢。从银行的角度来讲，帮助企业解决资金困难问题，能为银行创造新的利润点，是积极抢占企业市场的一个非常重要步骤。从企业的角度来讲，为中小企业解决融资困境开辟了新的途径。在日常的生产经营过程中，特别是资金普遍匮乏的情况下，没有良好的供应链，资金管理是无法实现其良好稳定的发展的。为其上下游企业提供融资服务也可为中小企业带来利益，而不是只有直接对企业提供融资服务才能解决企业的资金问题。为上下游其他企业解决资金问题，不仅能促进供应链核心企业及上下游配套企业的稳固和流转顺畅，巩固企业关系，同时也间接降低了企业自身的财务风险。所以说，供应链融资是一种多赢的融资方式。

2. 供应链融资的主要模式分析

资金流是企业的血液，企业资金流的状况将会决定企业的命运。由于企业资金的支出和收入往往发生在不同的时刻，导致企业运作过程中会产生现金流缺口。在供应链中，各企业实力强弱的不同导致它们在交易过程中并不处在完全平等的地位，处于弱势的中小企业的现金流缺口有其自身特点。为满足中小企业的融资需求，结合中小企业的运营管理周期和现金流缺口特点，供应链融资量身定做了几种业务模式以解决中小企业的现金流缺口问题。

1）传统订单融资模式

传统订单融资开展的前提是融资企业拥有买方产品订单，即存在真实的交易，而且买方在银行拥有良好的信用。融资企业欲从银行获取融资贷款，必须先确保自身拥有成熟的技术、一定的生产能力，这些都是能开展融资业务的有效担保的条件。融资企业通过向银行申请专项贷款，获取企业购买原材料以便开展生产活动，完成订单。当订单合同完成后，融资企业通过合同获取的货款进行贷款业务的偿还。传统的订单融资模式如图5-1所示。

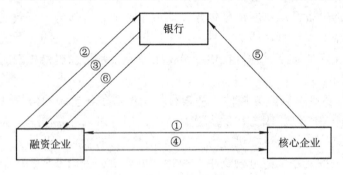

图5-1　传统订单融资模式

【流程说明】

① 交易，生成订单。融资企业与核心企业以合同的形式形成贸易关系，并以取得的购货订单作为真实贸易关系凭证；

② 申请贷款。融资企业持真实贸易关系凭证(购货合同和订单)向银行提出融资申请；

③ 发放贷款。银行对融资企业所持有的贸易关系凭证进行确认、核实，在确保贸易关系的真实有效性后，通过对核心企业的实力和融资企业的经济、综合实力等各方面进行综合评价后确定融资企业的授信额度，银行针对不同的融资企业开立专属的销售结算账户。

银行和融资企业双方通过签订融资业务相关的合同明确贷款后续用途范围以及还款事项，最后银行向融资企业发放贷款；

④ 交货。融资企业取得贷款后，购买原材料组织生产，在规定的期限内将货物送达至核心企业；

⑤ 偿还贷款。核心企业收到货物后，将货款打到融资企业在银行的专用账户，用以偿还融资企业的贷款；

⑥ 注销贷款合同。银行收回贷款后，注销其与融资企业签订的贷款合同。

2) 预付账款融资模式

预付是针对预付账款和提货权进行设计的融资模式。处于供应链下游的中小企业在市场交易中往往处于劣势，需要向核心企业支付预付账款，才能获得持续生产所需的原材料、产品等，如此就延长了企业资金的占用时间，若自有资金缺乏，企业则需要向金融机构进行融资申请。预付账款融资服务对象主要是下游经销商，当其与上游核心企业签订购销合同后，在商品采购阶段需要预先支付一部分货款，下游弱势企业可能会出现资金短缺问题，因此，需要向金融机构进行融资，支付上游货款才能获得相应原材料和产成品等使企业能够持续生产经营。传统预付账款融资模式如图 5-2 所示。

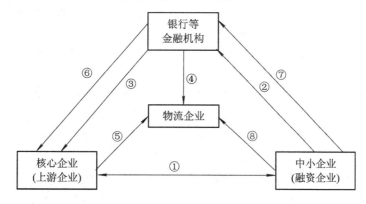

图 5-2　传统预付账款融资模式

【流程说明】

① 中小企业(下游企业、购货方)和核心企业(上游企业、销货方)签订购销合同，并协商由中小企业申请贷款，专门用于支付购货款项；

② 中小企业凭购销合同向金融机构申请仓单质押贷款，专门用于向核心企业支付该项交易的货款；

③ 金融机构审查核心企业的资信状况和回购能力，若审查通过，则与核心企业签订回购及质量保证协议；

④ 金融机构与物流企业签订仓储监管协议；

⑤ 核心企业(销货方)在收到金融机构同意对中小企业(购货方)融资的通知后，向金融机构指定物流企业的仓库发货，并将取得的仓单交给金融机构；

⑥ 金融机构收到仓单后向核心企业拨付货款；

⑦ 中小企业缴存保证金，金融机构释放相应比例的货物提货权给中小企业，并告知物

流企业可以释放相应金额货物给中小企业；

⑧ 中小企业获得商品提货权，去仓库提取相应金额的货物；

⑦～⑧不断循环，直至保证金账户余额等于汇票金额，中小企业将货物提完为止。与此项融资活动有关的回购协议、质押合同相应注销。

该融资模式适用于供应商承诺回购条件下的采购。其主要针对供应链下游中小企业全额付款购买货物的资金困境，为其提供融资便利。第一，在预付账款融资模式下，融资企业可以分批次交付货款同时分批次提取货物，而不需要一次性支付全额货款，由此能够有效缓解中小企业的资金压力；与此同时，分销商分批采购货品可以获得较优惠的批量价款。第二，供应商之所以承诺回购，是因为能够扩大产品的销售规模，同时规避大量应收账款的出现，优化公司的财务。第三，预付账款融资模式一方面使银行深入挖掘了客户资源，另一方面在此过程中使用的银行承兑汇票既可让供应商承担起连带责任，也可以作为物权的保证，进而降低了银行的风险，因此，预付账款融资模式既为融资企业实现了杠杆采购和供应商的批量销售，也给银行创造了更多收益，实现了供应链参与各方的共赢。

3) 动产质押融资模式

由于原材料、产成品等动产的强流动性以及我国法律对抵质押生效条件的规定，金融机构在对动产的物流跟踪、仓储监管、抵质押手续办理、价格监控乃至变现清偿等方面面临着很大的挑战，这给金融机构贷款带来巨大风险，因此，动产一向不受金融机构的青睐，即使中小企业有很多动产，也无法据此获得贷款。基于此，供应链融资模式设计了供应链下的动产质押融资模式。

供应链下的动产质押融资模式是指银行等金融机构接受动产作质押，并借助核心企业的担保和物流企业的监管，向中小企业发放贷款的融资业务模式。在这种融资模式下，金融机构会与核心企业签订担保合同或质物回购协议，约定在中小企业违反约定时，由核心企业负责偿还或回购质押动产。供应链核心企业往往规模较大，实力较强，所以能够通过担保、提供出质物或者承诺回购等方式帮助融资企业解决融资担保困难，从而保证其与融资企业良好的合作关系和稳定的供货来源或分销渠道。物流企业提供质押物的保管、价值评估、去向监督等服务，从而架设起银企间资金融通的桥梁。动产质押融资模式实质是将金融机构不太愿意接受的动产(主要是原材料、产成品)转变为其乐意接受的动产质押产品，并以此作为质押担保品或反担保品进行信贷融资。动产质押融资模式如图5-3所示。

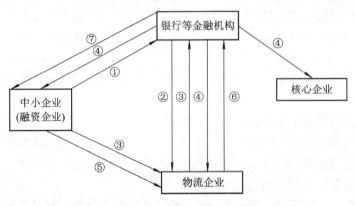

图5-3 动产质押融资模式图

【流程说明】

① 中小企业向金融机构申请动产质押贷款；

② 金融机构委托物流企业对中小企业提供的动产进行价值评估；

③ 物流企业进行价值评估，并向金融机构出具评估证明；

④ 动产状况符合质押条件的，金融机构核定贷款额度，与中小企业签订动产质押合同，与核心企业签订回购协议，并与物流企业签订仓储监管协议；

⑤ 中小企业将动产移交物流企业；

⑥ 物流企业对中小企业移交的动产进行验收，并通知金融机构发放贷款；

⑦ 金融机构向中小企业发放贷款。

动产质押融资模式通过借用与融资企业有交易记录的核心企业的信用提高自身的信用水平，最大化利用自身现有的动产，在增强其经营灵活性的同时，大大降低了其财务成本。这种融资方式，银行等金融机构常常要借助第三方物流监管企业的参与配合，需要物流企业提供质押物的仓储、价值评估、货物去向监督等业务，这样做能够有效地化解中小企业在融资中存在的信息非对称以及道德风险问题，金融机构在某些融资产品中还会加入第三方的信用担保或者以回购协议的形式获得核心企业的认可，通过风险分散和保障措施有效降低其信用贷款风险。动产质押融资模式的实质是用资金流盘活物流，并运用物流拉动资金流，以此帮助中小企业化融资难困境，弥补供应链运作过程中的资金缺口。

4) 应收账款融资模式

应收账款融资模式指的是卖方将赊销项下的未到期应收账款转让给金融机构，由金融机构为卖方提供融资的业务模式。基于供应链的应收账款融资，一般是为供应链上游的中小企业融资。中小企业(上游债权企业)、核心企业(下游债务企业)和金融机构都参与此融资过程，核心企业在整个运作中起着反担保作用，一旦融资企业(中小企业)出现问题，核心企业将承担弥补金融机构损失的责任；金融机构在同意向融资企业提供贷款前，仍然要对企业进行风险评估，只是把关注重点放在下游企业的还款能力、交易风险以及整个供应链的运作状况上，而不仅仅是对中小企业的本身资信进行评估。

下面通过图 5-4 来说明应收账款融资模式。

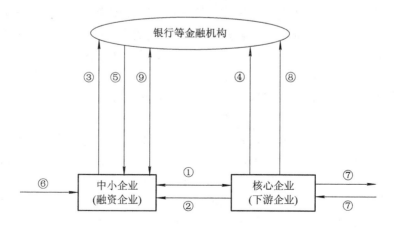

图 5-4　应收账款融资模式

【流程说明】

① 中小企业(上游企业、销货方)与核心企业(下游企业、购货方)进行货物交易;

② 核心企业向中小企业发出应收账款单据,成为货物交易关系中的债务人;

③ 中小企业用应收账款单据向金融机构申请质押贷款;

④ 核心企业向金融机构出具应收账款单据证明,以及付款承诺书;

⑤ 金融机构贷款给中小企业,中小企业成为融资企业;

⑥ 中小企业融资后,用贷款购买原材料和其他生产要素,以继续生产;

⑦ 核心企业销售产品,收到货款;

⑧ 核心企业将应付账款金额支付到融资企业在金融机构指定的账号;

⑨ 应收账款质押合同注销。

应收账款是最好的担保品。融资困难一直是制约我国中小企业发展腾飞的瓶颈。企业资产分为动产和不动产,大部分是企业应收账款、存货、设备等,在融资过程中,银行一般比较亲睐动产作为融资时的质押物,因为企业所拥有的不动产相对较少,动产融资相对可行性较高。应收账款属于动产的一部分,其显著的属性是不会因为环境的变化而发生物理变化,类似存货变质、破损等问题,应收账款相当于现金,是每个企业都会存在的资产科目之一,而且占据资产比例较大。通过应收账款质押进行融资,对于融资企业和银行等金融机构而言,是一种较为简便可行的方法。

3. 供应链融资评价

在国际上,不管是作为供应链核心的大型企业,还是承担供应链资金流服务的金融企业,又或是承担供应链物流服务的物流企业,都在积极参与供应链融资服务。它们在这种新型融资模式下,发挥各自特长,形成互利互补的物流金融平台,强化了自身的竞争优势,巩固了强者地位,同时也分享了巨大的利润,实现了多方的合作共赢。

具体来说,供应链融资服务使中小企业获得了金融机构信贷支持,赢得更多商机。长期以来,融资难是制约中小企业发展的重要难题,虽然央行不断出台扶持中小企业发展的政策,但银行等金融机构在具体操作上往往是想贷不敢贷,根本原因在于金融机构和中小企业间信息高度不对称,加大了金融机构的信贷风险。而在供应链融资模式下,金融机构是从整个供应链角度审视中小企业的风险,根据特定产品供应链上的真实贸易背景和核心企业的信用水平来决定是否对中小企业授信,从而大大降低了自身的信贷风险,因此,通过依赖供应链的整体实力,中小企业信用等级获得提升,从而得以从金融机构获得宝贵的资金。借助金融机构信用的支持,中小企业能够节约财务费用、优化财务运行模式、扩大经营规模、提高生产效率,进而得以满足核心企业苛刻的贸易条件,并与其建立长期战略协作关系。

总之,供应链是一个有机整体,各个环节相互影响,中小企业的融资难所引起的问题会造成核心企业供应或分销渠道上的不稳定。供应链融资增强了供应链中的薄弱环节——中小企业的整体实力,从而使供应链的整体质量和稳固程度得以提升,这为核心企业扩大自身的生产和销售创造了条件;核心企业还可以藉此从上下游企业获得更加优惠的价格、交付款方式、账期,减少支付、收账压力,使资金流变得更加有规律。可以说,更大的金融利益,会向核心企业进行集中。

讨论与思考题

1. 目前我国通过财政渠道获得融资主要有哪些途径？
2. 创业企业很难获得银行贷款的原因是什么？
3. 目前制约我国创业板发展的原因是什么？
4. 怎样才能实现商业信用的合理使用？
5. 在新的时代背景下，债务融资有哪些融资方式？

案例分析

2016 年 11 月 22 日，安踏发布公告称，已向上交所提交拟发行约 36 亿元公司债券的申请，若审批成功，将成为首批在国内公开发行熊猫债的非金融民营企业。此次发债募资之后，安踏的现金储备预计将接近 100 亿元级别。安踏 2015 年财报显示，公司资产总值约为 125 亿人民币。另外，安踏账上现金超过 50 亿人民币。发行完成后，50 亿现金加上 36 亿熊猫债，安踏接下来的现金储备将能接近 100 亿级别。安踏已经为这笔特定额度的钱想好了用途。

安踏是目前首批在国内公开发行熊猫债的非金融类民营企业，公开发行的模式认购性及流动性比较好，此前获得 AAA 信贷评级的多为国企、金融类或房地产企业。安踏已获得信贷评级机构最高的 AAA 级别，债券首期发行规模计划不超过 10 亿，发行期限不超过 5 年，承销商包括中银国际、东方花旗证券和高盛高华证券三家。

熊猫债是指境外机构在中国发行的以人民币计价的债券，它与日本的"武士债券"、美国的"扬基债券"统属于外国债券的一种。2005 年 9 月 28 日，国际多边金融机构首次获准在华发行人民币债券，首批发行熊猫债的机构是国际金融公司和亚洲开发银行，发行额度分别是 11.3 亿元人民币和 10 亿人民币。根据国际惯例，国外金融机构在一国发行债券时，一般以该国最具特征的吉祥物命名，因此时任财政部部长金人庆将首发债券命名为"熊猫债券"。

过去 10 年间，在中国发行熊猫债的发行主体以金融机构、主权国家、国外地方政府和在境外上市的国有控股企业为主；另一方面，基于中国债券市场对外开放和人民币国际化的渐进式发展，过去 10 年里熊猫债还处于相对"试点"的阶段。中国证监会出台的《公司债券发行与交易管理办法》规定：境外注册公司在中国证监会监管的债券交易场所发行、交易或转让，参照适用本办法。其中，公募发行需满足《证券法》关于累计债券余额不得超过净资产 40%，以及最近三年可分配利润不得少于债券一年利息的要求。

2014 年，安踏董事局主席兼 CEO 丁世忠在接受采访时称，要在中国市场超越阿迪或耐克。而 2015 年全年业绩超越 100 亿大关之后，他又提出了未来 10 年做到 1000 亿的下一阶段目标，因此，这 100 亿的去向最有可能的就是继续进行品牌收购。

继迪桑特和斯潘迪(Sprandi)之后，安踏将在短期内再进行品牌收购，其中有一到两个品牌的交易已经接近完成。这将进一步补齐安踏的"多品牌矩阵"。懒熊体育得到的消息是，这两个品牌的可能方向是户外及冰雪运动装备，至少其中一家在中国市场已经有业务，品牌定位与此前的迪桑特高端定位不同。在安踏此次发行熊猫债的招募书里，在介绍集团子公司的时候，还首次提到了斯潘迪。早前懒熊体育已经对安踏收购斯潘迪(Sprandi)进行了报道，但是安踏官方并没有对此发布公告。目前斯潘迪的经营刚刚起步，在天猫开设了旗舰店，从已有产品来看，定位是健步鞋。由此可见，"多品牌战略"正在走上轨道，安踏有信心将此作为未来发展潜力的强有力背书。

不过，对于安踏的"1000亿市场"目标来说，目前的品牌矩阵和规模显然是不足够的，因此在这一到两个品牌之后，安踏很有可能将继续进行收购，或许所考虑的收购标的量级还会更大。2015年曾经盛传过安踏试图收购彪马，但后来没有下文。有行业人士认为，目前彪马的价码已经抬上来了，并不是一个很好的收购时机。不过可以想象，丁世忠内心对于收购大一点的品牌是没有放弃的。"以前他们(耐克与阿迪)让我们睡不着觉，现在我们也要让他们睡不着。"不过，丁世忠在接受《中国企业家》采访时也曾坦言，想在全球市场超过阿迪达斯和耐克并不现实，他的目标是在中国市场"要比耐克和阿迪达斯做得更好"。

资料来源：懒熊体育，安踏拟发行36亿熊猫债，手握100亿现金打算干什么，2016.11.23

根据上述材料，结合本章知识，回答下列问题：

(1) 债务融资有哪些方式？安踏采用何种方式进行融资？

(2) 查阅相关资料，谈谈安踏发行36亿熊猫债的行为，如何助力安踏集团公司实现"多品牌战略"？

第6章

权益性融资方式

重点提示

> 创业企业适用的权益性融资方式
> 权益性融资方式的基本内容
>   • 直接投资
>   • 风险投资与天使投资
>   • 融资租赁
>   • 新三板与创业板
>   • 权益性融资新方式

阅读资料

随着我国市场经济体制的不断完善,投融资市场越发展现出活力。新的投资融资方式不断涌现,这无疑为创业企业带来了更多的机遇。

2016年11月,毕马威和CB Insights共同发表了一份有关金融科技风投趋势的全球性季报《全球金融科技行业脉搏》,报告中显示:风险资本(VC)对中国金融科技投资在2016年第三季度达到10亿美元,环比上升67%。在2016年第三季度,亚洲金融科技初创公司获得35笔、总计12亿美元的VC投资,投资额环比猛增50%。亚洲投资高歌猛进的原因是源于中国强劲的业绩表现。报告显示,第三季度共有超过10亿美元的资金投入到由风投支持的中国金融科技公司,共有12笔交易,而第二季度则获得6亿美元的投入资金,涉及13笔交易。这与此领域投资连续两个季度下跌的全球趋势背向而行。

2016年12月1日,由中关村管委会、海淀区政府指导,中关村天使投资联盟主办,网易科技、清科集团、IT桔子和起风了联合主办,中关村发展集团支持,英诺天使基金、中科金集团、AI大数据加速器、清创空间和天天投等多家机构协办的"洞见·未来——2016中国天使投资峰会金投榜颁奖盛典"在北京新清华学堂成功举办。中国证券基金业协会秘书长贾洪波在峰会上提出,要高度重视,不遗余力地推动天使VC早期投资的发展。作为国内高规格的创投类峰会之一,中国天使投资峰会一直被业内称为创投风向标,这也表明,中国的天使投资正迅速健康地发展，对于创业者融资来说则意味着融资环境的日益完善。

2015 年 12 月 25 日，中投顾问发布的《中国众创空间"十三五"发展趋势与投资模式研究报告》指出，在孵化器爆发式发展的过程中，孵化管理与服务人员队伍显著壮大，创业导师体系初步形成。2015 年孵化器从业人员总数达到 4.2 万人，"十二五"期间年均增长 21%，具有大专以上学历的占 92%。"十二五"期间，创业导师队伍从 2011 年的 6075 人增长到 2015 年的 2.1 万人，创业辅导员从 2011 年的 4967 人增长到 2015 年的 15336 人，创业联络员从 2011 年的 8303 人增长到 2015 年的 20312 人。创业企业和创业导师的对接数量从 2011 年的 13539 家增加到 2015 年的 52431 家，整体数量增长 2.87 倍，平均每年增长 28.4%。与此同时，截至 2015 年年底，我国已有 2530 家科技企业孵化器，全国上报众创空间名单 2345 家，成为孵化器数量最多的国家。2011~2015 年，全国孵化器的孵化场地面积增长 1.49 倍，以平均每年 25.7% 的速度增长。2015 年，我国孵化器的孵化场地总面积达到 8600 多万平方米。

可以说，中国投融资市场一片红火。然而，纵观许多知名创业企业的融资之路，创业企业融资似乎依然存在很大的风险和不确定性。

2016 年 11 月，随着旧版优步中国客户端以及优步司机客户端从 AppStore 的下架，Uber 中国在中国悄无声息地落幕。早在 2016 年 1 月，UBER CEO 卡兰尼克宣布中国 UBER B 轮融资已于 2015 年底前完成，同时，卡兰尼克也表示，Uber 已在中国市场补贴了数十亿美元，但这一市场足够大，还会继续战斗。而仅仅 8 个月后，Uber 就在人们的惊愕声中并入滴滴，持有滴滴 5.89% 的股权，10 个月后，Uber 又在一片唏嘘声中走下神坛，成为历史。

成立于 2015 年 1 月的暴风魔镜，拥有虚拟现实设备"暴风魔镜"，第一代产品于 2014 年 9 月推出，比谷歌的 Cardboard 只晚三个月，但其材质和性能却比后者强。2016 年 1 月，暴风魔镜宣布获得 B 轮 2.3 亿元人民币融资，估值达到 14.3 亿元。然而同年 10 月，暴风魔镜的团队规模从 500 多人裁减到 300 人，办公室空了一半，暴风魔镜 CEO 黄晓杰在接受采访时也表示，"这次的资本寒冬很冷。"

另外一家起步互联网，被称为"互联网餐饮业鼻祖"的黄太吉，2013 年 1 月，获创新工场数百万元天使轮融资；2015 年 6 月获分享投资数千万元 A 轮融资；2015 年 8 月，获 1.8 亿元 B 轮融资；2016 年 4 月，饿了么数千万元战略投资黄太吉。最高峰时，黄太吉的估值高达 12 亿元。然而 2016 年 9 月 15 日左右，黄太吉开始关闭位于北京各个区的线下门店，截至 19 日，黄太吉北京地区门店数量从 44 家降至 20 家。此外，与黄太吉签约合作的 8 家品牌餐企已经有半数从黄太吉外卖平台下线。

创业企业融资是机遇与挑战并存的活动。面对变化莫测的各种融资方式，创业企业懂得如何选择合适的融资方式，在融资后如何保障企业持续发展至关重要。不仅要"活下去"，而且要"活得好"，对于创业企业而言，这将是值得深思的问题。

资料来源：根据投资潮，创业邦，虎嗅网相关案例整理

阅读以上资料，思考下列问题：

(1) 材料中提到了哪些权益性融资方式？还有哪些新兴的权益性融资方式？

(2) 权益性融资方式不断创新，但一些创业企业依然走入了"资本寒冬"，你认为造成这种情况的原因有哪些？带给我们哪些方面的启示？

6.1　吸收直接投资

吸收直接投资是所有企业最为常用的权益性直接投资方式。吸收直接投资的关键在于，企业并非以股票为媒介，而是以合同、协议等形式吸收不同主体投入的资金，形成企业自有资金的一种筹资方式。一般在企业初创时使用，企业在经营过程中如自有资金不足，也可使用。

6.1.1　概述

吸收直接投资是指企业按照"共同投资、共同经营、共担风险、共享利润"的原则吸收国家、法人、个人、外商投入资金的一种权益融资方式。吸收直接投资与发行股票、留存收益等都属于筹集自有资金的重要方式。发行股票需要股票作为中介，而吸收直接投资则无须发行人和相关的证券发行机构。吸收直接投资中的投资者都是企业所有人，他们对于企业拥有经营管理权，同时共同承担损益。

根据不同的划分方法，企业吸收直接投资可划分为不同的类型。

从投资者看，吸收直接投资可以分为以下四类。

(1) 吸收国家投资。国家投资是指有权代表国家投资的政府部门或者机构以国有资产投入企业。吸收国家投资是国有企业筹集自有资金的主要方式。

(2) 吸收法人投资。法人投资是指法人单位以其依法可以支配的资产投入企业，形成法人资本金。吸收法人投资一般有如下特点：① 发生在法人单位之间；② 以参与企业利润分配为目的；③ 出资方式灵活多样。

(3) 吸收外商投资。外商投资是指国外投资者将资金投入企业，一般具有以下特点：① 可以筹集外汇资金；② 出资方式比较灵活；③ 形成中外合资和中外合作经营企业；④ 有利于提高技术水平，扩大产品的国际市场。

(4) 吸收个人投资。个人投资是社会个人或本企业内部职工以个人合法财产投入企业(如企业内部职工持股)。吸收个人投资一般具有以下特点：① 参加投资的人员较多；② 个人投资数额相对较少；③ 以参与企业利润分配为主要目的。其中，企业内部职工投资本企业，还有助于企业利益与职工利益的紧密结合，从而更好地调动职工的积极性。

从出资形式看，吸收直接投资可以分为吸收现金投资和吸收非现金投资。

(1) 吸收现金投资。吸收现金投资是吸收直接投资最为主要的方式之一。

(2) 吸收非现金投资。吸收非现金投资分为两类，一是吸收实物资产投资，即投资者以房屋、建筑物、设备等固定资产和材料、商品等流动资产作价出资；二是吸收无形资产投资，即投资者以专利权、商标权、非专有技术、土地使用权等无形资产投资。

6.1.2　吸收直接投资的条件与程序

对于创业企业在内的企业而言，吸收直接投资必须符合一定的条件。企业通过吸收直接投资而取得的实物资产或无形资产，必须符合生产经营、科研开发的需要，在技术上能够消化应用。在吸收无形资产投资时，应该符合法定比例。对于企业通过吸引直接投资而取得的实物资产和无形资产，必须进行资产评估。

对于企业而言，吸收直接投资的主要程序如下：

(1) 确定吸收直接投资的数量。对于吸收直接投资的数量，一方面要考虑投资的需要；另一方面应注意对投资商投资额度的控制。因为企业吸收的直接投资属于所有者权益，其份额达到一定规定时就会对企业的经营控制权产生影响，对此，企业，尤其是创业企业必须高度重视。

(2) 选择吸收直接投资的具体形式。对于创业企业而言，要衡量自身情况，并据此选择合适的投资者，企业既要广泛了解有关投资者的资信、财力和投资意向，又要通过信息交流和宣传，使出资方了解企业的经营能力、财务状况以及未来预期，以便公司从中寻找最合适的合作伙伴。

(3) 签署决定、合同或协议。找到合适的投资伙伴后，双方进行具体协商，确定出资数额、出资方式和出资时间。企业应尽可能吸收货币投资，如果投资方确有先进并且适合需要的固定资产和无形资产，亦可采取非货币投资方式。对实物投资、工业产权投资、土地使用权投资等非货币资产，双方应按公平合理的原则协商定价。当出资数额、资产作价确定后，双方须签署投资的协议或合同，以明确双方的权利和责任。

(4) 取得资金来源。签署投资协议后，企业应按规定或计划取得资金。如果采取现金投资方式，通常还要编制拨款计划，确定拨款期限、每期数额及划拨方式，有时投资者还要规定拨款的用途，如把拨款区分为固定资产投资拨款、流动资金拨款、专项拨款等。若为实物、工业产权、非专利技术、土地使用权投资，那么一个重要的问题就是核实财产。财产数量是否准确，特别是价格有无高估低估的情况，关系到投资各方的经济利益，必须认真处理，必要时可聘请专业资产评估机构来评定，然后办理产权的转移手续取得资产。

6.1.3　吸收直接投资在实践中的应用

吸收直接投资是一种主要的权益融资方式，这种资金的直接供给因中间环节的减少使得成本较其他融资形式来说较低。对于投融资双方而言，直接的给付关系使彼此在选择较为自由的同时，双方的联系也相对更加紧密。与此同时吸收直接投资也会有一些缺点，在实践中，应当引起创业期企业的重视。

吸收直接投资的优点主要有：(1) 所筹集的资金属于自有资金，能够增强企业的信誉和借款能力，对于扩大企业的经营规模、壮大企业实力具有重要作用。(2) 吸收直接投资能够直接获得投资者的先进设备和先进技术，尽快形成生产能力，有利于快速开拓市场。(3) 吸收直接投资根据企业的经营状况向投资者支付报酬。企业经营状况好时，可以较多支付，相反，则可以不支付或较少支付，因此比较灵活，财务风险较小。

与此同时，吸收直接投资也意味着企业必须接受以下的缺点：(1) 由于投资者在投资之后对于企业也具有经营权，参与企业的日常决策，这样容易分散企业的控制权。(2) 由于企业在获得资金的同时必须割让企业的一部分权益以及现有的或潜在的一部分收益，对于企业而言，吸引直接投资支付的资金成本较高。(3) 融资规模受到限制。投资者在进入企业后必须同时承担损益，这使得投资者资本入易出难，难以吸收大量的社会资本参与。

我国中外合资企业和中外合作企业的资本金的筹集采用的就是吸收直接投资的方式。中方常常以土地使用权、物资等形式出资，外方以设备、现金等形式出资，按照出资比例或契约分配利润。在实践中的主要问题是：外商的设备、技术等作价过高，中方的资产按面值计价作价过低；外商的资本金及时足额到位率低，中方过于迁就，不索赔不追讨；不注意掌握控制权，使得高价从国外购买原材料、低价向国外销售的现象屡有发生。

6.2　风　险　投　资

风险投资又称创业投资，是风险投资人通过集合投资筹措资金，通过组合方式分散风险，以长期股权的投资方式投资于某一企业，特别是尚处于创业阶段的新兴高科技企业，以追求所投资企业的成长，而获得以长期资本增值为目标的一种投资方式。

6.2.1　风险投资概述

1. 风险投资的含义

风险投资一般专注于投资早期、高潜力、快成长的公司，以现金换取被投资公司的股权，通过被投资公司的上市或出售实现股权增值后套现退出。

与商业银行相比，风险投资家也像银行家一样充当投资人(或贷款人)与企业家(或借款人)之间的媒介和渠道。但风险投资家不同于银行家之处在于，银行家回避风险，而风险投资家则试图驾驭风险，他们一旦看准了一个公司或项目有前途就会投入资本，同时也会协助投资公司经营管理，因此，对于处在起步阶段的创业公司而言，引入风险投资，投资者带给他们的不仅仅是钱，还常常有更重要的资源，如战略决策的制定、技术评估、市场分析、风险及回收的评估、管理人才的引进等。

我国目前从事风险投资业务的机构主要有以下三类：

(1) 专门的风险投资公司。这些公司通过风险投资基金进行投资，这些基金一般以有限合伙制为组织形式。

(2) 产业附属下的风险投资公司。这类公司往往是一些非金融性实业公司下属的独立奉献投资机构，其代表母公司的利益进行投资，这类投资人通常将资本投向一些特定行业。

(3) 具有政府背景的风险投资公司。这类公司一般会投资于高科技产业，如各地科技厅和科技局下属的风险投资公司。

2. 风险投资的主要特点

就风险投资的实践来看，它主要选择未公开上市的具有高增长潜力的中小企业，尤其是创新性或高科技导向的企业，以可转换债券、优先股、认股权的方式参与企业的投资，同时参与企业的管理，使企业获得专业化的管理及充足的财务资源，促进企业快速成长和实现目标。在企业发展成熟后，风险资本通过资本市场转让企业的股权获得较高的回报，继而进行新一轮的投资运作。其特点概括如下：

(1) 对于投资者来说具有高风险、高收益的特点。与传统投资不同，风险投资看重的是投资对象所具有的潜在的技术能力和市场潜力，具有较大的不确定性即风险性。而投资者进行投资的动因在于蕴藏在高风险背后的高收益。风险资本退出时的资本利得对于投资者来说是一笔丰厚的收益。

(2) 大都投向高技术领域。传统企业由于其技术、工艺的成熟和产品、市场的相对稳定，风险相对较小，是常规资本大量集聚的领域，因而收益往往相对稳定且平均。高新技术产业风险大，附加值高，收益高，符合风险投资的特点，往往成为投资热点。

(3) 资本流动性较低。风险资本往往在企业初创之时投入，直到企业股票上市，投资期较长，通常为5~7年。另外，由于风险投资最后退出时，如果欠缺相应的退出机制，撤资将令投资方处于两难的境地，因而具有较低的流动性。

(4) 专业性强，参与度高。风险投资者在向企业投资的同时，也参与企业项目的经营管理。这就意味着，风险投资者为风险企业提供的不仅仅是资金，更重要的是专业特长与管理经验，这对于风险企业至关重要。

(5) 具有明显周期性。风险企业初创阶段，投资往往亏损。随着新产品的开发和市场的开拓，产品以高价出售，投资获得高额利润；进入成熟期，超额利润消失，风险投资者此时要撤出资金。

(6) 是融资与投资的有机结合。风险这一概念不仅体现在融资上。对于企业家而言，如果获得资金后运作不成功，就难以再从这些人手上获得资金。

6.2.2 引入风险投资的时机与条件

风险投资对于任何一个创业者而言，都是高风险和高潜在收益并存的一种融资方式，因此，创业者必须慎重考虑引入风险投资的时机和条件要求。

1. 引入风险投资的时机

引入风险投资之前，创业公司要了解风险投资机构的需求，还要审视一下自身现在是否具备以下条件：

(1) 有能力给予风险投资者想要的潜在回报。风险投资有较高的失败率，正因为如此，风险投资者对于每个公司或项目的投资都会有较高的回报期待。当创业者存在为风险投资者创造价值的潜力时，只有风险投资者所持股权能够高溢价销售或公司在未来能够上市，风险投资者才有可能将其资本投入。

(2) 能够承受来自风险投资者的压力。由于风险投资的特点，一旦拿到风险投资者的资本投资，创业者就会被风险投资者绑定，这意味着创业者不得不受到以下的种种限制：① 业绩对赌。达不到既定经营目标，股权就会被风险投资者稀释。② 股份锁定。风险投资者通常会要求创始人将股份锁定，需要 3~4 年才能兑现。③ 如果创业者与风险投资者发生不合或矛盾冲突执意离开公司，根据同业禁止协议创业者将不被允许从事类似的、竞争性的业务。④ 董事会席位及保护性条款。风险投资者对公司经营具有监督权和决策权。

对于一些拥有出色技术和稳定团队的公司来说，不要轻易接受风险投资者的投资。如果公司只需要很少的资本就可以起步、成长，或者由于产品特性面临竞争，以及商业模式和市场容量的限制，比起引入风险投资，被并购是一个更好的选择。

(3) 愿意放弃一部分股权与独立控制权。风险投资者进行投资的目标是通过创业企业上市或被并购来实现的。在这个过程中，创业企业往往面临三个选择：① 给风险投资者一部分股权，且可能占有较大的比例；② 公司的重大决策不再是创业者一个人决定，风险投资者在董事会上具有表决权甚至具有一票否决权；③ 财务规范化和透明化，需要创业者付出一定的代价。

（4）管理团队和商业模式能够得到风险投资者的认可。如果创业企业的团队曾经让相关的风险投资者获得过收益，那么就会受到其关注。如果创业者的商业模式已经有成功融资、并购、上市的先例，且收入已经达到一定规模，那么就具备了向风险投资者融资的初步条件。

2．合适的风险投资机构应具备的条件

由于大部分创业者可能是技术出身或销售出身，在战略、资本运作、企业管理、公共关系等方面没有太多经验，因此，风险投资一旦引入，就必须帮助创业者把企业做得更好。

风险投资者投资到创业企业后，首先带来了现金，这正是创业者最迫切需要的。对于不同的风险投资者，同等数额的现金具有相同的价值。但是对于创业者而言，不同风险投资者之间的附加值是不同的，对于创业企业而言，应当优先选择具有以下条件的投资者。

（1）协助企业经营。通常风险投资者在公司董事会上有一个席位，同其他决策者一起为公司经营管理提供指导和建议。风险投资者能提供两方面的服务：一是在战略方向上，公司的发展规划、市场定位、商业模式、产品等；二是在内部管理尤其是财务管理上，能够引导创业者走向规范化。

（2）扮演销售员的角色。开拓市场、赢得顾客是创业企业最困难，同时也是最重要的事情。有能力的风险投资者一方面可以帮助创业者联系客户，开拓市场；另一方面可以利用自己的关系网，帮助创业者吸引后续融资，为其引入更多的资本。

（3）人才挖掘。为了保证自己的投资安全，风险投资者会为创业企业找新的财务总监，聘请优秀的销售人员甚至主管人员。有能力的风险投资者不仅要有充足的资本、敏锐的眼光和判断力，还要有大量的人才储备。

（4）研发支持。有能力的风险投资者不仅能够将研发资本投入到最有潜力的技术创新企业中，而且对于某些领域具有独到的眼光，可以辨识出哪些核心企业具有颠覆性前景，这对于企业来讲将是无价的。

6.2.3　企业引入风险投资的一般程序

1．编制商业计划书，进行必要的筹资准备

通过商业计划书，明确要选择怎样的投资方式，有什么样的发展前景可以吸引风险投资者。商业计划书的主要目的是筹集资金，因而筹资者要尽量清楚地说明自己创办的企业有什么样的价值，风险有多大，需要多少资金投入，什么时候能够回报资金投资人。

一般商业计划书应包括以下内容：

（1）摘要。摘要是为了吸引风险投资人的注意，是将商业计划书的核心提炼出来制作而成的，它是整个商业计划书的核心和关键部分。商业计划书摘要一定要具有渲染力，要引起风险投资人阅读商业计划书全文的兴趣。所以，筹资者一定要认真书写商业计划书摘要，要重点突出以下内容：风险企业的简要介绍，联系方法和重要联系人，公司业务范畴和类型，管理团队和管理组织，产品或者服务及其竞争情况，资金需求状况，市场状况，资金运用计划，财务计划，生产经营计划等。商业计划书摘要虽然列在计划书的最前面，有时却往往在其他部分定稿之后才开始撰写，筹资者不要急于求成，在其他问题未解决之前，不要着手去写商业计划书摘要。

(2) 公司基本状况。这一部分向风险投资人介绍公司的基本情况和价值所在。如果筹资者是初次创业，以前从来没有经营过企业，现在也只有一个美妙的商业创意，那么，筹资者应重点介绍一下为什么要独立创业以及你的创意是如何产生的。这样会使风险投资人对你有一定的了解，为今后的合作打下基础。如果筹资者曾经经营过公司，现在所创立的公司也有一定的时间，那么，筹资者应简明扼要地介绍公司过去、现在的状况以及未来的规划。筹资者在描述公司发展历史时，正反的经验都要写，不要刻意回避以往失误。要对失误进行客观的描述，中肯地进行分析，并说明所采取的补救措施，这样才能够赢得风险投资人的信任。

(3) 核心竞争力。风险投资人对公司的产品或者服务最为关心，他们会提出相当多的问题，筹资者要对这些问题做出有理有据的回答，才能真正打动他们的心。风险投资人一般会问的问题有：你的产品或者服务具有什么样的实用价值？它能为用户提供什么样的功能？满足用户什么样的需要？为用户创造什么样的价值？它的生命周期有多长？有无新产品开发计划作为储备？市场上是否已经或者即将有同类的产品或者服务？与其他同类的产品或服务相比，你的产品具有什么样的优势或独特性？公司的产品是否会因为环保问题遭到政府有关部门禁止或者罚款？产品是否会因文化问题、宗教问题甚至涉及敏感政治问题而遭到政府禁止或被社会公众抵制？以上这些问题都是风险投资人所关心的。

(4) 市场分析。市场分析包括对已有的市场用户情况、新产品或者服务的市场前景预测。筹资者在进行市场分析时要注意分析条件的合理性，不能单凭想象，做出不切实际的美好前景估计。市场用户情况包括公司以往经营中拥有的用户数量、用户类型、市场占有率、市场竞争情况及是否已经建立了完整的市场营销网络。筹资者在对新产品或者服务做出市场前景预测时，应当注意以下问题：新产品所在行业的前景，该产品的市场需求，影响市场需求的因素及新产品的潜在目标顾客和目标市场等。要保证预测建立在科学的理论与充足的信息基础之上，而不是凭空臆测。

(5) 公司管理人员介绍。在制作商业计划书时，筹资者也应重点介绍公司的管理团队。一个企业的成功与否最终取决于该企业是否拥有一个高效团结的管理队伍。筹资者首先要对公司的管理队伍的主要情况作一个全面介绍，包括公司的主要股东及他们的股权结构、董事、其他一些高级职员、关键的雇员以及公司管理人员的职权分配和薪金情况。在必要时，可以详细介绍他们的工作经历与个人背景。其次，将公司的管理机构，包括股东情况、董事情况、各部门的构成情况等以一览表的形式或者其他明晰的形式展示出来。最后，筹资者要重点展示公司管理团队的凝聚力和战斗力。

(6) 投资计划。制订一份详尽全面的投资计划是非常有必要的。对筹资者与风险投资人共同合作前景的计划分析，是风险投资人利益的保证，因此，可以说投资计划是最为关键的文件之一。其主要内容包括：预计的风险投资数额及筹资者期望从风险投资人获得的投资，投资方式是以贷款、出售债券还是以出售普通股、优先股的形式投入。公司未来的筹资资本结构安排及公司的债务负担。公司获取资金所提供的抵押、担保文件，包括以什么物品进行抵押或者质押，什么人或者机构提供担保；投资收益和未来再投资的安排；投资资金的收支安排及财务报告的编制，包括编制种类及周期(按月、季度、半年或一年)。

(7) 风险分析。筹资者在编写商业计划书时，要尽可能多地分析企业可能面临的风险、风险程度以及筹资者将来采取何种措施来避免风险或者在风险降临时以何种行动方案来减轻损失。筹资者需要将这些情况在商业计划书中一一列明。这主要包括：企业自身各方面的限制(如资源限制、管理经验的限制和生产条件的限制等)，市场的不确定性，技术产品开发的不确定性，失败的可能性。筹资者应该对企业所面临的各种风险都认真加以分析，尽量要全面。

(8) 投资回报。投资回报对风险投资人来说当然很重要。要向投资人表明如果他们投入了你所需要的资金量，会得到什么样的回报，且回报期望值分析应当一目了然，比如：

① 获利能力分析。获利能力分析主要分析企业赚取利润的能力和投资收益。常见的投资报酬率有：资产报酬率、毛资本报酬率和净资本报酬率。

② 投资盈利性决策。投资盈利性决策的方法很多，如投资回收期法、会计收益法、现值法、净现值法、内部报酬率(IRR)法等。其中，内部报酬率法目前最为通用，在许多计算机工具软件(如 EXCEL)中，就有"IRR()"函数，可直接用于计算 IRR。IRR 法充分考虑了资金的时间价值，比较科学合理。按照资金时间价值的原理，如果资金年利率为 3%，那么 2000 年的 100 元和 2001 年的 103 元在某一个时间点看，是等价值的。

(9) 风险资金退出方式。风险投资人最终想要得到的是现金回报，而非为投资而投资。你要描述的是怎样使风险投资人最终以现金的方式回收其对企业的投资。风险投资的退出策略很多，策略自身无对错之分，只是种类不同而已。通常风险资金的退出方式有：

① 公开上市。上市后公众会购买公司股份，风险投资人所持有的部分或全部股份就可以卖出。

② 兼并收购。可以把部分或整个企业出售给一家大公司。如果采用这种方式，那么在商业计划书中一定要提到几家对本企业感兴趣并有可能采取收购行动的大集团或大公司。

③ 回购。这种方式要求在商业计划书中可以给风险投资人提供一种"偿付安排"。在偿付安排中，风险投资人会要求企业根据预先商定好的条件回购其手中的权益。

2. 选择适当的投资者

选择投资者时，主要应考虑的是投资者可以为企业提供资金数量、时间、管理技术、市场开发能力，以及投资者对盈利的要求和对企业资产控制权的要求。筹资企业必须着重考虑如下几个方面：投资者是否能提供充足的资金；投资者参与管理的热情、能力以及对企业所在行业的经营经验；投资者的信誉及提供企业扩展资金的能力；投资者的个人气质、合作精神；投资者对盈利的分配、企业资产控制权的要求。

根据以上几方面对投资者进行具体分析后，双方进行接触、洽谈。不同的企业风险资金的投资者有不同的投资目的、投资要求，企业必须寻求那些适合企业需要的投资者，向他们提出投资要求，洽谈具体事宜。必须强调一点，选择风险投资公司是十分重要的问题，这不仅是选择投资者，而且是选择合作伙伴。风险投资人提供投资之后，还要与企业长期合作。

6.3　天　使　投　资

天使投资是专注于投资种子期和萌芽期的创业企业的一种风险投资，因为投入时风险较大，回报周期和回报收益都属未知，因此被看做是不看重回报的"天使"。天使投资作为权益性融资方式的一种，因其大众化、非集中性和资本额相对偏低的特性而更多作用于初创企业，成为很多创业企业获得风险投资前的生存给养。

6.3.1　天使投资概述

天使投资指具有一定资金的个人投资者对于所选择的具有发展潜力且具有高成长性的技术项目或初创企业，进行早期的、直接的权益资本投资，并协助具有专门技术或者独特概念而缺少自有资金的创业者进行创业，承担创业中的高风险，享受创业成功后的高收益，以实现资本增值的一种民间投资方式。它是风险投资的一种形式。

天使投资一般是创业企业的第二轮融资者，发生在创业者已经花完其家庭、朋友或个人的钱之后，接触创业投资基金之前。由于项目或公司前景尚不明确，对于天使投资者而言，这意味着将较大的风险转移到自己身上。

1. 天使投资的基本特征

(1) 投资介入较早。天使投资一般在企业萌芽期就会介入，此时创业企业的发展前景尚不明朗。天使投资通过对项目或团队的大致评估，给予企业创业资金的支持。这个阶段的创业企业一般规模尚小，无收入或者只有少量收入，甚至很多是刚刚组建的团队。银行贷款很少会青睐他们，风险投资也觉得介入尚早，这个培育空档恰恰给了天使投资与创业企业结缘的机会，因此，天使投资的资金额度一般也不会很大，为后续资金投入留下了足够的空间。

(2) 企业和投资者面临风险较大。就企业生命周期理论来看，萌芽期的企业无论看起来项目如何好，团队如何干练，由于市场变化莫测，其发展前景都有极大的未知性，因此，无论天使投资家做过怎样的调研和预测，投资的高风险性都往往难以规避。

(3) 天使投资者回报预期高。天使投资者在企业前景尚不明确时投入发展基金，根本目的是获得资产增值，许多投资者抵住前期投资风险大、回收期漫长的压力投入天使投资，就是为了获得高额的收入。

(4) 回报周期漫长。创业企业从初创到生存再到发展是一个漫长的过程，这对于天使投资者而言需要经历漫长的等待才能够获得收益，而这段时间内的风险却依然存在。

(5) 退出方式具有不确定性。天使投资者在获得预期收益后，会考虑资本退出。目前主要的退出方式有：① IPO 上市；并购退出；② MBO(管理层回购)；③ 退出；④ 股权持有退出；⑤ 破产清算退出。其中 IPO 退出是最为理想的双赢退出方式。

2. 天使投资人与投资模式

天使投资人是通过天使投资方式向小型私人创业企业提供风险投资的个人。作为非正式创业投资者，天使投资人是创业企业早期权益资本的重要来源。依据美国资本主义的情况，按照项目投资额将天使投资分为以下三类：

(1) 支票天使。支票天使指相对缺乏企业经验，仅限于对企业出资，而且投资额较小，每个投资案约 1～2.5 万美元。

(2) 增值天使。增值天使拥有一定管理和投资经验，参与被投资企业的运作，投资额较大，约 5～25 万美元。

(3) 超级天使。超级天使往往是具有成功经验和一定社会影响力的企业家，对新企业提供独到的支持，每个案的投资额相对较大，在 10 万美元以上。根据具体的所有的拿到的项目资金选择合理的对象，对于创业企业尤为关键。

就中国而言，目前发展成熟的几大天使投资模式为：

(1) 个体天使投资者。目前占比最高。

(2) 个体天使结盟。优势互补的投资团队，譬如各种天使投资俱乐部，它将俱乐部内的各天使专长领域提炼互补，俱乐部成员互通有无，并在项目选择和投资方式上互相探讨，是个体天使投资者的组织化形式。

(3) 机构化天使。机构化天使也称作天使投资基金，这种形式相比前两种更为成熟和专业，有天使 VC 化性质，其公司化运作方式相对可以更好地规避风险，是中国天使投资未来一个时期的主流走向。

(4) 天使+孵化器模式。在中国，这种模式分为政府主导和企业主导两种。政府主导主要表现方式是各地的高新科技园，在政策、资金、税收等方面给予企业扶助和优惠；企业主导则以为创业企业提供资金、全方位服务、辅导等细致化方式，颇受初出茅庐的创业者的青睐。

(5) 天使投资平台。天使投资平台多为技术性平台，募集一定数量的基金，为技术创业提供资金和推广渠道支持。各种天使投资人及投资模式的特点如表 6-1 所示。

表 6-1 我国天使投资现阶段存在形式

投资方	组成形式	投资选择和方式	投资规模	代表人物/机构
个人天使投资者	海归富人 成功企业家 行业专家 互联网新贵	投资选择灵活，倾向于看准热门行业机会，小额度广泛投资。乐于为创业者提供增值服务，譬如战略、人脉、后续融资等方面的服务	几十万到两三百万人民币之间	薛蛮子、徐小平、雷军、周鸿祎等
天使投资团队	天使投资人组成的俱乐部，通常由几十个天使投资人组成。共同甄选项目	投资选择也以捕捉行业热点为主，但因为决策分散，投资效率相比天使投资人要低。提供资金支持多于后续辅导	几十万到千万人民币之间	上海天使投资俱乐部、深圳天使投资人俱乐部、中关村企业家天使联盟
天使投资基金	以基金的形式，由某个资深人士主导，让更多有投资意愿，但没有投资经验或没有参与投资管理时间的人参与到天使投资中来，是较为成熟的天使投资模式。代表着中国天使投资的发展方向	公司化运作，投资项目相对广泛，乐于建立投资体系内部资源共享平台。投资方式有 VC 化倾向	两三百万到几千万人民币之间	真格基金、德迅投资等

续表

投资方	组成形式	投资选择和方式	投资规模	代表人物/机构
孵化器形式	分为企业主导和政府主导两种： 企业主导：投资方提供场地、资金、经验指导、公司注册、外部协调等全方位服务，孵化创业项目，类硅谷模式 政府主导：政府提供政策、资金、税收等优惠便利	以技术创新型或新能源项目创业投资为主导，在孵企业数量较多。以数量拼成功概率	几十万到几百万人民币不等	各地政府的高新创业园区、创新工场、联想之家等

资料来源：清科研究中心，《2011 年中国天使投资专题报告》，第 10～20 页

3. 天使投资与风险投资的区别

天使投资与风险投资都是提供追加价值、参与性很强的权益资本，会更加倾向于选择高风险高收益、具有巨大发展潜力的项目或公司，尤其以高科技产业行业为主，也包括成长性较好的传统行业。与风险投资相比，天使投资的主要区别在于两个方面。(1) 就投资中介而言，天使投资直接由私人投资，不通过投资机构投入。天使投资者既是投资的管理者也是资金的所有人，管理上存在天使投资者与风险企业一层委托代理关系；(2) 天使投资一般投资于企业的种子期或早期，投资规模较小，对被投资企业的审查并不严格，投资速度快，成本低。二者的详细区别如表 6-2 所示。

表 6-2 天使投资与风险投资的差异

	天使投资	风险投资
所属类别	权益资本投资	
资金来源	天使投资家(机构)自有资产	募集的投资基金
投资周期	2～8 年	
投资选择	有潜力的团队、项目、创业企业	
投资目的	高额利润回报和成就感回报	高额利润回报
投资阶段	企业萌芽期、种子期	企业高速成长期
投资规模	几万到几千万人民币不等	千万到几亿人民币
投资评估	灵活、快速	手续比较繁杂
投资环节	投资、投资后管理、退出	融资、投资、投资后管理、退出
退出机制	并购和股权转让为主，个别 IPO	以 IPO 为主要选择

资料来源：刘曼红，《创业投资圣经——天使投资理论与实践》，经济管理出版社，2009 年 12 月版

6.3.2 天使投资的策略

天使投资因其独特性成为创业者的"伯乐"，也成为了推动创业者技术创新与发展的重要动力。在实践中，一方面创业者应主动寻求合适的天使投资者；另一方面，要加强自身的项目建设，吸引更多的天使投资人进行投资。

1. 选择天使投资人的标准

创业者在被天使投资者选择和考察的同时，也要了解天使投资者，选择合适的合作伙伴对于处在艰难期的企业至关重要，因此，创业者必须充分了解自己的投资人，尽可能选择专业的天使投资人。总之，创业者的融资不应仅是寻求资本，更应该追求资本以外的价值。

从创业者的角度来看，选择天使投资者至少要考虑以下因素：

(1) 投资人是否为合格的投资者。由于目前我国尚未建立合格投资者制度，因而尚未在法律上解释何为合格的投资者。根据美国的相关规定，合格投资者是指有丰富投资经验并且能够自负盈亏的专业人士。创业者应当首选具有上述条件的天使投资人。

(2) 投资人能否提供非金钱价值。天使投资应具有帮助企业发展的潜力，能够为企业提供增值服务。创业者要考察天使投资人是否具有一定的经验和经历，能否在企业的成长中给予一定的非金钱支持，能否帮助企业在创业过程中找到自我价值，得到精神的充实与满足。

2. 寻找天使投资的策略

创业企业必须主动寻找合适的天使投资人，并努力说服天使投资人，获得投资，为此，可从以下的渠道入手：

(1) 利用社交扩大口碑。根据现有经验，相当一部分天使投资是通过亲朋好友或社交圈的介绍而达成的，对于非正式的股权投资者更是如此。创业企业应当重视对自身的信用资质、良好口碑的培养。另一方面，必须建立起规范的商业模式、良好的企业信誉和有力的社会影响力，提高无形商誉，增强投资吸引力。

(2) 敢于自荐，上门说服。创业者应当戒除对天使投资者盲目崇拜的心态。天使投资人与创业者之间是一种合作伙伴的关系，因此，创业者应当学会在适当的情况下直接上门，说服那些行业权威对自己投资。

(3) 主动介入天使投资者的活动。天使投资人会经常进行一些交流投资心得、寻找投资项目和探索合作机会的活动或聚会。创业者必须广泛持续地获取相关信息，在这些群体性活动中提交自己的商业计划书或进行项目展示。

(4) 搜寻"天使"名录。国外发展较为完善的天使投资研究机构(如美国风险投资协会、英国风险投资协会)会定期出版有关风险投资机构的名录。我国创业者如果需要国外融资，可以参考相关名录进行联系。我国尚未出现明确的天使投资协会和机构，创业者也可以选择各种行业组织(如工商联商会、行业协会等)搜集信息。

(5) 利用中介。创业者可以通过聘请财务顾问、法律顾问、财经公关公司和金融咨询公司等方式获得与天使投资人的联系渠道。

3. 引入天使投资的关键程序

1) 做好企业建设

做好企业建设是引入天使投资的前提与基础。创业企业只有具备良好的成长潜力才能够吸引投资者。这就意味着企业必须拥有优秀的团队，面向有潜力的市场，或是拥有有竞争力的产品和技术。创业企业一开始可能无法满足全部条件，但必须有相应的发展策略和战略以获得投资者的满意。

2) 充分准备，撰写商业计划书

利用商业计划书充分展现创业者对于企业内外部环境的熟悉程度，商业计划书包含内容详见 6.2.3。

3) 进行融资谈判与估值

股权投资是基于双方的长期战略性合作，关键在于保持良好的合作关系。创业者与天使投资人进入谈判与估值环节时，必须秉持诚实与合作的态度。谈判双方必须开诚布公，平等交流。谈判的主要内容包括：投资金额、投资比例和价格。

4) 配合尽职调查

一般在经过谈判达成共识后，天使投资人会对创业者进行尽职调查，即对企业的历史数据和文档、管理团队、项目市场风险、管理风险、技术风险和资本风险等进行全面深入的审核。在这一过程中，为加快融资进度，避免因外部因素致使投资者改变意向，创业者应主动协助天使投资人进行调查，尽早签订合作协议。

5) 签订协议，获得资金

整个融资过程的最后也是最重要的一步是合同与协议书的准备与谈判。投资协议书的主要内容包括：投资数额；投资结构；价值评估；条款条件；董事会成员；相关支出。条款条件应包括项目的股权分配与投资额、投资工具的类型与构成、资金到位的时间安排与检查标准、投资期限、转让权、偿付协议与资金退出、企业治理结构安排、股东应遵守的规定等。一旦双方达成一致，尽量要求天使投资人资金一次到位。

6.3.3 天使投资在我国的发展现状及其对创业者的要求

1. 天使投资对创业企业的适用性

1) 天使投资贴合初创创业融资需求

天使投资因为其小额、灵活、所受约束很少的特点，相当贴合初创企业的资金需求。其投资规模通常从几十万元到几百万元不等，即便是遭遇风险，也不会给投资者带来过重负担。同时，初创企业的创始团队也不必背负过多的压力。

2) 天使投资融资成本较低

天使投资更多的追求企业发展成熟之后的回报，这与借贷不同，企业无需承担较大的还贷压力。相比其他融资方式，天使投资是初创企业可以募集到的成本最低的融资。

3) 天使投资决策快，时间成本低

天使投资的投资决策没有繁文缛节，常常是投资者在看到创业者的瞬间就已经决定了，

其后续环节也十分简单流畅，避免了时间浪费。

4) 天使投资者能给予初创企业更多资源支持

天使投资者往往具有较高的社会地位和充足的社会资源。他们能够给予创业者的不仅仅是资金支持，其对创业者的引导和增值性服务，对于创业者而言往往更为珍贵。

2. 我国天使投资发展及存在的问题

中国的天使投资与西方国家不同，是以政府天使行为起步发展起来的，具有鲜明的中国特色。上世纪 80 年代中期，中国开始启动实施一项高技术研究发展计划，时称 863 计划。之后在"火炬计划"里，国家第一次公开提出为初创期科技型企业提供资金支持，中国政府因致力支持科技创新成为了中国最早的天使，开始了对高风险创业投融资的早期形态、天使投资的探索。从上世纪 90 年代起，真正民间意义上的天使投资开始萌生于互联网、高新科技创业大潮中。一些国外的天使机构也在此时开始进入中国，投资了当时中国几大互联网创业企业。从 2000 年起，中国的天使投资开始顺应时代潮流飞速发展。而从 2007 年至今，天使投资在中国开始了完善发展的历程，经历了传统心态与制度体系以及环境的匹配后，天使投资开始广泛地深入人心，蔚然成风。

但由于天使投资在我国尚处在发展阶段，仍然存在诸多问题，其作为融资渠道的作用仍未完全发挥，主要表现如下：天使投资人(机构)缺乏专业性；天使投资人对创业企业占股比重过多；天使信用体系不够完备；天使投资机构退出机制不够完善；天使投资机构与创业者之间缺乏沟通桥梁。

作为一种早期投资方式，天使投资对于资金需求迫切，又难以从其他渠道获得融资的初创企业的生存发展具备独特的价值和意义。但由于我国的天使投资发展起步晚，发展中的一些问题尚未得到解决，创业者在融资时也应当引起重视。对于创业者而言，一方面应当加强自身团队和项目建设，使其更具吸引力，另一方面在选择天使投资人时，应当注意甄别，选择正规的、真正适合自己的"伯乐"。

6.4　融资租赁

以创业企业的经济实力，在企业创立初期完全依靠银行信贷或上市融资获得资金，既不可能，也不现实。在这种情形之下，简便快捷、信用要求较低的融资租赁成为企业融资的一种有效补充方式。融资租赁按照租赁方式又可以分为权益性融资租赁和债务性融资租赁。权益性融资租赁方式尤其适用于创业企业，因此，本节重点介绍权益性融资租赁方式。

6.4.1　融资租赁概述

融资租赁是指出租方根据承租方(中小企业)对供货商、租赁物的选择，向供货商购买租赁物，提供给承租方使用，承租方在契约或合同规定的期限内分期支付租金的融资方式。

融资租赁一般分为以下几种:

1) 直接租赁

直接租赁是最一般、最基本的租赁融资形式。直接租赁的出租方主要是租赁公司、设备制造商和有闲置设备的生产企业。出租方根据承租方的要求,直接向设备制造商购买承租方选定的设备,再租借给承租方使用。在我国有些大企业尤其是一些国有企业由于某些原因存有一些闲置设备,中小企业可以融资租赁方式充分利用这一资源,既提高了中小企业的生产技术水平,又不会形成太大的资金压力。

2) 售后回租

售后回租又称回租租赁,是指企业在短期内缺乏资金时,将原属于自己且需继续使用的固定资产卖给出租方,然后以租赁方式将其租回使用,从而改善企业财务状况的一种资金融通方式。采用回租方式对中小企业具有较大现实意义:一是通过将原有的固定资产转化为流动资金,解决了中小企业的融资困难;二是有利于设备更新换代,增强了中小企业的市场竞争能力;三是减少了企业资产的无形损耗,加快了固定资产折旧。

3) 转租赁

转租赁是指以同一物件为标的物的多次融资租赁业务。在转租赁中,上一租赁合同的承租方(中小企业)同时又是下一租赁合同的出租方,成为转租方。转租方从其他出租方处租入租赁物件,再转租给第三方,从而转租方通过收取租金差额实现融资目的。

4) 杠杆租赁

在杠杆租赁形式下,出租方一般只支付相当于租赁资产价款 20%～40%的资金,其余60%～80%的资金由其欲购置的设备作抵押,并以转让收取部分租金的权利作为附属担保,从银行或长期贷款提供者处取得贷款,然后购入设备出租给承租方。这一租赁形式用于巨额资产的租赁业务,如飞机、火车车皮、船舶和海上钻井设备等。相对于其他租赁方式而言,这种租赁方式的主要特点是:涉及承租方、出租方和资金出借者三方。从承租方角度看,和其他租赁方式并无区别,同样按契约规定,在基本租赁期内定期支付租金,并取得该期资产的使用权。

杠杆租赁与其他租赁方式的主要区别在于:① 出租方充当多种角色。出租方既是出租人,又是借贷人。一方面拥有该资产的所有权,同时必须及时偿还借款,如果还款不及时,则资产的所有权将归资金出借者所有。② 以较少投资(20%～40%)换得 100%的折旧扣除或投资减税额,从而获得税务上的好处,大大降低了出租方的租赁成本。在正常情况下,杠杆租赁的出租方一般愿意将上述利益以低租金的方式转让一部分给承租方,使其租金低于一般融资性租赁的租金。

6.4.2　融资租赁的业务流程

(1) 选定租赁设备。中小企业根据生产需要,将所需要的设备规格、型号、价格、交货期及维修保养条件交于租赁公司,提出租赁申请。

(2) 租赁预约与审查。租赁公司接到申请后,提出租金估价,双方共同协商后,即办理租赁预约。然后由租赁公司对承租方的经营和经济状况进行审查,并根据租赁公司掌握的有关资料，确定能否同意租赁。

（3）签订租赁合同。承租方信用符合要求后，即可与租赁公司签订融资租赁合同，确立双方的租赁关系，在此基础上，由出租方与设备供应商签订购货合同。

（4）组织验货与投保。在上述两项合同签订后，设备供应商向承租方发货，并由出租方向供应商付款。承租方收到设备后，按照清单和有关标准进行验收，以保证购买合同与租赁合同的租赁物相一致。验收合格后，根据需要对设备进行投保。投保的项目包括设备的有形损失和灾害，如火灾、水灾、地震、严重碰撞、风暴雷电以及社会骚动、盗窃等造成的损失。保险项目还涉及人身伤害和财产损失。

（5）支付租金。承租方在取得租赁设备的使用权后，按租赁合同规定的条款向出租方支付租金。

（6）设备处理。租赁合同期满后，承租方按租赁合同规定来处理租赁设备：若合同规定租赁期满后由承租方留购，则承租方应向出租方支付留购价款，并由出租方开具产权转移证明；若合同规定无偿转让给承租方，则也应由出租方开具产权转移证明；若合同规定到期设备退回出租方，则应办理设备退回手续；若合同未作规定，则由承租方与出租方协商解决。

6.4.3　融资租赁在我国的实践

1. 融资租赁的优缺点

融资租赁可以使中小企业在资金尚不充足的条件下获得大型生产设备的使用权，省去了直接融资的时间，使企业更快更好地把握商机，投入生产。相对于其他融资方式，融资租赁具有以下优点：

1）适应中小企业需求，有利于现金周转

融资租赁可以看做是一种中长期投资，出租方虽然会考虑目前企业的信用状况或资本总额，但更注重的是项目收益的可靠性和对承租业务发展的信心，这对于处于创业初期、银行信用程度较低、资产负债率较高的中小企业非常适用。融资租赁是一种以融资为直接目的的信用方式，表面上看是借物，实际上是借资，并将融资与融物两者结合起来。融资租赁既不像一般的银行信用那样借钱还钱，也不同于一般的商业信用，而是借物还钱，以租金的方式偿还。租金分期支付额是由企业和出租方双方在考虑各自的现金周转状况后确定的，有利于企业现金周转，减轻了还款压力。例如，在有些租赁贸易中，允许承租人在投产前有一段时间不支付租金等，这无形中缓解了企业的部分资金压力。

2）减轻当期现金支付的压力，节省企业开支

与需要自筹资金的借贷筹资不同，租赁能提供百分之百的资金融通，对于资金短缺的中小企业来说，只要按期支付租金，就可以引进先进设备，解决燃眉之急，且通过融资租赁比银行借贷更为合算。

3）加速技术设备的改造，适应市场变化与需求

在激烈的市场竞争中，任何一个产业都面临着不断创新的压力与挑战，市场这块"蛋糕"永远没有固定的模型与口味，它会随着市场的变化而变化，随着技术的提高而改进。

中小企业可以通过租赁业务，摒除设备陈旧过时的风险，永远品尝"新鲜蛋糕"。对于资金实力不太雄厚的中小企业来说，购买价值昂贵的技术密集型产品，特别是技术变革较快、制作技术要求高的产品，总要承担耐用年限未到而经济寿命已告终的风险。如果采用租赁方式则可避开这一风险。租赁协议一般可由双方协议规定，由出租方承担设备陈旧过时的风险，当有性能更优的新产品问世时，企业就可以以旧换新。

融资租赁也有其不足之处，对于筹资方，其缺点主要包括：筹资成本较高，租金总额通常比设备价值高出 30%左右；对于承租企业，如果是处在财务困难时期，支付固定的租金也将成为一项沉重的负担；另外，采用融资租赁筹款如果不能享有设备残值，也可视为承租企业的一种机会成本。

2. 融资租赁在我国的发展

自 20 世纪 70 年代起，随着我国经济体制改革的逐步开展，租赁业在我国也日益兴起，当时的主要目的是扩大国际经济合作和技术交流，开辟利用外资的新渠道。进入 80 年代以后，随着不同类型现代租赁公司的建立，我国现代租赁业逐步产生并发展起来。迄今经过三十多年的实践，我国租赁业经营范围日益广泛，租赁方式灵活多样，租赁标的各式各样，租赁业务也遍布全国。纵观我国几十年融资租赁的发展，呈现出如下特点：

(1) 租赁业务增长迅速。自 2004 年商务部会同国家税务总局累计核准 14 个省市 26 家内资租赁公司开展租赁业务以来，业务稳步增长。2014 年，银监会修订颁布《金融租赁公司管理办法》，进一步强化了对于金融租赁公司的市场化管理，对适用于融资租赁交易的租赁物的范围、关联交易管理制度、资产证券化业务的规则等部分内容进行了适当调整。近年来，全国租赁业仍保持着快速发展的势头，逐渐成为仅次于银行业的第二大资金供应渠道。

(2) 专业化经营模式逐渐显现。近年来，一些企业选择与上游企业建立战略合作联盟，通过批量采购，不仅解决了生产经营的销售问题，同时降低了成本，开辟了新的业务增长点，租金偿还也更加灵活。租赁企业还利用生产企业的服务网络为承租方提供更多、更有效的专业化服务。

(3) 金融机构支持力度明显加大。租赁公司掌握着大量租赁资产的所有权和租金收取权，具有明显资金管理优势，能够将银行贷款化零为整，降低银行的管理成本和金融风险，因此，越来越多的租赁公司能够获得金融机构的支持，促进了租赁业的发展。

由于我国租赁行业发展起步较晚，因此仍然存在着诸多问题，主要问题在于租赁机构的资金来源不充沛，与租赁业务特点不匹配。租赁公司资金来源范围狭窄，数额有限，且以短期资金居多。而融资租赁是中长期的融资，两者存在结构性的矛盾，这一矛盾严重束缚了我国租赁行业的发展。另外，租赁业与企业尚未建立起风险共担、利益共享的紧密合作关系；行业内缺乏相应的产业链运作机制和整体解决方案。无法有效整合各方优势，资源互补，降低融资风险；与此同时，"租赁融资"观念的缺位与落伍阻碍了进一步发展，而部分租赁公司机构投资人目的不纯致使行业内水平参差不齐，都成为阻碍我国租赁行业进一步发展的因素。

因此，对于创业企业而言，引入融资租赁的融资方式必须注意以下几点：

(1) 项目的自身条件非常重要。融资租赁侧重于对项目未来现金流量的考察，主要关心租赁项目自身的效益，而不是企业的综合效益。因为租赁的风险完全靠出租人对设备所有权的控制，因此项目的自身条件对于能否顺利获得融资租赁至关重要。项目必须有长期稳定的正现金流量，保证足够的资金可以偿还租金和利润分成。如果项目本身是国家鼓励发展的，则利用优惠政策可以降低租赁费用，还有利于融资。另外，租赁的固定资产必须是可以轻松回收和轻松处理的，设备的折旧期限要短，而使用周期要长。

(2) 企业的经营状况是基础。虽然融资租赁对于企业整体的经济效益和财务状况不像银行贷款那样特别受重视，但是没有人会为一家长期亏损严重，甚至濒临破产的企业进行融资租赁，毕竟设备的租赁款是需要企业收回的盈利来偿还的。所以，企业的经营状况同样是一个不可忽视的因素。如果你的企业属于朝阳产业，发展趋势良好，有良好的偿债能力和获利能力，有足够的证据能证明你的企业是盈利企业，那么租赁公司一定会认可你的项目，愿意与你合作。

(3) 企业的信用很必要。和银行发放贷款一样，融资租赁公司同样对企业的信用非常重视。如果想通过租赁公司融资，那么必须有一个良好的信用记录。如果企业从来没有这方面记录，那么要想从租赁公司打开这个渠道的难度是很大的。过去我们说时间就是金钱，在市场经济环境中信用也是金钱。除此以外，还应该用合适的方式为偿还租金做出保证，这也是能否让租赁公司融资的基本条件之一。

除此之外，针对融资租赁，中小企业还应注意以下两个问题：

(1) 转变观念的问题。过去人们通常认为资产的所有权与使用权是不可分离的，要取得一项设备的使用权就必须先拥有，这也是我国政府部门和中小企业之所以形成"大而全"、"小而全"的原因之一。但现在越来越多的人认识到，经济效益的产出不取决于对资产的占有，而在于对资产的充分利用。中小企业完全可以利用现代租赁方式获取设备的使用权。由于使用权与所有权是分离的，因此企业始终可以保持设备的更新速度与设备质量。

(2) 要选择好租赁对象。对于要通过租赁业务融资的中小企业来说，由于其投资资金欠缺，筹资渠道狭窄，因此用于租赁的资金一定要物尽其用，否则可能造成致命的损失。再加上目前我国租赁市场还不成熟，缺少专门的管理机构和管理体系，法律体制仍不健全，这就要求中小企业在选择租赁对象时一定要提高警惕，想方设法降低机会成本，即要综合考虑租金是否恰当，租赁物件质量是否过硬，租期是否合适，收益率如何，租赁期内技术折旧风险，相关服务是否到位等。

6.5 股票上市融资——创业板与新三板上市

随着市场经济的发展，我国金融市场日益完善，主要分为以下三个层次：一级市场、二级市场和新三板市场。一级市场是包含中小板在内的主板市场，二板市场即创业板市场；相对于主板和创业板，新三板市场作为一个交易平台也发挥着越来越重要的作用。对于起步的创业企业而言，通过发行股票上市融资主要在创业板市场和新三板市场。

6.5.1　股票融资概述

发行股票融资是股份有限公司筹集股权资本的基本方式。

1. 股票的含义和种类

1) 股票的含义

股票(Stock)是股份有限公司在筹措股本资产时而发行的有价证券，是持股人拥有公司股份的凭证。它代表持股人在公司中拥有股份的所有权。股票持有者即为公司的股东。公司股东作为出资人按投入公司的资本额享有所有者的资产收益、公司重大决策和选择管理者的权利，并以其所持股份为限对公司承担责任。

2) 股票的种类

股份有限公司根据筹资者和投资者的需要，发行各种不同的股票。股票的种类很多，可按不同的标准进行分类。

(1) 股票按照股东的权利和义务，可分为普通股和优先股。

① 普通股(Commonstock)是公司发行的代表着股东享有平等的权利、义务，不加特别限制，股利不固定的股票。普通股是最基本的股票。通常情况下，股份有限公司只发行普通股。

普通股在权利和义务方面的特点是：普通股股东享有公司的经营管理权；普通股利分配在优先股之后进行，并依照公司盈利情况而定；公司解散清算时，普通股股东对公司剩余财产的请求权位于优先股股东之后；公司增发新股时，普通股股东具有优先认购权，可以优先认购公司所发行的股票。

② 优先股(Perferredstock)是公司发行的优先于普通股东分取股利和公司剩余财产的股票。多数国家的《公司法》规定，优先股可以在公司设立时发行，也可以在增发新股时发行。但有些国家的法律则规定，优先股只能在特殊情况下，如公司增发新股或清理债务时才准许发行。

(2) 股票按票面有无记名，可分为记名股票和无记名股票。

① 记名股票是在股票票面上记载股东的姓名或者名称的股票，股东的姓名或者名称要记入公司的股东名册。

② 无记名股票是在股票票面上不记载股东的姓名或者名称股票，股东姓名或名称也不记入公司的股东名册，公司只记载股票的数量、编号和发行时间。公司对社会公众发行的股票可以是无记名股票。无记名股票的转让、继承无须办理过户手续即实现股权的转移。

(3) 股票按票面是否表明金额，可分为有面额股票和无面额股票。

① 有面额股票是公司发行的票面标有金额的股票。持有这种股票的股东，对公司享有权利和承担义务的大小，以其所拥有的全部股票的票面金额之和占公司发行在外股票总面额的比例大小来定。我国《公司法》规定，股票应当标明票面金额。

② 无面额股票不标明票面金额，只在股票上载明所占公司股本总额的比例或者股份数，故也称为"分权股份"或"比例股"。其之所以采用无面额股票，是因为股票价值实际上是随着公司财产的增减而变动的。发行无面额股票，有利于促使投资者在购买股票时，注意计算股票的实际价值。

(4) 股票按投资主体的不同，可分为国家股、法人股、个人股和外资股。

① 国家股是有权代表国家投资部门或机构以国有资产向公司投入而形成的股份。国家股由国务院授权的部门或机构持有，并向公司委派股权代表。

② 法人股是指公司法人依法以其可支配的资产向公司投入而形成的股份，或具有法人资格的事业单位或社会团体以国家允许用于经营的资产向公司投入而形成的股份。

③ 个人股为社会个人或本公司职工以个人合法财产投入公司而形成的股份。

④ 外资股是指外国和我国港澳台地区投资者购买的我国上市公司股票。

(5) 股票按发行时间的先后，可分为始发股和新股。始发股是设立时发行的股票。新股时公司增资时发行的股票。始发股和新股的发行具体条件、目的、发行价格不尽相同，但股东的权利、义务是一致的。

(6) 股票按发行对象和上市地区分类，分为 A 股、B 股、H 股、N 股和 S 股等。A 股指我国个人或法人，以及合格的境外机构投资者(Qualified Foreign Institutional Investors，QFII)(2003 年 7 月起开放)买卖的，以人民币标明票面价值以及以人民币认购和交易的股票；B 股是指供外国和我国港澳台地区的投资者，以及我国境外个人投资者(2001 年 2 月起开放)买卖的，以人民币标明面值但以外币认购和交易的股票。A 股、B 股在上海、深圳证券交易所上市。H 股、N 股、S 股指公司注册地在中国大陆，但上市地区分别是我国香港联交所、美国纽约证券交易所和新加坡交易所的股票。

2. 股票发行的要求

股份有限公司发行股票，通常设为设立发行和增资发行。根据《公司法》、《中华人民共和国证券法》(以下简称《证券法》)等法规的规定，必须遵循下列基本要求：

(1) 股份有限公司的资本划分为股份，每一股的金额相等。

(2) 公司的股份采取股票的形式，股票是公司签发的证明股东所持有股份的凭证。

(3) 股票的发行，实行公平、公正的原则，同种类的每一股份应当具有同等权利。

(4) 同次发行的同种类股票，每股的发行条件和价格应当相同；任何单位或者个人所认购的股份，每股应当支付相同的金额。

(5) 股票的发行价格可以按票面金额(即平价)确定，也可以按超过票面金额(即溢价)的价格确定，但不得低于票面金额(即折价)的价格确定。

3. 股票发行的条件

根据国家有关法律法规和国际惯例，股份有限公司发行股票以及可转换公司债券，必须具备一定的条件。

1) 公司的组织机构健全、运行良好

公司的组织机构健全、运行良好，包括：公司章程合法有效，股东大会、董事会、监事会和独立董事制度健全，能够依法有效履行职责；公司内部控制制度健全，能够有效保证公司的运行效率、合法合规性和财务报告的可靠性；内部控制制度的完整性、合理性、有效性不存在重大缺陷；现任董事、监事和高级管理人员具备任职资格，能够忠实勤勉地履行职务；上市公司与控股股东或实际控制人的人员、资产、财务分开，机构、业务独立，能够自主经营管理；最近 12 个月内不存在违规对外提供担保的行为。

2) 公司的盈利能力具有可持续性

公司的盈利能力具有可持续性包括：最近 3 个会计年度连续盈利；扣除非经常性损益后的净利润与扣除前的净利润相比，以低者作为计算依据；业务和盈利来源相对稳定，不存在严重依赖控股股东、实际控制人的情形；现有主营业务或投资方向能够可持续发展，经营模式和投资计划稳健，主要产品或服务的市场前景良好，行业经营环境和市场需求不存在现实或可预见的重大不利变化；高级管理人员和核心技术人员稳定，最近 12 个月未发生重大不利变化；公司重要资产、核心技术或其他重大权益的取得合法，能够持续使用，不存在现实或可预见的重大不利变化；不存在可能严重影响公司持续经营的担保、诉讼、仲裁或其他重大事项；最近 24 个月内曾公开发行证券的，不存在发行当年营业利润比上年下降 50%以上的情形。

3) 公司的财务状况良好

公司的财务状况良好包括：会计基础工作规范，严格遵循国家统一会计制度的规定；最近 3 年内财务报表未被注册会计师出具保留意见、否定意见或无法表示意见的审计报告；被注册会计师出具带强调事项段的无保留意见审计报告的，所涉及的事项对发行人无重大不利影响或者在发行前重大不利影响已经消除；资产质量良好，不良资产不足以对公司财务状况造成重大不利影响；经营成果真实，现金流量正常；营业收入和成本费用的确认严格遵循国家有关企业会计准则的规定，最近 3 年资产减值准备计提充分合理，不存在操纵经营业绩的情形；最近 3 年以现金或股票方式累计分配的利润不少于最近 3 年实现的年均可分配利润的 20%。

4) 公司募集资金的数额和使用符合规定

公司募集资金的数额和使用符合规定包括：募集资金数额不超过项目需要量；募集资本用途符合国家产业政策和有关环境保护、土地管理等法律和行政法规的规定；除金融类企业外，本次募集资金使用项目不得为持有交易性金融资产和可供出售金融资产、借予他人、委托理财等财务性投资，不得直接或间接投资于以买卖有价证券为主要业务的公司；投资项目实施后，不会与控股股东或实际控制人产生同业竞争或影响公司生产经营的独立性；建立募集资金专储制度，募集资金必须存放于公司董事会指定的专项账户。

4. 股票的发行程序

各国对股票发行程序都有着严格的法律规定，未经法定程序发行的股票无效。根据我国《上市公司证券发行管理办法》的规定，上市公司申请发行股票以及可转换债券，应当依照下列程序：

(1) 公司董事会应当依法作出决议，包括本次证券发行的方案、募集资金使用的可行性报告和前次募集资金使用的报告以及其他必须明确的事项等，并提请股东大会批准。

(2) 公司股东大会就发行股票做出决定，至少应当包括本次发行证券的种类和数量、发行方式、发行对象以及向原股东配售的安排、定价方式或价格区间、募集资金用途、决议的有限期、对董事会办理本次发行具体事宜的授权以及其他必须明确的事项。

(3) 公司申报公开发行股票或者非公开发行新股，应当由保荐人保荐，并向中国证监会申报。保荐人应当按照中国证监会的有关规定编制和报送发行申请文件。

(4) 中国证监会按照下列程序审核发行证券的申请：收到申请文件后，5 个工作日内决定是否受理；中国证监会受理后，对申请文件进行初审；发行审核委员会审核申请文件；中国证监会作出核准或者不予核准的决定。

(5) 自中国证监会核准发行之日起，公司应在 6 个月内发行证券；超过 6 个月未发行的，核准文件失效，需重新经中国证监会核准后方可发行。公司发行证券前发生重大事项的，应暂缓发行，并及时报告中国证监会。该事项对本次发行条件构成重大影响的，发行证券的申请应重新经过中国证监会核准。

(6) 证券发行申请未获核准的上市公司，自中国证监会作出不予核准的决定之日起 6 个月后，可再次提出证券发行申请。

5. 股票的发行方式

股票的发行方式，是指股份有限公司向社会公开发行股票时所采用的股票销售方式，有自销和承销两种方式。股票的发行是否成功，最终取决于能否成功地将股票全部销售出去。根据我国《上市公司证券发行管理办法》的规定，上市公司公开发行股票，应当由证券公司承销；非公开发行股票，发行对象均属于原前十名股东的，可以由上市公司自行销售。

1) 自销方式

股票发行的自销方式，是指股份有限公司在非公开发行股票时，自行直接将股票出售给认购股东，而不会经过证券经营机构承销。非公开发行股票，发行对象直接将股票出售给认购股东，而不经过证券经营机构承销。非公开发行股票，发行对象均属于原前十名股东的，公司可以采取自销的方式。自销方式可由发行公司直接控制发行过程，实现发行意图，并可节约发行成本，但发行风险完全由发行公司承担，主要由知名度高、有实力的公司向现有股东推销股票时采用。

2) 承销方式

股票发行的承销方式，是指发行公司将股票销售业务委托给证券承销机构代理。证券承销机构是指专门从事证券买卖业务的金融中介机构，在我国主要为证券公司、信托投资公司等。承销方式是发行股票所普遍采用的推销方式。我国《上市公司证券发行管理办法》规定，公司向社会公众公开发行股票，应由依法设立的证券经营机构承销。

承销方式包括包销和代销两种办法。

(1) 股票发行的包销。它是由发行公司与证券经营机构签订承销协议，全权委托证券承销机构代理股票的发售业务。采用这种办法，一般由证券承销机构买进股份公司公开发行的全部股票，然后将所购股票转销给社会上的投资者。在规定的募股期限内，若实际招募股份数达不到预定发行股份数，剩余部分由证券承销机构全部承销下来。发行公司选择包销办法，可促进股票顺利出售，及时筹足资本，还可免于承担发行风险；不利之处是要将股票以略低的价格出售给承销商，且实际付出的发行费用较高。

(2) 股票发行的代销。它是由证券经营机构代理股票发售业务，若实际募股份数达不到预定发行股份数，承销机构不负承购剩余股份的责任，而是将未出售的股份归还给发行公司，发行风险由发行公司自己承担。

6. 股票发行价格

1) 股票发行价格的意义

股票发行价格是股份公司发行股票时，将股票出售给认购者所采用的价格，也就是投资者认购股票时所支付的价格。股票发行价格对于发行公司和新老股东以及承销机构具有重要意义。它关系到发行公司与投资者之间、新股东与老股东之间以及发行公司与承销机构之间的利益关系。股票发行价格如果太低，可能难以满足发行公司的筹资需求，甚至会损害老股东的利益；股票发行价格如果太高，可能加大投资者的风险，增大承销机构的发行风险和发行难度，抑制投资者的认购热情，因此，发行公司及承销机构需要对有关因素进行综合考虑，合理确定股票的发行价格。

2) 股票的定价原则

《公司法》等法规规定了股票发行定价的原则要求，主要有：同次发行的股票，每股发行价格应当相同；任何单位或个人所认购的股份，每股应当支付相同的价款；股票发行价格可以等于票面金额，也可以超过票面金额，但不得低于票面金额。以超过票面金额的价格发行股票的，须经国务院证券管理部门批准。

3) 股票发行的定价方式

综合国内外股票市场，股票发行的定价方式主要有固定价格方式和累计订单定价方式两种。我国上市公司股票的发行定价方式经历了行政定价向市场化定价演变的过程。由最初的固定价格方式改为固定市盈率和控制市盈率的方式，后来又采用询价方式。询价方式实质上属于累计订单定价方式。询价分为两个阶段：第一阶段为发行公司及其保荐人向专业机构投资者初步询价，征询发行价格区间；第二阶段是发行公司和主承销商在确定的发行价格区间内向机构投资者征询发行价格，最终确定股票发行价格。

7. 股票上市

1) 股票上市的意义

股票上市是指股份有限公司公开发行的股票，符合规定条件，经过申请批准后在证券交易所作为挂牌交易的对象。经批准在证券交易所上市交易的股票，称为上市股票；股票上市的股份有限公司称为上市公司。

股份有限公司申请股票上市，基本目的是增加本公司股票的吸引力，形成稳定的资本来源，能在更大范围内筹措大量资本。股票上市对上市公司而言，主要有如下意义：(1) 提高公司所发行股票的流动性和变现性，便于投资者认购、交易；(2) 促进公司股权的社会化，避免股权过于集中；(3) 提高公司的知名度；(4) 有助于确定公司增发新股的发行价格；(5) 便于确定公司的价值，有利于促进公司实现财富最大化目标，因此，不少公司都积极创造条件，争取股票上市。

但也有人认为，股票上市对公司不利，主要表现在：各种信息公开的要求可能会泄露公司的商业秘密；股市的波动可能歪曲公司的实际情况，损害公司的声誉；可能分散公司的控制权，因此，有些公司即使已符合上市条件，也宁愿放弃上市机会。

2）股票上市的条件

股票上市条件也称股票上市标准，是指对申请上市公司所作的规定或要求。按照国际惯例，股票上市的条件一般有开业时间、资产规模、股本总额、持续盈利能力、股权分散程度、每股市价等。创业板和新三板对于上市条件的要求有一定的特殊性。

3）股票上市的决策

股份公司为实现其上市目标，须在申请上市前对公司状况进行分析，对上市股票的股利决策、股票上市方式和上市时机作出决策。

（1）公司状况分析。申请股票上市的公司，须分析公司及其股东的状况，全面分析权衡股票上市的各种利弊及其影响，确定关键因素。例如，如果公司面临的主要问题是资本不足，现有股东筹资风险过大，则可通过股票上市予以解决。

（2）上市股票的股利决策。股利决策包括股利政策和股利分派方式的选择。股利决策既影响上市股票的吸引力，又影响公司的支付能力，因此，必须做出合理的选择。

（3）股票上市方式的选择。股票上市的方式一般有公开发售、反向收购等。公开发售是股票上市的基本方式，申请上市的公司通常采用这种上市方式，该方式有利于满足公司增加现金资本的需要，有利于原股东转让其所持有的部分股份。反向收购是指申请上市的公司收购已上市的较小公司的股票，然后向被收购的公司股东配售新股，以达到筹资的目的。申请上市的公司需要根据股市行情、投资者和本公司的具体情况进行选择。

（4）股票上市时机的选择。股票上市的最佳时机，是在公司预计来年会取得良好业绩之时。当然还须考虑当时的股市行情如何。

6.5.2　创业板市场

1. 我国创业板市场发展概况

创业板市场，又称二板市场，是在主板市场之外成立的中小企业股票交易市场。创业板市场更多为成立时间较短、规模较小、业绩也不突出，但有很大的成长空间的创业型企业、中小企业和高科技企业。创业板设立的目的主要有：（1）为中小企业和高科技企业提供融资渠道；（2）通过市场机制，有效评价创业资产价值，促进知识与资本的结合，推动知识经济的发展；（3）分散风险投资的风险，促进投资的良性循环，提高投资资源的流动和使用效率；（4）增加创业企业股份的流动性，便于企业实施股权激励计划等，鼓励员工参与企业价值创造；（5）促进企业规范运作，建立现代企业制度，因此，创业板市场最大的特点就是低门槛进入，严要求操作，对于有潜力的创业企业而言是获得融资机会的一种选择。

2009 年 3 月 3 日，证监会正式发布《首次公开发行股票并在创业板上市管理办法》，办法自 5 月 1 日起实施。2009 年 10 月 23 日创业板举行开开板仪式，首批 28 家创业板上市公司于 10 月 30 日集中在深交所挂牌上市，这标志着酝酿十年之久的中国创业板市场于2009 年 10 月 30 日正式开市交易。首批上市的 28 家公司一上市即出现火爆局面，成交首日平均市盈率从 55.7 倍跃升至 111.03 倍。近几年，创业板市场发展更为迅速。这对于创业企业融资渠道的开拓有着重要意义。

2. 创业板上市的条件与流程

创业板上市融资同样可以分为普通股和优先股两种。相对于普通股，优先股在利润分红及剩余财产分配的权利方面比普通股优先。但是由于普通股预期收益一般较高，能够在一定程度上抵消通货膨胀，所以对于创业企业而言发行普通股筹集资金相对更加容易。

根据 2012 年修订的《深圳证交创业板上市规则》的规定，企业必须满足如下条件才能够准许在创业板市场上市：(1) 设立且持续经营三年以上的股份有限制公司。(2) 股票经证监会 10 核准且已公开发行。(3) 公司股本总额不少于 3000 万元。(4) 公司公开发行的股份达到公司股份总数的 25% 以上，公司股本总额超过四亿元的公开发行股份的比例为 10% 以上。(5) 最近三年内无重大违规行为，财务会计报告无虚假记载。

在创业板公开发行股票并上市应该遵循以下程序：(1) 对企业改制并设立股份有限公司。(2) 对企业进行尽职调查与辅导。(3) 制作申请文件并申报。(4) 对申请文件审核。(5) 路演、询价与定价。(6) 发行与上市。

3. 创业板上市的评价

创业板在我国的发展历史较短，但发展较为迅速。与此同时，基于创业板刚刚起步的原因，的确也存在一些令人忧虑的问题。忽视问题的存在，既不利于中国创业板市场未来的健康发展，又不利于创业企业的融资健康。目前，相比较其他国家发达的创业板市场以及国内主板市场，我国的创业板市场主要存在以下问题：

(1) 上市公司质量参差不齐，缺乏带头企业。中国创业板市场刚刚起步，进入市场的都是中国小企业和新兴企业，这些企业往往缺乏很高的知名度以及很高的行业地位。投资者由于缺乏对创业板上市企业的了解和龙头企业的吸引，不会产生很大的投资欲望和投资信心。

(2) 上市审查制度不够完善。创业板上市标准过于注重财务指标，而不够注重非财务指标，如公司治理情况、成长能力、发展潜力等。现行的上市标准对于规模尚小、没有大量盈利但具有成长潜力的中小企业来说门槛过高、限制过多，不利于真正有潜力的公司上市。

(3) 竞价交易制度流动性较弱。中国创业板市场沿用主板市场的竞价交易制度，竞价交易制度虽然有利于保证交易的公平、公开、公正，但是它流动性不高。创业板上市公司资产规模偏小、经营年限较短，市场上流通股份又较少，投资者多为散户，由于竞价交易完全依靠委托报价一对一撮合交易，因此，对于只有买入委托或只有卖出委托的交易无法成交。并且，在该制度下，市场处理大额交易的能力较弱。

(4) 创业板盘面小，容易被操纵，引起过度投机。我国开办的创业板市场又称为小盘股市场，由于盘面很小，极容易被操控。创业板投资者多为散户，由于散户理解和处理信息能力相对较差，绝大部分以做短线、追求买卖差额获利为主，投机成分较大，而过度投机则会影响证券市场的正常运作乃至影响经济的正常发展。

(5) 创业板市场不确定性较大，监管较难实施。我国的创业板刚刚起步，很多监管措施还没有落实到位，违规行为如果得不到有效的监督管理，将会给投资者造成损失，并影响整个创业板的健康发展。

(6) 部分创业板上市公司风险大、盈利能力较弱，没有业绩保障，这使得很多机构投资者不愿进入，这对于创业板发展和创业企业融资十分不利。

(7) 退市制度尚不完善。我国制度规定，创业板上市公司终止上市后，可直接退市，不需像主板一样进入代办股份转让系统。由于代办股份转让系统可以让退市公司的投资者继续交易，因此，创业板上市公司退市后，投资者就没有适当的交易场所进行交易，这样的制度不利于保护投资者的利益。

总体来看，以深圳为主的创业板市场对应着许多新兴的朝阳产业，企业发展潜力很大，将成为中国资本市场新的增长极。创业企业要抓住机会，充分利用其增长潜力与增值空间，促进自身发展。

6.5.3 新三板上市

1. 我国新三板的发展概况

"新三板"市场特指中关村科技园区非上市股份有限公司进入代办股份系统进行转让试点，因为挂牌企业均为高科技企业而不同于原转让系统内的退市企业及原 STAQ、NET 系统挂牌公司，故称"新三板"。新三板市场是专门面向国家级高新区高成长的科技型、创新型非上市股份公司进行股权挂牌转让和定向增资的交易平台。

新三板市场的主要发展历程如下：

2006 年 1 月 16 日，新三板在中国证监会的统一批复下正式成立，仅限于中关村进行试点工作。

2009 年 6 月，中国证券业协会颁布了《证券公司代办股份转让系统中关村科技园区非上市股份有限公司股份报价转让试点办法》(暂行)(简称《新办法》)，进一步完善了代办股份转让系统的功能，奠定了新三板市场的新起点。

2010 年 1 月 13 日，证监会主席尚福林在全国证券期货监管会议上表示：2011 年，新三板需要加快全国性的建设。

2012 年 8 月，国务院批示新三板扩展至上海、武汉、天津等地，标志着新三板市场正在向全国范围的场外交易市场进军。

2013 年 6 月 19 日，国务院确定将全国中小企业股份转让系统试点扩大至全国，标志着新三板扩容至全国有了重要支持。

2014 年 1 月 24 日，首批全国 285 家企业集体挂牌，全国股份转让系统挂牌企业家数达到 621 家，新三板对科技型中小企业的影响及覆盖率已推广至全国，促使企业股份转让体系进入高速、创新的发展阶段。

随着新三板不断的扩容乃至全国，截止到 2014 年 12 月 31 日，挂牌企业的数量达到了 1572 家，2014 年新增挂牌公司 1216 家，占全部挂牌公司总数 77%；总股本 658.35 亿股，总市值 4591.42 亿元。2013 年累计挂牌企业数量 356 家，全年成交额 8.14 亿元；2012 年累计挂牌企业数量为 200 家，全年成交额为 5.84 亿元。

表 6-3　2012～2014 年新三板市场情况

	2014 年	2013 年	2012 年
挂牌规模			
挂牌公司家数	1572	356	200
总股本(亿股)	658.35	97.17	55.27
总市值(亿元)	4591.42	553.06	336.10
股票发行			
发行次数	327	60	24
发行股数(亿股)	26.43	2.92	1.93
融资金额(亿元)	129.99	10.02	8.59
股票转让			
成交金额(亿元)	130.36	8.14	5.84
成交数量(亿股)	22.82	2.02	1.15
成交笔数	92654	989	638
换手率	19.67	4.47	4.47
市盈率	35.27	21.44	20.69
投资者账户数量			
机构投资者(户)	4695	1088	937
个人投资者(户)	43980	7436	4313

资料来源：张市宇《科技型中小企业新三板市场融资策略研究》2015 年

2. 新三板上市的条件与流程

一般而言，在新三板上市的企业必须满足以下要求：(1) 主体资格上市要求：新三板上市公司必须是非上市股份公司。(2) 经营年限要求：存续期必须满两年。(3) 盈利要求：必须具有稳定的、持续经营的能力。(4) 资产要求：无限制。(5) 主营业务要求：主营的业务必须要突出。(6) 成长性及创新能力要求：中关村高新技术企业，即将逐步扩大试点范围到其他国家级高新技术产业开发区内。

而由表 6-4 可知，新三板上市相较于适合于创业企业的主板(中小企业板)市场、创业板市场略有不同，创业企业可以根据自身情况选择。但是，实际上新三板只能为企业的现有股份提供转让平台，不具有股票发行和融资功能，企业最终目的是在主板或创业板上市。

表6-4 新三板、创业板、主板(中小企业板)上市比较

	新三板	创业板	主板(中小企业板)
1. 适用企业	规范运作	创新性、高成长性	产业基础成熟、盈利稳定
2. 发行条件			
(1) 财务指标	无硬性要求,但连续三年亏损将被摘牌	最近2年连续盈利,最近2年累计净利润不少于1000万,且持续增长;或者最近1年盈利,净利润不少于500万,最近一年营业收入不少于5000万元,最近2年营业收入增长率均不低于30%	最近3个月会计年度净利润均为正,且累计超过人民币3000万元,最近一期末不存在未弥补亏损,最近3个会计年度经营活动产生的现金流量净额累计超过人民币5000万元;或者最近3个会计年度营业收入累计超过人民币3亿元
(2) 股本规模	发行前不少于500万	发行前最近期末净资产不少于2000万元,发行后股本总额不少于3000万元	发行前不少于3000万元,发行后股本总额不少于5000万元
(3) 无形资产占比	无专门限制,适用公司法	无专门限制,适用公司法	最近一期末无形资产(扣除土地使用权、水面养殖权和采矿权等后)占净资产的比例不高于20%
(4) 营业记录	最近2年营业记录,关注2年经营规范情况,不考虑连续计算业务	持续经营3年以上;连续考虑2年业绩;最近2年主营业务、实际控制人和管理层不发生重大变化	持续经营3年以上;连续考虑3年业绩;最近3年主营业务、实际控制人和管理层不发生重大变化
(5) 经营规范	规范	严格	严格
(6) 合法合规	最近2年内无重大违法违规	最近3年内无重大违法违规	最近36个月内无重大违法违规
3. 审核			
(1) 行政审批	证券业协会(复核)	证监会	证监会
(2) 审核方式	形式复核(备案)调整过程和方法是否完备	实质性审核	实质性审核
(3) 表决机构	报价券商内审会议	证监会创业板发审委	证监会主板发审委
(4) 审核周期	10个月,检查工作流程	3个月	3个月
4. 融资功能	不具备首次	强	强

资料来源:单磊《中小科技企业挂牌新三板市场的利弊分析》

申请新三板挂牌流程，须与主办券商签订推荐上市流程协议，作为其推荐主办券商向协会进行推荐新三板上市流程。申请新三板上市流程主要包括：

(1) 拟上市的有限公司进行股份制改革，整体变更为股份公司。新三板上市流程申请在新三板挂牌的主体须为非上市股份有限公司，故尚处于有限公司阶段的拟挂牌公司首先需要启动股改程序，由有限公司以股改基准日经审计的净资产值整体折股变更为股份公司。

(2) 主办券商对拟上市股份公司进行尽职调查，编制推荐挂牌备案文件，并承担推荐责任。主办券商推荐非上市公司股份挂牌新三板时，应勤勉尽责地进行尽职调查，认真编制推荐挂牌备案文件，并承担推荐责任。主办券商进行尽职调查时，应针对每家拟推荐的股份公司设立专门项目小组。项目小组应与会计师事务所、律师事务所等中介机构协调配合，完成相应的审计和法律调查工作后，根据《主办券商尽职调查工作指引》，对拟新三板上市公司历史上存在的诸如出资瑕疵、关联交易、同业竞争等重大问题提出解决方案，制作备案文件等申报材料。

(3) 主办券商应设立内核机构，负责备案文件的审核。主办券商不仅应设立专门的项目小组，负责尽职调查，还应设立内核机构，负责备案文件的审核，发表审核意见。主办券商根据内核意见，决定是否向协会推荐该公司新三板上市。决定推荐的，应出具推荐报告(包括尽职调查情况、内核意见、推荐意见和提醒投资者注意事项等内容)，并向协会报送备案文件。

(4) 通过内核后，主办券商将备案文件上报至中国证券业协会审核。中国证券业协会负责审查主办券商报送的备案文件并做出是否备案的决定。证券业协会决定受理的，向其出具受理通知书并对备案文件进行审查，若有异议，则可以向主办券商提出书面或口头的反馈意见，由主办券商答复；若无异议，则向主办券商出具备案确认函。

3. 新三板上市的评价

针对一些创业企业的发展和融资现状，新三板是最有利于企业迅速发展的市场，科技型创业企业在新三板上市的主要优点如下：

(1) 提升企业知名度和信誉度。新三板市场的信息公示机制和主办报价券商及证券业协会的第三方监管制度，有利于扩大企业知名度、提升企业形象、增强潜在客户对企业的了解和信任，降低信息沟通成本，是一种有效和便捷的方式。

(2) 吸引风险投资和银行贷款。企业在新三板上市后，符合其条件的风险资本可以用转让或股权的方式退资，便捷的退资渠道增加了风险资本进入新三板市场上挂牌企业的可能。另外，企业在新三板市场上市时，会计审核单位对其审核极为严格，其披露的是真实、完全、准确的企业信息，全面接受社会的监督。透明、公正的财务使得企业能够顺利地申请银行的信贷资金。

(3) 增强股权激励的吸引力。企业在新三板市场挂牌后，能够极大地提高企业股票的流动性和价格预期，股权激励对优秀人才将具有更大的吸引力。

(4) 使企业可以通过定向增发实现资金融通。企业挂牌新三板市场后，由于股票具有了较好的流动性和定价机制，将会吸引一些风险投资及私募基金的关注，大大增加了该企业定向增发的价格空间。在新三板市场挂牌，可降低信息沟通成本。这样一来，可以吸引更多资金。

(5) 加强企业规范化经营，为后期资本运营奠定基础。创业企业挂牌新三板市场后，需要按照上市公司的基本要求进行持续信息披露，有利于企业不断完善治理结构，提升规范运作水平，为企业后期转入创业板、中小企业板市场打下坚实的基础。

尽管如此，从另一个角度看，在新三板上市对于创业企业而言，也存在如下一些弊端，企业需要自行权衡，做出选择。

(1) 信息公开增加了企业经营管理的压力，对债权人、客户和代理商产生心理影响。企业挂牌新三板后作为准公众公司，一些公司信息必须按规定进行公开披露，而且这些信息今后将直接影响到该企业股票在创业板或中小企业板的发行和上市，这必将给企业的经营管理带来压力。随着信息公开，一些公司状况也会如实地暴露给企业的债权人、客户和代理商，不佳的财务状况可能会影响到这些利益相关者对企业及企业产品的信心，从而影响到该企业的融资和产品销售。

(2) 股票交易造成股东人数的增加和不确定性，为以后企业创业板或主板上市增加不确定性。新三板购买股票的股东资料有可能难以查找，无法取得联系，为企业日后首次公开募股(IPO)增加困难。

(3) 增加企业费用支出。企业新三板市场挂牌工作，预计需付给主办券商和中介机构一定的经办费用。在新三板市场挂牌后，每年还需要向深圳证券交易所和主办券商缴纳一定的费用，这无疑会给本来就缺少资金的中小科技企业增加资金支出的压力。

(4) 降低企业在创业板或主板上市 IPO 时的灵活性。企业在新三板市场挂牌后，财务报告、经营状况等都要进行公开披露，这些公开出去的信息是无法更改的，这就减少了企业今后在创业板或中小企业板 IPO 时的灵活性。

(5) 造成人才流失。挂牌新三板市场给企业股票的持有者提供了转让渠道，而企业的管理和技术核心人才往往在科技型创业企业持有股份，在新三板市场卖出股票后，企业对这些核心人才的吸引力将降低。

对于科技型创业企业而言在新三板市场挂牌往往能够获得更多的社会资源，吸引更多投资者。企业如果想要利用好这一融资渠道，应当善用以下策略：

(1) 提高内部治理水平，做好企业发展。内部管理要从运营、资本等方面进行改善，注重公司管理模式的科学性，完善企业的组织结构，通过财务管理部门和高新技术业务部门深度融合，提高企业绩效管理水平，制定详尽预算规划、税收规划、财务规划等环节，同时提升企业形象，保持管理者责权明晰，通过此类管理方式降低企业经营风险，使科技型创业企业保持良好的状态。

(2) 提升企业估值，寻求融资机会。要加快企业科技成果转化的能力，使得企业的创新产品拥有市场价值。一方面高新技术产品要加强知识产权保护，积极寻求专业机构进行价值评估，在一定条件下将创新产品转化为企业经营资本，提升外部机构对企业的估值水平。另一方面，企业挂牌新三板必须依照挂牌的统一标准和规定进行规范化改革，同时会得到主办券商的指导使得企业内部制度更加完善，借助挂牌机会提高企业价值，让更多投资者看到企业的实力和发展潜力，从而吸引更多投资者投入资金。

(3) 上市后定期披露，增强投资者关注力度。企业应该及时地对企业经营过程中出现的重大事项和重大变动进行信息披露，按规定对企业的招股说明书、年报、季报、临时报告进行披露，确定初次披露、持续披露相关制度，建立统一的信息披露渠道，明确挂牌企业信息披露的责任与违规处罚。要求企业诚信经营，切实履行公司章程承诺的义务，及时、准确地进行信息披露，从而有效地防止"内部人控制"现象的发生，有利于提高公司经营管理效率。

6.6　权益性融资新方式

6.6.1　项目融资

1. 项目融资概述

为建设一个新项目或收购一个现有项目，抑或对现有项目进行债务重组所进行的一切融资活动均可以被称为项目融资。项目融资不需要投资者资产或者信用作为抵押或者担保，也不需要其他部门对此作出任何承诺。贷款的发放对象是专门为项目融资和经营而成立的项目公司。

项目融资一般包括以下两个基本内容：其一，项目融资是以项目为主体安排的融资，项目的导向决定了项目融资最基本方法。其二，项目融资中的贷款偿还来源仅限于融资项目本身，即项目能否获得贷款完全取决于项目未来可用偿还贷款的净现金流量或项目本身的资产价值。与传统融资相比，项目融资最大的特点就在于，不是依靠投资者或发起人的资信，而是依赖项目的资产和现金流量，通过项目的未来盈利预期进行融资。

项目融资最常见的两种形式为无追索权和有限追索权。

(1) 无追索权的项目融资又被称为纯粹的项目融资，在这种融资方式下，贷款的还本付息完全依靠项目的经营效益。同时，贷款银行为保障自身利益，必须从该项目拥有的资产取得物权担保。如果该项目由于种种原因未能建成或经营失败，其资产或收益不足以清偿全部的贷款时，贷款银行无权向项目的主办人追索。

(2) 有限追索权的项目融资，除了以贷款项目的经营收益作为还款来源和取得物权担保外，贷款银行还要求有项目实体以外的第三方提供担保。贷款银行有权向第三方担保人追索，但担保人承担债务的责任，以他们各自提供的担保金额为限，因此，这种有限的追索方式成为有限追索的项目融资。总之，其有限性主要表现在有限性的金额、有限性的时间、有限性的对象上。

2. 项目融资评价

对于项目资金的需求者而言，项目投资的主要好处在于以下几点：

1) 获得大额资金贷款

项目融资一般更常用于大型的基础建设项目。一般而言，项目融资可以把项目同项目发起人分离开，银行可以根据项目的收益状况判断与决定是否给予贷款。如果银行认为项目前景好，就可能通过各种合同、协议对项目各方进行限制，确保在合同期限内收回贷款本息，在实现自己的利益的同时，对项目提供贷款。

2) 表外融资会计处理

项目发起人如果直接从银行贷款完成项目，则借入的资金会成为资产负债表上的负债。采用项目融资方式融资时，由于这时的银行贷款通常没有追索权，或者即使有有限的追索权也是通过合同安排加在项目公司身上的，不会影响项目发起人本身的资产负债表。

3) 分散融资风险

由于项目融资的贷款一般没有追索权或者仅有有限的追索权，所以项目发起人虽是项目的权益所有者，但仅承担项目风险的一小部分。这种风险分配方式对于向创业企业这种规模较小的借款方或项目发起方而言至关重要，没有追索权可保护他们不会因项目失败而破产。

4) 不受项目资产规模限制

项目融资的一个重要特征就是贷款方在决定是否贷款时通常不会把项目发起人现在的信用能力作为重要因素来考虑。如果项目本身收益好，即使项目发起人现在资金很少，收益情况不理想，项目融资也可以成功。反之，即使项目投资人现有规模再大，资产再多，项目融资也不一定会成功。

与此同时，项目融资的缺点也很明显，这些缺点往往是为了利用优点而必须付出的代价。

1) 融资成本较高

融资成本高一方面表现在资金成本上。由于项目融资中贷款银行承担了较大风险，因此希望得到的收益也高，这样一来，其要求的贷款利率比普通贷款高，并且项目融资要求繁多的担保与抵押，会产生较高的手续费用。另一方面则是时间成本的消耗。贷款方在评估项目、推敲文件、设计担保方案时需要花费较多时间和费用。这使得项目融资成本较高。

2) 耗时长，风险大

项目融资从项目开始一直到结束需要较长的时间周期，而在这期间，投资者会面临较大的融资风险，这无形中阻碍了一部分投资者的进入和选择。

3. 常见的项目融资模式

BOT 项目融资指政府与私营财团的项目公司签订特许权协议，由项目公司筹集资金和建设公共基础设施，又称"公共工程特许权"。BOT 即建设——经营——转让。其最大的特点就是将基础设施的经营权有期限的抵押以获得项目融资，或者说是基础设施国有项目民营化。在这种模式下，首先由项目发起人通过投标从委托人手中获取对某个项目的特许权，随后组成项目公司并负责进行项目的融资，组织项目的建设，管理项目的运营，在特许期内通过对项目的开发运营以及政府给予的其他优惠来回收资金以还贷，并取得合理的利润。特许期结束后，应将项目无偿地移交给政府。在 BOT 模式下，投资者一般要求政府保证其最低收益率，一旦在特许期内无法达到该标准，政府应给予特别补偿。

20 世纪 90 年代后，一种崭新的融资模式——"公共部门-私人企业合作"(Public-Private Partnership)，简称 PPP 模式，在欧洲国家兴起。在公共基础设施领域，尤其是在大型、一次性的项目，如公路、铁路、地铁等的建设中扮演着重要角色。PPP 模式是一种优化的项目融资与实施模式，以各参与方的"双赢"或"多赢"作为合作的基本理念。其典型的结构为：政府或投资方通过采购的形式，与中标单位组建的特殊目的公司签订特许合同(特殊目的公司一般是由中标的建筑公司、服务经营公司或对项目进行投资的第三方组成的股份有限公司)，由特殊目的公司负责筹资、建设及经营。政府或投资方通常与提供贷款的金融机构达成一个直接协议，这个协议不是对项目进行担保的协议，而是一个向借贷机构承诺将按与特殊目的公司签订的合同支付有关费用的协议，这个协议使特殊目的公司能比较顺利地获得金融机构的贷款。

采用这种融资形式的实质是：政府或投资方通过给予私营公司长期的特许经营权和收益权来加快基础设施建设及有效运营。作为一种新型的权益性融资模式，PPP 融资模式可以使更多的民营资本参与到项目中，以提高效率，降低风险。另外，还可以通过税收等措施确保民营资本有利可图。

6.6.2　私募股权融资

1. 私募股权融资概述

资本市场融资模式可以分为四种：公开发行债券融资、公开发行股票融资、私募债券融资和私募股权融资。就私募融资的两种方式而言，私募债券融资市场是私募市场的传统形式，从融资数量上看，私募债券融资也一直占据主要地位。而私募股权融资由于其独特优势在近二十年取得了飞速发展，越来越成为新兴企业、未上市的中小企业、陷入财务困境的企业以及寻求并购资金支持上市公司的重要资金来源。

私募股权融资(Private Equity，PE)是指未上市企业向特定投资者以出售股权的方式进行的融资活动。私募股权有广义和狭义之分。广义的私募股权融资涵盖了企业首次公开发行前各阶段的权益类融资，即处于种子期、起步期、成长期、扩展期、成熟期等各个时期企业所进行的股权融资，包括风险投资(Venture Capital，VC)、杠杆收购(Leveraged Buyout，LBO)和上市前融资(Pre IPO)。狭义的私募股权融资主要指已经形成一定规模的，并产生稳定现金流的成熟企业在 IPO 前几年进行的股权融资，一旦企业成功上市，渡过特定锁定期后，投资者就可以通过在二级市场上出售股票获得回报。在中国，私募股权融资更多倾向于后者。

私募股权融资具有以下特点：(1) 资金以非公开方式面向少数机构投资者或个人募集，不涉及公开市场操作。(2) 偏向于已形成一定规模和稳定现金流的非上市企业。(3) 投资期限长，流动性差。(4) 投资退出渠道多样化，如 IPO、售出、兼并收购等。

私募股权大多以基金形式运作，通过非公开方式面向少数机构投资者或个人募集资金，由基金经理人决定基金的投向。一般来看，私募股权融资一般需要三类主体参与：

(1) 融资者。融资者既包括处于创业期，具有高成长性的中小企业，又包括中等规模，具有稳定现金流的成熟企业。

(2) 投资者。私募股权市场的投资者分为 3 类：机构投资者、富裕阶层和大公司。除此之外还包括一部分保险公司、投资银行和非金融机构。

(3) 中介机构。中介机构是私募股权的投资运作机构，私募股权市场上的中介机构一般采取有限合伙制的组织形式。私募股权投资基金的投资人作为有限合伙人，以自己的投资额承担公司的债务和亏损，但不参与公司的日常管理和投资决策。

2．私募股权融资在我国的发展现状

随着市场化进程的不断加快，中国已经发展成为亚洲最为活跃的私募股权投资市场，以下为我国私募股权的发展过程：

1986 年，本土私募股权投资诞生。我国 PE 融资市场的发展最初是以政府为导向的，国家科委和财政部联合几家股东于 1986 年共同投资设立了中国创业风险投资公司，成为我国大陆第一家专营风险投资的股份制公司，创立之初的目的是扶植各地高科技企业的发展。

1992 年，外资风险投资机构进入中国探路。1992 年，美国国际数据集团投资成立第一家外资风险投资公司——美国太平洋风险投资公司。当时多数外资机构因为当时中国的经济环境没有展开投资。

1995 年，互联网投资机会涌现。1995 年我国通过设立境外中国产业投资基金管理办法，鼓励中国境内非银行金融机构、非金融机构以及中资控股的境外机构在境外设立基金，投资于中国境内产业项目。随着中国 IT 业和互联网的快速发展，大批外资风险投资机构进入中国投资，并通过新浪、搜狐、网易、亚信等在美国的成功上市获取丰厚回报。

2000 年前后互联网泡沫破裂，大批投资机构亏损，撤出中国。

2004 年深圳中小板推出，PE 机构看到希望。

2006 年《新合伙企业法》通过。《新合伙企业法》的颁布实施使得国际 PE 基金普遍采用的有限合伙组织形式得以实现，大力推动了 PE 行业的发展。同年同洲电子上市，是本土 PE 机构投资成功的首个案例，标志着本土投资机构的崛起。

2009 年深圳创业板推出。企业上市门槛降低和高新股发行市盈率为股权投资提供了绝佳的退出平台，一批投资机构借助创业板平台获取高额回报。4 万亿刺激政策使得 LP 手中的可投资金充足，大批 PE 机构成立，行业呈井喷式增长。

2011 年下半年开始，通胀压力和持续紧缩的货币政策使得资金募集出现困难，退出渠道受阻，PE 行业进入调整期。

2013 年 A 股 IPO 暂停。A 股 IPO 暂停一年，上市退出渠道严重受阻，并购成为退出首要方式。VC/PE 行业洗牌，PE 机构开始重视专业化投资和投后管理工作，逐渐回归投资实业本质。

2013 年底，新三板扩大至全国，部分 PE 机构已经将其作为重要项目源平台和退出通道。

2014 年，A 股 IPO 开放，PE 机构上市退出通道打开，多家机构通过企业 IPO 退出。新一轮国资国企改革提出，积极发展混合所有制经济，引入股权投资基金参与国有企业改制上市、重组整合、国际并购。这极大地激发了私募股权基金的热情，诸多 PE 专门成立了工作小组，以对接国资国企改革的机会。

2008～2013 年，中国 VC/PE 市场共有 2069 支基金完成募资，募资完成规模达 1933.1 亿美元；中国 VC 市场投资规模总计 327.41 亿美元，投资案例数量 4474 个，投资行业主要是互联网、电信及增值业务、IT 行业；中国 PE 市场投资规模总计 1313.62 亿美元，投资案例数量 2027 个，投资行业集中在制造业、IT、互联网、房地产、医疗健康、文化传媒等行业。

实际上,虽然我国的风险投资基金发展较为迅速,但它们仅针对于满足风险融资需求,更广泛意义上的股权私募融资机构总体上发展比较滞后。另外,相对于海外的私募股权基金,中资和中外合资的私募股权基金数量较少、规模较小。

3．创业企业私募股权融资风险防范措施

现阶段,我国的私募股权融资发展并不成熟。无论是市场格局、竞争机制还是其他一系列相关政策法规都亟待完善,这意味着创业企业进行私募股权融资存在着极大的风险,因此,创业企业需要采取有效措施才能够有效地规避和控制风险。具体举措如下:

1) 审时度势,合理预测融资风险

目前上市场上一些私募股权基金不关注企业长远发展,将企业炒作上市后立即套现退出,这对于创业企业发展极为不利,因此,企业在考虑收益的同时,还要合理预测可能发生的风险、可能造成的损失及自身风险承受能力。

2) 谨慎判断,确定合理的融资规模

融资过多可能造成资金闲置,增加融资成本,加大企业财务风险;融资不足又会影响企业投资计划和正常经营活动的开展,因此,企业应综合考虑自身条件以及融资成本等因素,确定合理的融资规模。

3) 对企业自身价值进行合理评估

由于私募股权流动性较差,企业家不能像证券市场上市企业那样与上市的同类型企业作为对照进行股权作价。企业需要对自身价值进行合理评估。

4) 适当保持企业控制权

私募股权融资改变了企业股权结构,可能导致公司控制权的丧失,损害原有股东利益。

5) 寻求专业机构的帮助

创业企业应聘请专业的顾问公司或投资银行担任融资顾问,为企业融资决策提供专业建议。由专业机构为企业作全面的诊断分析,根据发展规划和盈利预测,制定合理的企业估价和融资金额及资金预算,可以减少融资成本,提高融资效率,有效降低私募股权融资风险。

6.6.3　孵化器

1．孵化器融资概述

企业孵化器(Business Incubator/Innovation Center)是一种新型的社会经济组织,它通过提供低成本的研发、生产、经营的用地,通信、网络与办公等方面的共享设施,系统的培训和咨询,政策、融资、法律和市场推广诸方面的支持系统,使创业企业的创业风险和创业成本得以降低,创业企业的成活率和成功率得以提高,创业者得以成长、成熟,表现为虚拟的、物理的、适于创业中小企业聚集的、含有生存与成长所需的共享服务的系统空间。

企业孵化器在一个国家科技产业化方面发挥着重要作用。无论是发达国家还是发展中国家,企业孵化器的发展与这个国家科技发展水平和科技创新进程都息息相关。

科技企业孵化器作为国家创新体系的重要组成部分，得到了各级政府和高新区管委会的重视。近年来科技企业孵化器不但在数量上不断增加，而且在产出方面也取得了突破，培育了大批具有发展潜力的高新技术企业与众多的企业家和管理人才，为社会创造了大量的就业机会。

一个成功的孵化器离不开六大要素：共享空间、共享服务、孵化企业、孵化器管理人员、风险资金和扶植企业的优惠政策。企业孵化器为创业者提供良好的创业环境和条件，帮助创业者把发明和成果尽快形成商品进入市场，提供综合服务，帮助新兴的中小企业迅速长大形成规模，为社会培养成功的企业和企业家。

企业孵化器在 20 世纪 50 年代发源于美国，是伴随着新技术产业革命的兴起而发展起来的。企业孵化器在推动高新技术产业的发展、孵化和培育中小科技型企业，以及振兴区域经济，培养新的经济增长点等方面发挥了巨大作用，引起了世界各地政府的高度重视。企业孵化器在世界范围内已获得了迅猛的发展。目前世界范围内的孵化器有 3000 多家，美国大概有 600 多个，中国现在有 500 多个，德国有 200 多个。许多发展中国家和经济转轨国家也采取相应措施，大力兴建企业孵化器。

2. 中国孵化器概况

中国孵化器的建设开始于 1987 年。1987 年 6 月，中国第一家创业中心——武汉东湖创业服务中心成立。经过近 20 年的发展，在全国各地形成了各种不同类型的企业孵化器，出现了如综合技术创业中心、专业技术创业中心、大学科技园、海外留学人员创业园、国际企业孵化器、行业孵化器、企业孵化网络、投资机构孵化器等多种孵化器形式。

以下列出了中国科技孵化企业的发展记事录，从中可以看出中国科技企业孵化器发展的大致脉络。

1987 年，中国科技促进发展研究中心开展了在全国建立企业孵化器——高新技术创业服务中心的可行性课题研究。

1987 年 6 月，中国第一家企业孵化器——武汉东湖创业服务中心宣告成立。

1989～1990 年，全国陆续成立了近 30 家企业孵化器。

1991 年，全国有近 40 家企业孵化器、300 多家企业和 1000 多项高新技术成果在企业孵化器接受孵化。

1994 年，全国企业孵化器已发展到 73 家，成立了中国高新技术产业开发区协会创业服务中心专业委员会。

1996 年 1 月，国家科委颁布了《国家高新技术创业服务中心认定办法》，规定企业孵化器分为国家和地方两个管理层次。

2000 年 4 月 18～19 日，在上海召开了"世界企业孵化与技术创新大会"。这是中国首次召开世界范围的企业孵化器会议。

2003 年 10 月 13 日，中国科技企业孵化器发展论坛在深圳市"第五届中国国际高新技术成果交易会"召开期间举行。

2005 年 10 月 18～19 日，APEC 国际论坛在西安召开，中外专家、学者以及行业人士围绕"经济全球化与企业孵化器"主题，进行了充分讨论。

2006 年 10 月～12 月，科技部制定颁布了《中国科技企业孵化器"十一五"发展规划纲要》(国科发火字[2006]422 号)、《科技企业孵化器(高新技术创业服务中心)认定和管理办法》(国科发高字[2006]498 号)。

2008 年 10 月，由北京、上海、天津、重庆、深圳、武汉、南京等地 44 家留学人员创业园发起的中国留学人员创业园联盟成立。

2011 年 5 月，首次对全国国家级科技企业孵化器开展复核工作。346 家国家级孵化器全部参加，319 家通过复核。

2012 年 4 月，《国务院关于进一步支持小型微型企业健康发展的意见》(国发[2012]14 号)文件中明确提出"积极发展各类科技孵化器，到 2015 年，在孵企业规模达到 10 万家以上。规划建设小企业创业基地、科技孵化器、商贸企业集聚区等，地方各级政府要优先安排用地计划指标"。科技部火炬中心在全国范围内开展孵化器从业人员培训工作，首批认定 15 家孵化器从业人员培训机构，正式开始建立全国科技企业孵化器从业人员培训体系。

2012 年 7 月，经科学技术部、教育部、财政部和中华全国工商业联合会的共同指导，共青团中央、致公党中央和国家外国专家局的大力支持，科技部火炬高技术产业开发中心、科技部科技型中小企业技术创新基金管理中心、科技日报社和陕西省现代科技创业基金会具体承办的"2012(首届)中国创新创业大赛"正式启动。

2015 年 3 月，国务院办公厅印发《关于发展众创空间推进大众创新创业的指导意见》(国办发〔2015〕9 号)。 2015 年 6 月，国务院发布《关于大力推进大众创业万众创新若干政策措施的意见》(国发〔2015〕32 号)。12 月，科技部公布首批 136 家纳入国家级科技企业孵化器管理服务体系的众创空间名单。

3. 孵化器融资创新——"零户统管"财金制度

在高科技孵化园区，由于高科技中小企业聚集，因此推广"零户统管"财金制度有利于高科技孵化企业的信用提升和规范制度的建立，进而提高信息效率和融资效率。"零户统管"是指区内孵化企业自愿参加区内中小高新技术企业服务中心(担保机构)，在保持资金使用权和财务自主权不变的前提下，企业不设银行账户会计，由服务中心统一管理银行账户会计人员、资金结算和会计核算工作，是集会计服务、监督管理和信用担保于一体的一种新型会计管理体制。这种制度能有效地规范高科技中小企业财务运作，提高会员孵化企业的整体信用，壮大其资金实力。

这种"集散成多，统一账户管理"的新型会计制度有助于减少企业融资的信息不对称，可以使担保机构为孵化企业提供更多的信贷担保服务。同时，企业融资信息不对称的减少，整体信用的提升，也为其他金融机构、天使资金的进入创造了条件。"零户统管"的会计机构也可设立在高新技术开发区的创业中心，把区(园)内小企业的单薄力量凝聚在一起，形成一个强大的高新技术企业群体，有利于园区的管理。

6.6.4　众筹

1. 众筹概况

众筹属于众包的一种类型。企业选择将企业价值链上的一些环节依托互联网外包给众多消费者完成的行为被称为"众包"。众包的实质是消费者参与到企业价值创造和创新过程中，这被营销学者称为顾客创新。相应地，众筹就是让消费者参与到企业投融资环节中，成为企业的投资者。需要融资的企业一般选择商业银行、证券公司等金融中介获得债务性融资或者通过公开发行股票获得股权性融资。企业通过众筹融资时不再完全依靠金融中介，而是依靠网络平台及大众投资者来完成。企业通过众筹平台，实现了企业全部或部分融资环节对大众的外包。

众筹包括四种基本类型，即：捐赠、奖励或预售、股权众筹、贷款或债务众筹。

1) 捐赠

捐赠指众筹的过程中形成了没有任何实质奖励的捐赠合约。基于捐赠的众筹捐赠者的主要动机是社会性的，并希望长期保持这种捐赠关系。通常，基于捐赠的众筹所涉及的项目主要是金额相对较小的募集，包括教育、社团、宗教、健康、环境、社会等方面。

2) 奖励或预售

奖励指项目发起人在筹集款项时，投资人可能获得非金融性奖励作为回报。这种奖励仅是一种象征，也可能是由某投资人来提供。如，VIP 资格、印有标志的 T 恤等。通常这种奖励并不是增值的象征，也不是必须履行的责任，更不是对商品的销售。通常应用于创新项目的产品融资，尤其是对电影、音乐以及技术产品的融资。预售则是指销售者通过在线发布新产品或服务信息，对该产品或服务有兴趣的投资者可以事先订购或支付，从而完成众筹融资。该模式在一定程度上可以替代传统的市场调研和进行有效的市场需求分析。同时，投资者参与事前销售的动机除了希望产品或服务被生产出来外，在产品真实销售时获得折扣也是其原因之一。

3) 贷款(或债务)众筹

与向银行借款不同，贷款众筹主要是指企业(或个人)通过众筹平台向若干出资者借款。这一过程中，平台的作用是多样的。一些平台起到中间人的作用；一些平台还担当还款的责任。同时，企业(或个人)融资可能是为自身发展，也可能是为某社会公益项目进行无利息的借贷融资，因此，基于贷款的众筹平台可能为出资者提供利息，也可能不提供利息。

4) 股权众筹融资

股权众筹融资是指众筹平台通过向出资者提供证券来为项目所有人筹集大量资金。通常，股权众筹融资常用于初创企业或中小企业的开始阶段，尤其在软件、网络公司、计算机和通讯、消费产品、媒体等企业中应用比较广泛。

除了上述基本类型外，众筹融资在运作过程中还衍生出一些其他模式。如收益共享、实物融资、混合模式等。其中，收益共享是指出资者通过对公司未来收入共享或专利融资来作为回报方式；实物融资是指出资者以产品或服务替代现金为融资者进行融资。

2. 众筹在我国的发展

众筹融资在中国才刚刚起步。从融资形式来看，目前国内只有捐赠模式和借贷模式，尚无严格意义上的股权模式。

捐赠模式的众筹平台目前有十几家，总募资规模超过 1000 万元，其中规模最大的是"点名时间"，成立于 2011 年 7 月，旨在为创意项目提供融资平台。几乎所有的此类平台都只支持以项目名义集资，不对创业公司开放。项目类别仅限于设计、科技、音乐、影视、食品、漫画、出版、游戏、摄影等范畴，不接受慈善项目。投资者的收益也仅限于实物产品。在支持者保护方面，国内部分众筹平台(如众筹网)把支付分成两个阶段，对筹资成功的项目先付一部分资金给发起者启动项目，项目完成后，确定支持者都已经收到回报，网站再把剩下的钱交给发起者。

借贷模式的众筹即网贷方面，2007年8月诞生了首家小额无担保P2P网贷平台——"拍拍贷"。2009年后成立了一批P2P网贷平台，比较知名的有红岭创投、人人贷等。据不完全统计，截止2012年底，全国活跃的网贷平台已超过300家，全行业成交量达200亿元。网贷平台除了给投资者和融资者提供交易渠道，还对投资者承诺保障本金，部分平台甚至承诺保障利息。

中国的股权众筹在2014年也以燎原之势蔓延，共涌现了以京东股权众筹、网信金融旗下的原始会、天使街、天使汇、人人投、众筹邦等为代表的几十家股权众筹平台。天使汇是一个为创业者和天使投资人之间架起交流平台的社交网络门户。天使汇通过为创业者和投资人建立各自的页面，使得双方可以在线上交流、相互了解。天使汇也在线下举办见面会和通过合作伙伴推荐项目的方式帮助创业者和投资人达成融资意向。天使汇还算不上一家真正意义上的众筹平台，因为它对投资者有一定的要求，必须达到可用资金不低于300万人民币的准入门槛。如此高的准入门槛，注定普通大众不可能参与其中。而实际上，参与投融资的群体也确实没有本质变化，多半是原来就知名的机构投资者和天使投资人，只是将投资人发现项目、创业者寻求资金的过程搬到网上。

此外，2012年6月新上线的大家投网站也在探索股权众筹的其他模式。大家投是一个对接天使投资与创业项目私募股权的投融资平台，其运作模式是：由创业公司在平台上发布项目，当吸引到足够数量的小额投资人，并凑满融资额度后，投资人就按照各自出资比例成立有限合伙企业，再以该有限合伙企业法人身份入股被投项目公司，持有项目公司出让的股份。在此过程中，大家投为投融资双方提供的是订立投资合同的中介服务，通过向投资人提供目标公司的增资扩股、股权转让等商业信息，促成投资人与目标公司股东签订增资扩股协议、股权转让协议或其他协议。

红岭创投、天使汇和大家投的业务模式尽管与国外的股权众筹有着显著不同，但在当前我国的法律环境和市场环境下更具操作性，不失为众筹模式在我国资本市场应用的有益尝试。在发展方向上，股权众筹平台未来可能会直接涉足创业投资，投资于本平台的优秀项目，甚至转型为孵化器。

3. 我国股权众筹的政策动向

近年来，随着国家支持创新创业的力度不断加大，国家对于股权众筹这一互联网背景下日益重要的融资方式也更加重视，尤其2015年到2016年期间政府更是从国家层面支持众筹事业的发展，由此我们也可以解读出我国众筹未来的发展趋势。

2015年3月26日，经李克强总理签批，国务院印发了《关于加快构建大众创业万众创新支持平台的指导意见》，意见指出，要稳步推进股权众筹，充分发挥股权众筹作为传统股权融资方式有益补充的作用，增强金融服务小微企业和创业创新者的能力。稳步推进股权众筹试点，鼓励小微企业和创业者通过股权众筹融资方式筹集早期资本。

2015年7月18日，由央行会同有关部委牵头、起草、制定了互联网行业"基本法"

——《关于促进互联网金融健康发展的指导意见》。《指导意见》就创业企业进行股权众筹融资给出了更为具体的规定：股权众筹融资主要指通过互联网形式进行公开小额股权融资的活动。股权众筹融资必须通过股权众筹融资中介机构平台(互联网网站或其他类似的电子媒介)进行。股权融资筹资方应为小微企业，应通过股权众筹融资中介机构向投资人如实披露企业的商业模式、经营管理、财务、资金使用等关键信息，不得诱导或欺诈投资者。

2015 年 8 月 7 日，证监会官方网站发布专项检查通知，明确指出"未经国务院证券监督管理机构批准，任何单位和个人不得开展股权众筹融资活动"。

2016 年 3 月 5 日，李克强总理在第十二届全国人大四次会议的《政府工作报告》中，再度强调大力支持众筹发展。此前，国务院多次表态支持众筹。我国政府不断努力对众筹的政策支持与规范。

 讨论与思考题

1. 常见的权益性融资方式有哪些？各有什么特点？
2. 吸引风险投资的程序是什么？
3. 商业计划书应如何编写？
4. 简述新三板上市、创业板上市和主板上市的区别。
5. 创业者应如何选择不同的权益性融资方式？

 案例分析

资本寒冬背景下，共享单车一冒头就火起来了。ofo 小黄车在一年半的时间，共拿下 6 轮共计 10 亿多人民币的融资，其投资方囊括半个 TMT 投资圈，背景都不错。

创业者戴威，2016 年 7 月刚从北大光华管理学院研究生毕业。他创办的 ofo 是一个通过"智能硬件+共享"的方式解决 500 米到 5 公里短途出行难题的项目。

2015 年 3 月，获唯猎资本，数百万人民币天使轮;

2015 年 12 月，获东方弘道和唯猎资本，900 万人民币 Pre-A 轮;

2016 年 2 月，获金沙江创投和东方弘道，1500 万人民币 A 轮;

2016 年 8 月，获真格基金、天使投资人王刚，1000 万人民币 A+轮;

2016 年 9 月，获经纬中国、金沙江创投、唯猎资本，数千万美元 B 轮;

2016 年 10 月，完成 1.3 亿美元 C 轮融资。包括滴滴出行数千万美元 C1 轮战略投资，以及 Coatue、小米、顺为资本、中信产业基金领投，元璟资本、Yuri Milner 以及滴滴、经纬中国、金沙江创投等跟投的 C2 轮融资。

在这之前，戴威率领的 ofo 先经历过一次惨痛的失败。戴威很早便与自行车结缘：2009年，戴威考入北大，入学后他加入的第一个社团就是自行车协会，当时他们骑车去过很多地方。2013 年本科毕业后，戴威选择了去青海支教，他们支教的地方在青海大通回族土族自治县的一个镇上，他在镇上的中学当高一年级的数学老师。那里非常偏僻，冬天最低零下 25 度，没有暖气，一天的伙食费只有 3 块钱，所以每天基本上就是拿着土豆蘸盐吃。此外，由于水资源紧缺，洗澡都是问题。为了改善伙食和洗澡，戴威和其他几个支教的同学就买了自行车，每到周末就骑车去城里。乡镇距西宁市区约 57 公里，他们要骑 3 个小时。在这样的境遇下，戴威深刻感受到"自行车真是个伟大的交通工具"。

2014 年从青海支教回来，当时国内的创业创新风潮已经开始涌动，资本开始活跃起来，戴威也开始想能做些什么。在一次吃饭时，他得知师弟正在北大校友肖常兴的唯猎资本实习，而这位师弟告诉他唯猎资本刚募资到 1.5 亿美金，想找一些年轻人做早期投资。戴威与室友薛鼎等人想把在青海骑自行车旅行的经历做成一个旅游产品，组织年轻人去青海、台湾这样的地方去骑行旅游。在师弟的引荐下他们去见了肖常兴师兄，肖常兴就凭"支教"这一点打算投资他们 100 万元。戴威决定接受这 100 万元开始创业，创办 ofo 骑游。

然而，创业并没有想象中那么顺利。截止到 2015 年 4 月，他们只接到四五个旅行团，中间还出现过一起事故：在台湾时，一个旅行团员因为玩得太激动从车上翻下去，跌得暂时失忆了。而他们拿到的 100 万元在当时仅剩下 400 块了，员工工资都快发不出了。戴威跑遍了市面上能找到的几十家投资机构，没人看好 ofo 骑游。投资人拒绝戴威的理由非常简单：骑行旅游频次太低了。而 2015 年 4 月其实是资本市场最火热的时候。

重新出发，"忽悠"师兄 100 万

戴威开始重新思考创业的动机。孙陶然写的《创业 36 条军规》里面有一句话让他印象深刻：创业一定要解决真需求，不要做伪需求。怎么区分真需求伪需求？用中文不太好区分，但用英文就很清晰：伪需求叫"want"(想要)，真需求叫"need"(需要)。want 的东西，用户不一定会掏钱；need 的东西，用户一定会愿意掏钱。那我们生活中 need 什么呢？追本溯源之后，戴威还是希望把领域锁定在自行车上，于是 4 年前的一些经历开始浮现出来。

2011 年暑假，戴威在美国参加一个交换项目，需要每人提出一个创业计划。当时他就有做一个校园自行车共享的想法，因为他大学四年丢了 5 辆自行车，关键有时候还会发现自己的自行车没有停在身边，身边很多人也有这个困扰。戴威在这一刻明白了"want"和"need"的区别："自行车骑游是更高级的属性，而代步是更基础和必需的属性。"

带着这些想法，戴威只好又硬着头皮找到肖常兴师兄，忽悠他说团队找到了新方向，现在自筹了 100 万元资金，但还缺 100 万元，想再借 100 万元。肖常兴师兄的回应是："虽然我不太看好你这个自行车共享，但经历了失败，你们的团队也有了成长，我给你钱，估值再给你涨一倍。"其实戴威根本没有自筹到 100 万，但为了最终正义的目的，他变通了一下。

ofo 上线第一天，接到 200 多单

将市场放到北大这片熟悉的校园，戴威开始感觉创业变得得心应手起来。2015 年 6 月 17 日，ofo 在微信发布文章《这 2000 名北大人要干一票大的！》。文章宣布 ofo 将为北大校园提供超过 1 万辆自行车以方便大家随时随地有车骑，同时也呼吁 2000 名北大师生贡献出自己的单车。1 天内，ofo 收到了 400 多份申请。到 9 月份，ofo 共收上来 1000 多辆车。他们为这些车上了车牌、刷了漆、装了机械锁，不需要钥匙，根据密码就能打开。2015 年 9 月，ofo 共享单车上线第一天，平台上就接到 200 多单，这让戴威激动不已。他第一次感觉

到自己做的事情是受大家喜欢的、被需要的。2015年10月底，ofo在北大单日的订单突破3000单，戴威意识到这次是真的抓到了用户的need，于是也有了复制扩张的想法。但还有一个问题——资金不够。于是戴威又找到了肖常兴师兄，故技重施：戴威告诉对方自己筹到250万元了，希望再借250万元。肖常兴师兄又借给他250万元。与上次不同的是，这次戴威的确是自己筹措了250万元。于是，拿着这500万元，ofo开始复制扩张。期间，为了获得5个免费工位，戴威在北大孵化器路演，台下坐着东方弘道的创始合伙人李晓光，后来ofo就又获得了东方弘道的300万元投资；但当时戴威身上依然背着600万元债务。

金沙江创投朱啸虎入局

2016年的1月30日，最重要的一件事情发生了。那天ofo客服接到一个电话，说是某某基金，想投资ofo。客服把对方电话记下来，写到一个小纸条上给了戴威。戴威当时并不知道对方是谁。到了晚上，他觉得应该礼貌地回复："感谢关注，有时间我去给您汇报。"当时已临近春节，大家都准备放假回家了，戴威觉得不可能有投资人还在上班谈项目。可是没想到一分钟以内，对方秒回一条短信："明早十点，国贸三期56层见。"而这个投资人就是金沙江创投的朱啸虎。第二天戴威就去了国贸，在那里他第一次见到了朱啸虎。当时他并不知道朱啸虎是谁，就觉得这个人说话速度非常快，问题非常犀利，把他问懵了。当时朱啸虎就给了戴威一个Term Sheet，要投1000万元。可是他给的估值和戴威最初的想法是有差距的，于是戴威就和合伙人在国贸的地下商场讨论，并且百度搜索朱啸虎到底是谁，一搜索才知道原来他竟然投了陌陌和滴滴，上楼戴威就答应签字了。

从拿到金沙江的钱后，戴威600万元的债务全部转成了股份，ofo的扩张也真正开始了。此外，金沙江后续给ofo带来了很多的资源。在朱啸虎的撮合下，戴威与天使投资人王刚、真格基金相识，两个月后，ofo又获得了1000万元的投资。2016年5月，戴威签约经纬中国。然而，资本热流的涌入并没有让戴威放弃冷静思考。每一次和资本接触，他都希望能给项目注入最需要的血液。

进军城市，结识程维

2016年6月，ofo的校园共享单车计划已经拓展到广州。广州有一个大学城，十几所大学、4个村庄、共18平方公里、3000多辆车，每天能有2万多单。当时戴威就觉得其实这已经不是一个大学城的概念，而是一个县城的级别。秉着"城市是一个大校园，校园是一个小城市"的理念，戴威觉得可以开始去尝试城市市场了。

一旦进军城市市场，ofo必将面临更多的像摩拜单车这样的对手。在关键的节点，戴威通过朱啸虎认识了程维，而程维是经历过当年滴滴快的血雨腥风市场争夺的人，双方谈论了很多关于共享出行的话题，而ofo本来的初衷也是"不生产车，连接车"，通过让用户参与到单车共享计划把闲置的自行车加入进来，让每个人都能随时随地有车骑。

2016年11月17日，ofo在北京举办了第一场正式的发布会，正式宣布进军城市市场。同时ofo的车也迭代到3.0版本，并公布了"城市大共享"计划，准备用更开放的态度欢迎全球的自行车品牌、生产商将自行车和服务接入ofo，而700Bike则成了ofo第一个合作伙伴。

截至目前，ofo已拥有超过300万城市和高校用户，连接单车数量达16万，总订单量达 4000 多万。进入城市，也让 ofo 从大学生群体走向了更宽泛的人群，然而在部分地区，ofo 却遭到了不良用户的破坏和占为私用。戴威觉得这件事情的本质是自行车的数量不够，用户觉得不够便捷才会占为私用，就和图书馆占座一个道理。他认为做正义的事，总会有好的办法解决。戴威希望年底可以连接 100 万辆自行车，为了这个目标他不停地奔波。

资料来源：根据创业邦杂志及戴威 2016 年在盛景网联的演讲稿整理

根据上述材料，结合本章知识，回答下列问题：

(1) 在戴威 ofo 共享单车融资过程中，主要采用了天使投资和风险投资的融资方式，那么，投资者扮演了怎样的角色？

(2) 戴威 ofo 共享单车在后续的融资中，可能面临资本投入过剩、利润回收慢、收益分配不均、资本撤出方式选择等问题，应采用哪些应对措施？

(3) 戴威 ofo 共享单车的融资过程对创业企业融资有什么经验、启示？

第7章

创业企业融资决策

重点提示

> ➤ 融资成本分析
>   • 融资成本的含义
>   • 资本成本的计量
> ➤ 资本结构的优化
>   • 资本结构理论
>   • 资本结构优化的方法
>   • 杠杆效应
>   • 优化资本结构的其他因素分析
> ➤ 融资风险管理
>   • 企业融资风险概述
>   • 创业企业融资风险产生的原因
>   • 融资风险计量
>   • 融资风险的控制

阅读资料

　　宝钢股份 2016 年 8 月 15 日公告称，控股股东宝钢集团拟通过无偿划转方式将持有的本公司 8 亿 A 股股份划转给中石油集团，这意味着这两大央企的交叉持股再进一步。据公告，该 8 亿股股份占到宝钢股份总股本的 4.86%，本次无偿划转不会导致本公司的控股股东及实际控制人发生变更。而在此次划转之前，中石油集团并未持有任何宝钢股份股票。一周前，中石油集团旗下主要上市平台中国石油发布关于国有股份无偿划转完成过户登记的公告。其表示，中石油集团将持有本公司的 6.24 亿股股份无偿划转宝钢集团一事已经过户，宝钢集团将持有中国石油总股本的 0.34%。其实，这两笔巨额的股份划转在市值上相差不大。

　　根据宝钢股份停牌前，即 6 月 24 日收盘价 4.9 元计算，市值约 39.2 亿元。不过，自从宝钢股份停牌后钢铁板块持续上扬，该 8 亿股股份市值势必不止 39.2 亿元。参照同为央企背景的鞍钢股份来看，其 6 月 24 日收盘价为 3.62 元，昨日收 4.47 元，涨幅 23.5%，故而上述 8 亿股股份当前市值或在 48 亿元左右。由于中国石油始终处于交易状态，该 6.24 亿股股份划转前市值约 45 亿元。期间，由于中国石油股价从 7.20 元上涨到昨日的收盘价 7.45 元，该部分市值故而增值到约 46.5 亿元。宝钢股份公告，本次股份划转的目的是为加强宝钢集团与中石油集团战略合作，优化公司资本结构。

近年来，伴随着国资委致力于对央企股权结构的优化和央企之间产业协同的需要，各个央企巨无霸之间的交叉持股开始出现。2015 年 8 月，《中共中央、国务院关于深化国有企业改革的指导意见》中提出，"积极促进国有资本、集体资本、非公有资本等交叉持股、相互融合，推动各种所有制资本取长补短、相互促进、共同发展。"

而在中石油集团与宝钢之前，央企交叉持股的另一案例为中远集团与武钢、中船以及中国诚通三央企之间的股份划转。中远集团为航运巨头，如今已经重组为中远海运集团，武钢和中船主业分别为钢铁、造船，为中远产业链的上游；诚通主业为物流，位于中远的下游。武钢股份当时公告表示，股份划转给中远集团的目的正是为了深化双方战略合作，促进生产经营长期稳定发展。

资料来源：赵毅波，中石油、宝钢互换股份欲优化公司资本结构，新华社. 2016.8.16

阅读以上资料，思考下列问题：

(1) 大型央企之间股权相互渗透的目的是什么？宝钢向中石油集团转移股权带来了哪些好处？

(2) 影响公司优化资本结构的影响因素有哪些？如何实现大型央企之间资本结构的优化？

7.1　融资成本分析

企业在融资过程中，不仅需要考虑各种融资方式的可能性，还要考虑所付出的代价，这就是资本成本高低的问题。融资成本是融资决策的基础标准，不同渠道的融资方式有不同的融资成本，而投资活动作为一种经济行为，其目标是最大程度地获得经济利润，因此，企业应该比较不同融资方式的成本，选择成本较低的融资方式，有效控制投资活动的成本投入。

7.1.1　融资成本的含义

融资成本是指企业筹措和使用资金付出的代价，它由资金成本和非资金成本两部分组成。

1. 资金成本

资金成本是指资金筹集费用和资金占用费用。资金筹集费用是指资金筹集过程中发生的各项费用，如发行股票和债券发生的印刷费、发行手续费、律师费、资信评估费、审计费等。资金占用费是指因占用资金而发生的费用，如股票的股息、银行贷款的利息等。资金筹集费用通常是在筹集资金时一次性发生的，资金占用费用在资金占用期内则是多次发生的。

2．非资金成本

非资金成本主要是财务拮据成本、代理成本、税务成本。

1) 财务拮据成本

财务拮据是指企业因没有足够的偿债能力，不能及时偿还到期债务的窘境。当企业发生财务拮据时，往往不得不去借高利贷；管理人员也会产生这样那样的短期行为，如变卖有用的机器设备，降低产品质量以节省成本开支，不顾公司信誉恶性欠账；供应商和客户也可能不再向企业供应材料和购买产品。诸如此类的情况，使企业即使不破产也会由此发生大量的额外费用或机会成本，这种因发生财务拮据而产生的额外费用或机会成本称为财务拮据成本。企业在选择融资方案时，应考虑负债过高的风险，尽量避免出现财务拮据。

2) 代理成本

代理成本分为股权代理成本和债务代理成本。股权代理成本是指企业负责人持有企业股权的多或少而产生的对企业的影响。当企业负责人没有或拥有极少企业股权时，其努力工作，将承担全部努力成本，却不能获得或只能获得极小部分努力工作所创造的企业收益；如增加在职消费，却可获得全部好处，同时不承担或承担一小部分成本，因而企业负责人不持有或持有极少部分企业股份，偷懒和谋求私利的欲望就会滋生。为了减少代理成本，应考虑让企业负责人持有企业股份，或在增加债务资金比重的同时，相应增加其持股比例。债务代理成本是指随着企业债务比重的提高，债权人会认为风险在增加，从而要求更高利息收入导致企业融资成本增加的现象。企业要降低债务代理成本，只有通过建立良好的偿债信誉来实现。由上可知，在设计融资方案时，要综合考虑股权代理成本和债务代理成本，寻求总代理成本最小化。

3) 税务成本

税务成本是各种融资方式下所承担的税务负担。不同的融资方式会有不同的税务负担，有些差别还相当大。在设计融资方案时，应在税法许可的范围内，尽可能规避或减轻税收负担。

由于财务拮据成本、代理成本的不确定性难以准确计量，因此通常融资成本是用包括税务成本的资本成本来反映的。为了便于比较分析，资本成本常表示为相对数，即资金占用费与实际筹集的资金比率，可用公式表示为

$$K = \frac{D}{P - F} \tag{7-1}$$

式中：K 为资本成本；D 为资金占用费；P 为筹资金额；F 为资金筹集费。

资本成本的高低对企业生产经营效益至关重要，它是企业选择融资方式、进行融资决策的重要依据，同时也是评价投资项目、进行投资决策的重要衡量标准。

7.1.2　资本成本的计量

1．负债资本成本的计量

负债资本成本主要包括长期借款资本成本和长期债券资本成本。按照国际惯例和我国税法的规定，长期借款和长期债券的利息在税前支付，从而可获得利息减税收益，因此，

在负债资本成本中企业实际负担的利息等于利息×(1-所得税率)。

1) 长期借款资本成本

长期借款资本成本的计算公式为

$$K_e = \frac{I_e(1-T)}{L} \tag{7-2}$$

式中：K_e 为长期借款资本成本；I_e 为长期借款实际年利息；T 为所得税率；L 为长期借款额。

如果长期银行借款中，银行要求借款企业附加补偿性余额条件，则企业借款的实际年利率要高于借款的名义年利率。借款实际年利率计算公式为

$$I_e = \frac{I_t - rP_i}{R} \tag{7-3}$$

式中：I_t 为长期借款名义年利率；r 为补偿性存款率；P_i 为存款利率；R 为借款净利率。

【例 7.1】 某企业拟从银行借入一笔长期借款 1000 万元，期限五年，年利息率 5%。银行每年结息一次，并要求企业保持 20% 的补偿性余额比率。目前银行同期存款利率为 2%，所得税率为 33%。该笔借款的资本成本是多少？

解 根据式(7-3)和式(7-2)可计算借款的实际年利率为

$$I_e = \frac{5\% - 20\% \times 2\%}{80\%} = 5.75\%$$

长期借款资本成本为

$$K_e = \frac{1000 \times 5.75\% \times (1-33\%)}{1000} = 3.85\%$$

2) 长期债券资本成本

长期债券资本成本的计算公式为

$$K_b = \frac{I_b(1-T)}{B(1-F_b)} \tag{7-4}$$

式中：K_b 为债券资本成本；I_b 为每年支付的利息；B 为债券融资总额，按发行价格确定；F_b 为债券融资费用率。

【例 7.2】 某公司发行期限为十年、票面利率为 5% 的债券 1000 万元，发行费用为 0.5%，所得税率为 33%。该债券的资本成本是多少？

解 根据式(7-4)可计算债券的资本成本为

$$K_b = \frac{1000 \times 5\% \times (1-33\%)}{1000 \times (1-0.5\%)} = 3.37\%$$

2. 股权资本成本的计量

股权资本成本包括优先股成本、普通股成本、保留盈余资本成本。

1) 优先股成本

优先股资本成本的计算公式为

$$K_p = \frac{D}{P_0(1-f)} \tag{7-5}$$

式中：K_p 为优先股资本成本；P_0 为发行优先股的总额；f 为优先股融资费用率；D 为优先股每年的股利额。

【例 7.3】 某公司发行 1000 万元优先股，融资费用率为 0.5%，每年支付的股利率为 5%。该优先股的资本成本为多少？

解 根据式(7-5)可计算该优先股的资本成本为

$$K_p = \frac{1000 \times 5\%}{1000 \times (1 - 0.5\%)} = 5.03\%$$

与例 7.2 相比，在融资条件相同的情况下，优先股的资本成本要高于债券的资本成本，这主要是由于优先股股利是从税后利润中支付的，不能抵减所得税。此外，在公司清算时，优先股求偿权又排在债券之后，优先股股东的风险大于债券持有人的风险，这就要求优先股的股利率大于债券的利息率。

2) 普通股成本

由于普通股每年的股利是不确定的，有可能多，也有可能少；可能有，也可能无，这使得普通股成本难以计算。为了解决这一问题，人们根据股利的不同情况进行分类处理，从而得出一系列普通股成本的计算方法。最常用的主要有以下两种：

(1) 不变增长模型。该模型用于收益增长率连续稳定的企业，这类企业通常股利增长率也是稳定的，且应等于公司收益的增长率。其计算公式为

$$K_s = \frac{D_s}{P_s \times (1 - F_s)} + G \tag{7-6}$$

式中：K_s 为普通股资本成本；D_s 为预计普通股第一年的股利额；P_s 为普通股的融资额；F_s 为普通股融资费用率；G 为普通股股利年增长率。

【例 7.4】 某公司发行 1000 万股普通股，发行价格为每股 10 元，预计第一年支付的股利为每股 0.5 元，以后每年增长 1%，融资费用率为 1%。该普通股的资本成本是多少？

解 根据式(7-6)可计算出该普通股的资本成本为

$$K_s = \frac{0.5}{10 \times (1 - 1\%)} + 1\% = 6.05\%$$

(2) 资本资产定价模型。普通股的资本成本，从发行者角度看，是所付出的代价，从购买者角度看，是要取得的报酬，两者应趋于一致。购买者要取得的报酬应由两部分组成：一是无风险的报酬；二是风险报酬，这方面可用资本资产定价模型来反映。资本资产定价模型是反映企业各种资产的风险与报酬之间关系的一种模型。其计算公式为

$$K_s = R_F + \beta (K_m - R_F) \tag{7-7}$$

式中：K_s 为普通股资本成本；K_m 为市场证券组合报酬率；R_F 为无风险利率，通常用政府债券的利率来计量；β 为该股票的市场风险系数。

【例 7.5】 假定无风险报酬率为 2%，市场证券组合报酬率为 5%，公司股票的 β 系数为 0.8。该普通股的资本成本是多少？

解 根据式(7-7)可计算该普通股的资本成本为

$$K_s = 2\% + 0.8 \times (5\% - 2\%) = 4.4\%$$

3) 保留盈余资本成本

股份公司税后利润部分用于支付股利外，一般保留一部分于公司内，这部分资金称为保留盈余。保留盈余是一种公司内部融资，无需实际对外支付资金，因此，按理说保留盈余不存在资本成本，但实际上它也有成本。保留盈余的资本成本表现为投资机会成本，即股东原本可以分得这部分资金，进行再投资，获得收益。保留盈余取消了股东取得这种收益的机会，实质上是强制股东对公司进行再投资。股东对这部分再投资与以前交给公司的股本一样，也要有一定的报酬，因此保留盈余也有资本成本。保留盈余资本成本的计算与普通股基本相同，只是没有融资费用。其计算公式为

$$K_n = \frac{D_c}{P_c} + G \tag{7-8}$$

式中：K_n 为保留盈余资本成本；D_c 为预计普通股第一年的股利额；P_c 为普通股的融资额；G 为普通股股利年增长率。

【例 7.6】 某公司发行普通股 1000 万股，每股发行价为 8 元，第一年每股支付股利预计为 0.03 元，以后每年增长 1%。保留盈余的资本成本是多少？

解 根据式(7-8)可以计算出该普通股的保留盈余的资本成本为

$$K_n = \frac{1000 \times 0.03}{1000 \times 8} + 1\% = 1.375\%$$

7.2 资本结构的优化

企业在考虑用各种筹资方法筹集长期资本时，首先要设计出筹集到所需资本的几个不同筹资方案，然后对各个方案进行计算和分析，从中选出最佳方案。最佳方案应该是加权平均资本成本最低、风险最小、企业价值最大的方案。由于存在诸多不确定因素，且各个企业在进行筹资方案决策时，考虑的侧重点也不尽相同，因此，在实际工作中一项筹资方案要同时达到这些要求是比较困难的。但从理论上讲，任何一种筹资方案都应该紧扣以上要求。

7.2.1 资本结构理论

1. 资本结构总成本

在一定时期内，企业通常总是同时采用多种融资方式，从而形成相应的资本结构。不同的资本结构对企业融资能力、生产经营活动的影响是不同的。合理的资本结构能提高企业的融资能力，减少风险，增加企业价值；不合理的资本结构则会削弱企业的融资能力，加大风险，缩减企业价值。

资本结构的总成本可通过计算加权平均资本成本的方法求得。加权平均资本成本是资本结构的综合成本，是以各种资本占全部资本的比重为权数，乘以个别资本成本确定的。其计算公式为

$$K_{w} = \sum K_j W_j \tag{7-9}$$

式中：K_w 为加权平均资本成本；K_j 为第 j 种个别资本成本；W_j 为第 j 种个别资本占全部资本的比重。

【例 7.7】　某公司账面反映的长期资金为 5000 万元，其中长期借款 500 万元，债券 700 万元，优先股 1000 万元，普通股 2000 万元，保留盈余 800 万元，其资本成本分别为 3%、4%、5%、6%、5.5%。该公司的加权平均资本成本是多少？

解　　$K_w = 3\% \times \dfrac{500}{5000} + 4\% \times \dfrac{700}{5000} + 5\% \times \dfrac{1000}{5000} + 6\% \times \dfrac{2000}{5000} + 5.5\% \times \dfrac{800}{5000}$

$\qquad\qquad = 5.14\%$

倘若企业只有普通股和债务融资，则其加权平均资本成本的计算公式为

$$K_z = K_d \left(\frac{D}{V}\right)(1 - T) + \left(\frac{S}{V}\right) K_s \tag{7-10}$$

式中：K_z 为企业加权平均资本成本；D 为长期负债市场价值；S 为普通股市场价值；V 为企业价值；K_d 为长期负债年利率；K_s 为权益资本成本。

企业的价值是指企业市场价值。对股份公司而言，企业价值是普通股市场价值与负债价值之和，用公式表示为

$$V = S + D \tag{7-11}$$

式中：V 为企业市场价值；S 为普通股市场价值；D 为负债市场价值。

2. 资本结构理论分类

1) 早期的资本结构理论

1952 年，美国财务管理学家大卫·杜兰特将资本结构理论总结为以下三类，开创了研究资本结构理论的先河。

(1) 净利理论。净利理论认为，企业利用债务可以降低企业的加权平均资本成本，提高企业的总价值。企业最佳资本结构应为 100% 负债。

(2) 营业净利理论。该理论认为，增加成本较低的债务资本将增加企业的风险，随着企业风险的加大，自有资本的成本将上升，总资本成本中一升一降，加权平均的资本成本不变，因而企业不存在最佳资本结构。

(3) 传统理论。该理论认为，在开始少量增加负债时，自有资本成本的提高一般小于负债成本的下降，使加权平均资本成本下降；在达到某一点后，资本成本变动趋势与此相反，即增加负债所带来的成本下降幅度小于自由资本成本的上升幅度，因此，存在加权平均的总资本成本最低的一点，该点处的资本结构为最佳。

2) 现代的资本结构理论

(1) MM 理论。1958 年，美国金融学家、财务学家莫迪里亚尼(Modiliani)和米勒(Miller)在《资本成本、公司财务与投资管理》一文中，提出了莫迪里亚尼-米勒模型(简称 MM 模型)，形成了现代资本结构理论的基础。

MM 模型的基本假设是：① 公司只有长期债券和普通股票；② 不考虑企业增长问题；③ 所有利润全部作为股利分配。MM 模型认为：当不考虑公司税时，企业的价值是由其预

期收益和与其风险等级相对应的贴现率贴现确定的。用公式表示为

$$V_L = E_L + D_L = \frac{\text{EBIT}}{\text{WACC}} = \frac{\text{EBIT}}{R_U} = V_U \tag{7-12}$$

式中：V_L 为运用财务杠杆机制的企业市场价值；V_U 为不运用财务杠杆机制的企业市场价值；E_L 为该企业股票的市场价值总额；D_L 为该企业债券的市场价值总额；WACC 为同等级风险企业资本的平均投资收益率；EBIT 为企业息税前利润；R_U 为仅靠权益资本经营的企业所要求的收益率(或该企业权益资本投资机会成本)。

式(7-12)表明，对所有同一风险等级的企业来说，WACC 等于不利用财务杠杆企业权益资本的投资收益率 RU，企业价值与是否运用财务杠杆无关。

同时，MM 模型又认为，负债融资企业的普通股资本成本等于企业总资本加上该企业资本成本与企业债务资本成本的差额乘以债券市场价值和股票市场价值权益之比。其计算公式为

$$R_L = R_U + (R_U - R_B) \times \frac{D}{E} \tag{7-13}$$

式中：R_L 为普通股预期收益率；R_U 为企业所有有价证券收益率；R_B 为企业债券预期收益率；D/E 为债务与权益之比。

式(7-13)表明，在不考虑债务风险的情况下，股权收益率随负债率的提高而提高。在考虑债务风险的情况下，股权收益率随负债率的提高而下降，债务收益率则随风险的增加而提高。

这一结论似乎与前一结论相矛盾，但实际上两者是一致的。当企业增加债务资本时，相应地增加了风险，企业权益投资者要求增加风险补偿，即提高必要收益率，而提高的必要收益率恰好抵消了预期收益率对股价上升的推动作用。考虑到公司税，MM 理论认为，运用财务杠杆机制的企业的价值等于同样风险等级的不运用财务杠杆机制的企业的价值加上免税现值。用公式表示为

$$V_L = V_U + \text{PVTS} \tag{7-14}$$

$$\text{PVTS} = \frac{T \times R_b \times D_L}{R_b} = TD_L \tag{7-15}$$

式中：PVTS 为免税现值；T 为所得税率；R_b 为利息率；D_L 为债务融资额。

因此，$V_L = V_U + TD_L$。由此推断，要使 V_L 趋于最大化，应尽可能扩大 D_L 的规模。

同时，MM 模型还认为，运用财务杠杆，企业权益资本的机会成本等于同等风险程度的不运用财务杠杆企业权益资本的机会成本加上风险年金率。用公式表示为

$$R_L = R_U + 风险年金率 = R_U + (R_U - R_b) \times (1 - T) \times \left(\frac{D_L}{E_L}\right) \tag{7-16}$$

综上所述，在考虑公司税的情况下，企业价值和资本投资机会成本均与资本结构有关。当债务比重加大时，资本投资机会减少，企业价值增加。如果进一步考虑个人所得税的因素，则 MM 模型扩展为

$$V_L = V_U + \frac{1 - (1 - T)(1 - T_S)}{1 - T_b} \times D_L \tag{7-17}$$

式中：T 为公司税率；T_b 为个人债券收入所得税率；T_S 为个人所得税率。

从式(7-17)可推断得出：

① 当 $T_S = T_b$ 时，模型变为 $V_L = V_U + T \times D_L$，表明财务杠杆所增加的免税价值为个人所抵消，即企业价值不变。

② 当 $T_S < T_b$ 时，括号内的值小于 T，甚至可能小于 0，意味着企业价值将下降。

总之，企业所得税提高，会促使资金从股票流向债券；个人所得税提高，会促使资金从债券流向股票，进而影响企业价值。

(2) 权衡理论。权衡理论认为，制约企业无限制追求节税效益的关键因素是随债务增加而上升的企业风险，企业负债越多，出现财务危机甚至破产的可能性就越大，从而增加了企业的额外成本，降低了企业价值。在考虑财务危机的情况下，企业价值模型为

$$V_L = V_U + TD - \text{PVCFD} \tag{7-18}$$

式中：PVCFD 表示财务危机成本现值。

财务危机成本可分为有破产成本的财务危机成本和无破产成本的财务危机成本。当企业破产时，要支付律师、会计、资产评估师及拍卖商等的费用，这是破产成本中的直接成本。这些费用实际上是由债权人承担的，因此债权人必然要求有较高的与破产风险相适应的投资收益率，从而会引起企业价值下降。企业破产后，因重组而增加的管理成本以及破产清算时资产低价出售，这些损失称为间接破产成本。间接破产成本同样会降低企业价值。当企业出现危机但还不至于破产时，存在无破产成本的财务危机成本。其对企业价值的影响是通过股东为保护自己的利益，在投资决策时以股票价值最大化代替公司价值最大化的目标形成的。由于债权人比股东承担的风险损失要小得多，因此当破产可能性提高时，股东往往倾向于减少负债，甚至放弃有盈利的投资机会，这可能会降低企业价值。

根据美国经济学家迈耶尔斯的分析，公司经营性质以及资产类型与财务危机成本的高低密切相关。拥有大量有形资产(如房屋、土地等)的企业，其破产成本较低，因为有形资产拍卖时价值损失有限；拥有大量无形资产的企业，由于无形资产变现困难，破产成本相对较高。正因为如此，一些高科技公司和其他无形资产较多的企业往往偏好维持低负债率。

(3) 不对称信息理论。该理论认为，管理者和投资者在信息获得方面是不对称的，管理者比投资者掌握更多、更准确的信息。在这种情况下，企业如果通过股票筹资，则会被市场误解，使发行股票贬值。在没有不对称信息的情况下，只要项目的净现值大于等于 0，企业就会投资。在不对称信息的情况下，企业只有在投资收益能弥补股票贬值的损失时才会投资。不对称信息总是鼓励企业经营者少用股票筹资，而发行债券又会使企业受到财务危机的威胁，因而企业筹资顺序一般为：内部融资、发行债券、发行股票。

7.2.2　资本结构优化的方法

1. 比较资本成本法

比较资本成本法是计算各种方案的资本成本结构的加权平均资本，然后相互进行比较，以加权平均资本成本最小的资本结构为企业最佳资本结构的筹资决策方法。

【例 7.8】　某企业拟筹资 3000 万元，现有三个可行方案可供选择，有关资料如表 7-1 所示。

表 7-1 三种筹资方案的比较

筹资方案	方案 1		方案 2		方案 3	
	筹资额/万元	资本成本(%)	筹资额/万元	资本成本(%)	筹资额/万元	资本成本(%)
长期借款	1000	5	500	5	1000	5
债券	900	3	1200	3	—	—
普通股	1100	6	1300	6	2000	6
合计	3000		3000		3000	

解 1) 方案 1 的资本成本计算

(1) 各种筹资占总筹资的比重:

$$长期借款比重 = \frac{1000}{3000} \times 100\% \approx 33.33\%$$

$$债券比重 = \frac{900}{3000} \times 100\% = 30\%$$

$$普通股比重 = \frac{1100}{3000} \times 100\% \approx 36.67\%$$

(2) 加权平均资本成本:

$$WACC = 33.33\% \times 5\% + 30\% \times 3\% + 36.67\% \times 6\% \approx 4.77\%$$

2) 方案 2 的资本成本计算

(1) 各种筹资占总筹资的比重:

$$长期借款比重 = \frac{500}{3000} \times 100\% \approx 16.67\%$$

$$债券比重 = \frac{1200}{3000} \times 100\% = 40\%$$

$$普通股比重 = \frac{1300}{3000} \times 100\% \approx 43.33\%$$

(2) 加权平均资本成本:

$$WACC = 16.67\% \times 5\% + 40\% \times 3\% + 43.33\% \times 6\% \approx 4.63\%$$

3) 方案 3 的资本成本计算

(1) 各种筹资占总筹资的比重:

$$长期借款比重 = \frac{1000}{3000} \times 100\% \approx 33.33\%$$

$$普通股比重 = \frac{2000}{3000} \times 100\% \approx 66.67\%$$

(2) 加权平均资本成本:

$$WACC = 33.33\% \times 5\% + 66.67\% \times 6\% \approx 5.67\%$$

以加权平均资本成本最低为最佳资本结构,筹资方案 2 优于方案 1 和方案 3,因此应选择方案 2。

　　比较资本成本法是一种简单明了、操作相对简便的方法，但也存在较大的缺陷，主要表现如下：

　　① 未考虑风险因素。由于债务性融资的资本成本比权益性融资成本低，因此在比较资本成本法中会得出全部或大部分债务性融资方案较优的结论，债务比例过高的资本结构风险较大，较易导致企业债务危机，这是比较资本成本法的一个明显的缺陷。

　　② 未考虑对股东权益和企业价值的影响。按照对企业实际活动的感性认识和相关的理论(如上述的权衡理论)可以得知，资本结构对企业未来收益、股东权益、企业价值有着很大的影响。确定资本结构必须考虑到这些影响。仅以加权平均资本成本最低为唯一标准来选择、确定资本结构，难以得到最佳资本结构。

2. EBIT-EPS 法

　　EBIT-EPS 法是根据不同资本结构的 EBIT 对 EPS 的不同影响，确定不同债务比例筹资方案的平衡点，用以判断当 EBIT 在怎样的取值范围时应选择债务比例高的筹资方案，或者相反。EBIT-EPS 法的分析步骤如下：

　　(1) 计算每股利润和风险在不同负债比例下的变动情况。有关的计算公式如下：

　　① 息税前盈余(EBIT)的计算公式为

$$\text{EBIT} = S - VC - F \tag{7-19}$$

式中：S 为销售收入；F 为固定成本；C 为单位变动成本；V 为产(销)量。

　　② 每股利润(EPS)的计算公式为

$$\text{EPS} = (\text{EBIT} - I)\frac{1-T}{N} \tag{7-20}$$

式中：I 为债务资本利息；T 为所得税率；N 为普通股股数。

　　③ 预期每股利润的计算公式为

$$\text{预期每股利润} = \sum [(\text{EPS}_i) \times P_i] \tag{7-21}$$

式中：EPS_i 为不同销售额下的 EPS；P_i 为不同销售额发生的概率。

　　④ 每股盈余标准差的计算公式为

$$\delta_{\text{EPS}} = \sum [(\text{EPS}_i - \text{EPS})^2 \times P_i]^{1/2} \tag{7-22}$$

　　(2) 计算在不同资本结构下，每股利润相等的销售水平。计算公式为

$$\text{EPS}_1 = \text{EPS}_2 \tag{7-23}$$

$$(\text{EBIT} - I_1)\frac{1-T}{N_1} = (\text{EBIT} - I_2)\frac{1-T}{N_2} \tag{7-24}$$

3. 最优资本结构的确定

　　一般认为，最优的资本结构应同时具备以下条件：

　　(1) 某种融资方式的资本成本最低；

　　(2) 资本结构的总资本成本最低；

　　(3) 财务风险最小；

　　(4) 企业价值最大。

最优化的资本结构应是使公司股票价格最高、加权平均资本最低的资本结构。正常情况下，EPS 的增加将导致股票价格的上升，但如果 EPS 增加是伴随着风险的增加而增加的，且当 EPS 的增加不足以补偿风险增加所需要的报酬时，股价反而会下跌。资本结构对股价的影响可通过以下公式计算：

$$P_0 = \frac{DPS}{K_S} \tag{7-25}$$

式中：P_0 为公司股票价格；DPS 为预期股利；K_S 为权益资本成本。

7.2.3　杠杆效益

杠杆效益是指企业在一定资本结构下，因营业杠杆和财务杠杆而对企业效益产生的影响。营业杠杆和财务杠杆可以各自发挥作用，也可以综合发挥作用。

1. 营业杠杆

在其他条件不变的情况下，产销量的变动一般不会改变固定成本的量，但单位产品分摊的固定成本随之变动，最后导致利润更大幅度的变动。由于存在固定成本而出现的利润变动大于产销量变动的现象，称为营业杠杆。

营业杠杆作用的大小通常用营业杠杆系数(DOL)表示，其计算公式为

$$DOL = \frac{\dfrac{\Delta EBIT}{EBIT}}{\dfrac{\Delta Q}{Q}} \tag{7-26}$$

式中：EBIT 为息税前利润；$\Delta EBIT$ 为息税前利润的变动额；Q 为销售量；ΔQ 为销售量的变动额。

又因为

$$EBIT = Q(P - V) - F \tag{7-27}$$

式中：P 为单位销售价格；V 为单位变动成本；F 为固定成本。

$$\Delta EBIT = \Delta Q(P - V)$$

所以

$$\frac{\Delta EBIT}{EBIT} = \frac{\Delta Q(P-V)}{Q(P-V)-F}$$

$$DOL = \frac{Q(P-V)}{Q(P-V)-F} \tag{7-28}$$

【例 7.9】　某公司生产 A 产品，固定成本为 110 万元，变动成本为销售额的 45%，假定公司的销售额为 500 万元和 300 万元，其营业杠杆系数分别是多少？

解　当销售额为 500 万元时：

$$DOL = \frac{500 - 500 \times 45\%}{500 - 500 \times 45\% - 110} \approx 1.67$$

当销售额为 300 万元时：

$$DOL = \frac{300 - 300 \times 45\%}{300 - 300 \times 45\% - 110} = 3$$

以上结果表明，公司销售额为 500 万元时，销售量每变动 1%，息税前利润就变动 1.67%；销售额为 300 万元时，销售量每变动 1%，息税前利润就变动 3%。显然，后者的利润稳定性较差，风险较大。

DOL 的作用在于它说明了以下几点：

(1) 在固定成本不变时，销售额变动所引起的息税前利润变动的幅度，DOL 越大，息税前利润随销售额变动的幅度就越大，风险也越大。

(2) 在固定成本不变时，销售额越大，DOL 就越小，销售额变动所引起的息税前利润变动的幅度越小，风险也就越小；相反，销售额越小，DOL 就越大，销售额变动引起息税前利润变动的幅度越大，风险也就越大。

(3) 可通过降低固定成本、提高销售质量、增加销售数量、降低单位产品变动成本等途径使 DOL 下降。

2. 财务杠杆

公司负债经营时，债务利息和优先股的股利通常是固定不变的，因此，当利润增加或减少时，每单位利润负担的固定财务费用就会相对减少或增加，从而给普通股股东带来更多或更少的收益。这种由于固定费用的存在，使普通股股东利益的变动幅度大于利润变动幅度的现象称为财务杠杆。

财务杠杆作用的大小通常用财务杠杆系数(DFL)表示，计算公式为

$$DFL = \frac{\dfrac{\Delta EPS}{EPS}}{\dfrac{\Delta EBIT}{EBIT}} \tag{7-29}$$

式中：ΔEPS 为普通股每股盈余变动额；EPS 为变动前的普通股每股盈余；$\Delta EBIT$ 为变动前的息税盈余。

由于

$$EPS = \frac{(EBIT - I)(1 - T)}{N} \tag{7-30}$$

式中：I 为利息支出；T 为所得税率；N 为流通在外的普通股股数。

因此，式(7-30)可以进一步推导为

$$DFL = \frac{EBIT}{EBIT - I} \tag{7-31}$$

【例 7.10】　有 A、B 两家资本均为 300 万元的公司，息税前利润都是 50 万元，负债比率分别为 40%、50%，利率假定均为 10%，则财务杠杆系数分别为

$$DFL_A = \frac{50}{50 - 300 \times 40\% \times 10\%} \approx 1.32$$

$$DFL_B = \frac{50}{50 - 300 \times 50\% \times 10\%} \approx 1.43$$

计算结果表明，A 公司 EBIT 增加一倍时，普通股每股盈利增加 1.32 倍；B 公司 EBIT 增加一倍时，普通股每股盈利增加 1.43 倍。

DFL 的作用在于它说明了以下几点：

(1) DFL 越大，息税前利润的增长引起的普通股每股盈余的增长幅度就越大；反之就越小。

(2) 在资本总额、息税前利润相同的情况下，负债比率越高，DFL 就越大。

(3) DFL 越大，财务风险也就越大。

3. 综合杠杆

企业在生产经营活动中，一般既有固定的生产经营成本，又有固定的财务费用，因而既受营业杠杆的影响，又受财务杠杆的影响，两种杠杆共同的影响称为综合杠杆作用。确切地说，综合杠杆是指销售收入的变动引起每股普通股盈余变动的幅度。

综合杠杆作用的大小通常用综合系数 DTL 表示，计算公式为

$$DTL = \frac{\dfrac{\Delta EPS}{EPS}}{\dfrac{\Delta Q}{Q}} = DOL \times DFL \tag{7-32}$$

式(7-32)可以进一步推导为

$$DTL = \frac{Q(P-V)}{Q(P-V) - F - I} \tag{7-33}$$

DTL 的作用在于它说明了以下几点：

(1) 能够估计出业务销售量(或销售额)变动对每股普通股盈余的影响。

(2) 可以利用营业杠杆和财务杠杆的相互关系，通过对它们的不同组合达到某一综合杠杆系数。比如，营业杠杆较大的企业可以在较低的程度上使用财务杠杆；营业杠杆较小的企业可以在较高的程度上使用财务杠杆。

7.2.4 优化资本结构的其他因素分析

由于市场经济环境中存在诸多不确定性因素，因此在进行优化资本结构的过程中，还必须对影响企业融资的环境因素进行分析、评价。这些因素包括企业融资的外部因素和内部因素。

1. 外部因素

1) 经济政策

一个国家的经济政策体现了一个国家在一定时期对某项经济活动所持的态度，国家经济政策会直接影响到企业经营管理的各个方面。对企业融资影响较大的经济政策主要有：企业政策、产业政策、财税政策、金融政策。

(1) 企业政策对企业融资的影响主要表现在对企业融资的自主权的限制，包括融资方式、融资时机、融资条件等的限制。限制越多、越严，企业融资环境就越差。

(2) 产业政策对企业融资的影响主要表现在：融资拟建项目在产业政策的序列中属于鼓励发展类项目，还是限制发展类项目或禁止发展类项目。凡属鼓励发展类项目，融资相对比较方便，融资条件也相对比较宽松，并有可能得到一定的优惠。

(3) 财税政策对企业融资的影响主要表现在：

① 融资成本是否可计入成本、税前列支。一般而言，债务融资的资本成本可税前列支，而权益资本成本则在税后列支。

② 折旧期限的规定。固定资产折旧期限越长，企业收回投资的期限就越长，企业筹资的期限也就越长，筹资量就越大，因此，企业固定资产折旧期限的规定也会影响企业的筹资行为，尤其是筹资数量和筹资期限。

(4) 金融政策对企业融资的影响主要表现在：金融政策直接影响社会资金的供应量，在扩张性的金融政策下，资金供应充裕，企业融资比较方便；反之，在紧缩性的金融政策下，企业融资比较困难。此外，金融政策通过影响金融市场、金融机构行为、金融工具创新等也会对企业融资产生有利或不利的影响。

2) 金融市场

金融市场的规模直接影响企业融资的难度，具体表现在以下几个方面：

(1) 金融市场规模越大，企业融资的难度越小；反之，难度越大。以我国的股票市场为例，在 20 世纪 90 年代初期，市场一听到有三四亿流通股的股票上市就惊呼：航空母舰来了，股市即刻下挫。随着股票市场规模的扩大，拥有 18 亿流通股的宝钢股份在上证所亦安然停泊，市场反应平静。这在几年前是不可想象的。

(2) 金融市场的结构影响着企业的融资方式。在相当长的时期内，我国的金融市场中，间接融资一统天下，企业融资除向银行告贷外别无他途。

(3) 金融市场的规范程度影响企业融资的安全性和公平性。一方面，受自身视野和经验的限制，很多企业的融资带有盲目性和不合理性。在规范的金融市场上，其融资愿望难以实现；不规范的金融市场通过走后门、托人情，也许会得到资金，但后果堪忧。金融市场的规范程度影响企业融资的安全性。另一方面表现在靠不规范的方式取得的融资，难以保证资金足额、按期到位，从而影响投资活动的顺利进行，给企业造成不必要的损失。不规范的金融市场还是个不公平的市场，一些不该得到融资的企业可以靠歪门邪道得到资金，而一些本该得到融资的企业可能会被拒之门外，反而得不到应得的资金。

(4) 金融市场的发达程度影响企业融资的成本。这里的发达程度是指金融机构服务质量和服务效率、金融工具的完备程度、有关信息传递的快捷速度等。

3) 有关法律、法规

市场经济从根本上讲是法制经济。只有在健全的法律、法规环境下，才能切实保障资金供应者、需求者以及中介人的合法权益，才能保证企业融资活动的顺利进行。健全法律、法规环境，一方面要建立、健全有关法律、法规体系。改革开放以来，我国先后颁布了《公司法》、《银行法》、《合同法》、《票据法》、《证券法》、《投资基金法》等，基本建立了比较完善的法律、法规体系。接下来的工作是如何使这些法律、法规更能适应国际、国内经济发展的需要，使之能为繁荣市场经济服务。另一方面也是更重要的方面是要严格执法。再好的法律、法规，如果缺乏严格执法，或执法不力，或扭曲执法，那只是一纸空文。我国目前建设法律、法规环境中的主要问题不是无法可依，而是有法不依，执法不严。

2. 内部因素

1) 商业风险

商业风险是指由于企业销售收入的不确定性、增长幅度的不确定性而导致息税前盈余变动的风险。一般而言，商业风险小的企业可较多使用债务资本，商业风险大的企业应较多使用权益资本。因为企业销售收入越稳定，息税前盈余变动就越小，其承受债务能力就越强，偿债风险也就越小，因此，销售收入稳定的企业，负债率可高于其他情况相似但销售收入不太稳定的企业，此外，销售收入增长率以及不确定性对企业融资也有一定的制约作用，当销售收入增长率高到足以弥补债务成本时，理论上该企业资本结构可采用 100% 的负债结构。企业销售收入的稳定性及增长速度与企业所处行业的竞争程度相关。如果企业所处行业的竞争程度较弱或具有垄断性，那么，就会有较稳定的收入；如果企业所处行业竞争性较强，则很难保持稳定的销售收入。同样，处于新兴行业的企业会有较高的销售收入增长率。

2) 实际税收负担

企业利用负债筹措资金的最重要动因是利息可减免税额，从而使实际负债成本较低。但如果由于种种原因，企业的实际税负已经很低，那么负债筹资对企业的吸引力就会减弱。这些原因包括实行快速折旧、亏损冲抵盈利(即将亏损冲抵未来若干年的应纳税款)、税收减免等。

3) 财务弹性

财务弹性是指在不利的经济条件下，迅速增加企业资本的能力。对企业来说，稳定的经营需要有一个稳定的资本来源。但在不利的紧急条件下，如银根紧缩或企业经营出现困难，这种稳定可能会失衡，从而影响企业的正常生产经营活动。为了保证生产经营活动的顺利进行，企业必须扩大资本来源，而企业扩大资本来源的能力是不同的，有的强些，有的弱些。一个企业尤其是财务弹性较小的企业，在确定资本结构时，必须对资金的未来需求以及资金短缺的后果做出正确的分析和判断，以便未雨绸缪。

4) 信用等级

企业信用等级的高低是企业确定资本结构时必须考虑的又一个重要因素。企业信用等级对企业融资的影响主要表现在：一是影响企业融资的能力，不管是债务融资还是权益融资，企业信用等级越高，融资就越方便，融资能力就越强；二是影响企业融资成本，企业信用等级越高，风险越小，投资者要求的报酬率就可能越低，这样企业就可以取得较低的成本融资。企业信用等级一般由金融机构和专门的信用评定机构评定，评定依据主要是企业的偿债能力。具体指标有流动比率、速动比率、利息支付倍数等，不同的行业，其具体标准也不同。

此外，企业对风险的承受能力、对未来经营状况的预期、对企业员工的激励等也是企业进行融资活动时要考虑的因素。

7.3　融资风险管理

7.3.1　企业融资风险概述

1．企业融资风险的含义

企业融资风险是指企业在筹集资金的过程中，由于各种不确定性因素的作用，使企业融资活动的预期结果与实际结果产生的差异。这种不确定性因素包括：资金供需市场、宏观经济环境的变化、融资来源结构、币种结构、期限结构等因素。

资金是企业持续从事生产经营活动的前提条件，融资是企业理财的起点，融资直接制约着投资和分配。企业在融资、投资和生产经营活动中的各环节上无不承担一定程度的风险，融资风险是财务风险的重要组成部分。企业承担的风险因负债方式、期限及资金使用方式等不同，所面临的偿债压力也有所不同，因此，融资决策除规划资金需要数量，并以合适的方式筹措到所需的资金以外，还必须正确权衡不同筹资方式下的风险程度，并提出规避和防范风险的措施。如果企业决策正确，管理有效，就可以实现其经营目标。在市场瞬息万变的经济条件下，任何不利于企业的情况发生，都会使筹集的资金使用效益降低，从而产生融资风险。

2．融资风险的种类

1）按企业融资方式的不同

按企业融资方式的不同，融资风险主要可以分为以下几类：

(1) 银行贷款融资风险。

银行贷款融资风险是指经营者利用银行借款方式筹集资金时，由于利率、汇率及有关筹资条件发生变化而使企业盈利遭受损失的可能性。主要包括利率变动风险、汇率变动风险、资金来源不当风险和信用风险等，这些风险具有一定的客观性，如利率的调整非企业自身所能决定，同时也具有可估计性，可以根据宏观经济形势、货币政策走向等估计利率、汇率等变动趋势。

(2) 债券融资风险。

债券融资风险是指企业利用企业债券筹资时，由于对债券发行时机、发行价格、票面利率、还款方式等因素考虑欠佳，使企业所要承担的风险。主要包括发行风险、经济环境风险、通货膨胀风险、经营风险、可转换债券的转换风险、派生性风险等。由于债券必须偿还本息的义务性、固定性和难以展期性，决定了债券融资必须充分依托企业的偿债能力和获利能力，因此，相对于股本的无偿性、股息红利支付的非义务性、非固定性，债券融资的风险要大得多。债券的各种发行条件如偿还期、利率等因素均是发行者主观确定的，因此债券融资的风险具有主观性。

(3) 股票融资风险。

股票融资风险是指公司在利用股票进行融资的过程中，因为发行股票数量的不恰当、公司的融资成本过高、没有选择正确的时机等而给公司带来财务损失的可能性，与此同时，由于公司的经济效益无法满足投资者期望的投资报酬，公司股票价格下跌的可能性就会变大，公司再融资的难度也会随之增大。但是，与债务融资风险相比，上市公司的股票融资风险较小。

(4) 租赁融资风险。

租赁融资风险是指企业利用租赁方式融资过程中，由于租期太长、租金过高、租期内市场利率变化较大等原因给企业带来的诸多风险。主要包括技术落后风险、利率变化风险、租金过高风险等。其中有些风险具有必然性，如技术落后风险，由于科学技术的飞速发展，这种风险是必然的。承租人承担风险有一定的被动性，因为如租期、租金偿付租金的方法等主要是由出租人来定的。

(5) 项目融资风险。

项目融资风险是指企业利用项目融资方式融资时，由于单独成立项目法人，而且项目融资参与者众多，所涉及的风险要在发起人、项目法人、债权人、供应商、采购商、用户、政府相关部门及其他利益相关者等之间进行分配和严格管理。项目风险可分为系统风险和非系统风险两大类，每一类中又包括多种风险，因此，如何在利益相关者之间进行风险分配和相应的管理是项目融资能否成功的重要因素。

2) 按照风险的来源不同

按照企业融资风险来源的不同，融资风险主要可以分为以下几类：

(1) 利率风险。

利率风险是指市场利率变动的不确定性给商业银行造成损失的可能性。巴塞尔委员会在 1997 年发布的《利率风险管理原则》中将利率风险定义为：利率变化使商业银行的实际收益与预期收益或实际成本与预期成本发生背离，使其实际收益低于预期收益，或实际成本高于预期成本，从而使商业银行遭受损失的可能性。原本投资于固定利率的金融工具，当市场利率上升时，可能导致其价格下跌的风险。利率风险可以分为重新定价风险、基差风险、收益率曲线风险和选择权风险四类。

(2) 外汇风险。

从表面上看，外汇风险起源于汇率的变动，但汇率变动又受到外汇供求关系的影响。所以，凡是影响外汇供求关系变化的因素都是外汇风险产生的原因。这些因素包括以下几方面：

① 国际收支及外汇储备。所谓国际收支就是一个国家的货币收入总额与付给其他国家的货币支出总额的对比。如果货币收入总额大于支出总额，便会出现国际收支顺差，反之，则是国际收支逆差。国际收支状况对一国汇率的变动能产生直接的影响。发生国际收支顺差，会使该国货币对外汇率上升，反之，该国货币汇率下跌。

② 利率。利率作为一国借贷状况的基本反映，对汇率波动起决定性作用。利率水平直接对国际间的资本流动产生影响，高利率国家发生资本流入，低利率国家则发生资本外流，资本流动会造成外汇市场供求关系的变化，从而对外汇汇率的波动产生影响。一般而言，一国利率提高，将导致该国货币升值，反之，该国货币贬值。

③ 通货膨胀。一般而言，通货膨胀会导致本国货币汇率下跌，通货膨胀的缓解会使汇

率上浮。通货膨胀影响本币的价值和购买力，会引发出口商品竞争力减弱、进口商品增加，还会引发对外汇市场产生心理影响，削弱本币在国际市场上的信用地位。这三方面的影响都会导致本币贬值。

④ 政治局势。一国及国际间的政治局势的变化，都会对外汇市场产生影响。政治局势的变化一般包括政治冲突、军事冲突、选举和政权更迭等，这些政治因素对汇率的影响有时很大，但影响时限一般都很短。

(3) 信用风险。

造成信用风险的原因很多，有的来自于主观原因，由债务人的道德品质决定，如部分企业信用观念淡薄，虽然有能力偿还债务，但故意拖欠债务不还；有的来源于客观因素，由债务人所处环境决定，如经济情况恶化、市场萧条，公司产品销售不出去，导致企业破产倒闭，难以偿还应付的贷款等。

(4) 市场风险。

市场风险是指未来市场价格(利率、汇率、股票价格和商品价格)的不确定性对企业实现其既定目标的不利影响。由于所投资的产品在市场上的价格受到诸多因素的影响，变数极多，因此，当市场价格突变时会导致企业市场份额急剧下降，利润减少甚至亏损，形成市场风险。

(5) 流行性风险。

企业在融资活动中之所以会产生流动性风险，主要原因在于企业的资产负债结构配置不当。在实际的投融资活动中，一方面很多企业主要依靠各类期限的负债来弥补资金不足；另一方面企业的投资对象多种多样，包括现金、银行存款、短期证券等流动性较强的金融资产和投资期限长、回收慢的房地产、基础设施等流动性较差的固定资产类的实物资产。如果企业将资金运用于大量的流动性较强的投资项目中，则虽然能保证较好的流动性，满足企业偿债能力的需求，但会影响企业的盈利水平，这种盈利水平的降低又会反过来影响企业的偿债能力，产生财务风险。反之，如果企业将大量的资金运用于流动性较差的长期投资项目中，则又会因各种不确定因素导致企业资金周转困难，并由此产生流动性风险。避免流动性风险最好的办法就是资金与负债的完全匹配，但实际上企业要在投融资活动中真正做到这点往往是非常困难的。

(6) 购买力风险。

购买力风险是指由于通货膨胀因素使企业实际收益减少的可能性。经济生活中出现通货膨胀，投资者的投资收益尽管表面上并未减少，但因为货币的贬值，导致其实际收益大幅度下降，由此形成实质上的投资损失，从而影响到企业的偿债能力。

(7) 政策风险。

在市场经济条件下，由于受价值规律和竞争机制的影响，各企业争夺市场资源，都希望获得更大的活动自由，因而可能会触犯国家的有关政策，而国家政策又对企业的行为具有强制约束力。另外，国家在不同时期可以根据宏观环境的变化而改变政策，这必然会影响到企业的经济利益，因此，国家与企业之间由于政策的存在和调整，在经济利益上会产生矛盾，从而产生政策风险。

(8) 内部管理风险。

由于企业决策失误或内部管理秩序混乱等内部因素引起的风险被称为内部管理风险。

它主要包括因公司组织结构不健全、决策机制不合理、内部管理存在漏洞与失误所导致的决策风险与操作风险。这种风险的形成是由企业的经营机制、管理水平和投资者的决策能力等因素决定的。当经营环境出现对企业的不利变化时就会成倍地放大这种风险,导致企业投资遭受更加严重的损失。

(9) 国家风险。

国家风险是指在国际经济活动中,由于国家的主权行为所引起的给企业造成损失的可能性。其主要包括政治风险、社会风险和经济风险。

3. 融资风险的特点

1) 时间性

融资风险的首要特征是其具有时间性,对过去已经发生的事件不存在预测风险,对未来事件的预测才会存在风险。人们在预测未来事件时有很多的不确定性,这些不确定性就是风险。当人们对未来某一事件掌握的有效信息越多,那么做出的决策就会越合理,风险也就越小。相反,如果对未来事件相关信息了解不充分,而决策者难以把握;或者因为决策者的个人知识、技能与偏好等主观原因而不能正确认识和把握客观信息,那么对未来事件的预测就会存在很大的风险性。

2) 客观存在性

认识和分析公司融资风险的目的是为了能更好地防范和控制融资风险,使财务损失得以减少,但是,要完全消除公司的融资风险是不可能的,因为融资风险是客观存在的。公司在融资的过程中有很多决策者的主观判断,这就决定了融资风险是不能完全消除的。此外,公司的融资活动通常都会与相关人员的经济利益有关,如果没有相应的约束或者激励机制,那么有可能会引发相关人员的道德和行为风险,从而引发企业的融资风险,因此,公司在采取相关措施防范和控制融资风险时,应该遵循融资风险的客观存在性,将公司的融资风险控制在一个合理的可接受的范围,而不是一味地追求完全消除融资风险。

3) 不确定性

公司的融资活动有很大的不确定性。这是因为公司的融资活动受到外部宏观环境的影响,例如法律环境、经济环境和社会文化环境等,这些外部宏观环境在不断变化并且是客观存在的,因此公司要得到发展就要积极适应外部宏观环境。

4) 收益与损失并存性

一般来说,风险和收益是成正比的,风险越高,那么收益可能就会越高。但是,如果公司不能很好地防范和控制融资风险,或者由于公司的经营管理不善而又不采取相应的措施改善公司的财务状况等,就会使公司生产经营遭到破坏,公司可以支配的现金净流量不足,从而使公司遭受财务损失。

4. 融资风险管理的原则

1) 规模适度原则

企业的融资活动首先应该根据企业或项目对资金的需求,预先确定资金的需求量。在确定资金的需求量时,要坚持适度规模原则,使融资量与需求量相互平衡,防止融资不足而影响产生经营活动的正常开展，同时也要避免融资过剩而降低资金的使用效益。

2）结构合理原则

企业在融资时，应尽量使企业的权益资本与负债资本保持合理的结构关系。一方面，要防止负债过多而增大财务风险，增加偿债压力；另一方面，要利用负债经营，充分地发挥权益资本的使用效益。

3）成本节约原则

企业在融资行为中要认真地选择融资来源和方式，根据不同融资渠道和融资方式的难易程度、资本成本等，综合考虑，使得企业的融资成本降低，直接提高融资效益。

4）时机得当原则

企业在融资过程中必须按照融资机会和投资机会来把握融资时机，确定合理的融资计划与融资时机，以免因取得资金过早而造成投资前的闲置或者取得资金相对滞后而影响投资时机。融资时机是否恰当也直接影响融资成本。

7.3.2　创业企业融资风险产生的原因

企业融资风险的形成既有举债本身因素的作用，也有举债之外因素的作用。前一类因素称为融资风险的内因，后一类因素称为融资风险的外因。

1．融资风险的内因分析

1）资本结构不合理

企业的融资结构一般是指企业通过各种方式取得资金的一种构成。由于各种融资方式有其各自的特点，并且在资本成本、内源性资金和外源性资金的比例、长期资金和短期资金数量等方面每个企业各有不同，多数情况下当下的企业融资资本可能不是最优的资本结构，也许在某个时间点上这种最优的资本结构存在，但随着企业生产经营活动的不断开展，企业增加融资或者减少融资都会使原有的资本结构发生变化。这种融资资本结构的不断变化，会加大企业融资风险。理论上企业的资本结构存在着最优的组合，但这种最优的组合在实务中往往是难以形成并长期保持的。所以，在融资过程中，要不断优化资本结构，使资本结构趋于合理化，达到企业综合资本成本最低。

2）融资时机和方式不合理

公司选择适当的融资时机是为了能实现最好的融资效果，因此，公司在选择融资时机时需要全方面地考虑公司的内部经营环境和外部经营环境，找到一个最佳时机点进行融资，如果错过这个最佳时机，则会增加公司的融资风险。例如，当下银行的贷款利率很高，但是资本市场的资金供应却趋于过剩，那么在未来的一段时间内银行的贷款利率就有可能会下降。如果公司没有对资本市场以及贷款利率进行分析而在当下进行了大量的长期贷款，公司就不会利用到未来利率下降的机会而使利息支出减少的有利条件，这样就会使公司的融资成本和融资风险增加。

不同的融资方式在获得资金的难易程度、对企业资质的要求等方面存在着差异，其相应的融资成本和融资风险也不同。例如，相对于银行贷款，发行债券对企业自身的要求比较高，报批和发行手续也比较复杂，并且在发行契约书中通常会附加一些限制性条款，其利率要高于同期限的银行存款利率，与发行债务融资比较而言，银行贷款融资速度快，融资弹性相对灵活，且需要公开企业的财务信息，融资成本也较低，所以不同融资方式的融资成本也不同。

3) 经营风险

经营风险是指在企业实现目标的过程中造成负面影响事件发生的可能性。经营风险是指企业在生产经营过程中遇到的不确定情况造成企业经营亏损。造成经营风险的原因主要来自以下几点：首先，因为企业的各项生产要素并非都是稳定不变的，诸如生产技术、管理水平、人力资源等都在变化着，这些不确定因素的存在使企业面临一定的经营风险，损害股东利益。其次，企业融资所获资金用于投资，由于投资活动的未来收益存在着很多不确定性，企业也就面临着所投资金收不回来的风险。最后，由于市场需求千变万化，一旦企业产品不能适应市场的需求，企业就会面临着产品滞销的风险。由此可知，上述经营风险的存在，都会给企业经营带来不利影响，甚至有可能导致企业的衰退。

2. 融资风险的外因分析

1) 外汇汇率变动引起的融资风险

外汇汇率变动引起的融资风险是指汇率变化对筹集外汇资金的企业的不利影响。汇率的变动对于从海外市场筹集资金的企业的融资风险影响显著。在外汇市场中，一旦外汇汇率上涨，企业就必须支付更多的本国货币来偿还债务，这样就大大增加了企业的融资成本，增加了企业的融资风险。外汇汇率变动的融资风险一般存在于有外汇融资业务的企业。当外汇汇率发生变化时，会引起潜在的市场价值和净现金流量的改变，从而影响企业的经营管理决策。如企业通过借入大量外币来扩大规模，发展生产，当归还时，该种外币的汇率上升会使企业以更多的本位币来归还贷款，给企业带来一定的外汇汇率风险。

2) 利率变动引起的融资风险

利率的变动引起的融资风险是指市场利率的变化对企业融资安全带来的不确定性导致的风险。一般而言，在经济发展的繁荣期，市场上资本流动活跃，物价快速上涨，这时候国家为了防止经济发展过热，避免经济运行不稳定，便会通过调整货币政策来进行宏观调控。一旦利率上升，企业的财务费用就会增加，企业的融资风险就会加大；在经济萧条期，市场环境低迷，社会有效需求不足，经济增长乏力，这时国家便会相应调低贷款利息率，利息率降低虽然可以降低企业的融资成本，但银行担心企业因经济不景气而不能按时还款，便会对贷款人的贷款申请实施更为严厉的审查，这就导致很多企业融不到资金而产生资金链断裂，公司面临破产的危险，因此利率的变动会给企业带来很大的影响。

3) 政府政策引起的融资风险

政府政策引起的融资风险集中表现在两个方面：一是政府对外政治经济主张的变化、外交摩擦以及对外战争等外交方面的因素，有可能引起企业融资的外部经营环境恶化，导致企业偿付能力降低；二是政府对内经济政策的调整和改变所产生的风险，政府的财政政策、货币政策以及产业政策等经济政策发生变化后，如果对企业的生产经营活动产生限制，就可能降低企业的经济效益，导致企业因偿债能力降低，而难以偿还到期债务。

4) 法制不完善及监管不严引起的融资风险

法制不完善及监管不严引起的融资风险主要是因为目前我国的金融制度还不完善，存在诸多的监管漏洞，并且企业在融资过程中存在着一些的违规违法操作现象。监管机构监管不严，贷款机构暗箱操作，融资企业违规成本低廉，这些无疑都增加了金融市场的不稳定性，这样也会给企业带来融资风险。

5) 自然灾害和意外事故引起的融资风险

自然灾害和意外事故引起的融资风险也是企业融资风险产生的重要原因之一，主要有火灾、水灾、风灾、地震等。自然灾害和意外事故可能导致企业资产部分或全部损失，使企业偿债能力降低甚至完全丧失，从而引发融资风险。

融资风险的内因和外因相互联系、相互作用，共同诱发融资风险。

7.3.3　融资风险计量

1. 概率分析法

衡量企业融资风险的大小，可以通过计算企业自有资金利润率的期望值及其标准差来衡量。标准差是自有资金收益率偏离其期望值(均值)的程度大小，标准差越大，表明自有资金收益率偏离其期望值(均值)的程度越大，说明融资风险越大；标准差越小，说明融资风险越小。具体步骤如下：

(1) 根据企业对经营业务进行预测的数据来分析各种情况可能出现的概率和可能获得的利润额及利润率。

(2) 计算出企业自有资金利润率的期望值，其公式如下：

$$
\begin{aligned}
期望自有资金收益率 = [&期望的资金利润率 + 借入资金自有资金 \times 期望的资金利润率 \\
& - 借入资金利息率] \times (1 - 所得税税率)
\end{aligned} \tag{7-34}
$$

式中：期望的资金利润率 = 期望的息税前利润率

$$
= \sum [各种可能情况的概率 \times 各种情况下息税前利润率]
$$

(3) 计算平方差和标准差(或变异系数)判断企业的债务筹资风险程度。

$$
\begin{aligned}
平方差：\sigma^2 = \sum [&(各种情况下的资金利润率(自有) - 期望的自有资金利润率)^2 \\
& \times 各种情况可能出现的概率]
\end{aligned} \tag{7-35}
$$

$$
标准差：\sigma = \sqrt{\sigma^2} \tag{7-36}
$$

根据统计学原理，在期望值相同的情况下，标准差越小，表明偏离期望值的幅度越小，即风险越小；反之，标准差越大，表明偏离期望值的幅度越大，即风险越大。但这只是表示风险的一个绝对数。如果依此来进行融资方案的选择，尚不准确。因为标准差较小时，尽管风险也较小，但不一定是所要选择的方案，大的标准差可能被较高的期望值所抵消。为此，引出变差系数的概念，即用各种可能方案下自有资金利润率偏离其期望值的相对程度来反映其融资风险的相对大小。变差系数的计算公式为

$$变差系数 = \frac{标准差}{期望利润率} \tag{7-37}$$

因此，应该通过期望利润率、标准查、变差系数的计算来判断融资风险的大小，从而根据企业的实际情况，做合理的融资决策。

2. 财务杠杆分析法

财务杠杆分析法是指运用产出、收益、息税前利润以及每股收益等变量的相关性分析，所进行的企业融资风险分析。杠杆分析通过企业各项收益项目之间变动相关性的研究，探讨了蕴含在收益波动中的风险程度的大小。一般情况下，用财务杠杆系数来衡量企业融资风险的大小，它指每股盈余对息税前利润变化的敏感程度的大小。一般情况下，财务杠杆系数越大，表明财务杠杆作用程度越大，企业的融资风险也就相应越大，相反，较小的财务杠杆系数也表明企业面临着较小的融资风险。

息税前收益与普通股每股收益之间的关系为

$$EPS = \frac{(EBIT - I)(1 - T)}{N} \tag{7-38}$$

其中，EBIT 为息税前利润，I 为财务费用，T 为所得税，B 为优先股股利，N 为普通股每股收益。

从式(7-38)可以看出，财务杠杆来自于固定的融资成本，即在企业资本结构一定的条件下，企业从息税前收益中支付的固定融资成本是相对固定的，当息税前收益发生增减变动时，每 1 元息税前收益所负担的固定资本成本就会相应地减少或增加，从而给普通股股东带来一定的财务杠杆利益或损失。

财务杠杆作用的大小可通过财务杠杆系数来衡量。财务杠杆系数（DFL）是指普通股每股收益变动率相对于息税前利润变动率的倍数，其计算公式为

$$DFL = \frac{\dfrac{\Delta EPS}{EPS}}{\dfrac{\Delta EBIT}{EBIT}} \tag{7-39}$$

通过式(7-39)，亦可推导出财务杠杆系数的简化计算公式

$$DFL = \frac{EBIT}{EBIT - I} \tag{7-40}$$

从式(7-40)可以看出，融资风险主要取决于财务杠杆的大小，当企业在资本结构中增加负债或优先股融资比率时，固定的现金流出量会增加，从而加大企业财务杠杆系数和融资风险。较大的财务杠杆可以为企业带来较强的每股收益扩张能力，但固定融资费用越多，按期支付的可能性就越小，由此引发的融资风险就越大。如果企业全部资产利润率低于固定融资费率，那么普通股收益率就会低于企业投资收益率或出现资本亏损的情况。

3. 指标分析法

良好的财务业绩是控制融资风险的最佳保障，同理，企业经营业绩不良也是风险发生的主要原因，企业财务业绩指标对风险的计量主要体现在以下四个方面：偿债能力指标、营运能力指标、盈利能力指标以及成长能力指标。

1) 偿债能力指标

偿债能力指的是企业的经营成果对到期债务偿还的能力，包括长期偿债能力和短期偿债能力，企业是否能及时偿还到期债务是评价企业财务状况的关键因素，更是衡量企业融资风险的重要指标，关系到一个企业是否能健康持续地发展。偿债能力指标主要由资产负债率、流动比率和速动比率组成，其计算方法如表 7-2 所示。

表 7-2　偿债能力指标

指标类型	指标名称	计 算 公 式
短期偿债能力	流动比率	流动资产/流动负债
	速动比率	速动资产/流动负债
长期偿债能力	资产负债率	负债总额/资产总额

2) 营运能力指标

资产营运为企业在整个经营过程中实现资本增值这一过程，资产营运能力指管理者对其资产运营的效益和效率，表现出企业对资金的利用效率，也表现出企业管理人员运用资金、管理资金的能力。良好的资产营运能力是对企业债务的重要保障，也是控制降低融资风险的重要因素之一。营运能力指标计算方法如表 7-3 所示。

表 7-3　营运能力指标

指标类型	指标名称	计 算 公 式
资产营运能力	无形资产周转率	销售收入/平均无形资产余额
	流动资产周转率	销售收入/平均流动资产余额
	总资产周转率	销售收入/平均资产总额

3) 盈利能力指标

盈利能力是保障企业能不断发展的前提，它是指企业获取利润的能力，与企业经营业绩、债务偿还、资本保值增值以及企业规模的扩大息息相关。盈利能力指标包括总资产报酬率、净资产收益率和主营业务收益率等。其计算公式如下：

表 7-4　盈利能力指标

指标类型	指标名称	计 算 公 式
盈利能力	总资产报酬率	息税前利润/平均资产总额
	净资产收益率	净利润/净资产
	主营业务利润率	净利润/主营业务收入

4) 成长能力指标

企业成长能力一般也叫做增长能力，指一个企业的发展速度与发展趋势，反映企业在经营过程中的发展能力，受企业管理能力、盈利能力与营运能力等因素影响，增长一般从资产增长、销售增长、收益增长三方面分析。其计算公式如下：

表 7-5　成长能力指标

指标类型	指标名称	计 算 公 式
成长能力	总资产增长率	本年资产增长额/年初资产总额
	主营业务收入增长率	年度主营业务收入增长金额/上年主营业务收入
	净利润增长率	年度净利润增长金额/上年净利润

7.3.4　融资风险的控制

融资风险控制是企业风险管理的一个重要环节，主要是对企业融资面临的各种风险预测、识别、衡量之后，针对融资过程中各种不确定因素，采取相关的控制策略和措施，在风险发生前消除各种风险隐患或在风险发生时采取有效的补救措施，将风险损失控制到最低程度的管理过程。风险控制一方面要控制和消除产生风险的各类原因，另一方面要减少风险发生的影响和损失。企业融资风险控制的方法一般有五种。

1. 风险回避

风险回避是一种事前控制风险的方法，也是最有效的方法。风险回避可以在风险事件发生前，完全消除某一种特定的、风险因素可能造成的损失，而且用其他方法仅能降低损失发生的概率，或者损失程度，减少企业所面临的各种风险事件的潜在影响，但是回避风险的同时也放弃了获得收益的机会。风险回避方法的主要适用条件包括：某种特定风险可能导致的损失概率和损失幅度相当高或者运用其他风险防范和控制方法的成本超过该项目产生的风险收益。

风险回避方法主要包括：(1) 选择风险小的筹资方案，设法回避一些风险较大而且很难把握的融资活动。(2) 通过实施必要的债务互换，采用利率互换、货币互换等方法来预防因利率、汇率变动给企业筹资造成的风险。(3) 企业在合理预测资金需求量的基础上，通过综合分析各种融资方式的资本成本和风险等因素，选择正确的融资方式，确定合适的资本结构，降低融资风险。

2. 风险转移

风险转移是实施风险控制的基本方法之一，主要是指风险承担主体，支付一定的代价作为风险补偿，有意识地将损失或者与损失有关的财务后果转嫁给其他主体的方式。

风险转移的主要方式包括：（1）风险共担，通过多种渠道融入资金，降低单个主体在融资总额中所占的比重，风险损失和风险收益由多个主体分担。（2）参与保险，企业通过向相关保险公司支付一定的保费后，将风险损失转嫁给出保人的行为，参与保险是转嫁风险措施中最为直接和有效的方法之一。（3）转移引起风险的活动，将可能引起风险的财产或产品所有权转移出去，通过所有权的转移实现风险的转移。一般来说自然风险，企业可采用参与保险的方式转移。当企业经营风险较小，而财务风险较大时可采用风险共担或财务转移的方式，当经营风险较大时，可采用转移风险主体的方式。

3. 风险分散

风险分散是指将不同种类的风险有机组合，以便消除非系统性风险，实现降低总体风险的目的，通过增加风险单位的数量，将特定的风险在更多的样本空间里进行分散，以此来减少单个风险单位的损失。

风险分散的主要方式包括：(1) 通过多元化和多角化经营，以分散市场风险。(2) 证券公司通过运用资产证券组合技术降低非系统性风险。(3) 通过构建全方位、多层次的融资渠道，选择不同的融资供给主体，以分散不同种类的融资风险，实现最大限度降低融资风险的目标。(4) 选择多种筹资渠道。例如发行股票、债券、从银行或非金融机构借款、充分利用应付账款、应付票据、预收账款等商业信用。(5) 如果企业选择贷款融资时，必须考虑分散贷款期限，以降低企业还款压力。

4. 风险防范

风险防范主要是指在风险影响因素充分识别和分析的基础上，企业不愿放弃或者不愿转嫁的风险，通过采取相关风险控制措施，降低损失发生的概率或减少损失的幅度。风险防范是企业风险管理中最为积极主动的控制方法，在控制风险的主动性方面优于风险转嫁，在减少整个系统的风险方面优于风险分散和风险转移。

风险防范主要包括两方面内容：(1) 控制风险因素，降低风险因素发生损失的概率。其具体包括防止、减少风险影响因素的产生，控制已经存在的风险影响因素，改善风险影响因素的属性，增强风险主体的抗风险冲击能力等。(2) 控制风险发生后企业的损失程度。在风险影响因素难以有效控制的情况下，可以通过降低风险损失程度，实现风险控制的目标。比如在商业银行与企业之间信息不对称时，为了有效避免因商业银行信贷配给而导致企业盈利机会的丧失或投资项目的失败，企业可以采取寻求第三方担保，提高其财务管理水平，增加财务信息的透明度，建立起自身信用机制，与商业银行之间构筑长期合作关系等措施，最终实现银行与企业双赢的目标。

5. 风险保留

风险保留即风险自担。风险控制中的风险保留是指企业在充分认识到风险损失的情况下主动地风险自担。当某种风险无法避免，也难以有效转移和控制时，或者由于风险收益超过风险损失，企业可以采取风险保留与承担方式。

风险保留通常适用于以下情况：(1) 有效控制风险的成本较高，甚至大于承担风险的损失。(2) 充分了解风险可能造成的最大损失在企业可安全承担范围内。(3) 某种风险无法避免，也难以有效转移和控制其损失等，因此风险保留主要是用于防范那些风险损失较少，企业能够安全承担或不可能有效转移和控制的风险，是一种主动风险自担，对于那些风险损失较大，或者不仅导致直接财务损失，还会产生间接经营风险的情况，需谨慎处理。切忌没有进行风险控制的被动风险自留。

企业融资的复杂性决定了风险控制方式的多样性，以上五种风险控制的方法，都有其不同的适用范围和自身的局限性。目前我国企业融资风险控制的整体水平相对较低，在企业融资过程中遇到的种种风险大多消极被动地采取风险自留，导致企业承担了不必要的经济损失。通过掌握融资活动中引发风险事件的各种风险影响因素来选择风险控制方式会更加有效。

讨论与思考题

1. 资本成本由哪几部分组成？如何计算？
2. 为什么要确定企业的最佳资本结构？
3. 最佳的资本结构应如何确定？试举例说明。
4. 简述企业融资风险的种类、特点和原则。
5. 计量融资风险的方法有哪些？
6. 企业如何控制融资风险？

 案例分析

拆分金融真的能帮助京东降低风险吗？

2016 年 11 月 15 日，京东在公布第三季度财报时，宣布要拆分价值 70 亿美元的金融服务业务"京东金融"，并出售其全部股份给国内投资者。京东官方表示，此次重组的主要目的是将京东金融转型为内资企业，以便在中国开展某些需要政府许可的金融服务业务，并更好地利用中国资本市场的资金。

但是，拆分真的能帮助京东金融降低风险吗？

1. 京东为何要拆分京东金融？

分拆京东金融最直接的好处，是能使京东的财务报表好看一些。京东刚刚发布的第三季度财报显示，虽然京东在非 GAAP（美国通用会计准则）下持续获利，但根据 GAAP 准则，京东三季度仍处于亏损状态，且亏损同比扩大逾 40%；包括京东金融、O2O、技术以及海外业务在内的新业务，在非 GAAP 标准下亏损 3 亿元。而今年年初京东金融进行 A 轮融资时曝光的一份文件显示，京东金融 2014 年第三季度到 2015 年第三季度营收分别为 1.5 亿、2.48 亿、2.82 亿、4.35 亿、5.41 亿元；净利分别为 -1 亿、-1.45 亿、-1.18 亿、-2.68 亿、-2.9 亿元；2015 年前 3 季度营收一共为 12.58 亿元，净亏损为 6.77 亿元，净亏损率为 53.8%。如果将亏损巨大的金融业务剥离出去，就无需再与京东集团合并财务报表，集团的净利表现就不会受到亏损的金融业务的拖累。

不过，让财务报表显得好看应该不是拆分的主要原因，究其根本，面对强有力的竞争对手，京东金融对于资金的需求十分迫切。彭博新闻社援引 New Street 研究分析师 Kirk Boodry 的话表示，京东金融筹集更多资金将有助于它更好地与主要竞争对手竞争。

2016 年以来，为了进一步突入互联网金融领域，京东金融一直在融资和举债。2016 年 1 月，京东金融在 A 轮融资中，获得红杉资本领投的 66.5 亿元人民币；2016 年 1 月到 4 月间，京东完成了四期资产证券化，融资总额超过 50 亿元人民币；此外，京东金融还计划在深交所发行 100 亿元人民币的资产抵押债券。

为了获得更多融资，就需要有更高的估值，去 A 股上市是京东金融较为理想的选择。

刘强东曾说"要在未来三到五年，除了集团在美国上市之外，打造2家以上的上市公司"。结合京东将金融业务转变为纯内资的举动来看，"想登陆A股"也是目前业界对于京东拆分金融业务的普遍猜测。

2. 京东金融面临怎样的风险？

伴随京东金融的膨胀，融资风险和经营风险也如影随形。

Kirk Boodry对彭博新闻社表示，京东的风险主要来自其开展业务的方式——它给商家和消费者贷款。据了解，在供应链金融方面，京东完全由自己提供资金应对来自用户的需求，鉴于其目前在金融领域的加码投入，这种做法无疑会对京东形成较大的资金链压力。易观国际分析师马骁认为，"未来两三年京东的自有资金支持这些业务不成问题，但随着业务的进一步壮大或会达到瓶颈，目前这些业务用的是小贷牌照，小贷公司的资金来源有限。"

虽然目前在理财、保险和证券方面，京东金融都在跑马圈地，力图实现资金流入，但目前来看这些方向尚未对现有业务构成实际支撑。资金后继乏力，这或许也是京东金融大举融资和举债的原因。但拆分上市融资也带来一个问题：脱离了京东集团之后，京东金融资产证券化信誉和资产质量会受到影响，资产抵押债券的利率会升到多高？

3. "京东白条"的信用风险

京东金融面向消费者C端的主打产品之一"京东白条"，其本身的信用风险也不可忽视。

业内人士表示，看起来和"先消费再还款"的信用卡模式很像的"京东白条"，事实上和信用卡完全是两回事。"京东白条"是一种赊销模式，消费者所欠的并非银行的钱，而是欠京东的钱。赊销模式的风险点在于，这一过程不受金融监管，而且，信用评估的责任和风险也完全由京东承担。

简单来看，用户在京东白条的欠款与银行无关，也不会在个人征信记录里留下记录。这种特性让京东金融存在巨大的信用坏账风险。而且，京东金融还专门针对收入低、抗风险能力差的学术群体推出"校园白条"，门槛更低，周期更长，坏账风险相应地也就更大。

为了规避信用评估的风险，京东采取的对策是要求申请开通白条的用户绑定信用卡。在京东看来，拥有信用卡的用户经过了银行的审核结合筛选，信用相对有保障。但这一举措恰恰说明，京东自身拥有的数据不足以满足对用户进行信用甄别的需要。

京东尝试对标的竞争对手蚂蚁金服手中却握有积累了十年的购物行为大数据。凭借这些数据，蚂蚁金服可以建立健全的信用评级制度，识别消费者的还款能力，对坏账风险进行有效管控。

这样巨大的坏账风险，京东要如何应对呢？除了拖欠供应商货款之外，京东还想到了转嫁——把坏账风险重新转给银行，让用户以信用卡来偿还京东白条的借款，这就出现了2015年11月时京东因为"以贷还贷"被招商银行和交通银行叫停的事件。

除了平台用户的不可控风险，京东拆分了金融业务之后，能在多大程度上达到"开展某些需要政府许可的金融服务业务"的目的也仍存疑。与主要竞争对手蚂蚁金服相比，京东缺少银行、保险、证券、个人征信、消费金融等重要业务领域的牌照。而面对银行、消费金融等牌照申请的盈利要求，持续亏损的京东金融也是一筹莫展。

此次京东拆分金融业务的举措，被认为是在模式上效仿当年阿里巴巴剥离支付宝。而经过十数年的实践，海外市场对这一模式已经基本认可。从京东宣布这一消息后股价上涨超过 11% 可见一斑。不过，正如刘强东所言，京东支付已经比支付宝晚了十年时间。易观数据显示，目前，支付宝的市场占有率一直保持在 70% 以上。而对比与京东金融的亏损，蚂蚁金服已连续三年盈利，估值更是有近 10 倍的差距。

　　"我们没有设定时间表，但我们当然希望尽快前进，"京东首席财务官司黄宣德在接受彭博社采访时说。无论京东金融能从重组之中得到多少迎战竞争对手的筹码，留给它的时间确实不多了。

资料来源：逸铭 拆分金融真的能帮助京东降低风险吗？电商在线，2016.11.18

　　根据上述材料，结合本章知识，回答下列问题：

　　(1) 京东拆分京东金融的目的是什么？这种风险转移的方法为京东的持续经营带来哪些隐患？

　　(2) "京东白条"的信用风险是怎样产生的？如何降低这种风险？如何规避这种风险？

　　(3) 结合材料分析，京东公司面临哪些融资风险和经营风险？

第8章

创业企业财务计划与控制

重点提示

> 财务预算编制的方法
> 现金预算的编制
> 财务控制的内容
> 财务预警的主要程序

阅读资料

截至 2014 年 12 月 31 日，中石油长庆油田 2014 年生产油气当量突破 5500 万吨，达到 5545 万吨，"西部大庆"目标如期建成，使得其"西部大庆"的地位更加巩固，在保障国家能源供应中发挥着重要作用。

进入新阶段后，油田经营目标要从短期迅速上产向长期稳定生产转变。体现在财务管理上，就要求管理从注重前期勘探开发资本投入管理转向日常生产的操作成本的管理，通过操作成本的精细化管理促使企业效益提升。

在这一背景下，长庆油田转向改善成本预算管理，从而更好地进行成本精细化，缓解成本压力。具体表现在：

1. 成本预算的编制

1) 完善预算编制的组织结构

在编制预算前，首先要改善目前的预算组织结构。具体而言，应该在原有的结构的基础上，在其所属采油厂成立预算管理委员会，厂主管领导为主任委员，各级费用主管部门的负责人为委员，办公室设在财务资产科，负责日常管理工作。

改善后的组织结构图如图 8-1 所示，采油厂在原有组织结构的基础上，增设了新的机构——预算管理委员会，由其负责该厂统一的预算管理工作。

2) 预算编制方法的改进

在原有预算编制方法的基础上，充分考虑以前年度的成本发生情况，并根据预算预警，对因产量、政策、生产实际情况等因素引起的费用变动予以适时调整和追加。预算编制方法的具体变化为：(1) 考虑以往情况和现存的费用开支水平，将原有的零基预算方法改编为以零基预算与定基预算相结合的方法；(2) 考虑生产因素变化等引起的变动，将原有的固定预算方法改为弹性预算编制方法。

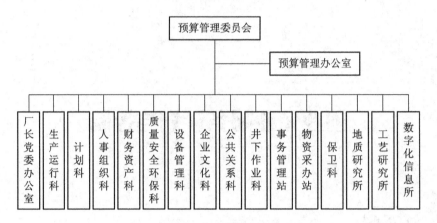

图 8-1　改善后采油厂的组织结构图

2. 预算的执行

1) 预算的过程实施

充分发挥生产单位的能动性，过程实施主要由费用主管部门和作业区费用主管组室适时监控和管理。以作业区运费预提上报为例，如图 8-2 所示。

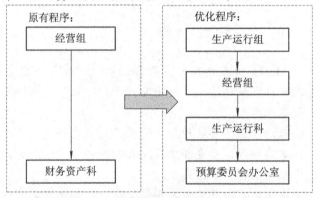

图 8-2　作业区运费预提上报程序对比

图 8-2 所示的作业区运费预提上报过程：原来的程序直接由经营组将作业区预提费用上报给财务资产科；而优化的程序则是将预提费用由生产运行组上报经营组，再通过生产运行科最后上报给预算管理委员会。相对而言，优化后的程序使得费用的上报过程更加合理，并且更能够体现执行过程，以便于最后进行考核时的责任追踪。

2) 预算过程控制的关键点

油田企业属于制造业，主要涉及的工作是生产性工作，因而长庆油田预算执行的关键点就是生产预算控制，具体包括以下内容：

(1) 产量预算控制。原油生产量会受到销售预算和存货预算控制结果的影响，一般来说，产量预算的指导原则应包括以下几点：决定原油的标准存货周转率；利用原油的标准存货周转率和销售预测值来决定其存货数量的变化；预算期内原油的生产数量等于其销售预算加减存货增减数量。

(2) 直接材料预算控制：直接材料预算控制有两个基本的目的：一个是关于直接材料的存货，通过预算控制使相关人员能够在最适当的时候发出订单，以适当的价格和质量获得适当数量的直接材料；二是关于直接材料的消耗，通过控制材料消耗符合预算标准，将损失控制在确定范围之内。

(3) 直接人工预算控制。油田企业的直接人工控制包括职工工资、福利费及社会保险费等，依赖于各级主管人员的持续监督与观察，以及主管人员跟员工的接触，因此，从控制人工标准和员工人数来控制工资费用总额以及监督劳动生产率情况这两个方面对直接人工进行预算控制。

(4) 制造费用控制预算。制造费用预算控制的基本原则是区分可控和不可控因素：

油田企业制造费用预算控制中的可控因素与材料和人工预算控制有关，制造费用中的材料和人工控制方法参照直接材料和直接人工的预算控制；油田企业制造费用预算控制中的不可控因素，比如折旧折耗摊销等，由负责计算分摊这些费用的部门单独实施控制，调控费用的总额和分配给各受益部门的份额。接受这些间接费用的部门则不需要承担控制的责任。

3. 预算的考核

预算考核实行分级管理，双重考核。具体而言，就是厂部预算委员会考核各费用主管部门，费用主管部门根据考核结果考核作业区，同时厂部预算委员会对作业区整体单位成本进行考核。主要对以下内容进行考核：

表8-1　考核的相关内容

考核内容	考核时间	考核方法	考核指标
预提费用	月末	厂网排名通报	预提比率
季度预算	季末	排名、通报、奖惩	预算准确率、净奖励
年度预算	年末	排名、通报、奖惩	预算准确率、净奖励

最后，预算经过考评后进行反馈，并根据反馈信息对预算进行调整。预算调整的方法有很多，由于油田企业属于生产性的制造企业，一般情况下，更倾向于使用自动滚动调整的手段，即当预算假设或预算条件产生变化时，将自动按照最新的预算假设或预算条件调整预算的指标，当预算总目标满足调整的条件时，自动生成一个新的预算总目标，如此不断波动直至预算期间结束。

資料来源：石志勇. 中石油长庆油田年产油气当量突破 5500 万吨. 新华网，2014.12.31

根据上述材料，思考以下问题：

(1) 长庆油田在预算编制方面采取了哪些措施？

(2) 控制关键点是实施过程管理的有效方法。那么，长庆油田在预算执行过程管理中采取了哪些方法来控制关键点？

8.1　全面预算的基础——财务预算

财务预算(Financial Budget)是一系列专门反映企业未来一定预算期内预计财务状况和经营成果，以及现金收支等价值指标的各种预算的总称，具体包括现金预算、预计利润表、预计资产负债表和预计现金流量表等内容。

8.1.1　财务预算编制的方法

财务预算编制方法主要包括固定预算法、弹性预算法、零基预算法、滚动预算法和概率预算法等。下面我们就各种预算编制方法进行简单的介绍。

1. 固定预算法

固定预算法又称静态预算法，是编制预算的最基本方法。它是以预算期内某一固定业务活动水平为基础来确定相应预算指标的编制方法。按此法编制的预算称作固定预算。一般情况下，对于不随业务量变化而增减的固定成本(如折旧费、保险费等)项目预算，可以采用固定预算法进行编制；随着业务量变化而增减的变动成本(如材料消耗等)项目预算就不宜使用固定预算法。

固定预算法的优点是：简便易行，应用广泛。固定预算法的缺点是：当实际业务量偏离预算编制所依据的业务量时，采用固定预算法编制的预算就失去了其编制的基础，也失去了其作为控制和评价标准的意义。

固定预算法主要适用于经营活动比较稳定的企业、社会非盈利性组织以及企业经营管理活动中的某些相对固定的成本支出项目的核算。但应注意的是，当业务量脱离预定水平时，固定预算就难以发挥其控制和考核作用。

2. 弹性预算法

弹性预算法(Flexible Budget)是在变动成本法的基础上，以未来不同业务水平为基础编制预算的方法，与固定预算对称。它是指以预算期间可能发生的多种业务量水平为基础，分别确定与之相应的费用数额而编制的、能适应多种业务量水平的费用预算。

弹性预算是企业在不能准确预测业务量的情况下，根据本量利之间有规律的数量关系，按照一系列业务量水平编制的具有伸缩性的预算。弹性预算有两个显著特点：

(1) 扩大了预算的适用范围。

(2) 使预算执行情况的评价和考核建立在更加现实和可比的基础上。

弹性预算主要用于编制成本预算、销售及管理费用预算和利润预算。弹性预算的编制步骤如下：

(1) 选择和确定各种经营活动的计量单位消耗量、人工小时、机器工时等。

(2) 预测和确定可能达到的各种经营活动业务量。在确定经营活动业务量时，要与各业务部门共同协调，一般可按正常经营活动水平的 70%～120%确定，也可按过去历史资料中的最高业务量和最低业务量为上下限，然后在其中划分若干等级，这样编出的弹性预算较为实用。

(3) 确定预算期内各项目不同业务量水平的预算额，并用一定的方式来表达。

编制弹性成本预算的主要方法有列表法和公式法。用列表法编制的成本预算可以直观地比较不同业务量水平下实际与预算的差异，有利于成本差异的分析与控制，便于预算的控制与考核，但这种方法工作量大，且不能包括所有业务量条件下的费用预算，故适用面较窄。公式法的优点是在一定范围内不受业务量波动的影响，编制预算的工作量较小；缺点是在进行预算控制和考核时，不能直接查出特定业务量下的总成本预算额，而且按细目分解成本比较麻烦。

在实际工作中，一般企业可采用固定预算和弹性预算组成的混合预算制度，以适应管理的需要。

3. 零基预算法

零基预算法最初是由德州仪器公司开发的，是指在编制预算时对于所有的预算支出均以零为基底，不考虑以往情况如何，从根本上研究分析每项预算有否支出的必要和支出数额的大小。这种预算不以历史为基础作修修补补，而是在年初重新审查每项活动对实现组织目标的意义和效果，并在成本-效益分析的基础上，重新排出各项管理活动的优先次序，据此决定资金和其他资源的分配。

零基预算是针对传统预算的缺点进行的改革，它要求对各个业务项目需要多少人力、物力和财力逐个进行估算，并说明其经济效果，在此基础上按项目的轻重缓急性质，分配预算经费。编制零基预算的具体程序包括：

(1) 动员与讨论；

(2) 划分不可避免项目和可避免项目；

(3) 划分不可延缓项目和可延缓项目。

【例8.1】　A公司管理部门为深入开展增收节支运动，降低成本费用开支水平，拟按照零基预算方法编制管理费用预算。

首先，公司管理部门根据企业下一季度的总体目标和本部门的具体任务，经过部门全体职工反复讨论，提出必要开支的费用项目及费用额草案，如表 8-2 所示。

表 8-2　管理费用预算草案　　　　　单位：元

项目	房屋租金	培训费	研究开发费	办公费	差旅费
金额	8000	10 000	16 000	6000	4000

经过充分论证，认为上述费用中，房屋租金、办公费、差旅费是不可避免的费用支出，必须得到全额保证。培训费和研究开发费可酌情增减其费用额，根据历史资料将研究开发费和培训费进行成本-效益分析，分析结果如表 8-3 所示。

表 8-3　费用项目的成本-效益分析表　　　　　单位：元

项目	成本	收益
研究开发费	100	350
培训费	100	200

其次，权衡上述各项费用开支的轻重缓急，对各成本项目进行层次排序。因为房屋租金、办公费和差旅费在预算期的发生是必不可少的，属于不可避免的约束性固定成本，所以应列为第一层次；培训费和研究开发费可根据预算期间企业财力情况酌情增减，其中研究开发费的成本效益较大，应列为第二层次，培训费的成本效益较小，故列为第三层次。

再次，分配落实资金。假设该公司在预算期内可用于管理费用的资金为 40 000 元，满足前三项费用支出后尚余 22 000 元，下面将 22 000 元剩余资金在后两个费用项目之间进行分配。

$$研究开发费应分配数 = \frac{350}{350 + 200} \times 22\,000 = 14\,000(元)$$

$$培训费应分配数 = \frac{200}{350 + 200} \times 22\,000 = 8000(元)$$

经过上述分析，最后确定的管理费用预算如表 8-4 所示。

表 8-4 管理费用预算表   单位：元

项目	房屋租金	办公费	差旅费	研究开发费	培训费
金额	8000	6000	4000	14 000	8000

零基预算法有利于提高员工的"投入-产出"意识，合理分配资金，发挥基层单位参与预算编制的创造性和提高预算管理水平。但在实际运用中仍存在一些"瓶颈"。(1) 由于一切工作从"零"做起，因此采用零基预算法编制工作量大，费用相对较高；(2) 分层、排序和资金分配时，可能有主观影响，容易引起部门之间的矛盾；(3) 任何单位工作项目的"轻重缓急"都是相对的，过分强调当前的项目，可能是有关人员只注重短期利益，忽视本单位作为一个整体的长远利益。在实际中，运用零基预算法控制经费特别适合于产出较难辨认的服务性部门的费用预算。

4. 滚动预算法

滚动预算法(Rolling Budget)又称永续预算法或连续预算法，是指按照"近细远粗"的原则，根据上一期的预算完成情况调整和具体编制下一期预算，并将编制预算的时期逐期连续滚动向前推移，使预算总是保持一定的时间幅度。滚动预算的编制可采用长计划、短安排的方式进行，即在编制预算时，可先按年度分季，并将其中第一季度按月划分，编制各月的详细预算。其他三个季度的预算可以粗一些，只列各季总数，到第一季度结束前，再将第二季度的预算按月细分，第三、四季度及下年度第一季度只列各季总数，以此类推，使预算不断地滚动下去。

由于预算不断调整与修订，使预算与实际情况相适应，有利于充分发挥预算的指导和控制作用。但采用滚动预算方法工作量较大，实际中可采用按季滚动来编制预算，而在执行预算的当季，再按月份具体编制各月的预算。

5. 概率预算法

概率预算法(Probability Budget)是指在编制预算过程中，对有关变量作一些近似的估计，估计它们可能变动的数值范围，分析它们在该范围内出现的概率，然后对各变量进行调整，计算期望值，编制预算。预算编制涉及的变量很多，如业务量、价格、成本等。

一般情况下，采用概率预算法编制预算的步骤如下：

(1) 在预测分析的基础上，估计各相关因素的可能数值范围及其出现的概率。

(2) 计算联合概率，即具有递进关系的各相关因素的概率之积。

(3) 按弹性预算提供的预算指标及与之相对应的联合概率，计算出预算对象的期望值，即概率预算下的预算结果。

由于概率预算在编制中采用了现代数学方法，因而使预算的盲目性大大降低，提高了预算的科学性和准确性；但概率预算要求的预算编制水平较高，计算过程复杂，编制难度较大。

8.1.2　财务预算的编制

1. 销售预算

销售预算是整个预算的编制起点，其他预算的编制要以销售预算为基础。销售预算的主要内容是销售量、单价和销售收入。销售预算中必须反映有关预计现金收入的内容。表8-5 所示为销售预算。

表8-5　销　售　预　算　　　　　单位：元

季度	一	二	三	四	全年
预计销售量/件	100	150	200	180	630
预计单位售价	200	200	200	200	200
销售收入	20 000	30 000	40 000	36 000	126 000
预计现金收入					
上年应收账款	6200				6200
第一季度(销货 20 000)	12 000	8000			20 000
第二季度(销货 30 000)		18 000	12 000		30 000
第三季度(销货 40 000)			24 000	16 000	40 000
第四季度(销货 36 000)				21 600	21 600
现金收入合计	18 200	26 000	36 000	37 600	117 800

2. 生产预算

生产预算是在销售预算的基础上编制的，其主要内容有销售量、生产量、期初存量和期末存量。表 8-6 所示为生产预算。

表8-6　生　产　预　算　　　　　单位：件

季度	一	二	三	四	全年
预计销售量	100	150	200	180	630
加：预计期末存量	15	20	18	20	20
合计	115	170	218	200	650
减：预计期初存量	10	15	20	18	10
预计生产量	105	155	198	182	640

预计生产量 = (预计销售量 + 预计期末存量) − 预计期初存量

3. 直接材料预算

直接材料预算是以生产预算为基础编制的，同时要考虑原材料存货水平，其主要内容包括直接材料的单位产品材料用量、生产需用量、期初期末存量等，各期现金支出包含上期应付账款和本期应支付的采购货款。直接材料预算如表 8-7 所示。

预计材料采购量 = (生产需用量 + 期末存量) − 期初存量

表 8-7　直接材料预算

季　度	一	二	三	四	全年
预计生产量/件	105	155	198	182	640
单位产品材料用量/(千克/件)	10	10	10	10	10
生产需用量/千克	1050	1550	1980	1820	6400
加：预计期末存量/千克	310	396	364	400	400
合计	1360	1946	2344	2220	6800
减：预计期初存量/千克	300	310	396	364	300
预计材料采购量/千克	1060	1636	1948	1856	6500
单价/(元/千克)	5	5	5	5	5
预计采购金额/元	5300	8180	9740	9280	32 500
预计现金支出					
上年应付账款	2350				2350
第一季度(采购 5300 元)	2650	2650			5300
第二季度(采购 8180 元)		4090	4090		8180
第三季度(采购 9740 元)			4870	4870	9740
第四季度(采购 9280 元)				4640	4640
合计	5000	6740	8960	9510	30 210

4. 直接人工预算

直接人工预算是以生产预算为基础编制的，其主要内容包括预计产量、单位产品工时、人工总工时、每小时人工成本和人工总成本。表 8-8 所示为直接人工预算。

表 8-8　直接人工预算

季　度	一	二	三	四	全年
预计产量/件	105	155	198	182	640
单位产品工时/(小时/件)	10	10	10	10	10
人工总工时/小时	1050	1550	1980	1820	6400
每小时人工成本/(元/小时)	2	2	2	2	2
人工总成本/元	2100	3100	3960	3640	12 800

5. 制造费用预算

制造费用预算分为变动制造费用和固定制造费用两部分。变动制造费用以生产预算为基础来编制；固定制造费用需要逐项进行预计，通常与本期产量无关，按每季实际需要的支付额预计，然后求出全年数。制造费用预算需预计现金支出。表 8-9 所示为制造费用预算。为了便于以后编制产品成本预算，需要计算小时费用率，其公式为

$$变动或固定制造费用分配率 = \frac{年度变动或固定制造费用总额}{年度人工总工时}$$

表 8-9　制造费用预算　　　　　　　　单位：元

季　度	一	二	三	四	全年
变动制造费用：					
间接人工	105	155	198	182	640
间接材料	105	155	198	182	640
修理费	210	310	396	364	1280
水电费	105	155	198	182	640
小计	525	775	990	910	3200
固定制造费用：					
修理费	1000	1140	900	900	3940
折旧	1000	1000	1000	1000	4000
管理人员工资	200	200	200	200	800
保险费	75	85	110	190	460
财产税	100	100	100	100	400
小计	2375	2525	2310	2390	9600
合计	2900	3300	3300	3300	12 800
减：折旧	1000	1000	1000	1000	4000
现金支出的费用	1900	2300	2300	2300	8800

6. 产品成本预算

产品成本预算以生产预算、直接材料预算、直接人工预算、制造费用预算汇总编制，其主要内容是产品的单位成本和总成本。表 8-10 所示为产品成本预算。

表 8-10　产品成本预算

	单位成本（每千克或每小时）	投入量	成本/元	生产成本（640 件）	期末存货（20 件）	销货成本（630 件）
直接材料	5	10 千克	50	32 000	1000	31 500
直接人工	2	10 小时	20	128 000	400	12 600
变动制造费用	0.5	10 小时	5	3200	100	3150
固定制造费用	1.5	10 小时	15	9600	300	9450
合计			90	57 600	1800	56 700

7. 销售及管理费用预算

销售费用预算是指为了实现销售预算而支付的费用预算。它以销售预算为基础，分析销售收入、销售利润和销售费用的关系，求得销售费用的最有效方法。管理费用是管好一般管理业务所必须的费用，它多属于固定成本，所以一般以过去的实际开支为基础，按预算期可预见的变化来调整。表 8-11 所示为销售及管理费用预算。

表 8-11　销售及管理费用预算　　　　　　　　　单位：元

项　　目	金　　额
销售费用：	
销售人员工资	2000
广告费	5500
包装、运输费	3000
保管费	2700
管理费用：	
管理人员薪金	4000
福利费	800
保险费	600
办公费	1400
合　计	20 000
每季度支付现金(20 000÷4)	5000

8. 现金预算

现金预算包括现金收入、现金支出、现金多余或不足、资金的筹集和运用四个部分。现金收入包括期初现金余额和预算期现金收入，销货取得的现金是其主要来源。

现金支出部分包括前述直接材料预算、直接人工预算、制造费用预算、销售和管理费用预算中的各项现金支出。此外，还包括所得税、购置设备、股利分配等现金支出。表 8-12 所示为现金预算。

表 8-12　现　金　预　算　　　　　　　　　单位：元

季　　度	一	二	三	四	全年
期初现金余额	8000	8200	6060	6290	8000
加：销货现金收入(表 8-5)	18 200	26 000	36 000	37 600	117 800
可供使用现金	26 200	34 200	42 060	43 890	125 800
减：各项支出					
直接材料(表 8-7)	5000	6740	8960	9510	30 210
直接人工(表 8-8)	2100	3100	3960	3640	12 800
制造费用(表 8-9)	1900	2300	2300	2300	8800
销售和管理费用(表 8-11)	5000	5000	5000	5000	20 000
所得税	4000	4000	4000	4000	16 000
购置设备		10 000			10 000
股利分配		8000		8000	16 000
支出合计	18　000	39 140	24 220	32 450	113 810
现金多余或不足	8200	4940	17 840	11 440	11 990
向银行借款		11 000			11 000
还银行借款			11 000		11 000
短期借款利息(年利 10%)			550		550
长期借款利息(年利 12%)				1080	1080
期末现金余额	8200	6060	6290	10 360	10 360

现金多余或不足部分列示的是现金收入合计与现金支出合计的差额。差额为正，说明有多余，可用于偿还以前借款或作短期投资；差额为负，说明现金不足，可向银行取得新的借款，或者出售已购买的短期有价证券，以弥补现金之不足，并能保持最低现金余额之要求。

9. 财务报表预算

财务报表预算主要为企业财务管理服务，是控制企业资金、成本和利润总量的重要手段。因其可以从总体上反映一定期间企业经营的全局情况，故通常称为企业的"总预算"。财务报表预算主要包括利润表和资产负债表预算。

1) 利润表预算的编制

表 8-13 是 A 公司的利润表预算，它是根据上述各有关预算编制的。

表 8-13　利润表预算　　　　　　　　　　　　单位：元

项　　目	金　　额
销售收入(表 8-5)	126 000
减：销货成本(表 8-10)	56 700
等于：毛利	69 300
减：销售及管理费用(表 8-11)	20 000
利息(表 8-12)	1630
等于：利润总额	47 670
减：所得税费用(估计)	16 000
等于：税后净收益	31 670

"所得税费用"项目是在利润规划时估计的，并已列入现金预算。它通常不是根据"利润"和所得税率计算出来的，因为有诸多纳税调整的事项存在。此外，从预算编制程序上看，如果根据"本年利润"和税率重新计算所得税，则需要修改"现金预算"，引起信贷计划修订，进而改变"利息"，最终又要修改"本年利润"，从而陷入数据的循环修改。

利润表预算与实际利润表的内容、格式相同，只不过数据是面向预算期的。它是在汇总销售收入、销货成本、销售及管理费用、营业外收支、资本支出等预算的基础上加以编制的。通过编制利润表预算，可以了解企业预期的盈利水平。如果预算利润与最初编制方针中的目标利润有较大的不一致，就需要调整部门预算，设法达到目标，或者经企业领导同意后修改目标利润。

2) 资产负债表预算的编制

资产负债表预算与实际的资产负债表内容、格式相同，只不过数据反映的是预算期末的财务状况。该表是利用本期期初资产负债表，根据销售、生产、资本等预算的有关数据加以调整编制的。

表 8-14 是 A 公司的资产负债表预算。大部分项目的数据来源已注明在表中。普通股、长期借款两项指标本年度没有变化。

表 8-14　资产负债表预算　　　　　　　　　　　　单位：元

资　产			权　益		
项目	年初	年末	项目	年初	年末
现金(表 8-12)	8000	10 360	应付账款(表 8-7)	2350	4640
应收账款(表 8-5)	6200	14 400	长期借款	9000	9000
直接材料(表 8-7)	1500	2000	普通股	20 000	20 000
产成品(表 8-10)	900	1800	未分配利润	16 250	31 920
固定资产	35 000	45 000			
减：累计折旧(表 8-9)	4000	8000			
资产总额	47 600	65 560	权益总额	47 600	65 560

年末"未分配利润"是这样计算的：

$$期末未分配利润 = 期初未分配利润 + 本期利润 - 本期股利$$
$$= 16\ 250 + 31\ 670 - 16\ 000$$
$$= 31\ 920(元)$$

"应收账款"是根据表 8-5 中的第四季度销售额和本期收现率计算的，即

$$期末应收账款 = 本期销售额 \times (1 - 本期收益率)$$
$$= 36\ 000 \times (1 - 60\%)$$
$$= 14\ 400(元)$$

"应付账款"是根据表 8-7 中的第四季度采购金额和付现率计算的，即

$$期末应付账款 = 本期采购金额 \times (1 - 本期付现率)$$
$$= 9280 \times (1 - 50\%)$$
$$= 4640(元)$$

编制资产负债表预算的目的在于判断预算反映的财务状况的稳定性和流动性。如果通过资产负债表预算的分析，发现某些财务比率不佳，则必要时可修改有关预算，以改善财务状况。

因为已经编制了现金预算，所以通常没有必要再编制现金流量表预算。

8.2　财　务　控　制

8.2.1　企业财务控制的定义和特点

控制是指对客观事物进行约束和调节，使之按照设定的目标和轨迹运行的过程。财务控制就是指依据财务预算和有关制度，对企业财务活动施加影响或进行调节，确保企业及其内部机构和人员全面落实及实现财务预算的过程。

财务控制的特点主要如下：

(1) 价值控制。财务预算的实现是财务控制的目标，而财务预算是以价值形式予以反映的，因此，财务控制必须借助价值手段进行。

(2) 综合经济业务。由于财务控制的手段是价值控制，因此财务控制可将不同岗位、不同部门、不同层次的业务活动综合起来进行控制。

(3) 现金流量控制。企业日常财务活动过程表现为一个组织现金流量的过程。为此，企业现金预算和现金流量表可作为控制考核现金流量状况的依据。

财务控制与财务预测、财务决策、财务预算和财务分析等环节一起构成财务管理的循环。其中，财务控制是财务管理的关键环节，其将财务预测、财务决策、财务预算加以落实，是企业整个经济控制系统中连续性、系统性和综合性最强的控制部分，起着保证、促进、监督和协调等重要作用。

8.2.2　财务控制的内容

企业为了实行有效的财务控制，明确各责任单位应承担的经济责任、应有的权利和利益，促使各责任单位尽其责任协调配合，必须在企业内部建立责任中心。责任中心就是具有一定权利和利益，并承担相应经济责任的企业内部单位。

责任中心的主要特征如下：

(1) 责任中心是一个责权利相结合的实体。

(2) 责任中心具有相对独立的经营业务和财务活动。

(3) 责任中心所承担的责任和行使的权力都应是可控的。

(4) 责任中心便于进行责任会计核算或单独核算。

(5) 责任中心具有承担经济责任的条件。

企业内部设置多少责任中心完全取决于企业内部财务控制和考核的需要。根据企业内部责任中心的权责范围和生产经营活动的特点，责任中心通常分为成本中心、利润中心和投资中心。财务控制的主要内容就是对成本中心、利润中心和投资中心的控制。

1. 成本中心

成本中心是指对成本或费用承担责任的责任中心，由于在这个区域内只能控制成本，因此只对成本负责。通常成本中心是没有收入来源的，因而无需对收入、收益或投资负责。

成本中心的应用范围最广。凡是企业内部有成本发生的、需要对成本负责并能进行控制的单位，都是成本中心。例如，企业里每个分公司、分厂、事业部、车间和部门等都是成本中心；它们又由各单位下所属的若干工段、班组，甚至个人的许多小的成本中心所组成。这样，各个较小的成本中心共同组成一个较大的成本中心，各个较大的成本中心又共同构成一个更大的成本中心，从而形成一个逐级控制并层负责的中心体系。至于企业中不进行生产经营而只提供一定专业服务的单位(如人事部门、财务部门、总务部门等)，则可称为"费用中心"，它们实质上也属于广义的"成本中心"。

成本中心相对于利润中心和投资中心而言，有其自身的特点，主要表现在以下几个方面：

(1) 成本中心只考评成本费用而不考评收益。由于成本中心一般不直接对外销售产品，不实行独立经济核算，其经营活动只有成本、费用的发生，而没有收入发生，因此，成本中心只能考评成本费用，而不能考评其收益。

(2) 成本中心只对可控成本承担责任。成本中心只对成本费用负责，但并不一定能对其责任区域内的全部成本费用负责，因此，必须将成本费用按可控性区分为可控成本和不可控成本。凡是责任中心能控制其发生及其数量的成本费用，称为可控成本；凡是责任中心不能控制其发生及其数量的成本费用，称为不可控成本。

(3) 成本中心的考核指标。由于成本中心只对成本负责，因此对其评价和考核的主要内容是责任成本，即通过比较各成本中心的实际责任成本与预算责任成本，评价各成本中心责任预算的执行情况，包括成本(费用)降低额和变动率两个考核指标。成本降低额和成本变动率的计算公式如下：

$$成本降低额 = 实际责任成本 - 预算责任成本$$

$$成本变动率 = \frac{成本变动额}{预算责任成本} \times 100\%$$

【例 8.2】　某成本中心生产 A 产品，预算(计划)产量为 600 台，单位产品成本为 100元；实际产量为 800 台，单位产品成本为 90 元。试计算该成本中心的成本降低额和成本变动率。

解　　　　$$成本降低额 = 800 \times 100 - 800 \times 90 = 8000(元)$$

$$成本变动率 = \frac{8000}{800 \times 1000} \times 100\% = 10\%$$

2. 利润中心

利润中心是指利润负责的责任中心。由于利润是收入扣除成本费用之差，因此利润中心还要对成本和收入负责，它既要控制成本的发生，也要对收入与成本的差额(即利润)进行控制。利润中心往往处于企业内部的较高层次，如分厂、分公司、事业部等。利润中心一般具有独立的收入来源或能视为一个有独立收入的部门，一般还具有独立的经营权。利润中心与成本中心相比，其权力和责任都相对较大，它不仅要绝对地降低成本，而且更要寻求收入的增长，并使之超过成本的增加。换言之，利润中心对成本的控制是联系着收入进行的，它强调成本的相对节约。

一个责任中心如果能同时控制生产和销售，既对成本负责又对收入负责，但没有责任或没有权力决定该中心资产投资的水平，而可以根据其利润的多少来评价该中心的业绩，那么该中心就称为利润中心。

利润中心有两种类型：一种是自然的利润中心，另一种是人为的利润中心。并不是可以计量利润的组织单位都是真正意义上的利润中心。利润中心组织的真正目的是激励下级制定有利于整个公司的决策并努力工作。从根本目的上看，利润中心是指管理人员有权对其供货的来源和市场的选择进行决策的单位。把不具有广泛权力的生产或销售部门定为利润中心，并用利润指标去评价它们的业绩，往往会引起内部冲突或次优化，对加强管理反而是有害的。

利润中心的考核指标主要是利润，它是按照利润中心所能影响与控制的收入和成本费用来计算的，那些在其经营活动范围内发生或取得但不直接有关或不可控的收入和成本，则排除于利润中心的利润计算之外。人为的利润中心的收入是按其对其他责任中心提供的产品或劳务数量与一定的内部转移价格计算的，并不构成企业实际上的收入，因此，相应确定的利润也不是企业的财务成果。换言之，利润中心的利润只是与其责任相关的责任利润，其总和并不一定与整个企业实际取得的利润总额相等。

利润中心的考核指标主要有以下几个：

(1) 边际贡献 = 销售收入 − 变动成本总额。

(2) 可控边际贡献 = 边际贡献 − 可控固定成本。

(3) 部门边际贡献 = 可控边际贡献 − 不可控固定成本。

(4) 部门税前利润 = 部门边际贡献 − 公司管理费用。

如果是考核利润中心整体的经营业绩，那么应该使用部门边际贡献这个指标；如果是考核利润中心部门经理个人的经营业绩，那么应该使用可控边际贡献这个指标。

【例 8.3】　企业某部门本月销售收入 10000 元，已销商品的变动成本 6000 元，部门可控固定间接费用 500 元，部门不可控制固定间接费用 800 元，分配给该部门的公司管理费用 500 元。最能反映该部门真实贡献的金额是多少？

解　最能反映该部门真实贡献的是部门边际贡献，即

$$部门边际贡献 = 10000 − 6000 − 500 − 800 = 2700(元)$$

3. 投资中心

投资中心是指既对成本、收入和利润负责，又对投资效果负责的责任中心，它实质上是利润中心，但它的控制区域和职权范围比一般的利润中心要大得多。由于它不仅控制其成本、收入和收益，而且控制其所占用的全部资产或投资，因此，它在生产经营和投资决策方面应享有充分的自主权。

投资中心属于企业中最高层次的责任中心，故其适用范围通常仅限于规模和经营管理权限较大的单位，如分公司、分厂、事业部等。它们的领导人应由公司的总经理或董事会直接负责。除非有特殊情况，公司高层领导对投资中心一般不宜多加干涉。

(1) 投资报酬率。投资报酬率又称投资利润率，是指投资中心所获得的利润与投资额之间的比率。其计算公式为

$$投资报酬率 = \frac{利润}{投资额(或经营资产)} \times 100\%$$

式中的利润由于是时期指标，因此投资额(或经营资产)应为平均投资额或总资产平均占用额。投资报酬率这一指标，还可进一步展开为

$$投资报酬率 = \frac{销售收入}{投资额(或经营资产)} \times \frac{成本费用}{销售收入} \times \frac{营业利润}{成本费用}$$

$$= 投资(或资产)周转率 \times 销售成本率 \times 成本费用利润率$$

$$= 投资(或资产)周转率 \times 销售利润率$$

公式表明，提高投资报酬率不仅仅在于降低成本，增加利润，提高销售利润率，而且还要有效地运用经营资产，提高投资(或资产)周转率。

投资报酬率是全面评价投资中心经济效益的综合性指标，它不仅能够反映投资中心的综合盈利能力，还使不同经营规模的责任中心具有可比性，从而对各责任中心的业绩做出客观、公正的评价和考核，此外还为企业选择投资机会提供依据。其缺点主要是小的投资中心与大的投资中心往往会发生矛盾。部门经理会放弃高于资本成本而低于目前部门投资报酬率的机会，或者减少现有投资中报酬率较低但高于资金成本的某些资产，使部门的业绩获得较好评价，但却伤害了企业整体的利益。从引导部门经理采取与企业总体利益一致

的决策来看，投资报酬率并不是一个很好的指标。为了克服投资报酬率这一局限性，往往采用剩余收益作为评价指标。

(2) 剩余收益。剩余收益是指投资中心获得的利润扣减其最低投资收益后的余额。最低投资收益是投资中心的投资额(或经营资产平均占用额)按规定的投资报酬率计算的收益。规定的投资报酬率一般指企业各投资中心的平均投资报酬率或预期的最低报酬率。计算公式如下：

$$剩余收益 = 利润 - 投资额 \times 规定的投资报酬率$$

剩余收益指标的含义是只要投资收益超过平均或期望的报酬额，该项投资就是可行的。以剩余收益指标评价和考核投资中心的经营业绩，不仅具有投资报酬率指标的优点，而且还克服了投资报酬率指标的缺陷。

【例 8.4】　某公司下设 A、B 两个投资中心。目前 A 投资中心的部门资产为 2000 万元，投资报酬率为 15%；B 投资中心的投资报酬率为 14%，剩余收益为 200 万元。该公司的平均资本成本为 10%。试求：

(1) 计算 A 投资中心的剩余收益。

(2) 计算 B 投资中心的部门资产。

(3) 说明分别以投资报酬率和剩余收益作为投资中心业绩评价指标的优缺点。

解　(1) A 投资中心的剩余收益 $= 2000 \times (15\% - 10\%) = 100(万元)$

(2) B 投资中心的部门资产 $= \dfrac{200}{14\% - 10\%} = 5000(万元)$

(3) 以投资报酬率作为评价指标的优缺点如下：

① 优点：获取数据比较简便，该指标反映部门资产的投资效率，有利于不同部门间的横向比较。另外，该指标可以分解为投资资产周转率和边际贡献率的乘积，有利于进行分析。

② 缺点：会带来决策的次优化效应，使得部门利益与企业整体利益发生冲突。

③ A 投资中心投资报酬率 15%高于 B 中心报酬率 14%，运用该指标应该是 A 优于 B 中心；但从剩余收益指标看，B 中心优于 A 中心(因为 B 中心的剩余收益大于 A 中心的剩余收益)，即它会带来决策的次优化效应，使得部门利益与整体利益发生冲突。

以剩余收益作为评价指标的优缺点如下：

① 优点：可以避免决策次优化效应，使得部门利益与企业整体利益一致；根据部门风险的不同可以通过调整资本成本来计算剩余收益，使业绩评价更为客观合理。

② 缺点：不利于不同部门之间的比较。

8.3　财　务　预　警

8.3.1　财务预警的定义和内涵

预警是指根据外部环境及内外部条件的变化，对未来的不利事件或风险进行预测和报警。预警是一种事前采取措施，减少风险或不确定性造成的损害的管理方法。在自然、经济、军事、政治及社会生活等领域中，预警都有广泛的应用。

财务危机预警是以企业信息化为基础，对企业在经营管理活动中的潜在财务危机风险进行监测、诊断与报警的一种技术。它贯穿于企业经营活动的全过程，以企业的财务报表、经营计划及其他相关的财务资料为依据，利用会计、金融、企业管理、市场营销等理论，借助比例分析、数学模型等财务分析方法，发现企业存在的风险，根据预警指标发出的信号对财务危机进行辨识，并向企业利益相关者发出警示，以便采取相应的对策。

对于"财务预警系统"一词，由于人们的理解差异或表述问题的角度不同，出现了许多不同的叫法。从对象上看，有的称其为财务失败预警系统，有的称其为破产预测系统，有的称其为风险评价系统、风险监测系统、风险预警系统；从外延上看，有的称其为财务预警体系、财务预警机制等。本书认为，财务预警即财务危机或财务困境预测、预警，选择财务预警系统称谓比较确切，这种叫法既全面，又具有广泛的适应性。

8.3.2　企业财务预警程序

1. 监控警兆

警兆即警情的征兆，其表现形式有：① 销售的非预期下跌；② 交易记录恶化；③ 企业经营效益明显下降；④ 财务管理混乱；⑤ 财务结构不断恶化；⑥ 财务报表不能及时公开；⑦ 财务经营信誉降低等。

对警兆的监控可根据企业实际，选择如下不同的监控模式：

(1) 常规监控，即企业通过专业软件应用程序对已采集的信息进行定时监控。由于预警体系既包括以财务指标为依据的定量预警，又包括以非财务指标为依据的定性预警，因此对信息的监控面要广，监控时间要短，对于轻度警情企业可以继续进行监控，不进行警源的寻找，对于中度和重度警情，企业应立即寻找警源。

(2) 特殊监控，即对特定事项进行的监控，比如对突发事件的监控。例如，自然灾害的变化情况、非典等不经常发生的事件或企业的竞争对手采取了不正当的手段等都是企业特殊监控的对象。

(3) 随机监控，即根据偶然抽出的信息进行监控，一般是对已监控过的信息进一步验证而采取的监控办法。

2. 寻找警源

警源是警情产生的根源。寻找警源即寻找企业财务危机的根源。从企业对警源的控制程度看，警源可分为两大类：A 类警源和 B 类警源。A 类警源是可控性较弱的警源，通常是企业的外部警源(又称外生警源)，如企业经营的外部环境、国家的经济政策、竞争对手的竞争情况以及自然条件和地理条件的变化等。B 类警源是可控性较强的警源，是指企业的内部警源(又称内生警源)，它包括企业的管理策略、企业内部的运行机制以及经营方针等。B 类警源又包括内部会计警源和内部管理警源。寻找警源有两种方法：直接法和间接法。直接法用于警源浅显的警况，预警人员凭以往的经验和直觉能看出财务危机的根源。间接法用于警源需要分析的警况，对于外部警源和内部管理警源，可以根据监控出的异常情况，经调查分析来寻找警源。对于内部会计警源，可用财务分析方法(包括资本结构分析法、盈亏临界点分析法、杜邦分析法等)找出企业财务危机的根源。

3. 分析警度

分析警度即预测企业财务危机的警情程度。按企业财务危机的严重程度，可把警情分为无警、轻警、中警、重警、巨警五个等级，并分别用绿灯、黄灯、蓝灯、紫灯、红灯来表示。分析警度是把要监测的指标按其临界值与预计的指标之间划分不同的区间，并给每个区间设定区域范围，看实际监测到的指标数据落在哪个范围里，从而判断其警情的程度。例如，企业的现金回收率是一个被监测的指标，设其临界值是 80%，这样就可以把小于 80%的区间分成几个部分：现金回收率在 80%~60%为轻警，用蓝灯表示；现金回收率在 60%~50%为中警，用紫灯表示；现金回收率小于 50%为巨警，用红灯表示。

预报警度主要有两种方法：一是建立关于警素的普通模型，先做出预测，然后根据警限转化为警度；二是建立关于警素的警度模型，直接由警兆的警级预测警素的警度。警度分析的好坏直接关系着警情处理结果的好坏。

4. 处理警情

处理警情即当警情出现后采取什么措施去处理。企业财务危机的警情处理十分重要，企业在制定安全计划的过程中应该考虑一个可操作的警情处理方法和路径，同时在处理过程中也要依据警情的大小和重要性分别对待，重要的警情必须报告高层管理人员。

企业处理警情应包括以下四个步骤：

(1) 进行警因分析。由于引起财务危机的警因复杂多样，因此警因分析一定要细致，不仅考虑某一项因素，还应综合考虑各项因素，关键是要找出问题的实质所在。一般可以按照如下顺序：从重到轻、从企业内部到企业外部、从管理层到员工层、从数据大的指标到数据小的指标等。企业根据自己的特点并结合企业内部管理体制实行一定的方法。

(2) 选择预控对策。一般来说，企业应该建立财务危机的对策库，事先准备好在各种警情下的应急对策或对策思路，这样一旦发出警报，可根据预警信息的类型、性质和警报的程度调用相应的对策。企业进行警情处理时，首先是从对策库中寻找相应的对策。常见的对策有拓宽产品的市场，寻找涨价原料的替代品，削减和压缩资本性支出，延缓非生产经营性支出，寻找新的抵押和担保贷款，寻求并获得新的投资，实施资产重组、债务重组等。当现成的对策库中没有合适的对策时，企业可以向相关的中介机构或咨询机构征求意见，寻求能解决的办法。

(3) 实施预控对策。企业预控对策的实施主要取决于各方面的通力合作和密切配合以及正确的实施方式。在实施过程中，企业相关的组织和部门都应该及时进行信息沟通，避免不必要的误会，实施中的每一个环节必须节节到位，因为企业财务危机有时是串联方式因素引起的。如果其中一个因素没有解决，则有可能引起 1+1>2 的后果，造成整个预警措施的浪费。

(4) 实行评估和反馈。实行评估和反馈是为了保证财务预警的效果，因为人们不可能对每一件事都预测得很准确，当企业采用的预警对策并没有达到预期的效果和目标时，企业应找出原因并及时加以修正和补救，最后将修正和补救后的完整对策反映给对策库，以便日后借鉴和使用。

8.3.3　企业财务预警机制

1. 企业财务预警信息搜集机制

广泛搜集相关的信息是企业进行财务预警的前提，搜集到的信息质量好坏与真实与否会直接影响到企业财务预警实施效果的好坏。一般来讲，影响企业信息质量的因素有：原始数据、信息设备、信息搜集人员、信息处理方法、信息来源、信息传播的途径和信息量的大小等。企业信息是否真实地对企业进行财务危机的判别至关重要，错误的信息会给企业带来错误的信号，使预警人员做出错误的决策，所以企业应派有经验和专业水平高的人员对信息进行判别。

信息收集的途径有很多，包括互联网、利益相关者的抱怨、大众媒体、企业的财务数据、企业的内部沟通与报告、专项调查等。

2. 企业财务预警组织机制

企业在进行财务预警组织设计时，必须考虑到以下几个问题：(1) 确保组织内信息通道畅通无阻，即企业内任何信息均可通过组织内适当的程序和渠道传递到合适的管理层级和人员；(2) 确保组织内的信息得到及时反馈，即传递到组织各部门和人员处的信息必须得到及时的反应和回应；(3) 确保组织内各个部门和人员责任清晰，权利明确；(4) 确保组织内有危机反映机构并授权，即组织内需设立临时预警专门机构并授予其在预警时有特殊权利。

财务预警组织结构的架构有三种：

(1) 直线式组织结构的企业。在这种企业中，可以直接设立财务预警管理小组或财务预警部。财务预警部受最高层领导的直接领导，并对企业最高层的领导负责，其权力凌驾于企业职能部门的权力之上，不受其他部门的制约。在我国，战略管理组织和执行管理组织在现有的企业中已设定，这种组织模式建立的前提是企业已充分认识到预警管理的重要性，并建立了相应独立的预警部。

(2) 由企业的某些职能部门(如审计部门、财务部门) 来承担企业的财务预警工作，可在这些部门专设一个预警员岗位。由于企业的这些部门对企业的经营和运作情况熟悉，对收集到的信息有较强的专业判断能力和去伪存真的能力。这种模式的局限性是可能因工作种类的繁多造成职责不分。

(3) 在企业中设立临时性的预警组织，其成员由企业其他部门的成员临时组成，成员定期进行信息的搜集和预警工作，并定期填写工作报告。这个临时性机构直接向董事会负责，在不正常波动或财务危机解除后，临时性机构就被撤销。这种模式为没有财务预警机构的企业提供了一种补充模式和应急措施，适合于小企业和管理尚不完善的企业。

3. 企业财务预警运行机制

企业财务预警的运行机制包括运行环境、运行渠道、财务风险分析和财务预警责任四部分。企业财务预警的运行环境主要是指企业内部环境。企业的管理人员应该认识到企业实施财务预警的必要性和可能性。财务预警运行渠道不仅要求企业预警所需的信息能及时地传递到预警库中，而且要求信息能及时地反馈到管理处。一旦出现警情，企业的管理人员就能在最短的时间内以最快的效率进行警情的处理，保证预警的速度，减少企业的损失。

　　财务风险分析对于企业进行财务预警有着举足轻重的地位。财务风险分析包括对企业的筹资风险、投资风险、资金回收风险分析和股利分配分析。财务预警的责任保证是财务预警能正常运行的必要条件。企业应针对财务预警活动设定不同的岗位，对每一个岗位明确其分工，保证把责任落实到每一个人员，这样权责明确才能提高预警的质量，保证预警功能的实现。

 讨论与思考题

　　1. 财务预算的编制方法有哪些？各有什么优缺点？
　　2. 责任中心的特征及其分类是什么？
　　3. 财务预警的内在运行机制有哪些？

 案例分析

　　中国平煤神马集团有限责任公司(以下简称中平能化)组建于 2008 年 12 月，由平煤集团和神马集团强强联合组建而成。注册资金 116.5 亿人民币，是以能源化工为主的特大型企业集团，产业遍布河南、湖北、江苏、上海、陕西等 9 个省区。集团产品远销 30 多个国家和地区，拥有"平煤股份"和"神马股份"两家上市公司，是我国品种最全的炼焦煤、动力煤生产基地和亚洲最大的尼龙化工产品生产基地。

　　中平能化集团建立了三级管理架构，确立了加速实现千亿跨越，奋力挺进世界 500 强，建立具有国际竞争力的新型能源化工集团的战略目标。作为国家特大型企业集团资产超过百亿，中平能化集团成立 3 年多来，在原有神马和平煤股份财务管理的基础上，为实现企业集团的战略目标，在企业"蓝海"战略的实施中，系统化和个性化管理逐步起步。特别是在全面预算方面，选择了适合企业集团发展的运作模式，也可供同类企业借鉴。

　　1. 预算的编制

　　(1) 预算编制资源配置标准。从预算编制的角度出发企业的资源通常由自然资源、信息技术资源、人力资源构成。企业资源的限制可以通过预算的编制过程来加以明确和规避。随着资源基础理论与预算管理理论的发展，预算资源配置除了资源的充分挖掘之外，还需要人力资源优化整合，每个相对独立的部门中有先期工作经验的工作人员占该部门成员总数的比例不低于 30%。主要财务预算指标包括利润、经费补贴、目标成本，辅助指标包括其他应收款、四项费用控制指标、应收账款压减指标、资产负债率目标等。

　　(2) 预算编制实践。根据预算编制所依据的指标不同，选择不同的方法编制预算。除了常用到的几种预算编制方法外，还可以据实际情况创新。比如中平能化集团在运用传统的预算编制方法的基础上，依据自身的特点，还探索性地应用了价格测算模型方法。价格测算模型由 3 个部分构成，集团公司预算指标分配汇总和专业公司及控股公司、各子分公司三级预算编制。

　　2. 预算的控制与分析

　　中平能化集团做得比较成功，采取了将内部资金结算与预算控制相结合的方法。一般将控制划分为管理控制与作业控制。从管理控制的基本理论出发，预算控制包括三个基本步骤：建立预算控制标准、用设立的预算控制标准进行过程控制和计量、采取措施纠正偏差加以改进。具体的预算控制过程见图 8-3。

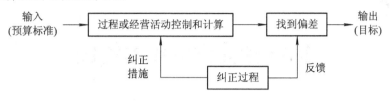

图 8-3　预算控制过程图

企业集团实施全面预算管理后建立了预算分析制度，密切关注预算差异分析。采取的方法有比较分析法、比率分析法、因素分析法。针对不同的预算监控指标，预算差异分析所采用的方法不同，各期分析步骤是相同的。集团主要采取以下步骤：明确预算差异分析的目的、收集相关信息、对实际完成和预算目标进行比较、有针对性地分析预算差异产生的原因、提出应对措施。预算差异分析包括销售预算差异分析(对销售完成情况的分析、对销售预算差异原因的分析包括对销售收入和销售量的分析、应对措施分析包括产品销售结构变化、生产经营状况变化)、生产预算差异分析。

除此之外，还要关注预算调整条件、权限、程序。大体逻辑思路如下：

(1) 预算控制与考核。财务科控制整体预算，所有费用分项下达实行费用捆绑和月度控制制度。据预算费用的性质分别以月、季度、年度累计考核，并根据其他费用发生情况倒算工资。

(2) 成本费用预算考核。企管办、财务科是成本费用汇总、考核的责任部门，一般按月进行经营分析考核。集团公司月度自己将计划下达后，矿区确定资金预算，由财务部门具体实施，严格落实预算制度，进行差异分析。计划科按专项资金预算，会同财务企管和机电部门加强对专项资金管理。财务科付款的原则：无计划、无预算、超预算不付款。对于其他预算财务科严控费用否则扣发财务科全面预算抵押兑现。

(3) 预算的监督预警。其包括：成立全面预算管理监督小组，由行政监察科、审计科、工会组成；每月按计划进行调研、实地盘查实施监督、对重要项目超支作为检查的重点；成立全面预算监督职能部门其监督内容为分型预算、总预算落实情况、考核结果、基层单位费用发生、费用控制等；全面预算管理监督小组对执行结果跟踪监督。

全面预算管理是现代国有企业及企业集团提升国际竞争力的重要体现。中平能化集团在组建之初进行了有效的探索。在集团竞争国际化的今天，国企全面预算管理要结合社会环境和企业实际与时俱进，在战略制定与选择、战略分解与落实以及预算考评与奖惩方面进行战略导向的全面预算管理。只有这样才有益于探索出符合企业发展实际的全面预算管理模式，选择战略目标下集团全面预算管理的最优策略。

资料来源：刘金焕，战略目标视野下企业全面预算管理策略研究——以中平能化集团公司为例，财会通讯，2013.11

根据上述材料，回答下列问题：

(1) 全面预算管理中，编制财务预算有几种类型？

(2) 根据图 8-3 所示框架，分析中平能化集团是如何进行预算控制的？

(3) 中平能化集团在监督预算管理实施结果方面采取了哪些措施？从中能得到哪些启示？

创业企业营运资金管理

重点提示

> ➢ 现金的持有动机
> ➢ 最佳现金持有量的确定
> ➢ 应收账款的成本及应收账款的信用政策
> ➢ 存货的经济进货批量及存货的日常管理

阅读资料

　　戴尔公司(Dell Computer)，是一家总部位于美国德克萨斯州的世界五百强企业，由迈克尔·戴尔于 1984 年创立。戴尔公司的业务涉及家用和办公计算机、服务器、网络设备、数据储存设备等一系列电子设备。戴尔以成功的直销和零库存管理享誉世界，在美国以订货三天内送达和整机定制受到消费者的青睐。从 1995 年起，戴尔公司一直位于《财富》杂志评选的最受仰慕的公司之列。

一、戴尔公司零库存模式实施过程

　　1. 精确预测客户需求

　　戴尔利用 "800" 免费电话和全球性强大的网络沟通平台，与客户进行全天候即时交流，客户可以通过戴尔免费电话或网络提交订单，提交订单后的 1 分钟内，戴尔装配厂的电脑控制中心就会收到订货信息。

　　2. 分解需求信息并传递给配件供应商

　　戴尔利用成熟的网络平台，每 20 秒整合一次订单。收到订货信息后，戴尔控制中心会及时将订单分解为电子配件需求清单，然后采购部门通过互联网和企业间的信息网分派给上游配件制造商。制造商根据需求清单进行配件组装生产，并在规定时间内供货。与此同时，需求清单会直接转交给第三方物流公司，第三方物流会在一小时内配好货物，并在 20 分钟后将所需的全部零件运抵戴尔工厂。

　　3. 高效的生产流程

　　戴尔工厂库存作业效率很高，通常一台 PC 机从原料进厂到打包离厂只需五六个小时。从理论上说，凡是被运到戴尔工厂的零配件都有明确的客户，一旦装配完成，经过测试后，可以直接发货，运往最终客户手中，而在客户未下单之前，戴尔工厂几乎没有物料。这也在一定程度上解释了戴尔为什么能做到在成品零库存之外，配件也几乎达到了零库存。

二、戴尔公司零库存绩效

1. 存货管理水平显著提高

零库存策略的实施使戴尔的存货管理水平得到很大提升，不仅可以减少流动资金被库存占用的时间，降低库存管理成本，而且有助于提高企业的资金流动性，加速资金周转。同时，由于存货在流动资产中所占比重较大，其流动性将直接影响企业的流动比率，较快的存货周转速度有利于增强戴尔整体短期偿债能力及营运能力。综上，与竞争对手相比，良好的存货管理水平使戴尔取得了巨大的成本和资金优势，提高了戴尔在同行业的竞争力。

2. 营运资本运营效率显著改善

得益于存货周转效率的提升和直销模式的运用，戴尔营运资金整体运营效率也得到了十分显著的改善。在零库存管理模式下，购货客户需向戴尔提前付款，戴尔可以向原料供应商延缓付款且不必通过经销商，直接颠倒了应付和应收之间的关系。利用这种逆差、每卖一台计算机都能获取现金，现金流量增加，开辟降低了戴尔的营运资金成本，从而提高了企业的运营弹性。同时，逆向资金流动帮助戴尔实现了零营运资本甚至负营运资本，使其可以迅速地进行技术升级和财务基础设施改造，竞争优势得以持续。

在企业发展的过程中，"库存"是生产管理环节中非常重要的一个部分。一个企业在发展中要考虑的首要问题是如何有效降低库存水平，同时提高客户服务水平。零库存管理是一种合理计划和安排企业库存，促使物料在采购、生产、配送的各个环节中处于不断运动，不停周转的状态的一种新型管理模式。零库存管理有效地解决了企业发展中存在的问题。戴尔公司以信息流调度存货资金流、低成本打造市场竞争力、注重风险管控等经验对我国企业营运资金管理，更好地实施零库存管理，提升存货管理绩效具有重要的参考价值。

文章来源：管理会计，史丽月，戴尔零库存管理模式研究，2015(14)

阅读以上资料，思考下列问题：

(1) 你认为戴尔公司是如何实现零库存管理的？

(2) 根据创业企业营运资金的特点，结合戴尔公司零库存管理模式，谈谈你对创业企业存货管理的看法。

9.1 创业企业营运资金管理概述

9.1.1 营运资金的内涵

狭义的营运资金指流动资产与流动负债的差额(净营运资金)，广义的营运资金指企业占用在流动资产上的资金(流动资金)。本书讨论广义的营运资金，即流动资金。营运资金主要包括现金、应收账款、存货和短期投资等内容。对于一个持续经营的理财主体而言，营运资金运动表现为资金不断地投入和收回的过程，这个过程永无止境、无限循环。

流动资产是指可以在一年以内或超过一年的营业周期内实现变现或运用的资产。流动资产具有占用时间短、周转快、易变现等特点。企业拥有较多的流动资产，可在一定程度上降低财务风险。流动资产在资产负债表上主要包括以下项目：货币资金、短期投资、应收票据、应收账款和存货。

9.1.2　创业企业营运资金的特点

一个企业要维持正常的运转就必须拥有适量的营运资金，因此，营运资金管理是企业财务管理的重要组成部分。据调查，公司财务经理有 60%的时间都用于营运资金管理。对于创业企业而言，企业在创业初期需要较多的营运资金来维持企业的正常运转。如果营运资金管理不善，则很容易使企业的资金链出现问题，进而导致一系列严重后果，企业甚至无法正常运转而被迫陷入破产的境地，因此，创业企业更应注重营运资金的管理。为了有效地管理企业的营运资金，必须研究营运资金的特点，以便有针对性地进行管理。营运资金与固定资产投资等长期资金相比一般具有以下特点：

(1) 资金形态多变，周转具有短期性。

创业企业营运资金的消耗与补偿期限很短，可以在一年内或一个生产经营周期内发生作用。工业企业在生产经营过程中分为供应、生产和销售三个阶段，原材料投入产品成本后转为产成品，从而从产品销售收入中得到补偿。商业企业在商品购销活动中分为购买和销售两个阶段，商品储备可以在销售后得到补偿，因此，创业企业营运资金形态多变，消耗和补偿期限很短。

(2) 资金多种形态并存，运动具有继起性。

创业企业的营运资金从货币形态开始，由一种形态转化为另一种形态，最后又回到货币形态，这种过程叫做营运资金循环。营运资金周而复始的循环叫做营运资金的周转。营运资金不断地循环和周转，保证了企业再生产过程的不断实现。从营运资金运动的整体来看，不同形态的资金在空间上的分布并存于生产经营的各个阶段中，只有多种形态的资金同时并存并保持一定比例，才能保证企业再生产过程连续不断进行。同时，营运资金运动按照再生产的顺序从一个过程过渡到另一个过程，依次继起地改变营运资金各种占用形态，彼此相继地、连续地进行转化，从而实现营运资金周转。营运资金的并存性和继起性是互为条件、互相制约的，两者共同影响流动资产的使用情况。

(3) 资金占用数量波动大，价值具有增值性。

创业企业流动资产的占用数量随着产销条件的变化和管理状况的变化随时波动。资金周转加速时，就能减少营运资金的占用数量；企业获得利润时，就能增加其价值，从加速周转中增加其收入，取得经济效益，因此，营运资金在各个阶段的流动状况标志着企业的经营管理水平和经济效益。

9.1.3　创业企业营运资金管理的内容

创业企业营运资金的管理主要包括现金、应收账款和存货的管理。现金是企业经营活动的起点和终点，没有充裕的现金维持企业的周转，生产就将被迫停止。企业生产经营的目标是获取比投入现金更多的现金，实现价值创造。确定最佳现金持有量是现金管理的重要内容。在当前普遍的买方市场环境下，生产方为了拓展其产品的销售，应收账款销售成为企业销售策略的一种常态，应收账款成为影响企业经营业绩的一项非常重要的资产，应收账款的管理也就自然成为企业财务管理的一项重要内容。存货在企业生产经营活动中占据重要的地位，企业存货管理的主要目的是控制存货水平，在充分发挥存货作用的基础上降低存货成本。

创业企业加强营运资金管理，不仅可以加速营运资金周转，减少流动资金占用，促进企业生产经营的发展，还有利于促进企业加强经济核算，提高生产经营管理水平。

9.2 现金管理

现金是一种无法产生盈余的资产，但是为了满足日常营运的需要，企业必须在任何时刻都持有适量的现金。除了应付日常的业务活动之外，企业也需要拥有足够的现金以防不时之需，把握商机，以及偿还贷款。

广义的现金是指包括库存现金在内的银行存款以及各种符合现金特征的票据(如银行本票和银行汇票)。狭义的现金仅指企业的库存现金，它是流动性最强的资产，具有普遍的可接受性。现金与有价证券具有密切的关系。有价证券一般指的是债券、股票等具有一定价值的收款凭证。短期有价证券是指可以很快转化成现金的有价证券，可以视同现金进行管理。

流动的现金犹如企业的血液，必不可少。现金流贯穿整个企业经营的始终，没有了现金流，企业就如同被抽干了血液的人体，也就失去了生存的价值。因为企业的收入与支出最终都表现为现金的流入和流出，一旦大量的收入最终无法表现为现金的流入，企业就会面临诚信危机，最终被迫申请破产保护，如韩国的大宇、美国的通用、中国的巨人等。现实中投资收益率并不低，甚至往往是高利润伴之以现金短缺，这常常是困扰企业经营者的尴尬事情。

现金持有不足常会导致企业经营风险增强，影响企业健康发展，而现金持有量过多，将会降低现金作为一项资产的收益率水平。如何在现金的流动性与收益性之间做出合理的选择是现金管理的基本目标，因此企业必须合理确定现金持有量，使现金数量平衡，尽量避免资金短缺造成的损失以及现金闲置，提高资金收益率。

9.2.1 持有现金的动机

在确定现金持有量时，我们首先需要了解企业为什么要持有一定数额的现金。一般而言，企业管理人员持有现金的动机包括三个方面。

1. 交易的动机

交易的动机是指企业为了应付正常的交易活动而必须保持一定量的现金数额。企业为了组织日常生产经营活动，必须保持一定数量的现金余额，用于购买原材料、支付工资、缴纳税款、偿付到期债务和派发现金股利等。企业维持现金储备量的原因主要如下：

(1) 现金收入和现金支出发生的不同步性。企业在日常交易中经常取得现金收入，也经常发生现金支出，两者不大可能同步同量，这是因为企业向顾客提供的商业信用条件相对于它从供应商那里获得的信用条件是不同的。例如，企业为促进销售而允许顾客分期付款，为了迅速收回货款而给予顾客一定的现金折扣，而企业本身可能由于生产的需要无法享受供应商的信用优惠。

(2) 季节性的变化造成现金需求量具有波动性。由于许多企业的生产经营活动带有很明显的季节性，如啤酒生产企业、服装生产企业等，因此经营的季节性变化会使企业的现金需求量产生很大的波动。例如，为了购买大量廉价的原材料而造成现金的大量支出，而现金的收取即使待商品销售出去以后也不一定实现。有些企业的商品销售就有明显的旺季与淡季，在销售旺季到来之前，企业必须垫付大量现金以供生产所需，这样在短期内就会造成大量现金的支出。

(3) 其他交易活动引起现金收支的不平衡性。如买卖上市的有价证券、添置机器设备和偿还借入的短期债务，这些业务都带有偶发性，难以预测，因而企业需要有一定量的现金余额作为经营保证。

2．预防的动机

预防的动机是指企业要保证充足的现金以应付意外而需要保持的必要现金支付能力。由于理财环境的复杂性，会产生一些意外的现金需求，比如在企业编制现金收支预算时往往难以预料，编制现金预算有时也会出现失误，这些意外事件的发生会打乱预先安排好的财务计划，降低现金预算的效用，因此，企业一般应考虑维持比正常交易所需量更大的现金余额。企业究竟如何考虑这些意外现金需求，通常应当考虑以下几个方面：

(1) 企业愿意承担风险的程度。财务管理的理财原则认为，风险与收益成正比关系。企业若甘愿承担较大的现金短缺风险(如因现金短缺而可能丧失的购买机会、可能造成的信用损失和得不到的折扣好处等)，将大量现金投放于盈利性较大的资产，则它可能获取较高收益，但同时也面临着现金周转不灵的风险以及现金短缺成本；反之，企业为了降低短缺风险，而将现金留作备用，则会失去将现金运用在盈利性较大的资产而可能带来的收益。

(2) 企业临时举债能力的强弱。企业要提高现金的利用效益，就应考虑以较少的现金储备来应付突发现金需求。但这种现金安排必须以企业具有相当强的举债能力为前提。如果企业能够很容易地随时借到现金，则企业可以减少预防性现金数额；反之，如果企业借款能力有限，则不得不储存较多的现金以应付各种可能发生的突发性现金需求。

(3) 企业对现金流量预测的可靠程度。预测现金流量总会出现偏差，而其预测的准确性又直接关系到现金短缺风险的大小，准确性高，风险就小，反之风险就大。现金收支预测的准确性还能使企业以最少量的现金余额来应付这一短缺的风险。

3．投机的动机

投机的动机是指企业为了抓住稍纵即逝的市场机会，以获取最大的利益而需要保持的现金支付能力。比如利用证券价格大幅下降时，购入有价证券，期望在其价格反弹时卖出，以获得高额利润。如果本企业持有足够的现金，便能够利用现金购置这些资产，以扩充本企业的生产规模而带来较大的利益。再如，如果预计利率会下降，证券行情看涨，便可以用现金去购买证券，并等待证券市价上涨时从中谋取投资收益。当然，除了金融和投资公司外，一般企业并不需要专为投机而置存过多的现金。遇到不寻常的购买机会，企业也常设法临时筹集资金。但如果企业拥有相当数额的现金，确实能为突然的大批采购提供方便。

企业除了以上原因持有现金外，也可能为满足未来某些特定的财务要求而持有现金，比如银行维持补偿性余额等，因此我们在确定现金余额时，应综合考虑。

9.2.2　现金的成本

企业持有现金的成本通常由持有成本、转换成本和短缺成本三个部分组成。

1. 持有成本

现金的持有成本是指企业因保留一定现金余额而增加的管理费及丧失的再投资收益。实际上，现金的持有成本包括持有现金的机会成本和管理成本两部分。机会成本是公司把一定的资金投放在现金资产上所付的代价，这个代价实际上就是放弃更高报酬率的投资机会成本。现金管理成本是对企业置存的现金资产进行管理而支付的代价，包括建立、执行、监督、考核现金管理内部控制制度的成本，编制执行现金预算的成本以及相应的安全装置购买、维护成本等。

企业往往会因为保留一定的现金余额而增加了管理费用，同时也会丧失一定的再投资能力。

2. 转换成本

现金的转换成本是指企业用现金购入有价证券以及转让有价证券换取现金时付出的交易费用，即现金同有价证券之间相互转换的成本，如委托买卖佣金、委托手续费、证券过户费、实物交割手续费等。

3. 短缺成本

现金的短缺成本是指在现金持有量不足，而又无法及时通过有价证券变现加以补充而给企业造成的损失，包括直接损失与间接损失。现金的短缺成本与现金持有量呈反方向变动关系。现金的短缺成本随现金持有量的增加而下降，随现金持有量的减少而上升，即与现金持有量负相关。

现金短缺成本主要包括：丧失购买能力(甚至会因缺乏现金不能及时购买原材料，而使生产中断造成停工损失)、造成信用损失和得不到折扣好处等。现金短缺成本主要体现在以下三方面：

(1) 丧失购买能力的成本。这主要是指企业由于缺乏现金而不能及时购买原材料等生产必需物资，使企业正常生产不能维持所付出的代价。这种代价虽然不能十分明确地测定，但一旦发生会给企业造成很大的损失。

(2) 信用损失和丧失折扣好处成本。这首先是指企业由于现金短缺而不能按时付款，失信于供货单位，从而造成供货方以后拒绝供货或不接受延期付款的代价，这种损失对企业来讲，可能是长久的和潜在的，会造成企业信誉和形象的下降；其次是指如企业缺乏现金，不能在供货方提供的现金折扣期内付款，便会丧失享受现金折扣优惠的好处，而相应提高购货成本的代价。这两种缺现成本的损失也不能十分精确地测定，但对企业造成的长远损害也不可轻视。

(3) 丧失偿债能力的成本。企业由于现金严重缺乏而根本无力在近期内偿付各种债务，造成企业财务危机，甚至导致破产清算。这种损失对企业来说可能是最惨重的。

9.2.3　最佳现金持有量的确定

由于交易、预防和投机等动机的需要，企业必须保持一定数量的现金余额。对于创业企业而言，管理层有时会发生一些意见分歧。比如，某个创业高科技企业的总经理对财务经理说，我们的企业目前存放在三家开户银行的存款约为 10 万元，而且这个数目基本上保持不变，而本企业目前又有 30 万元的短期借款和 80 万元的长期借款，为什么企业留那么多现金资产吃活期利息，而那边又承担贷款利息？能否将企业的银行存款减少，用以偿还一部分债务？财务经理向总经理解释道：企业因交易性动机、预防动机和投机性动机的需要而持有一定量的现金。如果企业缺乏必要的现金，将不能应付业务开支，使企业蒙受损失。但是，如果企业置存过量的现金，又会因这些资金不能投入周转，无法取得盈利而遭受另一些损失。考虑到上述现金不足和现金过量两方面的威胁，企业必须确定现金的最佳持有量。我们企业的最佳现金持有量为 10 万元，因此不能用企业的银行存款去偿还一部分债务。

最佳现金持有量的确定方法主要有成本分析模式、存货模式和随机模式三种。下面就成本分析模式、存货模式进行简单的介绍。

1．成本分析模式

成本分析模式是根据现金的有关成本，分析预测其总成本最低时现金持有量的一种方法。运用成本分析模式确定现金最佳持有量时，只考虑因持有一定量的现金而产生的机会成本及短缺成本，而不予考虑管理费用和转换成本。这种模式下，最佳现金持有量就是持有现金而产生的机会成本与短缺成本之和最小时的现金持有量。在成本分析模式下应分析机会成本、管理成本、短缺成本。

运用成本分析模式确定最佳现金持有量的步骤如下：

(1) 根据不同现金持有量，测算并确定有关成本数值；

(2) 按照不同现金持有量及其有关成本资料，编制最佳现金持有量测算表；

(3) 在测算表中找出总成本最低时的现金持有量，即最佳现金持有量。

在这种模式下，最佳现金持有量就是持有现金而产生的机会成本与短缺成本之和最小时的现金持有量。

持有现金的机会成本是指因持有现金而不能赚取投资收益的机会损失，在实际工作中可以用企业的资本成本来衡量。假定 A 公司的资本成本为 10%，每年平均持有 10 万元的现金，则该公司每年持有现金的机会成本为 1 万元(10×10%)。显然，现金持有量越大，机会成本也就越高。企业为各种动机而持有一定量的现金，付出相应的机会成本代价是必要的。如果企业现金持有量过多，机会成本代价大幅度上升，就不合算了。

现金管理成本是指对企业置存的现金资产进行管理而付出的代价，如要建立完整的企业现金管理内部控制制度，制定各种现金收支规定和现金预算执行的具体办法等。它还包括支付给具体现金管理人员的工资、福利费用和各种为保护现金安全而建立的安全防范措施及购入的相应设备装置等。现金管理成本的高低一般与企业现金置存量并没有明显的依存关系，故在大多数情况下被视为一种相对固定的成本。

【例 9.1】　XYZ 公司有四种现金持有方案，据测算，机会成本(即该公司的平均收益率)为 15%，持有现金的管理成本总额为 10 000 元，各自的现金持有成本如表 9-1 所示。

表 9-1 现金持有方案成本分析表 单位：元

项目	A 方案	B 方案	C 方案	D 方案
现金持有量	60 000	80 000	100 000	120 000
机会成本	9000	12 000	15 000	18 000
管理成本	10 000	10 000	10 000	10 000
短缺成本	10 000	5000	3000	1500
总成本	29 000	27 000	28 000	29 500

通过对表 9-1 中的四种方案的总成本进行比较可知，B 方案相关总成本最低，因此企业持有 80 000 元时，各方面的总代价最低，80 000 元为该公司的最佳现金持有量。

2. 存货模式

存货模式最早由美国理财专家 W.J.Baumol 提出，又称为 Baumol 模式。存货模式是将企业现金持有量和有价证券联系起来，即将现金的持有成本同转换有价证券的成本进行权衡，以求得两者相加总成本最低时的现金余额，从而得出目标现金持有量。

存货模式是指用企业管理存货的经济批量原理来确定最佳现金持有量。它主要考虑持有现金的机会成本和转换成本，而不考虑现金的短缺成本。随着现金持有量的变化，机会成本和转换成本都会发生变化，但它们的变动方向相反，存货模式就是要找到一个最佳现金持有量，使持有现金的相关总成本最低。我们将总成本写成如下形式：

$$TC = \frac{Q}{2} \times K + \frac{T}{Q} \times F \tag{9-1}$$

式中：TC 为现金持有的总成本；Q 为定时期的现金持有量；K 为有价证券的利息率；T 为定时期现金的总需要量；F 为每次有价证券的转换成本。

则 $\frac{Q}{2}$ 是现金的平均持有量，$K\left(\frac{Q}{2}\right)$ 是持有现金的机会成本，$\frac{T}{Q}$ 是有价证券的转换次数，$\frac{T}{Q} \times F$ 是企业的一定时期内有价证券转换总成本。

式(9-1)中，K、T、F 为常量。为了求出总成本最低时的现金持有量，需要对式(9-1)中的变量 Q 求导，并令其为零，即

$$\frac{dTC}{dQ} = \frac{d\left(\frac{Q}{2}K + \frac{T}{Q}F\right)}{dQ} = \frac{K}{2} - \frac{TF}{Q^2} = 0$$

移项得出最佳现金持有量的计算公式为

$$Q^* = \sqrt{\frac{2FT}{K}}$$

【例 9.2】 某公司现金收支平稳，预计全年(按 360 天计算)现金需要量为 250 000 元，现金与有价证券的转换成本为每次 500 元，有价证券年利率为 10%。

(1) 计算最佳现金持有量。

(2) 计算最佳现金持有量下的全年现金管理总成本、全年现金转换成本和全年现金持有机会成本。

(3) 计算最佳现金持有量下的全年有价证券交易次数和有价证券交易间隔期。

解　(1) 最佳现金持有量 $= \sqrt{\dfrac{2 \times 250\,000 \times 500}{10\%}} = 50\,000$ 元

(2) 最佳现金管理总成本 $= \dfrac{50\,000}{2} \times 10\% + \dfrac{250\,000}{50\,000} \times 500 = 5000$ 元

$$转换成本 = \dfrac{250\,000}{50\,000} \times 500 = 2500 \text{ 元}$$

$$持有机会成本 = \dfrac{50\,000}{2} \times 10\% = 2500 \text{ 元}$$

(3) 有价证券交易次数 $= \dfrac{250\,000}{50\,000} = 5$ 次

$$有价证券交易间隔期 = \dfrac{360}{5} = 72 \text{ 天}$$

9.2.4　现金管理制度

现金管理就是对现金的收、付、存等各环节进行的管理。依据《现金管理暂行条例》，现金管理的基本原则如下：

(1) 开户单位库存现金一律实行限额管理。

(2) 不准擅自坐支现金。坐支现金容易打乱现金收支渠道，不利于开户银行对企业的现金进行有效的监督和管理。

(3) 企业收入的现金不准作为储蓄存款存储。

(4) 收入现金应及时送存银行，企业的现金收入应于当天送存开户银行，确有困难的，应由开户银行确定送存时间。

(5) 严格按照国家规定的开支范围使用现金，结算金额超过起点的，不得使用现金。

(6) 不准编造用途套取现金。企业在国家规定的现金使用范围和限额内需要现金，应从开户银行提取，提取时应写明用途，不得编造用途套取现金。

(7) 企业之间不得相互借用现金。

为了加强现金收支手续，出纳与会计人员必须分清责任，严格执行账、钱、物分管的原则，实行相互制约，加强现金收付业务的手续，应做到如下几点：

(1) 企业应按规定编制现金收付计划，并按计划组织现金收支活动。

(2) 企业的会计部门、出纳工作和会计工作必须合理分工，现金的收付、保管应由出纳人员负责办理，非出纳人员不得经管现金。

(3) 严格执行现金清查盘点制度，保证现金安全完整。出纳人员每天盘点现金实有数，与现金日记账的账面余额核对，保证账实相符。企业会计部门必须定期或不定期地进行清查盘点，及时发现或防止差错以及挪用、贪污、盗窃等不法行为的发生。如果出现长短款，

则必须及时查找原因。

(4) 一切现金收入都应开具收款收据,即使有些现金收入已有对方付款凭证,也应开出收据交付款人,以明确经济职责。收入现金签发收据与经手收款按要求也应当分开,由两个经办人分工办理,如销货收入应由经销人员负责填制发票单据,出纳人员据以收款,以防差错与作弊。

(5) 一切现金收入必须当天入账,当天送存银行,如收进的现金是银行当天停止收款以后发生的,则应在第二天送存银行。当日送存确有困难的,应取得开户银行同意后,按双方协商的时间送存。

(6) 不准利用银行存款账户代其他单位、个人存入或支取现金。

(7) 一切现金支出都要有原始凭证,由经办人签名,经主管和有关人员审核后,出纳人员才能据以付款,在付款后,应加盖"现金付讫"戳记,妥善保管。

9.2.5　现金的内部控制

现金的内部控制主要有三个方面。

1. 把好用人关

单位人事部门在招聘会计人员时,应全面审查应聘人员的受教育程度和工作经历等,其中对于思想品行、道德修养方面要重点把关,必要时到原工作单位或所在街道办事处调查落实,掌握第一手真实资料,慎用有污点的会计人员。另外,在试用期内还要继续跟踪观察,以决定去留。会计人员录用后,还要不断地对其进行再教育,包括道德水平和业务水平的教育。

2. 把好票据签章关

各单位要加强与货币资金有关票据的管理工作,明确各种票据的购买、保管、使用、背书转让及注销等环节的职责权限和程序,防止空白票据的遗失和盗用。同时,要加强银行预留印鉴的管理工作,严禁一人保管支付款项所需要的全部印章。未经批准,严禁在票据上签章。

3. 把好监督关

各单位要建立对货币资金的监督检查机构,明确检查人员的职责权限,定期和不定期地进行检查,抓好各项制度的落实工作。监督检查的内容主要包括:货币资金业务相关岗位及人员的设置是否符合要求,货币资金的授权批准制度的执行是否到位,各种票据的授权批准制度的执行是否到位,各种印章及票据的保管是否存在漏洞等。对监督检查中发现的问题,要及时向单位负责人汇报,加以纠正和完善。

9.3　应收账款管理

应收账款是企业销售产品、提供劳务时向对方提供商业信用的产物,具体是指因对外销售产品、材料、供应劳务及其他原因,应向购货单位或接受劳务的单位及其他单位收取的款项，包括应收销售款、其他应收款和应收票据等。

9.3.1　应收账款产生的原因

企业产生应收账款的原因主要有以下两个方面。

1. 商业竞争

商业竞争是产生应收账款的主要原因。企业为了扩大销售，在竞争激烈的市场中占据一席之地，除了在产品质量、价格、售后服务和广告宣传之外，往往不得不采用赊销的方式进行销售。赊销方式为顾客提供了方便，同时也在一定程度上扩大了销售。由竞争引起的应收账款是一种商业信用。

2. 销售和收款存在时间差距

商品成交的时间和收到货款的时间常常不一致，这也导致了应收账款的产生。这种应收账款不属于商业信用。在现实生活中，零售企业使用现金销售是较为普遍的，但是对一般的批发和生产量的企业而言，发货时间和收到货款时间经常不同步，主要是因为货款需要时间结算。由于销售和收款存在时间差距而产生的应收账款不是应收账款的主要内容。本章只讨论属于商业信用的应收账款管理问题。

9.3.2　应收账款的成本

企业在采取赊销方式促进销售的同时，会因持有应收账款而付出一定的代价，这种代价即为应收账款的成本。其内容包括机会成本、管理成本和坏账成本。

1. 机会成本

应收账款的机会成本是指将资金投资于应收账款而不能进行其他投资所丧失的收益。这一成本的大小通常与企业维持赊销业务所需要的资金、数量、资金成本率有关。其计算公式为

$$应收账款的机会成本 = 维持赊销业务所需要的资金 \times 资本成本率$$

式中，资本成本率一般可按有价证券收益率计算，维持赊销业务所需要的资金可按下列步骤计算：

(1) 应收账款周转率为

$$应收账款周转率 = \frac{日历天数(360天)}{应收账款平均收现期}$$

(2) 应收账款平均余额为

$$应收账款平均余额 = \frac{赊销收入净额}{应收账款周转率} = 日赊销额 \times 应收账款平均收现期$$

(3) 维持赊销业务所需要的资金为

$$维持赊销业务所需要的资金 = 应收账款平均余额 \times 销售成本率$$

在上述分析中，假设企业的成本水平保持不变(即单位变动成本不变，固定成本总额不变)，则随着赊销业务的扩大，只有变动成本随之上升。

【例 9.3】　A 公司预测 2007 年赊销收入为 2 000 000 元，应收账款平均收现期为 45 天，销售成本率为 60%，资本成本率为 10%。

解　　　　　　　　　$$应收账款周转率 = \frac{360}{5} = 8 \text{ 次}$$

$$应收账款平均余额 = \frac{2\,000\,000}{8} = 250\,000 \text{ 元}$$

$$维持赊销业务所需要的资金 = 250\,000 \times 60\% = 150\,000 \text{ 元}$$

$$应收款机会成本 = 150\,000 \times 10\% = 15\,000 \text{ 元}$$

2．管理成本

应收账款的管理成本是指企业对应收账款进行管理而耗费的开支，是应收账款成本的重要组成部分。管理成本主要包括：对顾客信用情况调查的费用、收集信息的费用、催收账款的费用和账簿的记录费用等。

3．坏账成本

应收账款基于商业信用而产生，存在无法收回的可能性，由此给应收账款持有企业带来的损失即为坏账成本。这一成本一般同应收账款数量成正比，即应收账款越多，坏账成本也越多。基于此，为规避发生坏账成本而给企业生产经营活动的稳定性带来不利影响，企业按规定应以应收账款余额的一定比例提取坏账准备。

9.3.3　应收账款信用政策的制定

制定合理的信用政策是加强应收账款管理、提高应收账款投资效益的重要前提。所谓信用政策，也称为赊账政策，即应收账款的管理政策，是指企业为对应收账款投资进行规划与控制而确立的基本原则与行为规范。企业应收账款管理的重点就是要根据企业的实际情况和客户的不同信誉情况制定合理的信用政策，这是企业信用管理的重要内容。信用政策包括信用标准、信用条件和收账政策。

1．信用标准

信用标准是客户获得企业商业信用所应具备的最低条件，通常以预期的坏账损失率表示。如果客户达不到企业规定的信用标准，便不能享受企业的信用或只能享受较少的信用优惠。企业在设定某一客户的信用标准时，往往先要评估该客户的资信程度，一般可采用信用标准的定性分析和定量分析。

企业在制定信用标准时，需要进行定性分析，比如同行业竞争对手的情况。如果竞争对手实力很强，则企业就应考虑是否采取较低的信用标准，增强对客户的吸引力；反之，如果竞争对手实力很弱，则可以考虑制定较严格的信用标准。此外，还需要考虑企业承担违约风险的能力。企业违约风险承担能力较强时，可以考虑采用较低的信用标准，以提高企业产品的竞争能力；反之，应该制定较严格的信用标准，避免坏账损失。

国际上比较通用的信用标准为"5C"系统，具体如下：

(1) 品质(Character)。品质是指客户履约或赖账的可能性。企业必须设法了解客户过去的付款记录，看其是否有按期如数付款的一贯做法，及与其他供货单位的关系是否良好。

这一点经常被视为评价客户信用的首要因素。

(2) 能力(Capacity)。能力是指客户的偿债能力，即其流动资产的数量和质量以及与流动负债的比例。客户的流动资产越多，其转换为现金支付款项的能力越强。同时，还应注意客户流动资产的质量，看是否有存货过多、过时或质量下降，影响其变现能力和支付能力的情况。

(3) 资本(Capital)。资本是指客户的经济实力和财务状况，表明客户可能偿还债务的背景，是客户偿付债务的最终保证。

(4) 抵押(Collateral)。抵押是指客户提供的可作为资信安全保证的资产，这对于不知底细或信用状况有争议的客户尤为重要。一旦收不到这些客户的款项，便以抵押品抵补。如果这些客户提供足够的抵押，则可以考虑向它们提供相应的商业信用。

(5) 条件(Conditions)。条件是指可能影响客户付款能力的经济环境。比如，出现经济不景气，会对客户的付款产生什么影响，客户会怎样做等，这需要了解客户在过去困难时期的付款历史。

信用标准的定量分析主要是解决两个问题：一是制定信用标准，以此作为给予或拒绝向客户提供商业信用的依据；二是具体确定客户的信用等级。信用标准的制定主要是通过比较不同方案之间的销售收入和相关成本，最后比较不同方案之间的净收益来进行的。但在具体实行信用标准时，首先必须对具体客户的信用等级进行评定，同时确定对其提供商业信用时可能导致的坏账损失率。

2. 信用条件

信用条件是企业评价客户等级，决定给予或拒绝客户信用的依据。一旦企业决定给予客户信用优惠，就需要考虑具体的信用条件。所谓信用条件，是指企业接受客户信用订单时所提出的付款要求，主要包括信用期限、折扣期限及现金折扣率等。信用条件可表示为"1/10，n/30"，意思是：如果客户能够在发票开出后的 10 日内付款，则可以享受 1%的现金折扣；如果放弃折扣优惠，则全部款项必须在 30 日内付清。在此，30 天为信用期限，10 天为折扣期限，1%为现金折扣率。

1) 信用期限

信用期限是指企业允许客户从购货到支付货款的时间间隔。只要客户在此期限内能够付清账款，便认为该客户没有违约。行业不同，信用期限往往不同。例如，一家计算机公司的信用期限也许是 60 天，而一家食品批发公司企业的信用期限只有 10 天。同一个企业在不同的时候也可能有不同的信用期限。企业产品销售量与信用期限之间存在着一定的依存关系。通常，延长信用期限可以在一定程度上扩大销售量，从而增加毛利。但不适当地延长信用期限会给企业带来不良后果：一是使平均收账期延长，占用在应收账款上的资金相应增加，引起机会成本增加；二是引起坏账损失和收账费用的增加，因此，只有延长信用期限增加的收入大于增加的成本(主要指应收账款的机会成本、管理成本和坏账损失成本的增加)，企业才应该延长信用期限。

【例 9.4】 B 公司现在采用 30 天按发票金额付款的信用政策，拟将信用期限放宽至 60 天，仍按发票金额付款，即不给折扣，设相同风险投资的最低报酬率为 12%，数据见表 9-2。

表 9-2 信用期限决策分析表

项目 \ 信用期	30 天	60 天
销售量/件	50 000	60 000
销售额/元(18 元/件)	900 000	1 080 000
销售成本/元	645 000	765 000
其中：变动成本(12 元/件)	600 000	720 000
固定成本	45 000	45 000
可能发生的收账费用/元	2000	3000
可能发生的坏账损失/元	4000	8000

根据表 9-2 所提供的资料，我们进行以下分析。

(1) 计算增加的收益。

$$收益增加额 = 销售量增量 \times (销售价格 - 单位变动成本)$$
$$= (60\,000 - 50\,000) \times (18 - 12)$$
$$= 60\,000 \text{ 元}$$

(2) 应收账款占用资金的机会成本增加。

① 30 天信用期限：

$$应收账款平均余额 = 日赊销收入净额 \times 平均收现期$$
$$= \frac{900\,000}{360} \times 30$$
$$= 75\,000 \text{ 元}$$

$$维持赊销业务所需要的资金 = 应收账款平均余额 \times 变动成本率$$
$$= 75000 \times \frac{600\,000}{900\,000}$$
$$= 50\,000 \text{ 元}$$

$$应收账款的机会成本 = 维持赊销业务所需要的资金 \times 资本成本率$$
$$= 500000 \times 12\%$$
$$= 6000 \text{ 元}$$

② 60 天信用期限：

$$应收账款平均余额 = 日赊销收入净额 \times 平均收现期$$
$$= \frac{1\,080\,000}{360} \times 60$$
$$= 180\,000 \text{ 元}$$

$$维持赊销业务所需要的资金 = 应收账款平均余额 \times 变动成本率$$
$$= 180\,000 \times \frac{720\,000}{1\,080\,000}$$
$$= 120\,000 \text{ 元}$$

$$应收账款的机会成本 = 维持赊销业务所需要的资金 \times 资本成本率$$
$$= 120\,000 \times 12\%$$
$$= 14\,400 \, 元$$

$$应收账款的机会成本增加 = 14\,400 - 6000 = 8400 \, 元$$

(3) 收账费用和坏账损失增加。

$$收账费用增加 = 3000 - 2000 = 1000 \, 元$$
$$坏账损失增加 = 8000 - 4000 = 4000 \, 元$$

(4) 改变信用期的税前损益。

$$收益增加 - 成本费用增加 = 60\,000 - (8\,400 + 1000 + 4000) = 46\,600 \, 元$$

由于收益的增加大于成本的增加，因此应采用 60 天的信用期限。

2) 现金折扣政策

延长信用期限会增加应收账款占用的时间和金额。许多企业为了加速资金周转，及时收回货款，减少坏账损失，往往在延长信用期限的同时，采用一定的优惠措施，即在规定的时间内提前偿付货款的客户可按销售收入的一定比率享受折扣。如 "1/10，n/30" 表示赊销期限为 30 天，若客户在 10 天内付款，则可享受 1%的折扣。现金折扣实际上是对现金收入的扣减，企业决定是否提供以及提供多大程度的现金折扣，着重考虑的是提供折扣后所得的收益是否大于现金折扣的成本。企业究竟应当核定多长的现金折扣期限，以及给予客户多大程度的现金折扣优惠，必须将信用期限及加速收款所得到的收益与付出的现金折扣成本结合起来考察。

同延长信用期限一样，采用现金折扣方式在有利于刺激销售的同时，也需要付出一定的成本代价，即给予现金折扣造成的损失。如果加速收款带来的机会收益能够绰绰有余地补偿现金折扣成本，那么企业就可以采取现金折扣或进一步改变当前的折扣方针；如果加速收款的机会收益不能补偿现金折扣成本，那么现金优惠条件便被认为是不恰当的。

除上述表述的信用条件外，企业还可以根据需要，采取阶段性的现金折扣期与不同的现金折扣率。例如，"2/10，1/20，n/40" 指的是给予客户 45 天还款期限，客户若能在开票后的 10 天内付款，便可以得到 2%的现金折扣；超过 10 天而在 20 日内付款，也可以得到 1%的现金折扣；否则，只能全额支付所欠款项。

【例 9.5】　沿用例 9.4，假定 B 公司在放宽信用期限的同时，为了吸引顾客尽早付款，给出了 "1/30，n/60" 的现金折扣条件，估计会有一半的顾客(按 60 天信用期限所能实现的销售量计)将享受现金折扣优惠。下面我们来分析提供现金折扣政策是否对企业有利。

解　(1) 收益增加。

$$收益增加 = 销售量增加 \times 单位边际贡献$$
$$= (60\,000 - 50\,000) \times (18 - 12)$$
$$= 60\,000 \, 元$$

(2) 应收账款占用资金的机会成本增加。

$$30 \, 天信用期的机会成本 = \frac{900\,000}{360} \times 30 \times \frac{600\,000}{900\,000} \times 12\% = 6000 \, 元$$

$$提供现金折扣的机会成本 = \left(\frac{1\,080\,000 \times 50\%}{360} \times 30\right) \times \left(\frac{720\,000 \times 50\%}{1\,080\,000 \times 50\%}\right) \times 12\%$$

$$+ \left(\frac{1\,080\,000 \times 50\%}{360} \times 60\right) \times \left(\frac{720\,000 \times 50\%}{1\,080\,000 \times 50\%}\right) \times 12\%$$

$$= 10\,800 \text{ 元}$$

$$应收账款的机会成本增加 = 10\,800 - 6000 = 4800 \text{ 元}$$

(3) 收账费用和坏账损失增加。

$$收账费用增加 = 3000 - 2000 = 1000 \text{ 元}$$

$$坏账损失增加 = 8000 - 4000 = 4000 \text{ 元}$$

(4) 估计现金折扣成本的变化。

$$现金折扣成本增加 = 新的销售水平 \times 新的现金折扣率 \times 享受现金折扣的顾客比率$$

$$- 旧的销售水平 \times 旧的现金折扣率 \times 享受现金折扣的顾客比率$$

$$= 1\,080\,000 \times 1\% \times 50\% - 900\,000 \times 0 \times 0$$

$$= 5400 \text{ 元}$$

(5) 提供现金折扣后的税前收益。

$$收益增加 - 成本费用增加 = 60\,000 - (4800 + 1000 + 4000 + 5400) = 44\,800 \text{ 元}$$

9.3.4　应收账款的收账策略与日常管理

1. 应收账款的收账策略

收账策略亦称收账政策，是指当客户违反信用条件、拖欠甚至拒付账款时企业所采取的收账策略与措施。在企业向客户提供商业信用时必须考虑三个问题：一是客户是否会拖欠或拒付账款，程度如何；二是怎样最大限度地防止客户拖欠账款；三是一旦账款遭到拖欠甚至拒付，企业应采取怎样的对策。当产生逾期账款时，应分析产生的原因，各个客户拖欠或拒付账款的原因是不尽相同的，许多信用品质良好的客户也可能因为某些原因而无法如期付款。企业一般采用的收账策略主要如下：

(1) 当客户拖欠或拒付账款时，企业应当首先分析现有的信用标准及信用审批制度是否存在纰漏，然后重新对违约客户的资信等级进行调查、评价。

(2) 定期向客户寄发账单，要求数据准确无误。

(3) 向超过付款期限的单位邮寄催款信(或电子邮件)，信中说明客户拖欠货款的时间与金额，并要求付款。

(4) 对于催款信无反馈的，应打电话确认，或可派催款员上门催款，态度可以渐加强硬并提出警告。

(5) 对随后的发货采用预收货款或现款销货方式。

(6) 停止发货直到客户还清大部分或全部货款为止。

(7) 向恶意拖欠账款的客户提起法律诉讼。为了提高诉讼效果，可以与其他经常被该客户拖欠或拒付账款的企业联合向法院起诉，以增强该客户信用品质不佳的证据力。

从理论上讲，履约付款是客户不容置疑的责任与义务，是企业的合法权益要求所在。但如果企业对所有客户拖欠或拒付账款的行为均付诸法律解决往往并不是最有效的办法，因为企业解决与客户账款纠纷的目的不是争论谁是谁非，而在于怎样最有成效地收回账款。实际上，此时如果企业直接向法院起诉，则不仅需要花费相当数额的诉讼费，而且除非法院裁决客户破产，否则效果往往也不是很理想的。所以，通过法院强行收回账款一般是企业不得已而为之的最后办法。无论采用何种方式进行催收，都需要付出一定的代价，即收账费用，如收款所花的邮电通信费、派专人收款的差旅费和不得已时的法律诉讼费等。一般而言，企业加强收账管理，及早收回货款，可以减少坏账损失，减少应收账款上的资金占用，但会增加收账费用。收账成本与应收账款机会成本和坏账损失成本呈反比例关系，但是是一种非线性关系。开始时公司投入适量的收账成本，就能够明显地降低机会成本和坏账损失，但收账成本达到一定程度后，这种对应关系明显减弱，在超越饱和点后，再追加收账成本对降低坏账损失已无意义。

2．应收账款的日常管理

企业强化日常管理可以有效地促进应收账款的良性循环，应健全应收账款管理的责任制度与控制措施，以期顺利地实现应收账款的基本目标。

对于已经发生的应收账款，企业应采取各种措施，尽量争取按期收回款项，否则会因拖欠时间过长而发生坏账，使企业蒙受损失。这些措施主要包括对应收账款追踪分析、对应收账款账龄分析和应收账款坏账准备金制度。

9.4 存 货 管 理

9.4.1 存货管理的目标

存货是指企业在生产经营过程中为销售或者耗用而储备的物资，包括材料、燃料、低值易耗品、在产品、半成品、产成品、协作品和商品等。

如果工业企业能在生产投料时随时购入所需的原材料，或者商业企业能在销售时购入所需商品，则不需要存货。但实际上，企业总有储备存货的需要，并因此而占用或多或少的资金。这种存货的需要主要基于以下几种原因：

1．保证生产或销售的经营需要

实际上，企业很少能做到随时购入生产或销售所需的各种物资，即使是市场供应量充足的物资也如此。这不仅因为不时会出现某种材料的市场断档，还因为企业距供货点较远而需要必要的途中运输及可能出现运输故障。一旦生产或销售所需物资短缺，生产经营将被迫停顿，造成损失。为了避免或减少出现停工待料、停业待货等事故，企业需要储备存货。

2．出于价格的考虑

一般来讲，零购物资的价格往往较高，而整批购买物资在价格上常有优惠。但是，过多的存货需要占用较多的资金和承担较多的资本成本，并且会增加包括仓储费、保险费、维护费和管理人员工资在内的各项开支。存货占用资金是有成本的，占用过多会使利息支出增加并导致利润的损失，各种开支的增加更直接使成本上升。

3．增加生产经营弹性

原材料存货可以增加企业采购弹性，如果没有它，则企业的原材料采购必须严格地与生产保持高度一致；处于不同生产阶段之间的存货有助于企业的生产协调与资源利用；产成品存货也可以使企业在生产安排和市场营销方面具有弹性。因此，存货管理就要尽力在各种存货成本与存货效益之间做出权衡，达到两者的最佳组合，这也是存货管理的目标。

9.4.2　储备存货的相关成本

存货具有保证生产或销售的经营需要、增加生产经营弹性和降低进货成本等功能，企业持有存货必不可少，但是并不是说存货持有越多越好，因为持有存货必然会发生一定的成本支出。与存货有关的成本主要包括取得成本、储存成本和缺货成本等。

1．取得成本

存货的取得成本通常用 TC_a 表示，主要由购置成本和订货成本两个方面构成。

（1）购置成本。购置成本是指存货本身的价值，等于采购单价与采购数量的乘积。在一定时期进货总量既定的条件下，无论企业采购次数如何变动，存货的进价成本通常是保持相对稳定的(假设物价不变且无采购数量折扣)，因而属于决策无关成本。购置成本一般用数量与单价的乘积来确定。如果年需求量用 D 表示，单价用 U 表示，则购置成本为 DU。

（2）订货成本。订货成本是指企业为组织进货而开支的费用，如与材料采购有关的办公费、差旅费、邮资、电话电报费、运输费、检验费、入库搬运费等支出。进货成本有一部分与订货次数有关，如差旅费、邮资、电话电报费等费用与进货次数成正比例变动，这类变动性进货成本属于决策的相关成本。每次订货的变动成本用 K 表示，订货次数等于存货年需求量 D 与每次进货量 Q 之商。另一部分与订货次数无关，用 F_1 表示，如专设采购机构的基本开支等，这类固定性进货费用属于决策的无关成本。

订货成本加上购置成本就等于存货的取得成本。其公式可表示为

$$TC_a = F_1 + \frac{D}{Q}K + DU$$

2．储存成本

储存成本指为保持存货而发生的成本，包括存货占用资金所应计的利息(即机会成本)、仓库费用、保险费用、存货破损和变质损失等，通常用 TC_c 表示。储存成本也分为固定成本和变动成本。固定成本与存货数量的多少无关，如仓库折旧、仓库职工的固定工资等，常用 F_2 表示。变动成本与存货的数量有关，如存货资金的应计利息、存货的破损和变值损失、存货的保险费用等，其单位变动成本可用 K_c 表示。由此，用公式表示的储存成本为

$$TC_c = F_2 + K_c\frac{Q}{2}$$

3．缺货成本

缺货成本是因存货不足而给企业造成的损失，包括由于材料供应中断造成的停工损失、成品供应中断导致延误发货的信誉损失及丧失销售机会的损失等，通常用 TC_s 表示。如果

生产企业能够以替代材料解决库存材料供应中断之急，则缺货成本便表现为替代材料紧急采购的额外开支。缺货成本能否作为决策的相关成本，应视企业是否允许出现存货短缺的不同情形而定。若允许缺货，则缺货成本便与存货数量反向相关，即属于决策相关成本；反之，若企业不允许发生缺货情形，则此时缺货成本为零，也就无需考虑。

9.4.3　存货决策

通过上述对存货成本的分析可知，决定存货经济进货批量的成本因素主要包括变动性订货成本(简称订货成本)、变动性储存成本(简称储存成本)以及允许缺货时的缺货成本。不同的成本项目与进货批量呈现着不同的变动关系。减少进货批量，增加订货次数，在不影响储存成本降低的同时，也会导致订货成本与缺货成本的提高；相反，增加订货批量，减少进货次数，尽管有利于降低订货成本与缺货成本，但同时会影响储存成本的提高，因此，如何协调各项成本间的关系，使其总和保持最低水平，是企业组织订货需解决的主要问题。

1. 经济订货批量基本模型

经济订货批量是指能够使一定时期存货的相关总成本达到最低点的订货数量。经济订货批量基本模型需要设立的假设条件包括：

(1) 企业能够及时补充存货，即需要订货时便可立即取得存货；

(2) 能集中到货，而不是陆续入库；

(3) 不允许缺货，即 TC_s 为零，这是因为良好的存货管理本来就不应该出现缺货成本；

(4) 需求量稳定，并且能预测，即 D 为已知常量；

(5) 存货单价不变，不考虑现金折扣，即 U 为已知常量；

(6) 企业现金充足，不会因现金短缺而影响进货；

(7) 所需存货市场供应充足，不会因买不到需要的存货而影响其他环节。

设立了上述假设后，存货总成本的公式可以简化为

$$TC = F_1 + \frac{D}{Q}K + DU + F_2 + K_c\frac{Q}{2}$$

其中，F_1、K、D、U、F_2、K_c 为常量时，TC 的大小取决于 Q。为了求出 TC 的极小值，需要对公式中的变量 Q 求导，并令其为零，即

$$\frac{dTC}{dQ} = \frac{d\left(F_1 + \frac{D}{Q}K + DU + F_2 + \frac{K_cQ}{2}\right)}{dQ} = -\frac{DK}{Q^2} + \frac{K_c}{2} = 0$$

移项、整理得出经济订货批量的计算公式为

$$Q^* = \sqrt{\frac{2KD}{K_c}}$$

这一公式称为经济订货批量基本模型，用此模型求出的每次订货批量可使 TC 值达到

最小。

这个基本模型还可以演变为其他形式。

(1) 每年最佳订货次数公式：

$$N^* = \frac{D}{Q^*} = \frac{D}{\sqrt{\dfrac{2KD}{K_c}}} = \sqrt{\frac{DK_c}{2K}}$$

(2) 与批量有关的存货总成本公式：

$$\text{TC}(Q) = \frac{KD}{\sqrt{\dfrac{2KD}{K_c}}} + \frac{\sqrt{\dfrac{2KD}{K_c}}}{2} \times K_c = \sqrt{2KDK_c}$$

(3) 最佳订货周期公式：

$$t^* = \frac{1}{N^*} = \frac{1}{\sqrt{\dfrac{DK_c}{2K}}}$$

(4) 经济订货批量占用资金公式：

$$I^* = \frac{Q^*}{2} \times U = \sqrt{\frac{KD}{2K_c}} \times U$$

【例 9.6】　　A 公司全年需耗甲材料 10 800 公斤，该材料的单位采购价格为 20 元，每公斤材料年储存成本平均为 5 元，平均每天订货成本为 120 元，则 A 公司的经济订货批量决策应如何做出？

解　经济订货批量：

$$Q^* = \sqrt{\frac{2KD}{K_c}} = \sqrt{\frac{2 \times 120 \times 10\,800}{5}} = 720 \text{ (公斤)}$$

最佳订货次数：

$$N^* = \frac{D}{Q^*} = \frac{10\,800}{720} = 15 \text{ (次)}$$

与批量有关的存货总成本：

$$\text{TC}(Q) = \sqrt{2KDK_c} = \sqrt{2 \times 120 \times 10\,800 \times 5} = 3600 \text{ (元)}$$

经济订货量占用资金：

$$I^* = \frac{Q^*}{2} \times U = \frac{720}{2} \times 20 = 7200 \text{ (元)}$$

需要指出的是，实际工作中通常还存在着数量优惠(即商业折扣，也称价格折扣)以及允许一定程度的缺货等情形，企业必须同时结合价格折扣及缺货成本等不同的情况具体分析，灵活运用经济进货批量模式。

2. 经济订货批量模型的扩展形式

经济订货量的基本模型是在前述各假设条件下建立的，但现实生活中能够满足这些假设条件的情况十分罕见。为使模型更接近于实际情况，具有较高的可用性，需逐一放宽假设，同时改进模型。

1) 存在数量折扣情况下的经济订货批量决策

为了鼓励客户购买更多的商品，销售企业通常会给予不同程度的价格优惠，即实行商业折扣，也称价格折扣。购买越多，所获得的价格优惠越大。此时，进货企业对经济进货批量的确定，除了考虑进货费用与储存成本外，还应考虑存货的进价成本，因为此时的存货进价成本已经与进货数量的大小有了直接的联系，属于决策的相关成本。

实行数量折扣的经济进货批量的具体确定步骤如下：

(1) 按照基本经济进货批量模式确定经济进货批量；

(2) 计算按经济进货批量进货时的存货相关总成本；

(3) 计算按给予数量折扣的进货批量进货时的存货相关总成本；

(4) 比较不同进货批量的存货相关总成本，最低存货相关总成本对应的进货批量就是实行数量折扣的最佳经济进货批量。

【例 9.7】　　假设例 9.6 中，如果 A 公司一次订购甲材料超过 900 公斤，则可以获得 2% 的商业折扣，此时应如何做出采购决策？

解　(1)　　　　　按经济订货批量采购时的总成本(一次采购 720 公斤)

　　　　　　　　= 年需要量 × 单价 + 经济订货批量的存货变动总成本

　　　　　　　　$= 10\,800 \times 20 + 3600$

　　　　　　　　$= 219\,600$ (元)

(2)　　　　　按享受商业折扣的最低批量的总成本(一次采购 900 公斤)

　　　　　　　　= 年需要量 × 单价 + 年储存成本 + 年订货成本

　　　　　　　　$= 10\,800 \times 20 \times (1-2\%) + 5 \times \dfrac{900}{2} + 120 \times \dfrac{10\,800}{900}$

　　　　　　　　$= 215\,370$ (元)

经比较可知，应该享受商业折扣，即应一次采购 900 公斤，这样可以节约 4230 元 $(219\,600 - 215\,370)$ 的采购总成本。

2) 存货陆续供应和使用

建立基本模型时，假设存货一次全部入库，而事实上各批存货可能陆续入库。在这种情况下，需要对基本模型进行一些修改。这时需要增加两个变量：每日耗用量(用 d 表示)、每日送货量(用 P 表示)。

设每批订货数为 Q，由于每日送货量为 P，因此该批货全部送达所需日数为 Q/P，称为送货期。送货期内耗用量为 $(Q/P) \times d$，每批送完时，最高存量为 $Q - (Q/P) \times d$，平均存量为 $\dfrac{1}{2} \times \left(Q - \dfrac{Q}{P} \times d\right) = \dfrac{Q}{2}\left(1 - \dfrac{d}{P}\right)$，这样，与批量有关的总成本为

$$TC = \frac{D}{Q}K + \frac{Q}{2}\left(1 - \frac{d}{P}\right) \times K_c$$

求导得出存货陆续供应和使用的经济批量公式及总成本公式分别为

$$Q^* = \sqrt{\frac{2KD}{K_c} \times \frac{P}{P-d}}$$

$$TC(Q) = \sqrt{2KDK_c\left(1 - \frac{d}{P}\right)}$$

【例 9.8】在例 9.6 中，假设该材料每日耗用量为 88 公斤，每日送货量为 288 公斤，其他条件不变，此时的经济批量决策如下：

$$Q^* = \sqrt{\frac{2KD}{K_c} \times \frac{P}{P-d}} = \sqrt{2\times120\times10\,800 \times \frac{288}{288-88}} = 864 \,(公斤)$$

$$TC(Q^*) = \sqrt{2KDK_c\left(1 - \frac{d}{P}\right)} = \sqrt{2\times120\times10\,800\times5\times\left(1 - \frac{88}{288}\right)} = 3000 \,(元)$$

以上讨论假设存货的供需稳定且确知，即每日需求量不变，交货时间也固定不变。实际上，每日需求量可能变化，交货时间也可能变化。为防止由此造成的损失，就需要保险储备。本章对此不再探讨。

9.4.4　存货的日常管理

企业在存货的日常管理中，要建立和健全存货的收入、发出和保管的各项规章制度，定期清查存货，做到账实相符，并应防止存货发生霉烂变质、损坏短缺等事故。但是企业存货品种繁多，情况千差万别。有的存货品种数量很少，但金额巨大，若管理不善，将给企业造成极大的损失；相反，有的存货虽然品种数量繁多，但金额很小，即使管理当中出现一些问题，也不至于对企业产生较大影响，因此，企业对存货的日常管理若不分巨细，必将事倍功半。正是基于这一考虑，意大利经济学家巴雷特于 19 世纪首先提出了 ABC 分类管理法，其目的在于使企业分清主次，突出重点，以提高存货资金管理的整体效果。

所谓 ABC 分类管理，就是按照一定的标准将企业的存货划分为 A、B、C 三类，分别实行分品种重点管理、分类别一般控制和按总额灵活掌握的存货管理方法。ABC 分类管理方法的基本原理是：先将存货分为 A、B、C 三类。其分类的标准主要有两个：一是金额标准；二是品种数量标准。其中金额标准是最基本的，品种数量标准仅作为参考。

A 类存货的特点是金额巨大，但品种数量较少；B 类存货金额一般，品种数量相对较多；C 类存货品种、数量繁多，但价值金额却很少。一般而言，三类存货的金额比重大致为 A∶B∶C=0.7∶0.2∶0.1，而品种数量比重大致为 A∶B∶C=0.1∶0.2∶0.7。A、B、C 三类存货的具体划分过程可以分为三个步骤(有条件的可通过计算机进行)。

(1) 列示企业全部存货的明细表，并计算出每种存货的价值总额及占全部存货金额的百分比。

(2) 按照金额标志由大到小进行排序并累加金额百分比。

(3) 当金额百分比累加到 70% 左右时,以上存货视为 A 类存货;百分比介于 70%～90% 之间的存货作为 B 类存货,其余则为 C 类存货。

ABC 三类存货的特点与控制要求主要有以下几点:

(1) A 类存货的特点与控制要求。A 类存货品种、数量少,但占用资金多。企业应集中主要力量进行周密的规划和严格的管理,应列为控制的重点。其控制措施有:一是计算并确定其经济进货批量、最佳保险储备和再订货点,严格控制存货数量;二是采用永续盘存制,对存货的收发结存进行严密监视,当存货数量达到再订货点时,应及时通知采购部门组织进货。

(2) B 类存货的特点与控制要求。B 类存货品种、数量、占用资金均属中间状态,不必像 A 类存货控制那样严格,但也不能过于宽松。其控制要求是:确定每种存货的经济进货批量、最佳保险储备量和再订货点,并采用永续盘存制对存货的收发结存情况进行反映和监督。

(3) C 类存货的特点和控制要求。C 类存货品种多,数量大,但资金占用量很小。企业对此类存货不必花费太多的精力,可以采用总金额控制法,根据历史资料分析后,按经验适当增大订货批量,减少订货次数。

 讨论与思考题

1. 试述企业持有现金的动机。

2. 试述如何制定应收账款政策。

3. 某企业预计存货周转期为 90 天,应收账款周转期为 50 天,应付账款周转期为 30 天,预计全年需要现金 1080 万元,该企业第 12 月期初的现金余额为 300 万元,第 12 月的现金收入为 100 万元,现金支出为 80 万元。试求该企业的现金周转期、最佳现金余额和现金余缺额。

4. 某企业全年需用 A 材料 3600 吨,每次订货成本为 500 元,每吨材料年储存成本为 20 元。试求该企业的每年最佳订货次数。

案例分析

C2M 商业模式下的红领集团营运资金管理

红领集团是一家大型民营企业,以生产高档西服、衬衣为主。从 2003 年开始,红领集团历经十余年时间、投入 2.6 亿余元资金,建立了自己的大数据系统,完成了传统产业的升级改造。2012 年以来,中国服装制造业订单快速下滑,大批品牌服装企业处于高库存和零售疲软的境况,企业经营跌入谷底。然而正是这一年,红领集团的大规模个性化定制模式历经 10 年终于完成调试，迎来高速发展期，定制业务年均销售收入、利润增长均超过 150%，年营业收入超过 10 亿元。目前，红领集团已形成了完整的个性化大规模工业化定制平台——全球服装定制供应商平台，在互联网环境下实现了信息化与工业化的高度融合。

营运资金管理好坏直接影响企业的经营命脉，而商业模式创新是提升营运资金管理效率的重要措施之一。C2M 商业模式是红领集团打造的"互联网+工业"的新模式，即运用互联网技术，构建顾客直接面对制造商的个性化定制平台，在快速收集顾客分散、个性化需求数据的同时，消除了传统中间流通环节导致的信息不对称和种种代理成本，降低了交易成本。下面从采购渠道营运资金管理、生产渠道营运资金管理、营销渠道营运资金管理三个方面探究青岛红领集团 C2M 商业模式对分渠道营运资金管理的影响。

1. 采购渠道营运资金管理方面

通过对庞大数据的挖掘，预测出每天大概的订单量，从而确定所需要的面料。在面料中还有一部分是来料加工的客供面料，使前端面料库存存在一定的风险，但在大数据的支持下也能够实现可控。此外，红领集团以强大数据和核心技术为支撑，在保证安全库存的基础上整合第三方资源，建立了与供应商对接的供应链系统。通过该系统，80% 的存货可以即时交付，材料存货占用的资金降低，采购渠道营运资金的周转速度加快。

2. 生产渠道营运资金管理方面

在生产流程管理中，红领集团通过业务流程再造，采用订单拉动式的模式，即利用物联网以射频识别电子标签对物料进行管理，对面料从领用到裁剪、缝制等生产环节进行严格控制，实现从原材料到半成品的形态变化跟踪。取得的效果是：整条流水线运行极为顺畅，交接环节之间几乎没有多余工作量的积压，半成品存货占用的营运资金降低，生产渠道营运资金周转加速，效率得到提升。

3. 营销渠道营运资金管理方面

随着销售网络的扩大和消费者时代的到来，红领集团将营销渠道营运资金管理的重心转移到了客户关系管理方面，采用网络游戏思维打造"个性化营销系统+开放的创业平台"，即构建由消费者直接面对制造商的 C2M 商业模式，两点一线，消除中间环节，降低了营销渠道占用的资金，提高了营销渠道营运资金管理绩效。

随着互联网及信息技术的发展，"互联网+工业"商业模式为中国传统制造业转型升级提供了一种新的路径，而红领集团堪称中国企业"触网"典范之一。传统产业深层次融入信息化，通过创新性地实施 C2M 商业模式，能够减轻存货占用资金，降低营运资金周转期，提高营运资金管理绩效，从而实现企业的价值增值。目前，红领集团正尝试采用互联网的思维和手段，打造一个围绕红领价值链运转的平台和生态，为红领集团产品实现全生命周期管理、为客户实现多场景的交互式服务夯实基础，使营运资金管理迈向新台阶。

资料来源：财务与会计，张园园，王蜀平. 青岛红领集团基于商业模式创新的营运资金管理，2016(09)

阅读以上资料，思考下列问题：

(1) 在互联网环境下，红领集团是如何实现商业模式创新的？

(2) 红领集团是如何借势互联网环境，满足顾客个性化需求，实现商业模式创新的？

创业企业财务报表分析

第 10 章

重点提示

➤ 财务报表的类型和编制方法
➤ 偿债能力分析、营运能力分析和盈利能力分析方法

阅读资料

　　青岛啤酒股份有限公司(简称青岛啤酒)前身为"日尔曼啤酒股份公司青岛公司"，由英、德商人于 1903 年创立，至今已有一百多年的历史。公司于 1993 年 6 月 16 日注册成立，随后进入国际资本市场，于当年同时在香港和上海上市，成为国内首家在两地同时上市的股份有限公司。目前公司在国内拥有 47 个啤酒生产厂和 3 个麦芽生产厂，分布于全国 17 个省市，规模和市场份额居国内啤酒行业之首。其生产的青岛啤酒为国际市场上最具知名度的中国品牌，已行销四十余个国家和地区，是中国啤酒行业品牌溢价能力、盈利能力较强的公司。企业的偿债能力是指企业用他的资产偿还长短期债务的能力。偿债能力分析是企业财务分析中一个重要组成部分，对于提升企业偿债能力、促进企业健康发展都有着重要意义。下面以青岛啤酒股份有限公司为例，对青岛啤酒有限公司 2013～2015 年的偿债能力数据进行分析。

青岛啤酒股份有限公司偿债能力指标分析表

指　标	2013-12-31	2014-12-31	2015-12-31
流动比率	1.10	1.12	1.22
速动比率	0.88	0.85	1.00
资产负债率	0.49	0.43	0.43
产权比率	0.97	0.77	0.76

数据来源：Wind 资讯

1. 短期偿债能力分析

流动比率是评价企业的流动资产在短时期债务到期前，能变为流动现金来偿还企业负债能力的指标。流动比率=流动资产/流动负债。一般情况下，流动比率越高，反映企业偿债能力越强。由表可得，青岛啤酒有限公司 2013 年～2015 年的流动比率总体呈上升趋势，表中可以看出青岛啤酒有限公司的流动比率都低于 2，在 1 左右。近年来，由于企业的经营方式和金融环境发生了很大变化，流动比率有降低的趋势，许多成功企业的流动比率都低于 2。这表明了该企业偿债能力比较强。

速动比率是指速动资产对流动负债的比率。这个指标是企业用来衡量自身流动资产中可马上变现用于偿还流动负债的能力。通常认为正常的速动比率为 1，低于 1 的速动比率被认为是短期偿债能力偏低。由表可得，该公司在 2013 年～2014 年的速动比率降低了 0.03，但是在 2014 年～2015 年增长至 1，所以，总体来说它的偿债能力较强。

2. 长期偿债能力分析

资产负债率是国际公认的衡量企业负债偿还能力和经营风险的重要指标，比较保守的经验比率一般不超过 50%。由表可得，该公司资产负债率在 2013～2015 年没有超过 0.5 且波动较小，说明这几年公司的负债偿还能力较强，财务风险较小。

产权比率是指企业负债总额与所有者权益的比率，是从所有者权益对长期债权保障程度的角度，评价企业长期偿债能力的指标。该指标小于 1，在企业清算时一般不会给债权人造成损失。该比率低，表示财务风险低，偿债能力强。反之则弱。由表可得，青岛啤酒有限公司的产权比率略微偏低，体现公司长期偿债能力强，债权人权益保障程度高，承担的风险小。

综上所述，2013～2015 年度青岛啤酒具有较好的偿债能力，而企业偿债能力的强弱关系企业的生死存亡，是保证企业健康发展的基本前提，也是投资者和债权人以及企业相关利益者们非常关心的问题，企业所有的经营活动——融资、投资以及经营等都能影响企业的偿债能力。

阅读以上资料，思考下列问题：

(1) 本案例是如何得出青岛啤酒具有较强偿债能力这一结论的？

(2) 讨论财务报表还有哪些分析方法，每种分析方法如何使用？

(3) 根据上市公司青岛啤酒财务年报数据，跟踪分析青岛啤酒的财务状况和经营状况。

10.1　企业财务报表概述

企业所有者最关心企业的盈利能力，企业的债权人最关心企业的偿债能力，企业的管理者最关心企业的营运能力，而这些信息都需要企业的财务报告和相关资料，因此，财务报表分析对企业财务管理具有重要意义。

企业进行财务分析主要是以财务报告和其他一些相关资料为依据，采用专门的财务分析方法，系统分析与评价企业以前和现在的经营及财务状况。企业定期进行财务分析和评价，及时反馈信息，能为企业进行财务预测、编制财务预算、实施财务控制和决策提供依据，从而进一步提高企业的经营管理水平。财务报告是指企业对外提供的反映企业某一特定日期的财务状况和某一会计期间的经营成果、现金流量等会计信息的文件。财务报告包括财务报表和其他应当在财务报告中披露的相关信息和资料。

10.1.1　财务报表的作用

1. 财务报表对企业的作用

财务报表是对企业财务状况、经营成果和现金流量的结构性表述。财务报表一般包括下列组成部分：资产负债表、利润表、现金流量表、所有者权益(或股东权益)变动表、财务报表附注和财务状况说明书。

财务报表分析的目的是将财务报表数据转换成有用的信息，帮助报表使用人改善决策。

最早的财务报表分析主要是为银行服务的信用分析。由于借贷资本在公司资本中的比重不断增加，因此银行家需要对贷款人进行信用调查和分析，于是逐步形成了偿债能力分析等有关内容。资本市场出现以后，财务报表分析由为贷款银行服务扩展到为各种投资人服务。社会筹资范围扩大，非银行债权人和股权投资人增加，公众进入资本市场。投资人要求的信息更为广泛，逐步形成了盈利能力分析、筹资结构分析和利润分配分析等新的内容，发展出比较完善的外部分析体系。

公司组织并发展起来以后，经理人员为获得股东的好评和债权人的信任，需要改善公司的盈利能力和偿债能力，逐步形成了内部分析的有关内容，并使财务报表分析由外部分析扩大到内部分析。内部分析不仅可以使用公开报表的数据，而且可以利用内部的数据(预算、成本数据等)。内部分析的目的是找出管理行为和报表数据的关系，通过管理来改善未来的财务报表。

由于财务报表使用的概念越来越专业化，提供的信息越来越多，因此报表分析的技术日趋复杂。许多报表使用人感到从财务报表中提取有用的信息日益困难，于是开始求助于专业人士，并促使财务分析师发展成为了专门职业。专业财务分析师的出现，对于报表分析技术的发展具有重要的推动作用。传统的财务报表分析逐步扩展成为由经营战略分析、会计分析、财务分析和前景分析等四个部分组成的更完善的体系。经营战略分析的目的是确定主要的利润动因和经营风险，以及定性评估公司的盈利能力，包括行业分析和公司竞争战略分析等内容；会计分析的目的是评价公司会计反映基本经济现实的程度，包括评估公司会计的灵活性和恰当性，以及会计数据的修正等内容；财务分析的目的是运用财务数据，评价公司当前和过去的业绩，并评估其可持续性，包括比率分析和现金流量分析等内容；前景分析的目标侧重于预测公司的未来，包括财务报表预测和公司估价等内容。

对外发布的财务报表是根据所有使用人的一般要求设计的，并不适合特定报表使用人的特定目的。报表使用人要从中选择自己需要的信息，重新组织并研究其相互关系使之符合特定决策的要求。公司财务报表的主要使用人有以下几种：

(1) 股权投资人：为决定是否投资，需要分析公司的盈利能力；为决定是否转让股份，需要分析公司盈利状况、股价变动和发展前景；为考察经营者业绩，需要分析资产盈利水平、破产风险和竞争能力；为决定股利分配政策，需要分析筹资状况。

(2) 债权人：为决定是否给公司贷款，需要分析贷款的报酬和风险；为了解债务人的短期偿债能力，需要分析其流动状况；为了解债务人的长期偿债能力，需要分析其盈利状况和资本结构。

(3) 经理人员：为改善财务决策，需要进行内容广泛的财务分析，几乎包括外部使用人员关心的所有问题。

(4) 供应商：为决定是否建立长期合作关系，需要分析公司的长期盈利能力和偿债能力；为决定信用政策，需要分析公司的短期偿债能力。

(5) 政府：为履行政府职能，需要了解公司纳税情况、遵守政府法规和市场秩序的情况以及职工的收入和就业状况。

2. 财务报表的种类

财务报表可以按照不同的标准进行分类。

(1) 按财务报表编报期间的不同。财务报表可以分为中期财务报表和年度财务报表。中期财务报表是以短于一个完整会计年度的报告期间为基础编制的财务报表，包括月报、季报和半年报等。

(2) 按财务报表编报主体的不同。财务报表可以分为个别财务报表和合并财务报表。个别财务报表是由企业在自身会计核算基础上对账簿记录进行加工而编制的财务报表，它主要用以反映企业自身的财务状况、经营成果和现金流量情况。合并财务报表是以母公司和子公司组成的企业集团为会计主体，根据母公司和所属子公司的财务报表，由母公司编制的综合反映企业集团财务状况、经营成果及现金流量的财务报表。

10.1.2　资产负债表

1. 资产负债表的内容及结构

1) 资产负债表的内容

资产负债表是指反映企业在某一特定日期财务状况的会计报表。它反映企业在某一特定日期所拥有或控制的经济资源、所承担的现时义务和所有者对净资产的要求权。通过资产负债表可以提供某一日期资产的总额及其结构，表明企业拥有或控制的资源及其分布情况，使用者可以一目了然地从资产负债表上了解企业在某一特定日期所拥有的资产总量及其结构；可以提供某一日期的负债总额及其结构，表明企业未来需要用多少资产或劳务清偿债务以及时间；可以反映所有者所拥有的权益，据以判断资本保值、增值的情况以及对负债的保障程度。此外，资产负债表还可以提供进行财务分析的基本资料(如将流动资产与流动负债进行比较，计算出流动比率；将速动资产与流动负债进行比较，计算出速动比率等)，可以表明企业的变现能力、偿债能力和资金周转能力，从而有助于报表使用者做出经济决策。

2) 资产负债表的结构

在我国，资产负债表采用账户式结构，报表分为左右两方：左方列示资产各项目，反映全部资产的分布及存在形态；右方列示负债和所有者权益各项目，反映全部负债和所有者权益的内容及构成情况。资产负债表左右双方平衡，资产总计等于负债和所有者权益总计，即"资产=负债+所有者权益"。此外，为了方便使用者通过比较不同时点资产负债表的数据，掌握企业财务状况的变动情况及发展趋势，企业需要提供比较资产负债表，资产负债表还将各项目再分为"年初余额"和"期末余额"两栏分别填列。

2. 资产负债表的填列方法

1) 年初余额栏的填列方法

资产负债表"年初余额"栏内各项数字应根据上年末资产负债表"期末余额"栏内所列数字填列。如果上年度资产负债表规定的各个项目的名称和内容同本年度不一致，则应对上年年末资产负债表各项目的名称和数字，按照本年度的规定进行调整，填入表中"年初余额"栏内。

2) 期末余额栏的填列方法

资产负债表"期末余额"栏内的各项数字一般应根据资产、负债和所有者权益类科目的期末余额填列，主要包括以下方式：

(1) 根据总账科目余额填列。资产负债表中的有些项目可直接根据有关总账科目的余额填列，如"交易性金融资产"、"短期借款"、"应付票据"、"应付职工薪酬"等项目；有些项目则需根据几个总账科目的期末余额计算填列，如"货币资金"项目，需根据"库存现金"、"银行存款"、"其他货币资金"三个总账科目的期末余额的合计数填列。

(2) 根据明细账科目余额计算填列。例如，"应付账款"项目需要根据"应付账款"和"预付款项"两个科目所属的相关明细科目的期末贷方余额计算填列；"应收账款"项目需要根据"应收账款"和"预收款项"两个科目所属的相关明细科目的期末借方余额计算填列。

(3) 根据总账科目和明细账科目余额分别计算填列。例如，"长期借款"项目需要根据"长期借款"总账科目余额扣除"长期借款"所属的明细科目中将在一年内到期且企业不能自主地将清偿义务展期的长期借款后的金额计算填列。

(4) 根据有关科目余额减去其备抵科目余额后的净额填列。例如，资产负债表中的"应收账款"项目应当根据"应收账款"科目的期末余额减去"坏账准备"科目余额后的净额填列。"固定资产"项目应当根据"固定资产"科目的期末余额减去"累计折旧"、"固定资产减值准备"备抵科目余额后的净额填列等。

(5) 综合运用上述填列方法分析填列。例如，资产负债表中的"存货"项目需要根据"原材料"、"库存商品"、"委托加工物资"、"周转材料"、"材料采购"、"在途物资"、"发出商品"、"材料成本差异"等总账科目期末余额的分析汇总数，再减去"存货跌价准备"科目余额后的净额填列。

10.1.3　利润表

1. 利润表的内容及结构

1) 利润表的内容

利润表是反映企业在一定会计期间经营成果的会计报表。利润表的列报必须充分反映企业经营业绩的主要来源和构成，有助于使用者判断净利润的质量及其风险，有助于使用者预测净利润的持续性，从而做出正确的决策。通过利润表可以反映企业一定会计期间的收入实现情况，如实现的营业收入有多少，实现的投资收益有多少，实现的营业外收入有多少等，可以反映一定会计期间的费用耗费情况，如耗费的营业成本有多少，营业税费有多少，销售费用、管理费用、财务费用各有多少，营业外支出有多少等等，还可以反映企业生产经营活动的成果，即净利润的实现情况，据以判断资本保值、增值情况。将利润表中的信息与资产负债表中的信息相结合，还可以提供进行财务分析的基本资料。例如，将赊销收入净额与应收账款平均余额进行比较，计算出应收账款周转率；将销货成本与存货平均余额进行比较，计算出存货周转率；将净利润与资产总额进行比较，计算出资产收益率等。这些可以表现企业资金周转情况以及企业的盈利能力和水平，便于报表使用者判断企业未来的发展趋势，做出经济决策。

2) 利润表的结构

常见的利润表结构主要有单步式和多步式两种。在我国，企业利润表采用的基本上是多步式结构，即通过对当期的收入、费用、支出项目按性质加以归类，按利润形成的主要环节列示一些中间性利润指标，分步计算当期经营损益。

利润表主要反映以下几方面的内容：

(1) 营业收入：由主营业务收入和其他业务收入组成。

(2) 营业利润：营业收入减去营业成本(主营业务成本、其他业务成本)、营业税金及附加、销售费用、管理费用、财务费用、资产减值损失，加上公允价值变动收益、投资收益，即为营业利润。

(3) 利润总额：营业利润加上营业外收入，减去营业外支出，即为利润总额。

(4) 净利润：利润总额减去所得税费用，即为净利润。

(5) 每股收益：普通股或潜在普通股已公开交易的企业，以及正处于公开发行普通股或潜在普通股过程中的企业，还应当在利润表中列示每股收益信息，包括基本每股收益和稀释每股收益两项指标。

利润表实际上是有关一个企业在一段时间内的财务业绩的系统记录。利润的计算公式为：利润 = 收入 − 成本费用，所有利润表的基本结构都是根据这个公式设计的，所以利润表是表格化的利润计算公式。从表面来看，利润表准确计算了一个企业的可用资金，但实际并非如此，因为会计记账原则是权责发生制，简单地说，收入与现金收入、费用与现金支出在数额、时间上并不等同。最典型的例子就是折旧，它是一种现金流入量，但是，在会计上根据权责发生制，它却是一种费用。另外对于赊销，按权责发生制它是一种收入，但是它却没有导致现金收入。企业会计报表上可能会显示出让人惊喜的利润，但是实际上企业甚至没有足够的现金去支付获得这些利润的税款，更不要说企业再生产的资金。也许利润是企业的，但是钱却没有在企业内部，因此企业有利润却未必有现金流量。"亏损企业发放股利，盈利企业走向破产"的现象也就是因为这个原因。无论如何，资产负债表和利润表都不能反映一个企业的真实现金流动状况，只有现金流量表才能反映企业的现金流量状况。

此外，为了使报表使用者通过比较不同期间利润的实现情况，判断企业经营成果的未来发展趋势，企业需要提供比较利润表。利润表就各项目再分为"本期金额"和"上期金额"两栏分别填列。

2. 利润表的填列方法

1) 上期金额栏的填列方法

利润表"上期金额"栏内各项数字应根据上年该期利润表"本期金额"栏内所列数字填列。如果上年该期利润表规定的各个项目的名称和内容同本期不一致，则应对上年该期利润表各项目的名称和数字按本期的规定进行调整，填入利润表"上期金额"栏内。

2) 本期金额栏的填列方法

利润表"本期金额"栏内各项数字一般应根据损益类科目的发生额分析填列。

10.1.4　现金流量表

1. 现金流量表的内容及结构

1) 现金流量表的内容

现金流量表是反映企业在一定会计期间现金与现金等价物流入和流出的报表，是以现金为基础编制的，是反映企业在一定期间由于经营、投资、筹资活动所形成的现金流量情况的会计报表。从编制原则上看，现金流量表按照收付实现制原则编制，将权责发生制下的盈利信息调整为收付实现制下的现金流量信息，便于信息使用者了解企业净利润的质量。从内容上看，现金流量表被划分为经营活动、投资活动和筹资活动三个部分，每类活动又分为各具体项目，这些项目从不同角度反映企业业务活动的现金流入与流出，弥补了资产负债表和利润表提供信息的不足。通过现金流量表，报表使用者能够了解现金流量的影响因素，评价企业的支付能力、偿债能力和周转能力，预测企业未来的现金流量，为其决策提供有力依据。

2) 现金流量表的结构

在现金流量表中，现金及现金等价物被视为一个整体，企业现金形式的转换不会产生现金的流入和流出。例如，企业从银行提取现金是企业现金存放形式的转换，并未流出企业，不构成现金流量。同样，现金与现金等价物之间的转换也不属于现金流量，例如，企业用现金购买三个月到期的国库券。根据企业业务活动的性质和现金流量的来源，现金流量表在结构上将企业一定期间产生的现金流量分为三类：经营活动产生的现金流量、投资活动产生的现金流量和筹资活动产生的现金流量。

2. 现金流量表的填列方法

1) 经营活动产生的现金流量

经营活动是指企业投资活动和筹资活动以外的所有交易和事项。各类企业由于行业特点不同，对经营活动的认定存在一定差异。对于工商企业而言，经营活动主要包括销售商品、提供劳务、购买商品、接受劳务、支付税费等。对于商业银行而言，经营活动主要包括吸收存款、发放贷款、同业存放、同业拆借等。对于保险公司而言，经营活动主要包括原保险业务和再保险业务等。对于证券公司而言，经营活动主要包括自营证券、代理承销证券、代理兑付证券、代理买卖证券等。

在我国，企业经营活动产生的现金流量应当采用直接法填列。直接法是指通过现金收入和现金支出的主要类别列示经营活动的现金流量。

2) 投资活动产生的现金流量

投资活动是指企业长期资产的购建和不包括在现金等价物范围内的投资及其处置活动。长期资产是指固定资产、无形资产、在建工程、其他资产等持有期限在一年或一个营业周期以上的资产。这里所讲的投资活动既包括实物资产投资，也包括金融资产投资。这里之所以将"包括在现金等价物范围内的投资"排除在外，是因为已经将包括在现金等价物范围内的投资视同现金。不同企业由于行业特点不同，对投资活动的认定也存在差异。例如，交易性金融资产所产生的现金流量，对于工商业企业而言，属于投资活动现金流量，而对于证券公司而言，则属于经营活动现金流量。

3) 筹资活动产生的现金流量

筹资活动是指导致企业资本及债务规模和构成发生变化的活动。这里所说的资本既包括实收资本(股本)，也包括资本溢价(股本溢价)；这里所说的债务指对外举债，包括向银行借款、发行债券以及偿还债务等。通常情况下，应付账款、应付票据等商业应付款属于经营活动，不属于筹资活动。

此外，对于企业日常活动之外的特殊的、不经常发生的特殊项目，如自然灾害损失、保险赔款、捐赠等，应当归并到相关类别中，并单独反映。比如，对于自然灾害损失和保险赔款，如果能够确指属于流动资产损失，则应当列入经营活动产生的现金流量；如果属于固定资产损失，则应当列入投资活动产生的现金流量。

4) 汇率变动对现金及现金等价物的影响

编制现金流量表时，应当将企业外币现金流量以及境外子公司的现金流量折算成记账本位币。外币现金流量以及境外子公司的现金流量，应当采用现金流量发生日的即期汇率或按照系统合理的方法确定的、与现金流量发生日(即期汇率)近似的汇率折算。汇率变动对现金的影响额应当作为调节项目，在现金流量表中单独列报。

汇率变动对现金的影响指企业外币现金流量及境外子公司的现金流量折算成记账本位币时，所采用的是现金流量发生日的汇率或按照系统合理的方法确定的、与现金流量发生日(即期汇率)近似的汇率，而现金流量表"现金及现金等价物净增加额"项目中外币现金净增加额是按资产负债表日的即期汇率折算的。这两者的差额即为汇率变动对现金的影响。

在编制现金流量表时，对当期发生的外币业务，也可不必逐笔计算汇率变动对现金的影响，可以通过现金流量表补充资料中"现金及现金等价物净增加额"数额与现金流量表中"经营活动产生的现金流量净额"、"投资活动产生的现金流量净额"、"筹资活动产生的现金流量净额"三项之和进行比较，其差额即为"汇率变动对现金的影响额"。

现金流量表实际上就是对为什么"亏损企业发放股利，盈利企业走向破产"的解释，也是对资产负债表结果的解释。可以说，资产负债表体现公司理财的结果，而现金流量表体现公司理财的过程。企业最终必须靠持续的经营活动产生的现金流量才能维持下去。短期内企业可以通过筹资产生的现金流量满足经营活动和投资活动产生的现金流出量要求。但是，从长期的角度看，必须有充分的理由证明经营活动产生的现金流量能够偿付筹资活动所带来的未来现金流出量的需求。

10.1.5　所有者权益变动表

1. 所有者权益变动表的内容及结构

1) 所有者权益变动表的内容

所有者权益变动表是指反映构成所有者权益各组成部分当期增减变动情况的报表。所有者权益变动表应当全面反映一定时期内所有者权益变动的情况，不仅包括所有者权益总量的增减变动，还包括所有者权益增减变动的重要结构性信息，特别是要反映直接计入所有者权益的利得和损失，让报表使用者准确理解所有者权益增减变动的根源。

在所有者权益变动表中，企业至少应当单独列示反映下列信息的项目：净利润，直接计入所有者权益的利得和损失项目及其总额，会计政策变更和差错更正的累积影响金额，所有者投入资本和向所有者分配利润等，提取的盈余公积，实收资本或股本、资本公积、盈余公积、未分配利润的期初和期末余额及其调节情况。

2) 所有者权益变动表的结构

为了清楚地表明构成所有者权益的各组成部分当期的增减变动情况，所有者权益变动表应当以矩阵的形式列示：一方面，列示导致所有者权益变动的交易或事项，改变了以往仅仅按照所有者权益的各组成部分反映所有者权益的变动情况，而是从所有者权益变动的来源对一定时期所有者权益变动情况进行全面反映；另一方面，按照所有者权益的各组成部分(包括实收资本、资本公积、盈余公积、未分配利润和库存股)及其总额列示交易或事项对所有者权益的影响。此外，企业还需要提供和比较所有者权益变动表，所有者权益变动表就各项目再分为"本年金额"和"上年金额"两栏分别填列。

2. 所有者权益变动表的填列方法

1) 上年金额栏的填列方法

所有者权益变动表"上年金额"栏内的各项数字应根据上年度所有者权益变动表"本年金额"栏内所列数字填列。如果上年度所有者权益变动表规定的各个项目的名称和内容同本年度不相一致，则应对上年度所有者权益变动表各项目的名称和数字按本年度的规定进行调整，填入所有者权益变动表"上年金额"栏内。

2) 本年金额栏的填列方法

所有者权益变动表"本年金额"栏内各项数字一般应根据"实收资本(或股本)"、"资本公积"、"盈余公积"、"利润分配"、"库存股"、"以前年度损益调整"科目的发生额分别填列。

10.1.6　财务报表之间的关系

资产负债表、利润表和现金流量表存在着密切的关系。实际上，从计算利润的角度看，只要将两期资产负债表进行对比，剔除投资和利润分配因素便可得到本期利润。这就说明了资产负债表与利润表的关系。现金流量表揭示了企业现金从哪里来，到何处去，进一步说明了资产负债表的结果。

10.2　财务报表分析的步骤和方法

10.2.1　财务报表分析的步骤

财务报表分析的内容非常广泛。不同的人，出于不同的目的，使用不同的财务分析方法。财务分析不是一种有固定程序的工作，不存在唯一的通用分析程序，而是一个研究和探索过程。分析的具体步骤和程序是根据分析目的由分析人员个别设计的。

财务报表分析的一般步骤如下：

(1) 明确分析的目的；

(2) 收集有关的信息；

(3) 根据分析目的把整体的各个部分分割开来，并适当组织，使之符合需要；

(4) 深入研究各部分的特殊本质；

(5) 进一步研究各个部分的联系；

(6) 解释结果，提供对决策有帮助的信息。

10.2.2　财务报表分析的方法

财务报表分析的方法一般分为定量分析方法和定性分析方法。定量分析方法是指采用一定的数学方法，对所收集的财务数据按要求进行加工并进行相关计算，对企业的财务状况和经营情况进行定量分析。定性分析方法是指财务者运用所掌握的企业财务资料，对企业的财务状况和经营成果进行的定性分析。财务分析的过程实际上是定量分析和定性分析相结合的过程。财务分析的基本方法主要有比较分析法、趋势分析法、比率分析法和因素分析法。

1. 比较分析法

比较分析法是通过具有可比性的经济指标直接对比，具体说明某项经济工作的成绩或差距的分析方法。采用比较分析法进行分析时，必须注意其可比性，即对比指标之间在核算内容、范围、时间、计量单位、经济条件及计算方法等方面必须保持一致。否则，由于指标的不可比性，有可能得出错误的结论。此外，根据不同的分析目的和要求，比较分析法所采取的形式也不尽相同，对比形式主要有以下几种。

1) 按比较对象(和谁比)分类

(1) 与本公司历史比，即不同时期(2~10 年)指标相比，以揭示企业生产经营的发展趋势，也可以称为趋势分析。

(2) 与同类公司比，即与行业平均数或竞争对手比较，目的是确定本企业在行业竞争中所处的地位，也称横向比较。

(3) 与计划预算比，即实际执行结果与计划指标比较，以评价计划或预算的完成情况，也称差异分析。

2) 按比较内容(比什么)分类

(1) 比较会计要素的总量。总量是指报表项目的总金额，例如总资产、净资产、净利润等。总量比较主要用于时间序列分析，如研究利润的逐年变化趋势，看其增长潜力。有时也用于同业对比，看公司的相对规模和竞争地位。

(2) 比较结构百分比。把损益表、资产负债表、现金流量表转换成结构百分比报表。例如以收入为100%，看损益表各项目的比重。结构百分比报表用于发现有显著问题的项目，揭示进一步分析的方向。

(3) 比较财务比率。财务比率是各会计要素之间的数量关系，反映它们的内在联系。财务比率是相对数，排除了规模的影响，具有较好的可比性，是最重要的比较内容。财务比率的计算相对简单，而对它加以说明和解释却相当复杂和困难。

财务报表分析是个探究过程，分析得越具体、越深入，则水平越高。其核心问题在于解释原因，并不断深化，寻找最直接的原因。如果仅仅是计算出财务比率而不进行分析，则什么问题也说明不了。

2. 趋势分析法

趋势分析法是采用趋势比率指标进行分析的方法。趋势比率是以报告期的有关数据同企业过去时期的有关数据对比来计算比率，从而判断企业的发展速度以及发展趋势。常用的趋势比率有

$$定基发展速度 = \frac{报告期指标数值}{基期指标数值}$$

$$环比发展速度 = \frac{报告期指标数值}{前期指标数值}$$

【例 10.1】　设 A 企业经营利润如表 10-1 所示，请对该企业进行趋势分析。

表 10-1　A 企业经营利润表　　　　　　　　单位：万元

项　目	2006 年		2007 年	
	金额	百分比(%)	金额	百分比(%)
销售收入	1000	100	1200	100
销售成本	600	60	750	62.5
毛利	400	40	450	37.5
营销费用	150	15	200	16.67
管理费用	100	10	120	10
经营利润	150	15	130	10.103

解　通过 A 企业连续两年的利润对比分析，可以得出结论：2007 年销售经营利润率为 10.103%，相对于 2006 年下降了 4.17%。通过表 10-1 可以看出，主要减利因素为毛利率下降了 2.5 个百分点，且营销费用上升了 1.67 个百分点。对于毛利率的降低，其主要影响因素可能有商品销售价格、销售量和产品制造成本等。但是在本例中，销售收入比上年增长了 20%，因此，销量变动不会导致毛利率的降低，假如本企业商品价格没有降

价，那么，影响毛利率降低的因素就可能是制造成本升高了，应继续分析制造成本的构成情况，找出制造成本升高的具体原因，分清责任，采取措施，降低制造成本。对于营销费用的升高，企业应进一步按项目构成或销售区域分析营销费用的构成，检查营销费用升高的具体原因，针对不利因素，寻找降低的途径。表 10-2 为 A 企业经营利润的趋势分析。

表 10-2　A 企业经营利润的趋势分析　　　　　单位：万元

项　　目	利润构成		增减趋势	
	2006 年	2007 年	增减金额	增减百分比(%)
销售收入	1000	1200	200	20
销售成本	600	750	150	25
毛利	400	450	50	12.5
营销费用	150	200	50	33.33
管理费用	100	120	20	20
经营利润	150	130	−20	−13.33

通过上述分析不难发现，A 企业 2007 年经营税前利润的下降，主要是因为产品销售成本和营销费用的增长速度超过了销售增长速度，所以企业应查明这两项增长过快的具体原因。同时，管理费用的增长速度等于销售的增长速度，企业也应该分析具体原因，尽量减少管理费用的支出，增加销售利润。

收益的构成分析是通过对收益的构成内容的观察，分析判断企业收益质量(即收益对企业经营绩效的真实反映程度)的方法。一般来说，如果经营利润占收益的比重较大，则说明企业主业经营良好，企业的收益质量良好；如果非经营收益如投资收益或营业外收益占了较大的比重，则说明收益质量较差，企业的主业发展前景比较差，因为企业非经营收益不具有可持续性。表 10-3 为 A 企业经营收益的构成分析。

表 10-3　A 企业经营收益的构成分析　　　　　单位：万元

项　　目	2006 年		2007 年	
	金额	百分比(%)	金额	百分比(%)
经营利润	150	107.14	130	1010.33
投资收益	−20	−14.29	−25	−20.103
营业外收支净额	10	7.14	15	12.5
利润总额	140	100	120	100

从表 10-3 中可知，甲公司的利润构成中，经营利润占绝对的比重，说明经营主业仍是公司获取收益的主要来源。但值得注意的是，公司对外的投资发生了损失，说明其投资控制的公司经营状况不佳，应仔细分析发生投资损失的原因。

3. 比率分析法

比率分析法是指在同一报表的不同项目之间或者在不同报表的有关项目之间进行

对比，从而计算出各种不同经济含义的比率，据以评价企业财务状况和经营成果的一种方法。

比率分析法是一种通过计算比率进行对比分析的方法。比率是指各项指标之间的相对数。比率分析法与比较分析法的区别在于：比较分析法侧重于差异的揭示，而比率分析侧重于比值的评价。采用比率分析可以把某些在不同条件下不可比的指标变为具有可比性的指标，因此在企业经营分析中更具有特殊的重要意义。采用比率分析法进行分析时，应根据分析的内容和要求计算出各种不同的比率，然后进行比较。常用的比率分析形式主要有相关比率分析和结构比率分析。

1) 相关比率分析

相关比率分析是根据经济活动客观存在的相互依存、相互联系的关系，将两个性质不同但又相关的指标加以对比，求出比率，据以评价企业经营及财务效率的分析方法。分析时应确定不同数据之间客观上所存在的相互关系。指标之间的相关性一般表现为指标之间的因果关系或投入产出关系。例如，流动资产变现是偿还流动负债的资金来源，可以计算流动资产对流动负债的比率即流动比率，反映企业短期债务的偿还能力；息税前利润是企业全部资源运用的结果，可以以息税前利润同企业全部资产进行对比，以反映企业经济资源的利用效率；通过企业的净利润与所有者权益的对比，可以取得企业的净资产收益率指标，用以分析企业净资产的获利能力。

2) 结构比率分析

结构比率分析是通过计算某项经济指标的各个组成部分在总体中所占的比重来观察总体指标的构成情况，并与行业平均或企业历史数据等进行对比，以分析总体指标构成上的变化规律，对总体指标的性质进行定性或查找重大经营差异的分析方法。在资产负债表中，一般把资产总额作为总体指标，用报表中的各个数据与资产总额相比，得到具体项目的结构比率，据此了解资产、负债及所有者权益的结构。在利润表中，一般以主营业务收入作为总体指标，用利润表中的各个数据与主营业务收入相比，得到利润表中各个项目的结构比率，据此了解利润的构成。根据计算而得的结构比率与同行业平均水平或企业制定的标准比较，可以初步判断企业的资产结构是否合理，也可以与企业以前各期的相应结构比率进行比较，发现一些变化中的问题，还可以以现金流量表中的现金净流量为总体指标，计算各种现金净流量占全部现金净流量的比例，观察现金净流量的结构，进而分析判断企业经营或财务决策的合理性。

【例 10.2】　B 企业某年年末的资产负债表中资产总额为 100 万元，流动资产总额为 45 万元，固定资产总额为 32 万元。该企业所处行业的流动资产结构比率为 36%，固定资产结构比率为 39%，试评价该企业的结构比率。

解　通过计算可以得到流动资产的结构比率为 45%，而固定资产的结构比率为 32%，企业流动资产结构比率和行业指标相比略高，说明企业应用在流动资产上的资金较多；固定资产结构比率和行业指标相比略低，说明企业投资于固定资产的资金相对较少，因此，企业应该注意资金的使用方向。有必要的话，企业也可以结合历史指标作进一步的比较。

4. 因素分析法

一个经济指标通常会受到多种因素不同程度的影响。只有将这一综合性的指标分解为各个构成因素，才能从数量上把握每一个因素的影响程度。因素分析法是依据财务指标与其驱动因素之间的关系，从数量上确定各因素对指标影响程度的一种方法。

企业是一个有机整体，每个财务指标的高低都受其他因素的驱动。从数量上测定各因素的影响程度，可以帮助人们抓住主要矛盾，或更有说服力地评价经营状况。财务报表分析是个研究过程，分析得越具体、越深入，则水平越高。财务分析的核心问题是不断追溯产生差异的原因。因素分析法提供了定量解释差异成因的工具。

1) 因素分析法的种类

(1) 差额分析法。例如，固定资产净值变化的原因分析可分解为原值变化和折旧变化部分。

(2) 指标分解法。例如，资产利润率可分解为资产周转率和销售利润率的乘积。

(3) 定基替代法。该法是指分别用分析值替代标准值，测定各因素对财务指标的影响，例如标准成本的差异分析。

(4) 连环替代法。因素分析法中最常用的是连环替代法，这种方法首先利用各因素的实际数与标准数的连续替代来计算各因素脱离标准所造成的影响，再分别测定各个因素的变化对财务指标差异的影响程度。

2) 因素分析法的运用

在运用指标对比法对财务指标确定了差异以后，可以通过因素分析法进一步查明形成差异的原因，以及这些因素对经济指标的影响程度。因素分析法的运用要以统计学原理中有关指数分析方法的理论为依据。具体的分析步骤如下：

(1) 确定影响某财务报表分析指标的各个因素。

(2) 确定各个因素同该财务报表分析指标的关系，并且列出关系式。

在列关系式时要注意各因素之间合理的顺序，要符合因素之间相互依存、相互制约的内在逻辑关系，并考虑计算的实际经济意义。一般来讲，数量指标在前面，质量指标在后面，即实物指标在前面，价值量指标在后面。数量指标是反映现象水平和规模的总量指标，例如产品产量等。质量指标是反映现象总体的社会经济效益和工作质量的指标，例如产品单位成本等。

(3) 计算出所要分析指标的变动额或变动率，然后按一定顺序将各个因素逐个替代，分析各个因素对该指标变动额或变动率的影响程度。

在进行连环替代时，分析数量指标因素变化要把质量指标因素固定在基期，而分析质量指标的变化要把数量指标固定在报告期或计算期。为了更好地理解上述说明，可以假设一个财务指标 C 是由 X、Y、Z 三个因素的乘积构成的，即 $C = X \times Y \times Z$。用 C_1 表示报告期财务指标，用 C_0 表示基期财务指标，财务指标的差异可以表示为 $C_1 - C_0$，则 X、Y、Z 三个因素依次变动对这一差异的影响可以表示为

$$X \text{ 因素变动对财务指标的影响} = (A_1 - A_0) \times B_0 \times C_0$$
$$Y \text{ 因素变动对财务指标的影响} = A_1 \times (B_1 - B_0) \times C_0$$
$$Z \text{ 因素变动对财务指标的影响} = A_1 \times B_1 \times (C_1 - C_0)$$

【例 10.3】　某企业产品的有关材料消耗的计划数与实际数资料如表 10-4 所示。

表 10-4　企业产品有关材料消耗数据表

项目	单位	计划数	实际数
产品产量	件	210	225
单位产品材料消耗量	千克	10	7
材料单价	元	12	15
材料成本总额	元	20 160	23 625

解　用因素分析法分析的步骤如下：

(1) 确定影响甲产品材料成本总额的因素。影响因素主要包括产品产量、原材料单价和单位产品材料消耗量。

(2) 确定这三个因素与产品材料成本总额是连乘积的关系。这三个因素中，产品产量是数量指标，原材料单价是质量指标，而单位产品材料消耗量相对于产品产量是质量指标，相对于原材料单价它又是数量指标，所以按照它们的逻辑关系列出如下关系式：

材料成本总额 = 产品产量 × 单位产品材料消耗量 × 材料单价

(3) 计算材料成本总额实际数和计划数的差异为 3465 元(即 23625 − 20160)，然后分别用连环替代法分析三个因素对差异 3465 元的影响程度(本例中计划数就是基期数，而实际数就是报告期数)。

① 分析第一个因素——产品产量变化对材料总成本的影响额。因为产品产量是数量指标，所以在分析它的变化时，需把另外两个指标都固定在基期。

产品产量变化对成本差异的影响为

$$(225 - 210) \times 10 \times 12 = 1440 (元)(超支差异)$$

② 分析第二个因素——单位产品材料消耗量对材料总成本的影响额。因为它相对于产品产量而言是质量指标，相对于材料单价而言是数量指标，所以分析它的变化时，需把产品产量指标固定在报告期，即实际期，把材料单价固定在基期，或者可以理解为把已经分析过的因素固定在报告期，而把没有分析过的指标固定在基期。

单位产品材料消耗量对成本差异的影响为

$$225 \times (7 - 10) \times 12 = - 2700(元)(节约差异)$$

③ 分析第三个因素——材料单价对材料总成本的影响额。因为它前面的因素是数量指标，所以分析它的变化时，需把前面两个因素固定在报告期，即把已经分析过的两个因素都固定在报告期。

材料单价对成本差异的影响为

$$225 \times 7 \times (15 - 1 = 4725(元)(超支差异)$$

由以上分析可知，该企业报告期产品消耗的材料总成本比计划数超支了 3465 元，主要是由三个因素导致的。其中，由于该产品实际产量比计划产量增加，导致总成本增加了 1440 元；由于单位产品材料消耗量实际比计划减少，导致总成本节约了 2700 元；由于材料单价实际比计划增加，导致总成本超支 4725 元。结论：如果要降低该产品材料消耗总成本，企业工作的重点应放在如何努力降低材料单价上。

10.2.3　财务报表分析的局限性

1. 财务报表本身的局限性

财务报表是公司会计系统的产物。每个公司的会计系统受到会计环境和公司会计战略的影响，使得财务报表会扭曲公司的实际情况。

会计的环境因素包括会计规范和管理、税务与会计的关系、外部审计、会计争端处理的法律系统、资本市场结构、公司治理结构等。这些因素是决定公司会计系统质量的外部因素。会计环境的缺陷会导致会计系统的缺陷，使之不能反映公司的实际状况。会计环境的重要变化会导致会计系统的变化，影响财务数据的可比性。例如，会计规范要求以历史成本报告资产，使财务数据不代表其现行成本或变现价值；会计规范要求假设币值不变，使财务数据不按通货膨胀率或物价水平调整；会计规范要求遵循谨慎原则，使会计预计损失而不预计收益，有可能少计收益和资产；会计规范要求按年度分期报告，只报告短期信息，不提供反映长期潜力的信息等。

会计战略是公司根据环境和经营目标做出的主观选择，各公司会有不同的会计战略。公司会计战略包括决定会计政策的选择、会计估计的选择、补充披露的选择以及报告具体格式的选择。不同的会计战略会导致不同公司财务报告的差异，并影响其可比性。例如，对同一会计事项的账务处理，会计准则允许使用几种不同的规则和程序，公司可以自行选择，包括存货计价方法、折旧方法、对外投资收益的确认方法等。虽然财务报表附注对会计政策的选择有一定的表述，但报表使用人未必能完成可比性的调整工作。

由于以上两方面的原因，使得财务报表存在以下三方面的局限性：

(1) 财务报告没有披露公司的全部信息，管理层拥有更多的信息，得到披露的只是其中的一部分。

(2) 已经披露的财务信息存在会计估计误差，不一定是真实情况的准确计量。

(3) 管理层的各项会计政策选择使财务报表会扭曲公司的实际情况。

2. 财务报表的可靠性问题

只有根据符合规范的、可靠的财务报表，才能得出正确的分析结论。所谓"符合规范"，是指除了以上三点局限性以外，没有更进一步的虚假陈述。外部分析人员很难认定是否存在虚假陈述。财务报表的可靠性问题主要依靠注册会计师解决。但是，注册会计师不能保证财务报告没有任何错报和漏报，而且并非所有注册会计师都是尽职尽责的，因此，分析人员必须自己关注财务报表的可靠性，对于可能存在的问题保持足够的警惕。

外部的分析人员虽然不能认定是否存在虚假陈述，但是可以发现一些"危险信号"。对于存有危险信号的报表，分析人员要进行更细致的考察或获取有关的其他信息，对报表的可靠性做出判断。

常见的危险信号如下：

(1) 财务报告的形式不规范。不规范的报告其可靠性也应受到怀疑。要注意财务报告是否有遗漏，违背充分披露原则很可能是不想讲真话引起的；要注意是否及时提供财务报告，不能及时提供报告暗示公司当局与注册会计师存在分歧。

(2) 要注意分析数据的反常现象。如果没有合理的反常原因，则要考虑数据的真实性和一贯性是否有问题。例如，原因不明的会计调整可能是利用会计政策的灵活性修饰报表；与销售相比应收账款异常增加，可能存在提前确认收入问题；报告收益与经营现金流量的缺口增加，报告收益与应税收益之间的缺口增加，可能存在盈余管理；大额的资产冲销和第四季度的大额调整，可能是中期报告有问题，年底受到外部审计师的压力被迫在年底调整。

(3) 要注意大额的关联方交易。这些交易的价格缺乏客观性，会计估计有较大主观性，可能存在转移利润的动机。

(4) 要注意大额资本利得。在经营业绩不佳时，公司可能通过出售长期资产、债转股等交易实现资本利得。

(5) 要注意异常的审计报告。无正当理由更换注册会计师，或审计报告附有保留意见，暗示公司的财务报告可能粉饰过度。

3. 企业会计政策的不同选择影响可比性

对同一会计事项的账务处理，会计准则允许使用几种不同的规则和程序，企业可以自行选择，如存货计价方法、折旧方法、所得税费用的确认方法和对外投资收益的确认方法等。虽然财务报表附注对会计政策的选择有一定的表述，但报表使用人未必能完成可比性的调整工作。

4. 比较基础问题

在比较分析时必然要选择比较的参照标准，包括本企业历史数据、同业数据和计划预算数据。

横向比较时需要使用同业标准。同业的平均数只有一般性的指导作用，不一定有代表性，不是合理性的标志。选一组有代表性的公司，求其平均数，作为同业标准，可能比整个行业的平均数更有意义。近年来，更重视以竞争对手的数据作为分析基础。不少公司实行多种经营，没有明确的行业归属，同业比较更加困难。

趋势分析以本公司的历史数据作为比较基础。历史数据代表过去，并不代表合理性。经营环境是变化的，今年比上年利润提高了，不一定说明已经达到应该达到的水平，甚至不一定说明管理有了改进。会计规范的改变会使财务数据失去直接可比性，要恢复其可比性成本很大，甚至缺乏必要的信息。实际与计划的差异分析以计划预算为比较基础。实际和预算出现差异，可能是执行中有问题，也可能是预算不合理，两者的区分并非易事。

总之，对比较基础本身要准确理解，并且要在限定意义上使用分析结论，避免简单化和绝对化。

10.3　财务比率分析

财务报表中有大量的数据，可以组成许多有意义的财务比率。这些比率涉及企业经营管理的各个方面。一般企业的基本财务比率分析大体包括偿债能力分析、营运能力分析和盈利能力分析。

10.3.1　偿债能力分析

偿债能力是指企业偿还各种到期债务的能力，分为短期偿债能力和长期偿债能力。偿债能力分析就是通过对企业资产变现能力及保障程度的分析，观察和判断企业是否具有偿还到期债务的能力及其偿债能力的强弱。

由于债务按到期时间分为短期债务和长期债务，所以偿债能力分析也分为短期偿债能力分析和长期偿债能力分析两部分。

偿债能力的衡量方法有两种：一种是比较债务与可供偿债资产的存量，资产存量超过债务存量较多，则认为偿债能力强；另一种是比较偿债所需现金和经营活动产生的现金流量，如果产生的现金超过需要的现金较多，则认为偿债能力强。

企业保持适当的偿债能力具有重要意义。对股东来说，不能及时偿债可能导致企业破产，但是提高流动性必然降低盈利性，因此他们希望企业权衡收益和风险，保持适当的偿债能力。对于债权人来说，企业偿债能力不足可能导致他们无法及时、足额收回债权本息，因此他们希望企业具有尽可能强的偿债能力。在偿债能力问题上，股东和债权人的利益并不一致。股东更愿意拿债权人的钱去冒险，如果冒险成功，则超额报酬全部归股东，债权人只能得到固定的利息而不能分享冒险成功的额外收益；如果冒险失败，则债权人有可能无法收回本金，要承担冒险失败的部分损失。对管理当局来说，为了股东的利益，他们必须权衡企业的收益和风险，保持适当的偿债能力。为了能够取得贷款，他们必须考虑债权人对偿债能力的要求。从他们自身的利益考虑，更倾向于维持较高的偿债能力。如果企业破产，则股东失掉的只是金钱，而经理人不仅会丢掉职位，而且他们作为经理人的"无形资产"也会大打折扣。对企业的供应商和消费者来说，企业短期偿债能力不足，意味着企业履行合同的能力较差。企业如果无力履行合同，则供应商和消费者的利益将受到损害。

1. 短期偿债能力分析

短期偿债能力是指企业以其流动资产支付在一年内即将到期的流动负债的能力。企业有无偿还短期债务的能力对企业的生存、发展至关重要。如果企业短期偿债能力弱，则意味着企业的流动资产对其流动负债偿还的保障能力弱，企业的信用可能会受到损害，而企业信用受损则会进一步削弱企业的短期筹资能力，增大筹资成本和进货成本，从而对企业的投资能力和获利能力产生重大影响。

企业短期偿债能力的大小主要取决于企业流动资产的多少、流动资产变现能力、流动资产结构状况和流动负债的多少等因素。衡量和评价企业短期偿债能力的指标主要有流动比率、速动比率、现金比率和现金流动负债比率。

1) *流动比率*

流动比率是全部流动资产与流动负债的比值，其计算公式为

$$流动比率 = \frac{流动资产}{流动负债}$$

流动比率是假设全部流动资产都可以用于偿还短期债务，表明每 1 元流动负债有多少流动资产作为偿债的保障。流动比率是相对数，排除了企业规模不同的影响，更适合同业

比较以及本企业不同历史时期的比较。流动比率的计算简单，因而得到了广泛应用。

一般情况下，流动比率越高，反映企业短期偿债能力越强。因为该比率越高，表明企业拥有的流动资产抵偿短期债务越多，企业可以变现的资产数额越大，债权人的风险越小。流动比率对于不同的报表分析主体意义不一样：对债权人来说，希望该指标越高越好，因为该指标越高，债权越有保障；对于企业经营者来说，该指标并不是越高越好，因为可能是存货积压或滞销，也可能是应收账款变现能力差，这些都反映了企业资产使用效率较低。一般而言，流动资产相比非流动资产其盈利能力也很差。

不存在统一的、标准的流动比率数值。不同行业的流动比率通常有明显差别。营业周期越短的行业，合理的流动比率越低。过去很长时期，人们认为生产型企业的合理的最低流动比率是 2。这是因为流动资产中，变现能力最差的存货金额约占流动资产总额的一半，剩下的流动性较好的流动资产至少要等于流动负债，才能保证企业最低的短期偿债能力。这种认识一直未能从理论上证明。近几十年，企业的经营方式和金融环境发生了很大变化，流动比率有降低的趋势，许多成功企业的流动比率都低于 2。

如果流动比率比上年发生较大变动，或与行业平均值出现重大偏离，则应对构成流动比率的流动资产和流动负债各项目逐一进行分析，寻找形成差异的原因。为了考察流动资产的变现能力，有时还需要分析其周转率。

流动比率有某些局限性，在使用时应注意：流动比率假设全部流动资产都可以变为现金并用于偿债，全部流动负债都需要还清。实际上，有些流动资产的账面金额与变现金额有较大差异，如产成品等；经营性流动资产是企业持续经营所必需的，不能全部用于偿债；经营性应付项目可以滚动存续，无需动用现金全部结清，因此，流动比率是对短期偿债能力的粗略估计。

2) 速动比率

构成流动资产的各个项目的流动性有很大差别。其中的货币资金、交易性金融资产和各种应收、预付款项等，可以在较短时间内变现，称为速动资产。另外的流动资产包括存货、待摊费用、一年内到期的非流动资产及其他流动资产等，称为非速动资产。

非速动资产的变现时间和数量具有较大的不确定性：存货的变现速度比应收款项要慢得多，部分存货可能已损失报废还没作处理，或者已抵押给某债权人，不能用于偿债；存货估价有多种方法，可能与变现金额相差悬殊；待摊费用不能出售变现；一年内到期的非流动资产和其他流动资产的数额有偶然性，不代表正常的变现能力，因此，将可偿债资产定义为速动资产，计算出来的短期债务存量比率更令人可信。

速动资产与流动负债的比值，称为速动比率，其计算公式为

$$速动比率 = \frac{速动资产}{流动负债}$$

速动比率是假设速动资产是可以用于偿债的资产，表明每 1 元流动负债有多少速动资产作为偿还保障。如同流动比率一样，不同行业的速动比率有很大差别。通常认为正常的速动比率为 1，低于 1 的速动比率被认为是短期偿债能力偏低。例如，采用大量现金销售的商店，几乎没有应收账款，速动比率大大低于 1 是很正常的。相反，一些应收账款较多的企业，速动比率可能要大于1。

影响速动比率可信性的重要因素是应收账款的变现能力。账面上的应收账款不一定都能变成现金，实际坏账可能比计提的坏账准备要多；季节性的变化可能使报表上的应收账款数额不能反映平均水平。这些情况外部分析人员不易了解，而内部人员却有可能做出估计。

3）现金比率

速动资产中，流动性最强、可直接用于偿债的资产称为现金资产。现金资产包括货币资金、交易性金融资产等。它们与其他速动资产有区别，其本身就是可以直接偿债的资产，而非速动资产需要等待不确定的时间，才能转换为不确定数额的现金。

现金资产与流动负债的比值称为现金比率，其计算公式为

$$现金比率 = \frac{货币资金 + 交易性金融资产}{流动负债}$$

现金比率假设现金资产是可偿债资产，表明 1 元流动负债有多少现金资产作为偿还保障。交易性金融资产是指基本上与现金具有相同变现能力的一些流动资产，包括企业持有的短期有价证券以及可转让和可贴现的票据等，主要是速动资产扣除应收账款后的余额。扣除应收账款是因为应收账款存在着坏账及延期收回的可能性，剔除应收账款项目得到的现金比率最能反映企业直接偿付流动负债的能力。

对于债权人来说，现金比率越高越好，如果大于 1 最好不过。对于企业来说，现金是盈利能力最低的资产，不应保持过高的现金比率。该比率并没有一个较为接近的、公认为合理的标准，各企业按各自的实际债务情况而定。一般要与同行业和企业历史水平比较，同时还必须要对企业流动负债作结构性分析，把握有多少近期要偿还的流动负债，如果该比率较高，则要求的现金比率也较高。对于存货和应收账款占用期间长、变现能力不确定的企业，其现金比率指标较为重要。

上述三个指标都是静态的指标，有时虽然根据账面数据计算的指标数据是正常的，但是企业的现金支付仍旧可能出现危机，因此，可采用动态地反映企业短期偿债能力的指标——现金流动负债比率。

4）现金流动负债比率

现金流动负债比率是企业一定时期的经营现金净流入同流动负债的比率，其计算公式为

$$现金流动负债比率 = \frac{经营活动产生的现金流量净额}{流动负债}$$

现金流动负债比率从现金流入或流出的动态角度，对企业实际偿债能力进行再次修正。由于有利润的年份不一定有足够的现金来偿还债务，所以利用以收付实现制为基础的现金流动负债比率指标可以充分体现企业经营活动所产生的现金净流入，以及在多大程度上能保证当期流动负债的偿还，直观地反映了企业偿还流动负债的实际能力。从债权人的角度看，该指标比流动比率、速动比率更真实、更准确地反映了企业短期偿债能力。该指标越大，越能够保证企业按时偿还到期债务，但该指标也不是越大越好，若该指标太大则表明企业流动资金利用不够充分，收益能力不强。

2. 长期偿债能力比率

长期偿债能力是指企业偿还长期负债的能力，它的大小是反映企业财务状况稳定与否及安全程度高低的重要标志。长期偿债能力分析指标主要包括资产负债率、产权比率和利息保障倍数。

1) 资产负债率

资产负债率又称负债比率或举债经营比率，是企业的负债总额与资产总额的比率，其计算公式为

$$资产负债率 = \frac{负债总额}{资产总额} \times 100\%$$

资产负债率是衡量企业负债水平及风险程度的重要判断标准。资产负债率的高低对企业的债权人和投资者具有不同的意义。对债权人而言，最关心的是提供给企业的贷款本金和利息能否按期收回。如果负债比率高，则说明企业总资产中仅有小部分是由股东提供的，而大部分是由债权人提供的，此时债权人承担很大的风险，所以债权人希望负债比率越低越好，负债比率越低，其债权的保障程度就越高。对投资者而言，最关心的是投入资本的收益率。企业债权人投入的资金与企业所有者投入的资金发挥着同样的作用，只要企业的总资产收益率高于借款的利息率，举债越多，即负债比率越大，所有者的投资收益就越大。所以从这个意义上来讲，所有者希望负债比率越高越好。当然，资产负债率越高，风险也就越大。

资产负债率是国际公认的衡量企业负债偿还能力和经营风险的重要指标，比较保守的经验比率一般不高于 50%。当然，不同行业中企业的资产负债率各不相同。一般而言，处于高速成长时期的企业，其负债比率可能会高一些，这样所有者会得到更多的杠杆利益。但是，作为财务管理者在确定企业的负债比率时，一定要审时度势，充分考虑企业内部各种因素和企业外部的市场环境，在收益与风险之间权衡利弊得失，然后才能做出正确的财务决策。

2) 产权比率

产权比率也称负债权益比率，是指企业负债总额与所有者权益总额的比率，是从所有者权益对长期债权保障程度的角度，评价企业长期偿债能力的指标。产权比率越小，说明所有者对债权的保障程度越高，反之越小。其计算公式为

$$产权比率 = \frac{负债总额}{所有者权益总额} \times 100\%$$

产权比率是资产负债率的补充分析指标，反映了所有者权益对债权人权益的保障程度。该指标大于 100%，在企业清算时，所有者权益不能完全保证债权人的利益；该指标小于100%，在企业进行清算时，一般不会给债权人造成损失。该比率低，表示财务风险低，偿债能力强；反之，偿债能力弱。

资产负债率与产权比率具有共同的经济意义，两个指标可以相互补充，因此，对产权比率的分析可以参见对资产负债率指标的分析。

3) 利息保障倍数

利息保障倍数是指企业在一定时期内所获得的息税前利润与当期所支付利息费用的比

率，常被用以测定企业以所获取利润总额承担支付利息的能力。这里的息税前利润是指税前利润加上利息费用，实际计算时常用利润表中的利润总额加财务费用，这是由于我国现行利润表中利息费用没有单列，而是混在财务费用之中，外部报表使用人只好用利润总额加财务费用来加以评价。其计算公式为

$$利息保障倍数 = \frac{利润总额 + 利息费用}{利息费用}$$

一般情况下，利息保障倍数越大，反映企业投资利润率越高，支付长期债务利息的能力越强，因此，长期债权人在判定企业长期偿债能力时，除了依据企业合理的资产负债率和负债权益比率，以求得企业较稳定的债权保障外，还必须考察企业的利息保障倍数，看长期投入资金的获利程度，以求提高收回利息和本金的保障程度。

10.3.2　营运能力分析

企业负债和所有者权益增加都是为了形成足够的营运能力。营运能力是指通过计算企业资金周转的有关指标，分析其资产利用的效率，是对企业管理层管理水平和资产运用能力的分析。一般情况下，企业管理人员的经营管理能力以及对资源的配置能力都有可能通过相关的财务指标反映出来。常用的营运能力分析指标主要有：应收账款周转率、存货周转率、流动资产周转率、非流动资产周转率和总资产周转率等。

1. 应收账款周转率

应收账款周转率是指企业在一定时期内的主营业务收入净额与平均应收账款余额之间的比率。其计算公式为

$$应收账款周转率 = \frac{主营业务收入净额}{平均应收账款余额}$$

$$应收账款周转天数 = \frac{360}{应收账款周转率}$$

其中

$$主营业务收入净额 = 主营业务收入 - 销售退回与折让 - 销售折扣$$

$$平均应收账款余额 = \frac{期初应收账款 + 期末应收账款}{2}$$

应收账款周转率是评价企业应收账款的变现能力和管理效率的财务比率。应收账款周转次数多，说明企业组织收回应收账款的速度快，造成坏账损失的风险小，流动资产的流动性好，短期偿债能力强；反之，应收账款周转次数少，说明企业组织收回应收账款的速度慢，坏账损失风险大，流动资产的流动性差，短期偿债能力弱。

2. 存货周转率

存货周转率是指企业在一定时期内的销售成本与同期的存货平均余额之间的比率。其计算公式为

$$存货周转率 = \frac{主营业务成本}{平均存货}$$

$$存货周转天数 = \frac{360}{存货周转率}$$

存货周转率是从存货变现速度的角度来评价企业的销售能力及存货适量程度的。存货周转率高，反映存货变现速度快，说明企业销售能力强，营运资金占在存货上的量小；反之，存货周转率低，反映企业存货变现速度慢，说明企业销售能力弱，存货积压，营运资金沉淀于存货的量大。

3. 流动资产周转率

流动资产周转率是指企业流动资产在一定时期内所完成的周转额与流动资产平均占用额之间的比率关系，反映流动资产在一定时期内的周转速度和营运能力。在其他条件不变的情况下，如果流动资产周转速度快，则说明企业经营管理水平高。资源利用效率越高，流动资产所带来的经济效益就越高。该指标通常用流动资产周转次数或周转天数表示。其计算公式为

$$流动资产周转率 = \frac{主营业务收入净额}{平均流动资产总额}$$

$$流动资产周转天数 = \frac{360}{流动资产周转次数}$$

流动资产周转次数表明流动资产一年中周转的次数，也就是 1 元流动资产所支持的销售收入。流动资产周转天数表明流动资产周转一次所需要的时间，也就是期末流动资产转换成现金平均所需要的时间。流动资产与收入比表明 1 元收入所需要的流动资产投资。

通常，流动资产中应收账款和存货占绝大部分，因此它们的周转状况对流动资产周转具有决定性影响。

4. 非流动资产周转率

非流动资产周转率是主营业务收入净额与非流动资产净值平均余额的比值。其计算公式为

$$非流动资产周转率 = \frac{主营业务收入净额}{非流动资产净值平均余额}$$

$$非流动资产周转天数 = \frac{360}{非流动资产周转次数}$$

非流动资产周转率高，不仅表明企业充分利用了非流动资产，而且也表明企业非流动资产投资结构合理，能够充分发挥其效率。非流动资产周转率低，表明企业非流动资产使用率不高，企业的营运能力差。

5. 总资产周转率

总资产周转率是销售收入与总资产之间的比率。其计算公式为

$$总资产周转率 = \frac{主营业务收入净额}{平均资产总额}$$

$$总资产周转天数 = \frac{360}{总资产周转次数}$$

该指标反映资产总额的周转速度。周转越快，反映销售能力越强。企业可以通过薄利多销的办法，加速资产的周转，带来利润绝对额的增加。

10.3.3 盈利能力分析

盈利能力是指企业获取利润的能力，反映企业的财务结构状况和经营绩效，是企业偿债能力和营运能力的综合体现。企业在资源的配置上是否高效，直接从资产结构状况、资产运用效率、资产周转速度以及偿债能力等方面表现出来，从而决定着企业的盈利水平。一个企业能否持续发展关键取决于企业的营运能力、偿债能力和盈利能力三者的协调程度。如果片面地追求偿债能力的提高，增大易变现资产的占用，则势必会使资产的收益水平下降，影响企业的营运能力和盈利能力；如果只追求提高资产的营运能力，则可能片面地重视企业在一定时期内获取的销售收入规模，相应增大应收账款上的资金占用，而忽略企业资产的流动性和短期偿债能力。

1. 总资产报酬率

总资产报酬率是在一定时期企业利润总额与平均资产总额之间的比率。其计算公式为

$$总资产报酬率 = \frac{利润总额}{平均资产总额} \times 100\%$$

其中

$$平均资产总额 = \frac{期初资产总额 + 期末资产总额}{2}$$

一般来说，在市场经济中各行业间竞争比较激烈的情况下，企业的资产利润率越高，说明总资产利用效果越好，盈利能力越强，反之越差。一般情况下，可以将企业的总资产报酬率和社会平均总资产报酬率、相同风险企业资产报酬率进行比较来判断高低。

2. 资产净利率

资产净利率是在一定时期内企业税后净利润与总资产平均额之间的比率。其计算公式为

$$资产净利率 = \frac{净利润}{平均资产总额} \times 100\%$$

式中

$$平均资产总额 = \frac{期初资产总额 + 期末资产总额}{2}$$

资产净利率反映企业在一定时期的平均资产总额创造净利润的能力，表明企业的资产利用水平和盈利能力。该比率越高，表明资产的利用效率越高，说明企业利用经济资源的能力越强。如果该指标明显低于同行业其他企业，则说明企业的经营管理存在问题。

3. 净资产收益率

净资产收益率也叫所有者权益收益率或权益报酬率，是企业在一定时期内净利润与平均净资产余额的比率。其计算公式为

$$净资产收益率 = \frac{净利润}{平均净资产余额} \times 100\%$$

式中

$$平均净资产 = \frac{期初所有者权益 + 期末所有者权益}{2}$$

净资产收益率反映企业所有者权益的投资报酬率，是一个综合性很强的评价指标。一般认为，企业净资产收益率越高，企业自有资本获取收益的能力越强，运营效益越好，对企业投资人和债权人的保证程度就越高。

4. 销售获利率

销售获利率的实质是反映企业实现的商品价值中获利的多少。从不同角度反映销售盈利水平的财务指标有三个。

1) 销售利润率

销售利润率是企业的销售利润与销售收入净额的比率。其计算公式为

$$销售利润率 = \frac{销售利润}{销售收入净额} \times 100\%$$

其中，销售收入净额是产品销售收入扣除销售退回、销售折扣和折让后的净额。

销售获利率主要考察企业主营业务和非主营业务的盈利能力和成本费用，所揭示的企业盈利能力具有稳定和持久的特点。

2) 销售毛利率

销售毛利率也称经营毛利率，是企业的销售毛利与销售收入净额的比率。其计算公式为

$$销售毛利率 = \frac{销售毛利}{销售收入净额} \times 100\% = \frac{销售收入净额 - 销售成本}{销售收入净额} \times 100\%$$

式中，销售毛利是企业销售收入净额与销售成本的差额。

销售毛利率反映了企业的销售成本与销售收入净额的比例关系，毛利率越大，说明在销售收入净额中销售成本所占比重越小，企业通过销售获取利润的能力越强。

3) 销售净利率

销售净利率是企业净利润与销售收入净额的比率。其计算公式为

$$销售净利率 = \frac{净利润}{销售收入净额} \times 100\%$$

销售净利率说明了企业净利润占销售收入的比例，它可以评价企业通过销售赚取利润的能力。销售净利率表明企业每 1 元销售净收入可实现的净利润是多少。该比率越高，企业通过扩大销售获取收益的能力越强。评价企业的销售净利率时，应比较企业历年的指标，从而判断企业销售净利率的变化趋势。但是，销售净利率受行业特点的影响较大，因此，还应结合不同行业的具体情况进行分析。

讨论与思考题

一、计算题

已知某企业本年度的销售收入为 800 万元,现销收入为 100 万元,销售退回为 40 万元,销售折让和折扣为 20 万元,本年年初应收账款为 50 万元,本年年末应收账款为 70 万元。根据资料计算应收账款周转天数。

二、思考题

1. 财务分析的基本方法有哪些?
2. 反映企业与投资有关的盈利能力指标有哪些?
3. 反映企业营运能力的指标有哪些?
4. 如何分析应收账款周转率指标?该指标是否越高越好?
5. 怎样评价企业的净资产收益率?

 案例分析

百度,全球最大的中文搜索引擎、最大的中文网站。2005 年 8 月 5 日,百度在美国纳斯达克上市(股票代码: BIDU),其上市当日,即成为该年度全球资本市场上最为耀眼的新星。通过数年来的市场表现,其优异的业绩与值得依赖的回报,使之成为中国企业价值的代表,傲然屹立于全球资本市场。企业财务报表可以全面系统地揭示企业一定时期的财务状况、经营成果和现金流量,有利于经营管理人员了解本单位各项任务指标的完成情况,评价管理人员的经营业绩。有利于国家经济管理部门了解国民经济的运行状况。有利于投资者、债权人和其他有关各方掌握企业的财务状况、经营成果和现金流量情况,进而分析企业的盈利能力、偿债能力、投资收益、发展前景等,为他们投资、贷款和贸易提供决策依据。表 1 和表 2 是 2013～2015 年百度三年的资产负债表和利润表。

表 1　2013 年～2015 年百度资产负债表　　　单位: 万元

项　目	2015-12-31	2014-12-31	2013-12-31
流动资产:			
现金及现金等价物	995 993	1 385 273	969 180
交易性金融资产			
其他短期投资	5 796 924	4 381 804	2 873 476
应收款项合计	908 939	632 334	405 622
应收账款及票据	392 726	366 445	222 085
其他应收款	516 213	265 889	183 537
存货			
其他流动资产	121 510	184 655	54 638
流动资产合计	7 823 366	6 584 065	4 302 915

续表

项　目	2015-12-31	2014-12-31	2013-12-31
非流动资产：			
固定资产净值	1 062 713	870 536	537 027
权益性投资			
持有至到期投资			
可供出售投资			
其他长期投资	3 795 859	287 892	63 478
商誉及无形资产	1 831 046	2 051 114	2 000 216
土地使用权	41 974	48 212	49 251
其他非流动资产	230 374	124 332	145 693
非流动资产合计	6 961 965	3 382 086	2 795 664
总资产	14 785 331	9 966 151	7 098 579
流动负债：			
应付账款及票据			
应交税金	33 406	62 478	42 880
交易性金融负债			
短期借贷及长期借贷当期	112 091	231 775	38 853
其他流动负债	2 464 784	1 732 829	1 021 549
流动负债合计	2 610 280	2 027 082	1 103 283
非流动负债：			
长期借贷	3 395 023	2 355 710	1 727 035
其他非流动负债	358 456	132 800	201 736
非流动负债合计	3 753 479	2 488 510	1 928 771
总负债	6 363 759	4 515 592	3 032 054
股东权益：			
优先股			
普通股股本	2	2	2
储备	8 106 170	5 129 369	3 758 180
库存股			
其他综合性收益	−80 606	23 192	84 310
普通股权益总额	8 025 566	5 152 563	3 842 492
归属母公司股东权益	8 025 566	5 152 563	3 842 492
少数股东权益	396 005	297 996	224 034
股东权益合计	8 421 572	5 450 559	4 066 525
总负债及总权益	14 785 331	9 966 151	7 098 579

数据来源：Wind 资讯

表 2　2013 年～2015 年百度利润表　　　　　　单位：万元

项　目	2015-12-31	2014-12-31	2013-12-31
营业总收入	6 638 173	4 905 232	3 194 392
主营业务收入	6 638 173	4 905 232	3 194 392
其他营业收入			
营业总支出	5 471 018	3 624 855	2 075 220
营业成本	2 745 803	1 888 545	1 147 184
营业开支	2 725 215	1 736 310	928 037
营业利润	1 167 155	1 280 376	1 119 172
加：利息收入	236 263	199 282	130 854
减：利息支出	104 139	62 857	44 708
加：权益性投资损益	387	-2 695	-581
其他非经营性损益	50 996	33 348	13 764
非经常项目前利润	1 350 662	1 447 454	1 218 502
加：非经常项目损益	2 440 000		
除税前利润	3 790 662	1 447 454	1 218 502
减：所得税	547 438	223 117	182 893
少数股东损益	-123 193	-94 370	-16 288
持续经营净利润	3 366 417	1 318 707	1 051 897
加：非持续经营净利润			
其他特殊项			
净利润	3 366 417	1 318 707	1 051 897
减：优先股利及其他调整项			
归属普通股东净利润	3 366 417	1 318 707	1 051 897
综合收益	3 208 191	1 165 235	1 121 478

数据来源：Wind 资讯

根据以上材料，回答以下问题：

请根据表格数据计算相关的财务分析比率。

参 考 文 献

[1] Smith Richard L, Janet Kiholm Smith. Entrepreneurial Finance, 2nd edition.John Wiley & Sons, Inc. 2004.

[2] Kent Baker H, Martin Gerald S. Capital Structure and Corporate Financing Decisions: Theory, Evidence and Practice. John Wiley & Sons, Inc. 2011.

[3] David Munro. A Guide to SME Financing. Palgrave Macmillan US. 2013.

[4] Jiazhuo G. Wang, Juan Yang. Financing without Bank Loans: New Alternatives for Funding SMEs in China. Springer Singapore. 2016.

[5] Zvi Bodie, Alex Kane, Marcus Alan J 等. 投资学[M]. 9 版. 汪昌云, 张永冀等, 译. 北京：机械工业出版社, 2012.

[6] 石建勋. 创业管理[M]. 北京：清华大学出版社 , 2012.

[7] 斯蒂芬 A·罗斯, 伦道夫 W·威斯特菲尔德, 杰弗利 F·杰富. 公司理财[M]. 9 版. 北京：机械工业出版社, 2012.

[8] 王纯. 创业理财[M]. 上海：上海财经大学出版社，2013.

[9] 拉桑德. 风险评估：理论、方法与应用[M]. 北京：清华大学出版社，2013.

[10] 张金宝. 风险报酬与风险投资决策中折现率的确定[J]. 投资研究. 2013.

[11] 尤金·布里格姆. 财务管理[M]. 12 版. 北京：中国人民大学出版社，2014.

[12] 格尔根. 公司治理[M]. 王世权, 译. 北京：机械工业出版社, 2014.

[13] 罗伯特 C·希金斯. 财务管理分析[M]. 10 版. 北京：北京大学出版社, 2015.

[14] 李晓慧, 何玉润. 内部控制与风险管理：理论、实务与案例[M]. 2 版. 北京：中国人民大学出版社，2016.

[15] 中国注册会计师学会. 财务成本管理[M]. 北京：中国财政经济出版社，2016.

[16] Horngren Charles T, Datar Srikant M, Rajan Madhav V 等. 工商管理经典译丛·会计与财务系列：成本与管理会计[M]. 15 版. 王立彦, 刘应文, 等, 译. 北京：中国人民大学出版社，2016.

[17] 张玉利, 薛志红, 陈寒松. 创业管理[M]. 4 版. 北京：机械工业出版社，2016.

[18] 屠建平, 杨雪. 基于电子商务平台的供应链融资模式绩效评价研究[J]. 管界, 2013(7): 182-183.

[19] 黄广福, 彭涛, 田利辉. 风险资本对创业企业投资行为的影响[J]. 金融研究, 2013(08)：180-192.

[20] 谭之博, 赵岳. 企业规模与融资来源的实证研究——基于小企业银行融资抑制的视角[J]. 金融研究. 2012(03)：166-179.

[21] 李汇东, 唐跃军, 左晶晶. 用自己的钱还是用别人的钱创新？——基于中国上市公司融资结构与公司创新的研究[J]. 金融研究. 2013(02)：170-183.

[22] 吕劲松. 关于中小企业融资难、融资贵问题的思考[J]. 金融研究. 2015(11)：115-123.

[23] 黄小琳, 朱松, 陈关亭. 持股金融机构对企业负债融资与债务结构的影响——基于上市公司的实证研究[J]. 金融研究. 2015(12)：130-145.

[24] 王馨. 互联网金融助解"长尾"小微企业融资难问题研究[J]. 金融研究. 2015(09)：128-139.